【湖湘诉讼法学论坛】

诉讼制度改革与理论探索

SUSONG ZHIDU GAIGE YU LILUN TANSUO

（2022年卷）

◎主编 廖永安 伍玉联

湘潭大学出版社
XIANGTAN UNIVERSITY PRESS

图书在版编目（CIP）数据

诉讼制度改革与理论探索. 2022 年卷 / 廖永安, 伍玉联主编. -- 湘潭 : 湘潭大学出版社, 2023.9
ISBN 978-7-5687-1237-8

Ⅰ. ①诉… Ⅱ. ①廖… ②伍… Ⅲ. ①诉讼一司法制度一中国一文集 Ⅳ. ①D925.04-53

中国国家版本馆 CIP 数据核字（2023）第 166604 号

诉讼制度改革与理论探索. 2022 年卷

SUSONG ZHIDU GAIGE YU LILUN TANSUO 2022 NIAN JUAN

廖永安 伍玉联 主编

责任编辑： 刘文情
封面设计： 张　波
出版发行： 湘潭大学出版社
社　　址： 湖南省湘潭大学工程训练大楼
电　　话： 0731-58298960 0731-58298966（传真）
邮　　编： 411105
网　　址： http://press.xtu.edu.cn/
印　　刷： 长沙创峰印务有限公司
经　　销： 湖南省新华书店
开　　本： 710 mm×1000 mm 1/16
印　　张： 24.75
字　　数： 485 千字
版　　次： 2023 年 9 月第 1 版
印　　次： 2023 年 9 月第 1 次印刷
书　　号： ISBN 978-7-5687-1237-8
定　　价： 90.00 元

主编简介

廖永安，现任湘潭大学党委副书记、教授、博士生导师。兼任教育部高校法学类专业教学指导委员会委员、中国法学会民事诉讼法学研究会副会长、湖南省法学会诉讼法学研究会会长、最高人民法院多元化纠纷解决机制研究基地主任、司法部调解理论研究与人才培训基地主任、司法部公证理论研究与人才培训基地主任等职务。系国务院政府特殊津贴专家，入选国家高层次人才特殊支持计划哲学社会科学领军人才、国家百千万人才工程、教育部新世纪优秀人才支持计划，获评国家有突出贡献中青年专家、全国十大杰出青年法学家提名奖（两届）、湖南省优秀社科专家。主要从事诉讼法学、司法制度、纠纷解决等领域的教学研究，主持国家重点研发计划重点专项1项、国家社科基金项目5项（其中重大项目2项），以及其他省部级项目30余项。在《求是》《中国法学》《中外法学》等期刊上发表学术论文180余篇，出版个人专著《民事审判权作用范围研究》等3部，以及主编《中国调解研究文丛》等著作教材30余部。荣获国家教学成果二等奖（2项）、中国法学会法学优秀成果一等奖、司法部全国法学教材与科研成果一等奖、教育部人文社会科学优秀成果三等奖、最高检全国检察理论研究成果一等奖等奖励40余项。

伍玉联，现为湘潭大学法学院博士研究生，湖南省浏阳市人民法院党组书记、院长，兼任湖南省法学会诉讼法学研究会常务理事等职务，获评湖南省法院首届“十佳基层法院院长”。主要从事诉讼法学、司法制度、刑事审判等领域的研究，参与国家级、省级等重大课题5项，在《人大法律评论》《法律方法》《人民法院报》等报刊杂志发表学术论文二十余篇，所撰写的资政建议获得了中央重要领导同志的肯定性批示。

国家社科基金项目“中国式现代化视域下的诉源治理体系创新研究”（22VRC029）的阶段性成果

序　言

2022年10月16日，中国共产党第二十次全国代表大会在北京召开。习近平总书记在党的二十大报告中强调指出，要“以中国式现代化全面推进中华民族伟大复兴”，并对中国式现代化的主要特征、本质要求作出了深入阐释。法治是中国式现代化不可或缺的基本要素，没有法治就没有中国式现代化。中国式现代化道路的实现，有赖于法治发挥固根本、稳预期、利长远的保障作用。为积极践行“在法治轨道上全面建设社会主义现代化国家”，2022年在诉讼法治领域进行了一系列改革探索，并取得极为显著的成效。在民事诉讼领域，《中华人民共和国民事诉讼法》（以下简称《民事诉讼法》）于2021年12月24日进行了第四次修正，此次修法侧重于完善在线诉讼规则、扩大独任制适用范围、完善小额诉讼程序，以及优化司法确认程序。在2022年的这一年里，新修正的《民事诉讼法》正式施行，独任制、在线诉讼等制度的优化适用大大提高了民事诉讼的运行效率，推动了在线诉讼的规范运行与良性发展。为落实党中央关于切实解决执行难的政策要求，最高人民法院作为牵头起草单位，经过深入调研、广泛征求意见，形成了《中华人民共和国民事强制执行法（草案）》，于2022年6月21日提请十三届全国人大常委会第三十五次会议初次审议，并面向全国征求意见。作为民事执行领域的专门立法，《中华人民共和国民事强制执行法》的制定与出台已进入“现在进行时态”。在刑事诉讼领域，最高人民检察院联合多部门出台了相应规范，这些规范侧重于维护国家安全和社会安定、疫情防控、打击网络犯罪、推进少捕慎诉慎押的刑事司法政策、落实认罪认罚制度，以及弘扬社会主义法治精神。在2022年的这一年里，新出台的规范使得司法活动宽严相济，更有效地治理犯罪、加强人权保障，更有力地改造罪犯、促进社会和谐。同时，为加强行贿犯罪惩处力度，逐步落地“行贿受贿一起查”的政策，最高人民检察院于2022年12月印发

《关于加强行贿犯罪案件办理工作的指导意见》（以下简称《意见》）。该《意见》的出台，进一步深化反腐败斗争。在行政诉讼领域，行政诉讼程序繁简分流改革在不断深化，改革成效日益显著。2022 年施行的《最高人民法院关于审理行政赔偿案件若干问题的规定》从行政赔偿的受案范围、诉讼途径、审理程序等方面，对 1997 年《最高人民法院关于审理行政赔偿案件若干问题的规定》进行了大幅度修改，进一步明确行政赔偿范围和构成要件，确立行政赔偿诉讼主体资格，并在当事人之间合理分配举证责任，科学界定行政赔偿责任，细化行政赔偿案件审判规则和裁判方式。

为了深入探讨我国诉讼法治领域内的新情况、新问题，湖南省法学会诉讼法学研究会 2022 年学术年会在湖南省浏阳市成功召开，会议的承办单位为湖南省浏阳市人民法院。此次年会征文以 2021 年《民事诉讼法》修改内容实施问题研究、社会主义核心价值观融入裁判文书释法说理、刑事合规、人工智能辅助司法、行政诉讼原告资格、数字行政及其司法应对、行政协议的司法审查等内容为主题，向法学理论与实务界专家学者共征集学术论文 225 篇。经研究会学术委员会严格评审和规范性审查，最终评选出第八届优秀诉讼法论文一等奖 5 篇，二等奖 10 篇，三等奖 25 篇。鉴于这些学术论文的研究聚焦当下我国诉讼法治领域的热点问题，从不同的研究视阈或维度提出了科学合理的解决方案，具有较为突出的学术价值与实践指导意义。为了更好地推广这些优秀的研究成果，我们择优遴选了部分优秀论文，并对其进行精心编排、整理，结集出版。全书共收录学术论文 24 篇，其中民事诉讼法学论文 11 篇，刑事诉讼法学论文 9 篇，行政诉讼法学论文 4 篇。

一、民事诉讼

围绕《民事诉讼法》修改与实施过程中的相关问题，《案件动态论下分案制度改革的再造——赋能法官“全周期管理”的新思路》一文针对如何实现案件动态差异识别和人案配比优化，从分案制度的司法运作现状与改革困境出发，提出以公正、效率、专业、监督等多重价值逻辑作为分析框架，构建包括案件甄别、案件分配、分案管理在内的分案制度改革方案。《合议庭制度变迁的功能性困境与路径优化》一文基于历史分析的视角，从宏观、中观、微观三个维度深入剖析合议庭制度变迁过程中的功能性困境，最终以制度落地、制度衔接与制度环境三个层面为着力点，聚焦实际需求的多样性，提出系统完善合议庭功能的相应对策。《程序扩容背景下独任制的运行困境与效能提升——

以规范民事独任审判权运行为视角》一文以 2021 年《民事诉讼法》修订的独任制为研究对象，通过分析程序扩容背景下独任制运行的实践现状与困境，并从供需失衡、立法规范、利益抉择以及考核导向方面揭示背后成因，最终提出明晰立法真意、推动独任审判专业化、构建多元化质量监管机制等一系列可行性建议。《涉诉信访视野下民事再审程序空转的审视与改进——以 H 省 L 市人民法院涉诉信访案件为分析样本》一文从当前涉诉信访中民事再审程序空转的现实问题出发，在诠释其危害后果与内在缘由的基础上，提出推行立审合一、重视程序功能、深化后续追踪等一系列改进建议，以及强化再审审判资源配置、打造再审专业化团队等配套措施。

为推动人工智能与司法活动的深度融合，最高人民法院于 2022 年出台了《关于规范和加强人工智能司法应用的意见》，全面深化智慧法院建设。围绕人工智能辅助司法的相关问题，《论在线诉讼的制度型信任机制——基于效率改革下的主体间性视角》一文针对当前在线诉讼制度运行中信任缺失的问题，以主体间性视角下信任机制的生成机理为切入，最终从主体共在、价值共同、风险共容的维度提出了在线诉讼制度的信任构建方案。《人民法院主动获取电子送达地址的检视与优化》一文为解决电子送达地址主动获取数量过少、地方性规定混乱、收集途径单一等问题，提出应当在法律规定层面进行统一，建立内嵌于统一送达平台的电子送达地址信息库，推动政企合作，组建具备专业知识的送达队伍。《民事审判中算法自动化决策的风险规制》一文针对算法自动化决策在程序编制、数据输入、算法深度学习等过程中产生的多重风险，在揭示其对于民事审判影响的基础上，提出优化算法同案识别路径、完善算法数据库建设、明确算法技术的辅助定位等规制路径。《基于解构主义的区块链要素式审判系统构建》一文在解明要素式审判与区块链技术内在耦合的基础上，指出区块链技术嵌入要素式审判存在技术、组织、环境等多因素层面的障碍，并通过引入“拆解—分析—重组”的解构主义理论，进而提出构建基于要素式审判规则的智能办案平台、基于区块链技术的辅助配套平台、基于联盟链的全方位连接网络等新方案。

针对社会主义核心价值观融入裁判文书释法说理的相关规范性文件实施问题，《民事裁判中社会主义核心价值观释法说理的效用实现——以最高院和高院实践样态为对象》一文指出社会主义核心价值观定位不明是阻碍其效用实现的根本原因，应当在明确其正式法源地位的基础上，以法学方法论作为分析工具，以单个社会主义核心价值观作为研究对象，建立起社会主义核心价值观效用实现的多维体系。《论民事裁判释法说理中社会主义核心价值观的内涵解读》一文针对实践中部分法官回避对社会主义核心价值观的内涵解读、适用对象不匹配、内涵理解差异较大等问题，在深入分析其原因的基础上，提出鼓励法官说理、强调精准匹配适用、发挥案例指引作用、厘清概念内涵的关系等优化措施。《社会主义核心价值观融入公序良俗案件裁判的路径优化》一文从理论层面论证了将社会主义核心价值观融入公序良俗案件释法说理的正当性，并基于司法实践中存在的问题，最终从判断标准、法理阐释、法律漏洞填补、价值衡量等方面提出相应的优化对策。

二、刑事诉讼

高空抛物一直以来都被称作为“悬在城市上空的痛”，梳理司法裁判可以发现，高空抛物罪的具体适用中存在着司法证明难度大与司法适用偏差大的问题。《高空抛物罪情节严重的认定及司法适用——基于刑事合规理论的考察与反思》一文为了规范高空抛物罪的具体适用，在入罪证明上，应当坚持以公共秩序为定罪导向、以情节严重为入罪前提；在量刑判断上，应当结合时空、特殊物、财产人身损害等情况，准确认定行为人主观罪过与客观方面。由此，使得高空抛物行为定罪科学、处罚得当、罪责刑相适应。

另案处理案件对被视为证人证言的共犯口供极为依赖。虚假的共犯口供经由法官自由心证后，共犯口供一致的形式真实导致“假故事”取代“真故事”。《共犯口供的证据规则——以另案处理为视角》一文先从规范共犯口供的合法性调查程序入手，进而说明要揭开共犯口供与控方的合作面纱，最后强调法官在自由心证过程中，要通过经验法则对证据论证和故事情节进行合理检验以规避误判风险。

对于另案监听证据材料的使用，我国现行法律尚未作可行性的具体规定。《技术侦查中另案监听所获证据的使用规则——以案件关联性为视角》一文基于域外另案证据的制度比较和分析，立足案件关联性视角，通过完善另案的具体标准，以本案的合法性为前提，综合判断另案监听是否偶然、善意取得，对关联性和重罪原则具体化形成处理另案监听证据使用的程序机制。

为解决“执行难”的问题，拒不执行判决、裁定罪（简称“拒执罪”）应运而生。但拒执罪在具体适用上，即定罪量刑以及追诉程序等层面上存在困境。《拒不执行判决、裁定罪的适用困境与应对——基于中部H省拒执罪案件现状的实证考察》一文为如何更好地破解“执行难”提出了有效对策，从而有效保障当事人合法权益，切实维护司法权威和公信力，不断强化诚信守法意识，更好地优化营商环境。

《刑事诉讼法》增设了没收违法所得特别程序来解决贪官外逃等情况。而我国没收违法所得特别程序的法律实践仍存在具体问题。《没收违法所得特别刑事程序研究》一文先从立法目的入手，论证没收违法所得刑事特别程序的合理性以及必要性，继而在借鉴域外经验的基础上，阐述如何完善我国的没收违法所得特别刑事程序的学理路径。

新冠肺炎疫情暴发以来，在线诉讼在刑事司法实践中的应用场景愈加多元广泛，由此产生诸多制度运行的堵点和难点。《后疫情时代刑事案件在线庭审发展路径探究》一文从细化在线诉讼规则、保障辩方充分享有在线诉讼权利以及完善在线诉讼证明配套措施等三个方面入手，以探寻刑事在线庭审的规则完善路径。

随着涉案企业合规改革试点的全面推开，合规改革关注的重点问题由有无合规逐渐转向是否有效合规。《涉案中小型企业有效合规之标准探讨》一文将企业制度的漏洞修复到合规计划的制定、运作再到合规整改效果的评估验收都纳入有效合规的考察范围，并以国际经验和国内实践为参考依据，采取"要素式"标准，对有效合规标准进行要素组建。《刑事合规不起诉的实践路径思考》一文从制度设计上思考，阐述了刑事合规附条件不起诉实践路径应该聚焦于合规不起诉的性质、适用对象、申请及启动主体、检察提前介入、考核期限及完善第三方监管机制等方面，从而更好地贯彻落实企业合规改革。

现行法律并未明确禁止近亲属以律师身份担任辩护人，这意味着我国法律默许犯罪嫌疑人、被告人的近亲属、员工等具有某种特殊关系的人以律师身份担任其辩护人并享有独属于律师辩护人的权利。《我国辩护律师近亲回避规则之构建》一文从近亲属律师所面临的现实困境出发，论证了现行立法存在局限性，进而为如何完善该规则提供了有效参考。

三、行政诉讼

《最高人民法院关于审理行政协议案件若干问题的规定》的出台从规范层面为行政协议案件的审理提供了系统的规则指引，但同时也引发了一系列新的问题，有必要予以深入探讨。针对行政协议案件的审理问题，《论法域冲突视阈下行政协议案件的适用规范——以行政规范与民事规范适用的层次性为切入》一文针对当前司法实践中行政协议案件适用行政规范与民事规范的关系混乱现状，提出层次性的分析理论，深入论证了优先适用行政法规范的内部融贯性与适用民事规范的外部融贯性，并进一步厘清了各自的适用界限。《行政协议司法审查中合法性和合意性标准的博弈与衡平——兼议〈行政协议司法解释〉第二十七条的理解与适用》一文以H省行政协议案件作为对象进行实证考察，反思造成现有困境的成因在于合法性标准与合意性标准的博弈，通过理论探讨该双重标准融贯的合理性、合法性与便利性，最终提出明确审理对象和范围、厘清审理思路和规则等解决对策。行政诉讼原告适格问题作为行政诉权行使的前提，一直以来都是行政诉讼领域的研究热点。《高空抛物纠纷中行政诉讼的原告资格认定——以受害人与责任人为分析对象》一文以《民法典》第1254条第3款所规定的高空抛物调查条款及其所引发的行政诉讼作为研究对象，通过对该条款的行政法规范价值进行分析，并着力探讨原告资格判断标准中保护规范理论的非适配性与利害关系一般标准的回归，进而区分履责之诉、撤销之诉以及当事人诉请的内容，来深入分析受害人与责任人的原告资格认定。完善行政执法与刑事司法衔接机制是《中共中央关于全面推进依法治国若干重大问题的决定》所确定的重要改革内容之一。围绕这一问题，《涉案财物处置行刑衔接的困境与出路——基于组织理论的分析》一文从当前涉案财物处置行刑衔接不畅的现实问题出发，在运用组织理论探寻失衡根源的基础上，通过构建权力机制、共享组织信息、防止组织自利，实现行刑衔接中组织协作机制的静态平衡，通过明确审判机关司法审查责任与审查规则，进而推动审判机关积极主动参与组织协作。

本书由湖南省法学会诉讼法学研究会会长廖永安教授和湖南省浏阳市人民法院党组书记、院长伍玉联担任主编，湘潭大学法学院夏先华老师和王译老师担任执行主编进行编辑与统稿，湘潭大学刘玲姿、石桐赫、李林志、王林逸、舒玲、王圣坤、胡美慧、刘嘉琪同学协助参与全书的编辑工作，湘潭大学厉银、向沛屹、任为、白芳雯、蒋龙威、邹文奇、华子文、薛杭杭、王海、崔依丛、骆祺、陈俊宇、朱琳、李嘉飞、朱佩琳同学参与校对工作，在此表示感谢。

目　录

民事诉讼

刑事诉讼

行政诉讼

民事诉讼

案件动态论下分案制度改革的再造

——赋能法官“全周期管理”的新思路

方鸿华

分案是审判流程管理的重要程序性事项之一，发挥着连接立案到具体审判工作的纽带功能。2003 年，最高人民法院开始推行电脑网络立案、随机分案，使承办人的自由选案成为程序上的制度制约，减少了关系案产生的途径。①2005 年，最高人民法院在“二五改革纲要”中提出“建立和完善随机分案制度”。2014 年最高人民法院发布的“四五改革纲要”中，分案制度被列入“优化人民法院内部职权配置”的重要内容，并确立“随机分案为主、指定分案为辅”案件分配制度。2019 年“五五改革纲要”明确进一步健全“随机分案为主，指定分案为辅”的案件分配机制。其他司法改革措施如《最高人民法院关于进一步推进案件繁简分流优化司法资源配置的若干意见》（以下简称《繁简分流意见》）、审判专业化建设、审判监督管理等中也随处可见随机分案的踪影。当前，推进随机分案的分配模式已经成为共识，各地法院也开启了各具特色的探索，为推动案件繁简分流、化解“案多人少”矛盾起到了一定的作用。从案件角度来看，在法院收案不均衡及案件动态变化情景下，如何实现案件动态差异识别和人案配比优化，是本文关注的问题。

---

① 姜兴长：《立案工作指导与参考》，人民法院出版社 2003 年版，第 182 页。

一、现状描摹：随机分案的司法运作

（一）案件分配制度中的识别因素

表 1　甲公司诉乙学校纠纷案件的随机分案流程

案由	合同纠纷
当事人	原告：甲公司；被告：乙学校
	诉讼请求：1. 解除原被告双方签订的《校企合作协议》；2. 被告支付原告校企合作费用余款 172000 元；3. 被告承担原告为履行协议投入实验室的损失 238778 元；4. 被告承担原告逾期支付校企合作费 17200 元的利息损失；5. 被告承担全部诉讼费用
	基本案情：原告甲公司与被告乙学校根据各自优势进行计算机信息类专业共建项目达成合作意向。2019 年 7 月 18 日，原被告签订《校企合作协议》，协议就合作项目及内容、合作期限、甲乙方权利责任和义务、合作费用收取标准及支付等进行了约定。协议签订后，甲公司派驻老师前往乙学校共同合作招生，其间陆续招了 180 余名学生，且甲公司向乙学校实验室提供了一定数量电脑等设备。2020 年中，原被告停止合作。2020 年 9 月，原告通过微信聊天方式向被告送达了《催款函》，该函中载明乙方欠款 172000 元。被告方承认收到函件但未予回复。2022 年 7 月 6 日，原告以被告未按约支付校企合作费等为由提起诉讼。
诉前调解	法院接收原告起诉材料后，询问当事人是否愿意诉前调解，经原告同意将案件转为诉前调解。诉前调解期间，调解员一直无法联系上被告，诉前调解失败
立案庭	第一步，快速锁定案由“合同纠纷”，认为不属于专业化审判团队接收范围；第二步，根据诉讼主体、诉讼标的额、证据材料等，先将案件分配速裁团队，随机分案至 G 法官
立案速裁团队	根据诉讼请求、证据材料等审查，认为案件原被告双方均未对诉争费用没有对账结算，初步判断双方争议大，不适合速裁快审，及时退还立案庭
立案庭	标记为普通案件，在各审判庭室之间分配，案件随机分案至审管办 L 法官

续表

案由	合同纠纷
审管办	L 法官接收案件后随即组织送达、排期。L 法官根据诉讼主体、诉讼请求、证据材料等初步判断双方达成调解的可能性大，遂多次联系原被告调解。调解过程中双方对基本事实、相关款项金额争议大。其间，原告提出鉴定申请、被告提出反诉请求，L 法官随即将案件转为普通程序，调整合议庭成员

以表 1 甲公司起诉乙学校合同纠纷案为例，立案庭工作人员根据《繁简分流意见》对当事人提交的起诉材料和对当事人的询问初步确定案件难易程度，征求原告诉前调解意愿。经原告同意后，直接将案件转入诉前调解程序。在诉前调解阶段，因被告学校放假一直无法联系上，该案遂退回立案庭重新分配。受理案件后，立案庭快速锁定案由“合同纠纷”，判断不属于该院专业审判团队接收范围；再次锁定诉讼主体、诉讼标的、诉讼请求、证据材料等因素，认为案件送达方便、双方调解可能性大，遂将案件分配立案速裁团队。立案速裁团队接收案件后，结合案由、诉讼请求和证据等发现双方合同交易没有对账结算，案件事实不清晰，三日内退还至立案庭。立案庭再次根据该院庭室轮案规则将案件分配至审管办 L 法官。举证期间，原告对第一项诉讼请求中的实验室提出鉴定申请，同样被告在答辩期间提出反诉请求，于是 L 法官决定将案件转为普通程序，标记“繁案”“四类案件”①，组成合议庭审理。

透过上述案件分案情景，我们可以看到立案庭将案件分配至 L 法官不是一次到位：案件识别上，立案庭初步判断简案到 L 法官标记“繁案”“四类案件”，案件分流经历诉前调解和两次随机分案。从案件分配前的繁简识别来看，立案庭主要是从案由、主体身份、诉讼标的、诉讼请求、证据材料等要素快速判断案件繁简，快速分流；而承办法官接收案件后则根据案由、诉讼请求、案件证据等判断案件难易程度，诉讼中的反诉、鉴定、调查取证、审计、

① 2021 年 11 月，最高人民法院印发的《关于进一步完善“四类案件”监督管理工作机制的指导意见》第 2 条明确“四类案件”是指符合下列情形之一的案件：（一）重大、疑难、复杂、敏感的；（二）涉及群体性纠纷或者引发社会广泛关注，可能影响社会稳定的；（三）与本院或者上级人民法院的类案裁判可能发生冲突的；（四）有关单位或者个人反映法官有违法审判行为的。

评估等因素增加了案件审理难度。基于此，由于立案庭掌握的信息有限，加上案件法律关系与事实的动态变化，案件分流前的繁简识别可能并非终局性描述。

对于案件分流前的繁简识别，有研究者将繁简分流模式总结为案件横向管理优化模式、“案由 + 标的额”为基础的分流模式、“案由 + 要素”为基础的分流模式、类型化审判分流模式、粗放式分流模式五种模式。[①] 不管何种模式，案件繁简识别均是以现行案由体系为基础、其他要素为辅。从具体个案来看，案件是动态变化的，可能会因为当事人提出反诉、鉴定、评估、调查取证和案件本身的社会影响力等增加案件审理难度。对当事人来说，每一个案件都不是简单的；对法院来说，未经严格的诉答程序即判断案件的简单与否，不符合司法认知自身的规律性。[②] 因此，完全倚重立案庭根据案由、诉讼标的、诉讼请求、证据材料等要素作出的繁简描述，难免会发生随机分案的程序回转情况，甚至出现人案不匹配、分案不均匀现象。此外，立案阶段的案件繁简识别基本没有形成统一的标准，随机分案随意性较大，导致承办法官对随机分案制度略有微词。

（二）案件分配制度中的分配样态

上述甲公司合同纠纷案件来源于中部省份 C 市 W 法院，该院采取依次轮流分案。W 法院近三年以来年平均受理案件约 1.6 万件。按照 2018 年出台的《中央机构编制委员会办公室最高人民法院关于积极推进省以下法院内设机构改革工作的通知》规定“51～100 名的一般不超过 8 个”，W 法院设置内设机构 8 个、派出法庭 5 个，另有劳动争议纠纷、交通事故纠纷 2 个专业审判团队。W 法院受理的民商事案件采取轮案分配为主、定向增减为辅的分案模式，即法院以人力资源成本设置分案系数，除专业审判团队专属审理特定类型案件和法庭审理常规案件外，立案庭以案件案号的先后顺序轮流、随机分配至法官手中，同时每月根据审管办分案任务表定向增加或减少相应办案庭室的轮案数量。

实践中除了上述轮流分案，还有“摇号”分案和电脑随机分案两种方式。

① 张海燕、李忠林：《我国民事案件繁简分流机制研究》，载《山东法官培训学院学报》2020 年第 2 期。

② 贺小荣：《论民事简易程序司法解释的法理基础及其价值取向（上）——解读最高人民法院〈关于适用简易程序审理民事案件的若干规定〉》，载《法律适用》2003 年第 10 期。

“摇号”分案模式主要见于少数法院早期探索阶段，案件数量相对较少，随机分案流程相对容易操作。如苏仙区法院在全省首创“摇号分案”，在立案大厅设立摇号分案机，内设22个数字球，数字球对应不同法官，当事人手动随机选号，选号即确定主审法官编号。① 随后汝城县法院、永兴县法院、安仁县法院等在此基础上不断创新“摇号”分案模式。这种“摇号”分案类似于盲盒模式，偏重“案”的随机，不区分案件类型，未考虑案件自身特点和法官审判能力。法官随机分到的案件类型多靠运气，系列性、群体性或关联性案件可能被多次拆分，法官能力与案件难易程度无法合理匹配，引发不少法官对随机分案的不满。

电脑随机分案则依托信息技术，电脑分案系统根据预设的分案规则将案件随机分配至法官手中。该模式启用比较早的法院是上海第一中院②，随后上海高院、广州中院、钟楼区法院等结合本地实际情况制定了随机分案规则（详见表2）。这种方式考虑案件自身特点与法官个体差异，多以“案由”确定具体庭室或专业审判团队后再实行随机分案。在具体随机分案方式上，多采用积存分案法，鼓励法官多办案、快办案。实践中有的法官为了少办案消极结案，有的法官办案快则案件越办越多，出现“鞭打快牛”现象，引发了法官对案件分配不均匀、不合理的不满。

从各地法院探索的随机分案模式来看，分配方式、内容、规则有较大差异。立案阶段的案件繁简甄别和随机分案的具体分配方式标准不明确，给随机分案制度改革带来了不少阻力。

---

① 李婵、曹碧波：《湖南郴州苏仙区法院实行“摇号分案”》，载《人民法院报》2015年4月20日，第1版。

② 2013年研发的电脑轮转分案系统对专业类案件先行分派后，根据“双参数”分案标准对非专项案件在各合议庭之间轮转随机分配。参见敖颖婕：《电脑“指派”合议庭分案科学渠道明上海一中院试行电脑轮转分案》，载《人民法院报》2013年5月5日，第1版。

表 2　电脑随机分案模式的实践做法

法院	电脑随机分案模式的实践做法
上海高院	案件立案后，首先由立案庭根据各业务庭收案范围在当日内即时确定承办业务庭，再由电脑依据承办业务庭员额法官人数、各员额法官办案系数以及累计收案量和存案量，将案件随机自动直接分配到收案数量少、未结案件数少的法官。设有专项合议庭的，应将案件随机自动直接分配给专项合议庭的法官
北京高院	第 4 条随机分案应根据审判领域类别和繁简分流安排，预先设置庭室分案规则和法官分案规则。（一）庭室分案规则。包括审判执行庭室内特殊案件类型、审判专业小组设置，以及庭内或组内法官轮转顺序规则等。（二）法官分案规则。包括法官专业特长、收案能力、轮转顺序、串案规则等设置，以及总收案件数、未结案件数、已结案件数等项目权重、优先级等设置
广州中院	民商事一审案件、民事特别程序案件、国家赔偿案件、破产清算类案件、执行类案件、民事申请再审及刑事申诉案件、再审案件由立案庭立案后，根据各业务庭收案范围在当日内即时确定承办业务庭，再由电脑依据业务庭员额法官人数、各员额法官办案系数、累计收案量和存案量以及专项合议庭设置情况，将案件通过法院信息管理系统随机自动排定主审法官，其他工作由各审判业务庭负责。买卖合同纠纷、借款合同纠纷、金融借款合同纠纷、委托合同纠纷、承揽合同纠纷等民商事二审案件随机自动排定主审法官
周口中院	各类案件的分案工作，不再按原地域管辖进行分配，除规定由专门审判庭（知产庭、少年庭）审理的案件实行指定分案外，其他案件均实行随机分配

续表

法院	电脑随机分案模式的实践做法
钟楼区法院	在强化案件繁简分流的基础上，除对原告或被告相同、案由相同、同一批次受理2件以上的批量案件或关联案件；上级法院发回重审或指令再审案件以及其他不宜随机分案的特殊类型案件；产品责任纠纷、医疗服务合同纠纷、保证合同纠纷、公司类纠纷、票据纠纷、典当纠纷、破产案件衍生诉讼、知识产权案件、继承纠纷、分家析产纠纷、离婚后财产纠纷等审判团队实行专业化审理的案件；根据院长、副院长授权，庭长提出分案建议的案件等四种情形实行指定分案外，其他案件一律实行随机分配案件制度
虹口区法院	立案庭确定专业办案团队和审判团队，再由电脑根据承办业务庭的审判团队员额法官人数、各员额法官累计收案量和存案量，采用系统随机、均衡分案原则直接将案件分配到收案数量少、未结案件数量少的法官，系统随机分配

二、探微求实：分案制度改革的困境分析

从上述实证考察来看，随机分案制度改革没有实现预期效果。有的法院对随机分案制度伴有谨慎态度，在司法改革的行径中蹒跚前行。从现实来看，随机分案受多重制度的影响，如随机分案与繁简分流之间、审判组织内部及法官之间的冲突等。不同条件下随机分案制度运行效果也会不一。因此，本文将从制度、组织与个体行为层面分析。

（一）随机分案与繁简分流的冲突

在深入推进司法体制改革中，“随机分案为主、指定分案为辅”的案件分配方式无法单独推进，还需要与其他司法改革配套措施相互配合、相互衔接。2018年《关于进一步全面落实司法责任制的实施意见》明确“根据审判领域类别和繁简分流安排，随机确定案件承办法官”。但是上述包括繁简分流与随机分案在内的实务衔接与融合工作明确性不足甚至是相互冲突的。

案件繁简分流与随机分案之间的冲突。《繁简分流意见》要求推进立案环节案件的甄别分流。这里首要流程是案件甄别。各地案件繁简识别标准差异大，如前文所述的“案由＋要素”模式、类型化审判模式、粗放式模式。有研究者认为，繁简划分标准模糊，立案阶段对案件掌握的信息相对有限，且没

有被告的答辩和质证，对案件繁简的认定难度较大。① 客观上讲，承办法官只有经过诉辩双方答辩、举证质证整理出争议焦点后，案件繁简才能明晰。在识别主体上，立案庭多是指派专职或兼职分流员对案件甄别，案件人工繁简甄别的精准效果差异大。回到甲公司诉乙学校合同纠纷案，立案庭以案由、诉讼标的、诉讼请求和证据材料厚薄等要素作出的简案判断存在偏差，以致产生了案件的回转。

案件甄别后进行分流乃是应有之义。这里还需要特别关注类型化案件与专业化案件的合理分流。一方面，根据审判领域类别随机确定承办法官，主要体现为系列性案件、群体性案件、关联性案件和专业审判团队的随机分案。“摇号”分案按概率将所有案件分配到法官手里，这种概率性决定分案过程与结果具有不可预测性。但是系列性、群体性或关联性案件可能被多次拆分到不同法官，可能发生“类案不同判”现象。如近年来商品房销售合同纠纷、物业合同纠纷等案件往往是涉及整栋业主，他们最初是采取部分业主代表起诉，然后再聚集众多业主一同诉讼。如果采取分而治之，不仅要牵制法官大量时间与精力，而且难以促使业主们达成一致调解意见。另一方面，专业审判团队与随机分案之间愈发显见的冲突。从个别地区来看，截至 2020 年第一季度，B（北京）市 22 家中基层人民法院共建立审判团队 1831 个，其中专业化审判团队 711 个，占比达到 38.83%……“一人团队”共有 559 个，占比达到所有专业化审判团队的 78.62%；“两人团队”共有 64 人；“三人以上团队共 88 人”。② 在审判领域更加精细化分工下，专业化审判团队的随机分案形成了“案件集中”现象，导致特定类型案件成为“一人团队”的“专人专办”或“专人兼办”。

（二）内部审判组织之间的松散协作

内设机构改革后，坚持扁平化管理和专业化建设相结合，立案庭和审判业务机构、审判团队之间实行扁平化管理。在这种扁平化组织架构中，审判组织之间形成了相对独立的办案单元和管理单元，立案庭在案件分配后很难掌握后

---

① 张龑、程财：《从粗放到精细：繁简分流系统化模式之构建》，载《法律适用》2020 年第 9 期。

② 陈琨：《专业化审判“指定”与“随机”分案机制的科学构建——以 B 市 711 个专业化审判团队为研究对象》，载刘贵祥：《审判体系和审判能力现代化与行政法律适用问题研究（上）——全国法院第 32 届学术讨论会获奖论文集》，人民法院出版社 2021 年版，第 509 页。

续案件的管理与监督。在实践中，立案庭认为随机分案至承办法官手中即完成了分案职责，后续案件存在“不愿管”“不善管”问题，分案管理权也逐渐边缘化，而各审判团队及法官对随机分案结果的反馈与评价相对滞后，使得各审判庭室之间信息阻隔，无法就随机分案达成一致意见。

据笔者采访相关法官了解，W 法院分案是以法官排序轮流依次分案。立案庭将某建设工程合同纠纷案件分配至某庭法官后，法官审理过程中发现案件复杂且存在回避情形，于是将案件直接退回立案庭。立案庭将该案件分配至其他庭法官，该法官了解案件情况后认为某庭法官审理中途退还不妥当，即使存在回避情节也应当由某庭其他法官审理遂拒绝接收。之后，该案数日均未确定承办法官，立案庭不得不将案件提交院长办公室确定承办法官。其间，立案庭、某庭、其他庭及法官之间因该案产生误会与嫌隙。

随机分案后的静态管理影响着随机分案制度的有效运行。“各人自扫门前雪”，立案庭分案人员根据预设规则将案件随机分配后，不常理会承办法官对分案的评价与反馈，容易形成审判流程信息的阻隔。有的法院总结本院历年来审理的案件情况，设计涉房地产纠纷、金融纠纷、劳动争议、家事纠纷、建设工程纠纷、交通事故纠纷等众多专业审判团队。但是这些专业审判团队每月、每周受理的案件数量波动起伏。动态调整各审判团队的案件数量，为各类案件的溢出调配留有转圜空间十分重要。以 W 法院劳动争议审判团队为例，近年受疫情因素影响劳动争议纠纷数量明显增加，劳动争议审判团队不仅要审理劳动争议案件，还要接收其他普通案件的分流，其有时产生对随机分案的不满。另外，随机分案后出现法官回避、身体健康、工作调动等情形需要重新调整案件，若立案庭与其他审判庭室之间的程序衔接不畅，也有可能导致诉讼周期不当延长。

（三）绩效指标与社会评价的双重激励

法官作为随机分案制度的重要体验者，受理性、自利的动机激励，会积极追求自身利益的最大化。法官态度以及个体性因素，如法官的晋升、薪水、闲暇、声誉维护和个体价值观等，是司法过程中的一些隐蔽性、随机性因素。[①]法院内部激励和社会评价机制将很大程度影响法官对随机分案的评价及配合。

法官内部激励机制主要是通过法官绩效考核来实现，它成为各级法院常态

---

① 陈林林：《公众意见影响法官决策的理论和实验分析》，载《法学研究》2018 年第 1 期。

化的管理方式，可称作是一种针对法官的“数目字管理”①。这种管理技术的新颖之处在于把司法审判活动中可量化的部分转换成各种指标，如结收比、发改率、绝对审限内结案率、服判息诉率等，对法官审判活动效率和质量施加细致微妙的把控。绩效考核制度无疑激励了法官“多办案、快办案、办好案”，也为考核成绩靠前的“办案能手”提供更多晋职晋级的机会。但该制度的“潜功能”也无形中影响法官的行为，法官个体之间形成较强竞争关系，即“以办案数量论英雄”锦标赛机制。② 由此导致法官较为关心个人成绩，部分法官存在挑简案办理，对难案、要案、疑案存在退缩、抗拒心理。如 C 法院设立了以案由分类的众多专业审判团队和繁案团队，繁案团队不受结案率、审限、上诉率等指标考核，每年定期调整繁案审判团队成员，但是多数法官吐露仍不愿加入繁案团队。

在社会评价方面，不管是上级法院还是社会公众层面，关注更多的是法官的各项审判绩效指标。常见的是上级法院组织的办案标兵、办案能手、模范能手等评选活动，法官的办案数量是首当其冲的评价指标。社会媒体对法官的评价集中于法官的办案数量，如“法官个人结案达××件”“法官人均结案××件，居于全省第一”等。有的法官在采访中直言道：“作为普通审判团队成员要办理很多难案，但是谁也不想自己办案数量最少，这样自己会很没面子。”此外，繁案、难案不仅需法官投入更多的时间和精力，还有可能因当事人固执己见引发案件投诉、舆情与信访等风险。从利己主义出发，大部分法官更愿意办理大量简单案件，其不仅是尝试追求时间精力成本最小化，更是为了有效地规避或控制职业风险。

由此可见，科层制下司法绩效指标中的负面“潜功能”，促使法官们追求“多办案、快办案、办好案”目标时比较注重权衡可量化的绩效指标，如结案数、绝对审限内结案率、结案方式、服判息诉率等。于是个别行为的“挑肥拣瘦”，自然引发其他法官对分案机制的不满与抱怨，从而影响法院整体的分案环境。

---

① 李拥军、傅爱竹：《“规训的司法与“被缚”的法官——对法官绩效考核制度困境与误区的深层解读》，载《法律科学（西北政法大学学报）》2014 年第 6 期。原载于黄仁宇：《万历十五年（增订纪念本）》，中华书局 2006 年版。黄仁宇一书中提出“数目字管理”，认为传统中国治理最大的问题就是没有“数目字管理”。

② 周黎安：《中国地方官员的晋升锦标赛模式研究》，载《经济研究》2007 年第 7 期。

三、深度审视：基于多重价值逻辑分析框架

认知随机分案中的影响要素，如案件分流中的繁简识别、审判组织或法官之间的松散式协作、法官个体的利益衡量等，是随机分案的重要影响要素。同时，本文以多重价值逻辑为分析框架，抽丝剥茧出随机分案的内在逻辑，即公正、效率、专业、监督，希望能为随机分案的优化路径提供合理依据。

（一）公正价值——随机分案制度的价值目标

分案作为法院收案的最初环节，往往只是被视为“小问题”，但是案件分配权力不可小觑，若处理不当可能造成审判活动出现一系列“大问题”，甚至引发群众对司法公正和司法公信力的怀疑。20 世纪 80 年代至 90 年代，民事诉讼尚未实行立审分离，案件分配由各业务庭庭长负责。① 20 世纪 90 年代中后期开始，随着民商事案件数量逐渐增长，实行立审分离，案件分配权由业务庭剥离出来至立案庭专门负责。② 由此，庭长分配案件的主观随意性很大，实践中出现庭长将繁案分给其他法官，自己办理相对简单的案件，还有可能存在通融打招呼的“关系案”“人情案”等现象。随机分案制度改革要求建立法官分案的预设规则，一定程度上破除了人为因素干预。依次轮流分案、摇号分案、电脑随机分案等方式确保了分案在同一法院法官之间的公平性，而且要求分案过程的对外公开，办案平台全程留痕，体现了审判公正。

（二）效率价值——优化审判流程的重要内容

“正义的第二种意义，简单地说来，就是效率。”③ 司法效率是优化审判诉讼流程的重要方式。随机分案制度是在全国各地民商事案件数量快速增加、法院“案多人少”矛盾日益突出的背景下应运而生。“摇号”分案、依次轮流分案、电脑随机分案等模式是各地法院基于自身案件数量、特点与办案人员力量等因素综合权衡的选择，具有明显的地域性特征。与传统分案方式相比，随机

① 山东省高级人民法院课题组：《新型办案机制下基层法院案件分配制度改革刍议》，载《山东法官培训学院学报》2019 年第 3 期。

② 1993 年，最高人民法院提出在全国法院系统试行立审分开制度，到 1996 年全国法院中实行立审分开已达到 79%。1997 年，最高人民法院印发的《关于人民法院立案工作的暂行规定》明确立审分开，立案工作由专门机构负责（此后建立专门的立案庭）。参见中国法律年鉴编辑部：《中国法律年鉴（1997）》，中国法律年鉴社 1997 年版，第 172 页。

③ ［美］理查德·A·波斯纳：《正义/司法的经济学》，苏力译，中国政法大学出版社 2002 年版，第 6 页。

分案模式通过减少法官对程序性事项的注意力分配，减少案件流转耗时，使庭室长从指定分案的程序性事务中抽身出来，极大地提高了审判效率。立案庭根据繁简分流目标以案由、诉讼请求、主体身份、诉讼标的等要素快速识别案件繁简，实现案件快慢分道、优化司法资源配置。

各地法院探索尝试对案件随机分案的时间节点或期间限制，也是提升司法效率的重要手段。三大诉讼法只对重要诉讼流程节点如立案、举证、答辩、诉讼周期等进行了期限约束，但对案件受理后的随机分案没有明确规范性限制，故各地法院均是自行把握。实践中有不少法院对分案期限作了明确限制。如实行“摇号”分案的永兴县法院明确了“程序分流员在立案后1个工作日内进行摇号分案……程序分流员在摇号分案后的1个工作日内将案卷移交相应速裁法官”。① 同样，实行电脑随机分案的上海高院、广州中院等对案件立案后的分案期限作了明确规定，要求立案后当日即时确定，缩短审判流程周期，推进案件审判迅速化。

（三）专业价值——决定司法资源的优化配置

专业价值体现在专业化审判，不仅是将不同类型案件交由专业化审判组织审理，还要根据案件繁简程度确定不同的审理法官。首先是结合法院案件受理情况，将类型化、专业化案件交由专业审判团队审理，如常见金融借款纠纷、劳动争议、交通事故纠纷、破产清算、知识产权纠纷等。类似于“工业生产流水线”作业，在案件送达、举证与质证、庭前会议、庭审活动、裁判文书制作等方面形成统一的办案流程，实现多办案、快办案。同时能通过集中解决共同问题迅速形成审判经验，有助于提高办案质效，促进“类案同判”实质正义的实现。如青浦区法院根据各业务庭收案范围和工作特色组建了诉调、劳动争议等32个专业审判团队，分案时直接将案件在审判团队内部随机分配。②

类型化案件中的复杂案件与简单案件分别确定不同的审理法官，是优化人案配比的关键。因地域、年龄、领域等因素影响，我国法官在审判能力和审判特长方面存在差异。一些年长法官凭借多年审判经验能妥善处理重大疑难复杂案件，但是其知识结构可能难以适应新类型案件；而且年长法官也多为院长或

---

① 刘璐、胡芳倩：《法院推行摇号机随机分案，摇到谁办就谁办》，载搜狐网，https：//www. sohu. com/a/307327425_ 100035619，2022年8月30日最后访问。

② 《青浦区法院落实“随机分案为主、指定分案为辅”新模式促进案件科学分流确保法官公正裁判》，载搜狐网，https：//www. sohu. com/a/472715512_ 121123741，2022年7月12日最后访问。

庭长，让其办理重大复杂疑难案件也与“四类案件”办理、司法责任制目标一致。一些年轻法官由于接受系统性法学教育，在各自专业领域有较好的理论水平，但又欠缺审判实践经验，无法立即审理重大复杂疑难案件。如果根据年轻法官专业特点设立专业审判团队或速裁快审团队审理类型化或简单案件，则能推动大量案件速立、速裁、速结。根据不同类型案件将简单案件、复杂案件合理确定审判人员，有利于统一同类案件的裁判标准，促进法律适用的统一。

（四）监督价值——奠定随机分案的实施效果

监督价值是为解决程序事项而设定的一种制约监督机制，它也是随机分案制度改革的应有之义。各地法院探索的随机分案制度中，不少法院突出了分案过程中的监督。但是隐藏于分案规则中的监督价值，其差异性和有效性影响了随机分案的实施效果。监督价值的实际呈现与实施效果，使得随机分案的实际施行留下了灵活性空间，为认知理念与实践行为提供了隐性张力，稍有不慎可能会使其效果大打折扣。

一方面，随机分案中存在监督规范差异性问题。各地法院案件分配大多是突出了平台全程留痕，但是监督方式与内容差异比较大（详见表3）。在监督范围上，上海高院的分案规则是比较广泛的，如调整分案、变更承办法官、暂停随机分案等情形必须由分管院领导审批同意。在监督主体上，院长、庭长对个案的程序性事项审批和纪检监察机关的专门监督是常见主体，但是实践中院长、庭长监督的形式化、司法辅助人员代为审批现象并不少见。此外广州中院还赋予了当事人监督权，其制定的分案规则明确立案时告知当事人随机自动分案确定的承办法官。

表3　各地法院探索随机分案中的监督原则

法院	监督方式	监督范围
上海高院	内部公示制度；当事人监督	不属于本部门职责范围的调整分案、特定情形的变更承办法官、特定情形的暂停随机分案等
北京高院	网上办理并全程留痕	指定分案、特定情形的变更承办法官、特定情形的暂停分案等
广州中院	内部公示制度；当事人监督纪检监察机关	不属于本部门职责范围的调整分案、特定情形的变更承办法官等
威海中院	全程留痕	特定情形的变更承办法官、指定分案等

续表

法院	监督方式	监督范围
平阳县法院	无	特定情形的变更承办法官、符合暂停分案情形等
鹿城区法院	无	特定情形的变更承办法官、符合暂停分案情形等

另一方面，指定分案和“四类案件”的监督问题。随机分案是基本原则，但是单一的随机分案无法完全满足复杂多样的案件类型。作为辅助分案方式的指定分案，具有灵活性和平衡性，能实现人案匹配的相当性与适应性。由于指定分案会有人为因素介入，故指定分案的适用范围、分配结果、审批事项等应当比随机分案更加程序化和规范化。另外，作为指定分案情形的“四类案件”，司法改革意见明确要加强院长、庭长的审判监督职责，要建立全过程识别标注与全流程监督管理。因此，“四类案件”识别标注、指定分案结果、调整分案的审批程序等应落入院长、庭长监督职责内，并接受其他法官、当事人的共同监督。

四、路径优化：分案制度改革的基本构想

分案属于法院内部的司法事务性工作。[①] 顶层设计者基于各地法院审判权力运行结构的复杂性和案件体量的多样性，对随机分案制度遵循了宏观整体性思维，但缺乏理论统筹的具象化分案规则。本文将分案工作流程分为案件分类阶段、分案阶段、审理阶段，遵循分案的多重价值逻辑，提出分案制度改革的基本构想。

（一）案件甄别：立案环节的动态差异识别

人民法院在一定时期内受理案件的数量与类型是无法确定的，而且法律关系的复杂性与案件本身的不确定性影响着繁简识别的效果。前述案件识别标准不明确、差异性大，难免失之偏颇，还需结合其他方面。威尔伯格提出的动态体系论可提供有益帮助，它对个案的判断倾向于依据现实情况下的具体情况和内在于某法律领域的原则之间的相互作用情况予以考虑，即需要对各个因素进

① 兰世民、兰馨、缪新森：《法院分案若干问题研究》，载《法律适用》2012 年第 6 期。

行综合考量。① 在这里，我们提取案件背后用以支撑案件评价框架的要素作为甄别案件繁简的参考。

采用动态体系论的方法塑造案件繁简甄别的认定规则，有利于立案庭对于案件高效快捷识别与分流具有重要意义。纵览域外主要国家分案制度，奥地利、荷兰和挪威等综合案件“质量”和复杂程度进行加权，英国更是采取“案件区分流程系统”，将案件分配到最适当诉讼流程。② 下面就以 W 法院过往审理案件情况为基础，对海量民商事案件进行大数据分析提取相关要素，进而剥离出简案、繁案的甄别标准。

过程一，“案由”是评价案件性质的基础要素，是法官对“简案”的识别最为快捷的要素。通过检索“案由”这一要素能高效率、低成本、大比例地消化简易案件。如常见的物业纠纷、金融借款合同纠纷、民间借贷纠纷、信用卡纠纷、商品房销售合同纠纷等，立案时纳入简单案件识别范围。而普遍认为建设工程施工合同纠纷、医疗损害纠纷、公司破产清算类案件等是需要耗费更多时间和精力处理的，可纳入繁案序列。

过程二，当事人情况、诉讼请求情况、诉讼标的情况、证据及事实情况、矛盾冲突程度、社会影响力等是评价案件难易程度的重要因素（详见表 4）。对于简案识别范围，若符合下列条件，应当推定为简案进入速裁快审程序。回到甲公司诉乙学校合同纠纷一案，承办法官接收案件后表示虽案件法律关系与案件事实不清晰，但当事人均为公司，特别是一方是学校，该类案件事实更容易梳理、矛盾处理更为理性、双方调解可能性更大。对于繁案识别，上海一中院通过对繁案的描述性评价解构 80 余项要素组成要素库，依托随机分案算法实现不同案件在资深法官的适时调配。③ 当事人一方人数众多或双方矛盾冲突激烈，一般案件事实较为复杂，具有一定范围的影响力，可以确定为繁案。

---

① ［奥］海尔穆特·库齐奥：《动态系统论导论》，张玉东译，载《甘肃政法学院学报》2013 年第 4 期。

② ［荷］兰布克、［意］法布瑞：《法院案件管辖与案件分配：奥英意荷挪葡加七国的比较》，范明志、张传毅、曲国建等译，法律出版社 2007 年版，第 55－56 页。

③ 上海一中院繁简分流研究课题组：《案件繁简分流分类处置制度的探索与实践——以上海一中院为样本》，载搜狐网，https：//www. sohu. com/a/406829978＿100017141，2022 年 7 月 10 日最后访问。

表 4　判断案件繁、简的参考要素

参考要素	简案判断	繁案判断
当事人情况	1. 当事人数量 3 个（含）以内；2. 无第三人；3 当事非敏感人群	1. 当事人人数众多；2. 当事人是敏感人群，可能引发群体性事件的案件
诉讼请求情况	1. 无反诉；2. 单一案由；3. 诉讼请求 3 个以内（含）	1. 单方诉讼请求 5 个以上；2. 诉讼请求涉及 2 个以上法律关系
诉讼标的情况	1. 金融借款合同纠纷标的额 500 万以下；2 其他纠纷，当事人均为法人的标的额 300 万以下，一方为自然人的标的额 100 万以下	1. 金融类纠纷案件标的额 1000 万以上；2. 其他财产纠纷标的额 800 万以上
证据情况	1. 无证据保全申请；2. 无调查取证申请；3. 无鉴定、评估、审计、勘验验请；4. 无证人证言及证人出庭申请	1. 证据保全申请；2. 涉及鉴定、评估、审计、勘验等申请
社会影响情况	无舆情风险	3. 家以上媒体报道或者在本辖区范围以上具有重大社会影响的案件
其他	/	非因程序问题被上级法院发回重审、指令再审或者本院决定对本院生效裁判进行再审的案件

（二）案件分配：人案适配性与多层次分案

1. 案件分配的人案适配性

通过上述参考要素的综合权衡判断繁案、简案，解决案件分类问题。分案阶段须解决人案适配性问题，人案适配性关系着法官的工作强度是否均衡。换言之，案件难易程度与案件审理难度系数要在法官工作饱和度的约束下。

有研究者对法官特点进行分析形成经验标签、履历标签、质效标签构建法官画像，从而科学判断法官与案件的匹配性。以民商事案件为例，通过对法官审结案件信息如案件类型、案由、是否为大案要案、新类型案件等信息，分析形成法官的经验标签；通过对法官工作经历、教育背景、荣誉职称等个人基本信息提取，形成履历标签；通过案件结收比、调解率、发改率、平均审理天数、申诉或信访等审判绩效指标，形成质效标签等。[①] 基于上述法官的经验、履历、质效特点分析，将法官分为资深、普通与简审法官，以此作为法官加入专业审判团队、速裁快审团队或繁案审判团队的依据。

此外，根据审判团队资源设置合理分案系数，尽量降低审判团队、法官之间的忙闲不均现象。因此，根据人力资源成本设置分案系数，办案团队中所有人员的分案系数之和为团队分案系数，办案部门各办案团队分案系数之和为部门分案系数。如 W 法院对本院所有办案成员设置不同系数（详见表 5），审判团队中的成员承担其他职能予以核减分案系数。再结合对院长、庭长办案数量要求，科学测算审判团队和院长、庭长及法官的办案任务目标值。立案庭据此根据审判团队整体收案情况，动态调整分案。

表 5　W 法院人力资源成本标准值

标准值类别		<50 岁	≥50 岁	≥55 岁	部门负责人
员额法官、执行员		1	0.8	0.7	0.7
法官助理	在编、政府雇员	0.8	0.64	0.56	/
	合同制	0.6	0.4	0.35	/
合同制书记员、法警		0.5			
注：符合多种情况取低值					

2. 设立阶梯式的随机分案

小随机分配模式：专业审判团队和速裁团队优先随机分案。根据专业化审判团队分工，立案庭根据“案由”这一要素进行专业化识别，优先将专业案件在专业审判团队内部随机分案。通过检索常见简案案由和“案由 + 要素”方式判断简案，快速分配至速裁快审团队。

中随机分配模式：普通审判团队范围内随机分案。在快速完成首轮小随机案件分配后，然后在其他承办部门下多个审判团队范围内随机分案。这里的随机分案不分案件类型，包含简案、普案与繁案。

大随机分配模式：承办部门所有法官范围内随机分案。从案件的角度，由于法院收案的被动性，其受理案件的节奏、数量和难度是无法做到均衡的。在不同的时间段，审判庭室或团队在收案范围上有所波动，既可能因收案不足而

---

① 毛乃赜、孙淼淼：《增“智”以增“质”：法院分案系统的优化》，载《人民司法》2021 年第 10 期。

承担普通案件的随机分流，也可能因存案饱和而使简单案件溢出。因此，基于案件的整体调控，法院对于其他普通简案和普通繁案在全院承办部门内所有法官实行大随机分配。

（三）分案管理：赋能法官全周期分案管理

在案多人少的大背景下，随机分案不只是一个立案环节，而是延伸至案件审理过程中的管理、评价与反馈。这一案件分配过程涉及立案庭与其他审判庭室的共同参加与协调。因此，这里借鉴美国经济学家雷蒙德·弗农的“全周期管理”理论①，从案件受理到结案对每一个案件进行全周期分案管理，实行动态分案与调控，跟踪法官反馈与评价，实现审判流程管理的规范化和科学化。

1. 加强审判团队间的协同配合

法院收案在较短周期内是波动起伏的，除了确保法官完成既定办案任务数量外，有待进一步为全院案件的动态调控削峰蓄水。首要的是注重随机分案在立案、审理环节全流程的贯通管控，建立立案庭与其他审判庭室的联动管理机制。审管办结合过往案件审理情况和人力资源系数提供审判团队每月新收、结案数量建议，纳入庭室或法官目标责任制考核。立案庭主导案件的分配与全程管理，如审判团队收案后的库存案件处于严重饱和状态时，分案未成的案件自动分案到不饱和团队或者进入激励分案程序。案件分配后出现调整分案、变更承办人、暂停分案等情形的程序性审批事项处理，严格按照程序监督审查及时调整分案。动态跟踪法官对案件的反馈评价（案件难易程度、涉诉信访因素、审理相似案件的意愿等），科学判断法官与案件匹配度，推动审判质效提高。

2. 优化审判绩效考核指标评价

绩效考核制度是司法活动的风向标和指挥棒。根据案件特点和审判团队、法官特点，有侧重性进行分类绩效考核：简审法官侧重考核数量和效率，资深普通法官侧重考核质量和效率，立案庭考核分流精准度和程序回转率。② 在绩效考评机制中破除以案件数量为导向的考核结果，侧重法官办案难度、办案数量、办案质效及责任轻重。法官根据繁简分流目标审理的案件难易程度不同，

① 毛子俊、黄膺旭：《数字孪生城市：赋能城市“全周期管理”的新思路》，载《电子政务》2021 年第 8 期。

② 上海一中院繁简分流研究课题组：《案件繁简分流分类处置制度的探索与实践——以上海一中院为样本》，载搜狐网，https：//www.sohu.com/a/406829978_100017141，2022 年 7 月 10 日最后访问。

年度办案数量差距明显。如C法院设定速裁团队、繁案团队和专业化审判团队，繁案团队一年内办结公司类、建设工程合同类、侵权类等案件300件，而速裁团队能办理上千件简案。合理估算案件权重系数，采取定量与定性方式综合考评，合理确定法官的实际办案工作量。

3. 注重案件分配的全过程监督

随机分案作为一种审判管理权，应该受到审判监督制约。一方面，要加强随机分案制度的内部监督。审判监督强调平权监督①，法官可依托主审法官会议、审委会等平台对随机分案规则、过程、结果等发表意见。案件分配的原则、程序、随机分案和指定分案适用情形、分案结果、调整分案情形等事项均应当在法院内部公示，让所有法官充分知晓与发表意见；同时要加强对随机分案过程中个案的审批程序性事项监督，案件全程留痕，确保有效监督。另一方面，加强随机分案的外部监督，依法接受来自当事人、诉讼代理人、辩护人等的监督。赋予当事人对审判流程的监督，有利于着力减少分案过程中人为因素，减少司法腐败的风险。法院立案后应当将随机自动分案确定的主审法官或者指定分案的法官，以及变更主审法官情况及时告知当事人，减少当事人的猜疑与不信任，提高司法公信力。此外，对于当事人提出变更异议的情况，及时介入审查、处理并答复，做好分案环节的司法公开和廉政风险防控工作。

结　语

随机分案制度作为审判管理的首要环节，它与审判权力运行、审判监督等改革相互融合与交织共同推进公正审判。在随机分案制度改革中，如何依托信息技术动态调整案件繁简分类、动态配置随机分案规则、动态监控随机分案运行，实现人案适配的相当性与科学性，是一个需要不断探索的课题。除本文揭示的问题外，随机分案规则制定及分案管理还有细节如随机分案标准化、人案配比科学性等问题需要进一步关注。期望通过本研究，对完善随机分案制度改革和进一步完善审判管理机制有所裨益。

（方鸿华：湖南省长沙市望城区人民法院）

① 胡仕浩：《关于全面落实司法责任制综合配套改革的若干思考》，载《中国应用法学》2019年第4期。

合议庭制度变迁的功能性困境与路径优化

谢迎春　汪媛媛　胡静　高岚

合议庭作为人民法院的基本审判组织，历来是司法改革的重要一环。然而虽历经多次的改革，合议庭的功能发挥一直不彰，合而不议、形合实独、合不若独等问题一直或多或少存在。在司法改革的纵深推进之中，伴随着审判权运行机制的重大调整，尤其是2021年《民事诉讼法》修订对独任制进行详细规定，使合议庭再次站在了风口浪尖，其改革的成效得失甚至成为制约整个改革的"瓶颈"。为此，本文尝试以历史变迁的方法，从宏观、中观与微观三个维度，强化比较对比思维，全面动态考察合议庭功能性困境，真正做到既回顾于以往，又立足于当下，更放眼于未来，以期为合议庭的改革提供新的视角与方法。

一、从宏观到宏观：间断均衡视角下的合议庭渐进改革

合议庭作为审判组织的重要形态之一，其内在功能对于审判权的有序运行至关重要。现行的合议庭制度始于1954年第一部《人民法院组织法》，此后虽历经多次修订，但合议庭制度在法律变革与更替的过程中，始终保持着时间维度的历时存续、空间维度的深度运用。其变迁趋势呈现一种间断均衡①的演化特点，即在保持制度内核不变的同时，遵循较长的稳定与变迁的节点。

（一）长期的稳定与变迁的节点性

启动于20世纪80年代的审判方式改革，就将合议庭制度改革作为重要的

---

① 间断——均衡理论是由弗兰克·鲍姆加特纳与布莱恩·琼斯于1990年提出，该理论试图解释政策过程中的稳定和变迁问题，即某项制度在保持长时段基本内核不变的同时，变迁采取非连续性与剧烈节点变化的方式。参见李文钊：《间断——均衡理论：探究政策过程中的稳定与变迁逻辑》，载《上海行政学院学报》2018年第2期。

内容之一，最高人民法院在1999—2019年发布的五个五年改革纲要中，都在努力朝还权于合议庭的既定方向进行改革。通过梳理最高人民法院顶层设计的脉络，能够更为清晰地反映出合议庭制度改革的渐进式稳定特征（表1）。因循这种顶层纲领性文件的特征，有关合议庭功能的配套也体现一种变迁的稳步节点性（表2），几乎每隔一段时间就进行一次小幅度的变化，并且总是在与其他制度相互作用时发生。

表1　五个改革纲要对合议庭作出的规定

名称	合议庭成员组成	合议庭功能职责
一五改革纲要	推行审判长选任制度，推行院、庭长参加合议庭担任审判长的做法	除提交审委会的疑难复杂重大案件外，其他案件一律由合议庭审理并作出裁判，院长、庭长不得个人改变合议庭的决定
二五改革纲要	要求院长、庭长参加合议庭审理案件，审委会委员可以自行组成或者与其他法官组成合议庭	建立法官依法独立判案责任制，逐步实现合议庭、独任法官负责制
三五改革纲要	完善合议庭制度，加强合议庭和主审法官职责	加强合议庭和主审法官的职责。改革和完善人民法院接受外部制约与监督机制
四五改革纲要	选拔政治素质好、办案能力强、专业水平高、司法经验丰富的审判人员担任主审法官	明确合议庭作为审判组织的职能范围，合议庭及其成员的办案责任与免责条件，实现评价、问责、惩戒、保障等机制的有效衔接。
五五改革纲要	根据审判领域类别和繁简分流安排，完善合议庭审判长确定机制	强化合议庭的法定审判组织地位，依法确定职责权限，确保权责一致

表2　有关合议庭司法改革配套性文件

名称	相关内容
《人民法院审判长选任办法》（2000年）	从根本上解决合议庭的组成，对审判长的职责、监督与惩戒作出系统规定
《关于人民法院合议庭工作的若干规定》（2002年）	对合议庭的组成、职责、审判长的产生，评议的程序、原则等作出详细规定
《关于完善院长、副院长、庭长、副庭长参加合议庭审理案件制度的若干意见》（2007年）	明确法院根据实际情况确定院长、副院长、庭长、副庭长办理案件的类型、数量及考评方式，有效解决“判者不审”的问题
《关于进一步加强合议庭职责的若干规定》（2009年）	进一步理顺合议庭、院长、庭长、审委会、庭务会之间的关系，进一步明确合议庭的考核、免责以及运行机制
《关于审判权运行机制改革试点》（2013年）	探索一个审判庭即一个合议庭，院长、庭长仅签发参加合议庭审理的裁判文书，不再签发其他类型的文书，真正做到让“审理者裁判、由裁判者负责”
《关于完善人民法院司法责任制的若干意见》（2015年）	明确规定合议庭审理案件时审判长、承办法官以及其他人员的职责，明确合议庭成员对案件的事实认定和法律适用共同承担责任，追究责任时，根据各自过错程度确定相应责任
《关于落实司法责任制完善审判监督管理机制的意见（试行）》（2017年）	依法由合议庭审理的案件，合议庭原则上应当随机产生。因专业化审判需要组建的相对固定的合议庭，人员应当定期交流调整，期限一般不应超过两年。合议庭发现符合上述个案监督情形的，应当主动报告，并全程留痕
《关于进一步全面落实司法责任制的实施意见》（2018年）	健全专业法官会议与合议庭评议的工作衔接机制，当合议庭不采纳其一致或多数意见的，应提请院长、庭长监督，并提交审判委员会讨论
《关于深化司法责任制综合配套改革的实施意见》（2020年）	对于“四类案件”，院庭长有权要求合议庭报告评议结果，如果有异议可以提交审委会、专业法官会议讨论，但不得直接改变合议庭意见

（二）两个标志性的改革文件出台

总体而言，因循五个改革纲要的发布，合议庭改革大致也可以分为五个时期，改革的脉络基本上沿着“审判长负责制度—院庭长负责制—不断强化审管监督——去行政化”的趋势推进。与之相伴的是，在该制度不断探索中，以“案件承办制—审判长制—员额法官制度”为特征的单个主体的审判权运行方式也在不断推演。由表1、表2可知，在这一过程中，除却5个改革的纲领性文件外，还有9个司法改革文件涉及合议庭功能等问题。在这些文件中，专门针对合议庭作出规定的文件只有两个，略显单薄，分别是2002年《关于人民法院合议庭工作的若干规定》（以下简称《2002年规定》）、2009年《关于进一步加强合议庭职责的若干规定》（以下简称《2009年规定》）。前者是在人民法院组织法及三大诉讼法有关规定基础上，对合议庭的工作程序作出的详尽规范，共18条内容涵盖合议庭组成、审判长职责、评议的程序与原则等，特别有助于强化合议庭功能；① 后者则是根据当时情况的发展，对前者作出的补充性规定，并不贪大求全，重点解决合议庭职责、合议庭与审委会、院庭长、庭务会之间关系的几个问题，实现其审判权与裁判权统一，充分发挥其整体效能。②

（三）连贯性与系统性的双重缺失

基于以上分析，合议庭改革的政策性文件虽然较多，但专门针对其自身作出系统规定的，还比较欠缺。合议庭改革缺乏应有的连贯性，从《第一个五年改革纲要》到最新《第五个五年改革纲要》，不同时期的改革重点并不相同，且相互之间缺乏协调与衔接。比如，案件承办制与《法院组织法》规定的合议制不协调，《法院组织法》规定的合议制，应当是全体合议庭成员参与审案，集体决策，但案件承办制却将其异化为集体审理、一人决策。合议庭改革缺乏一定的系统性。从合议庭各个时期的改革举措来看，合议庭改革主要围绕司法责任制展开，但这一制度的良好运行，必须借助相关制度的配套完善。比如，推行的错案追究制度主要采用的是追求绝对正确的裁判观念，进而过分关注案件的实体裁判结果，导致对权责认识的不清晰，在对法官职业保障还有

① 陈卫东、刘计划：《论集中审理原则与合议庭功能的强化——兼评〈关于人民法院合议庭工作的规定〉》，载《中国法学》2003年第1期。

② 卫彦明、蒋惠岭、龙飞：《〈关于进一步加强合议庭职责的若干规定〉的理解与适用》，载《人民司法》2010年第3期。

待加强的情况下，严格的错案追究制虽然有利于约束法官的行为，但却在一定程度上造成法院为规避责任而主动放弃审判权，以选取层层上报的方式来审判，无疑为合议庭职权的旁落、功能的虚化带来一定程序的消极影响。① 此外，合议庭改革采取先行试点，而后在较大范围以推广的方式进行，这种方式的弊端也非常明显，导致各地法院改革的自行其是，呈现出紊乱的局面。

二、从宏观到微观：合议庭功能“梗阻”与其状态锁定

一个制度的文本完善，与它在实际情况中运行是两个问题。在审判的实践中，合议庭本身的应有功能似乎并没有得到有效发挥，甚至在有些法院，合议庭审判甚至还流于形式。此种境遇是一段时间来合议庭制度运行的真实写照，并且在收案激增的基层法院表现得尤为明显。

（一）“形合实独”下的合议庭角色性异化

合议庭制度虽具有实现司法决策的科学化、促进才智发挥等方面的优势，但在实践层面却发生异化，呈现出“形合实独”的特征②，影响其功能的发挥。这种特征突出表现在两个方面：其一，就是案件承办人在合议庭中的地位突出，作用明显。承办人包揽了绝大部分实质性审理活动，比如在评议案件时，一般由承办人提出事实认定与法律适用方面的意见，其他合议庭成员围绕此意见展开讨论；向审委会汇报案情时，往往由承办人汇报案情，介绍合议庭意见；评议后，也往往是承办人负责制作裁判文书，并承担主要责任。其二，就是合议庭其他成员的作用趋于弱化和形式化。合议庭其他法官，在案件审理的很多环节，大多附和承办法官的意见，逐渐丧失自己的独立性，角色不当的弱化，有调研显示，合议庭其他法官在很多环节上，都只是做一些形式上的工作，庭审时“陪”一下，评议时“同意”一下，审核裁判文书时也基本处于形式化审查。不仅如此，合议庭陪审员在履职时，也同样存在角色的“弱化”。由于陪审员相较于法官来说，在专业经验方面明显不足，而现有的考评对陪审员也缺乏较大约束力，因而对案件既缺乏参审能力，又往往动力不

---

① 丁朋超：《我国民事合议庭制度内部关系的再改革》，载《时代法学》2016年第6期。

② 左卫民、吴卫军：《“形合实独”：中国合议制度的困境与出路》，载《法制与社会发展》2002年第2期。

足。[①] 这种状况长期存在，伴随着司法改革的纵深推进，“形合实独”的样态也呈现多样。

（二）权力结构固化压制合议庭功能传导

“形合实独”的生成，与长期以来普遍推行的案件承办人与案件审批制度直接关联。[②] 承办人成为案件的责任主体，案件的承办数量与质量直接与承办人的薪酬、升迁、奖惩密切相关，与其他成员关系较小。在司法运作中，案件被确定适用合议庭审理后，案件的承办人也随即确定，承办人主导案件审理并报主管领导审批，形成一种长期的工作习惯。应该说，这种状况的成型有着一个长期累积的过程。从一五改革纲要的实施初期，法官任职资格偏低，甚至还有大量非科班出身的法官，其办案质量使人产生疑虑，甚至对合议庭制度的有效运行产生忧虑。此外，作为沿袭了历史科层制传统的法院，面对重重考核压力的院长、庭长，自然也不放心合议庭裁判权的行使，于是院长、庭长就会对“合议庭评议与制作的文书”进行必要的审核，逐渐演化成为事实上的裁判权。当案件压力不断加大，审核也会越严，很多法院在内部操作时都会要求重大案件必须经过院长、庭长审核甚至必须向审委会汇报，但合议庭有时并未将此视为一种制约，反而觉得这是一种减少出错，甚至有时能增强保障自身的力量。[③] 随着司法改革的纵深推进，员额制的实施，员额法官个体的司法责任加大，但随着经济社会的深刻转型，个案处理压力不断增大，案件的审批也可能以某种方式恢复。[④] 此外，“形合实独”也与合议庭的职权划分有关。在合议庭审理案件时，承办法官具有天然的信息资源优势，信息的不对称使其在合议庭内部具有更多的话语权，其他合议庭成员处于信息资源的劣势，在庭室轮流承办案件的过程中，每个法官都不想其他法官多提异议，因为自己承办的案件也需要别的法官来合议，在这种互不干扰的心理默契下，合议庭的意见也较少

① 王庆廷：《角色的强化、弱化与衡平：负责制视角下的合议庭成员考论》，载《安徽大学法律评论》2008 年第 1 期。

② 蔡彦敏：《断裂与修正：我国民事审判组织之嬗变》，载《政法论坛（中国政法大学学报）》2014 年第 2 期。

③ 薛红喜、肖新征：《行走在理想与现实之间——合议庭改革对非正式制度依赖与路径选择》，载贺荣主编：《司法体制改革与民商事法律适用问题研究（上）——全国法院第 26 届学术讨论会获奖论文集》，人民法院出版社 2015 年版，第 250 页。

④ 顾培东：《人民法院内部审判权运行机制的构建》，载《法学研究》2011 年第 4 期。

发生分歧。此种情况也导致了合议庭的功能虚化。

（三）细节设计的缺陷导致执行力的不足

宏观改革上连贯性与系统性的缺失，是合议庭功能锁定的根源所在，但微观上制度设计的细节不足则进一步撕开了实效与预期的裂缝。从制度规范上来看，合议庭制度主要规定在人民法院组织法和诉讼法以及《2002 年规定》《2009 年规定》中，不仅制度的数量设置比较薄弱，而且制度细节的设定也尤为不足（表 3）。这种细节设计的不足一直伴随着合议庭制度的生长，造成合议庭制度的先天弱势，不仅导致合议庭角色成员的异化，而且也深深影响着合议庭自身功能的传导，导致其功能发挥的“梗阻”。

表 3　有关合议庭制度设计细节不足的列举

事项	内容	说明
职责划分	对合议庭及审判长、承办法官的职责作出规定，但对合议庭其他法官的职责规定过于原则	导致其他成员责任感下降，承办法官几乎包揽了案件的大部分活动，其他成员只在形式上审理案件，导致其依赖心理
参审规则	对合议庭成员未参加庭审、中途退庭或从事与庭审无关的事项，赋予当事人提异议和休庭的权力，但未进一步明确惩罚	造成合议庭的不稳定，因为没有具体的惩罚性举措，特别导致合议庭其他成员经常变动，并且其常常心不在焉
评议规则	简单规定为“少数服从多数”	一般出现“少数”和“多数”意见，但在评议过程中还可能出现一种以上的意见
文书制作	文书一般由审判长或承办法官制作，但其意见与合议庭评议结论有明显分歧的，也可由其他成员制作	其他合议庭成员很少全程参与案件审理，仅仅凭庭审笔录、评议笔录等，难以作出事实清楚、逻辑缜密、论证充分的裁判文书

续表

事项	内容	说明
考评机制	建立合议庭考评机制，并将结果纳入绩效考评体系	缺乏相应的实施配套，导致大多只考评承办法官，而非合议庭，对法官的办案数量仅计入个人，并没有以合议庭为单位进行办案的统计
责任追究	规定合议庭的责任追究，并规定相应情形下，成员免责	配套细则缺失，追责的标准不一，追责手段轻度化，很多仅仅是通报批评、暂停评优评先、扣发奖金、调离岗位，明显轻于承办法官

三、从中观到微观："费边社"策略下合议庭功能之惑

制度的硬核具有隐含性、抗逆性和稳定性的特征，不可能即刻发生变化，根据制度变迁的"费边社"策略，制度改革必须以一定的时间、程度渐进式的，必须在现行的制度基础之上，在法律与道德的框架内进行。① 合议庭的改革就符合这项特征，呈现出较长时期极大的稳定性，自身的改革变动较小，但与之相伴的其他司法诉讼制度却进行了很大的变动，进而挤压了合议庭功能的有效发挥。

（一）新型组织兴起带来合议庭存废之争议

伴随经济社会的深度转型，司法实践不断产生新的问题，司法机关逐步开始自身制度的探索，专业法官会议制度便是探索的成果之一。经过十多年的探索，专业法官会议制度逐渐成形，并在2013年最高院下发的《关于审判权运行机制改革试点方案》后，该制度得以逐步推开。专业法官会议制度逐渐从非正式制度、个别实践向正式制度形态转变，有观点认为，专业法官会议是作为合议庭与审委会之间的衔接机制②。作为提供审判咨询功能的法官会议成为案件集体讨论的典型模板，为合议庭成员提供充分的智力支持。经过几年的发展，专业法官会议已经日益成熟，涉及相关规范制度不断完善，对其在司法改革纵深推进的背景下也作出了详细的规定。而反观合议庭制度，在近十多年的

---

① 李柏红、官敬才：《费边社渐进主义思想研究》，载《人民论坛》2013年第29期。

② 王延延：《论法院案件集体讨论机制的变迁——从审判委员会到法官会议》，载《北京理工大学学报（社会科学版）》2020年第3期。

时间里几乎没有发生大的变动，特别是没有因应新的司法改革背景，难免造成专业法官会议与合议庭制度在功能对接上出现错位，一定程度上导致合议庭功能发挥的弱化。

同样的状况，司法改革的员额制得以推行，这是当前确立司法专业化、精英化的一种优势选择，是根据法官专业能力、岗位性质、职业风险等方面来确定的一项法官人事改革的重要尝试，让“审理者裁判、由裁判者负责”的理念让员额法官产生了很大的权责，势必对相应的审判组织产生强烈的影响。在这一人事改革的背景下，合议庭与员额法官的关系就非常值得深入进行规范，合议庭成员间如果都是员额法官，到底其相互职权应该如何界定？是否还和以前一样是案件承办人制？其他成员是否也和以前一样依然弱化？这些尚未厘清的问题，无不深刻影响着合议庭功能的长效发挥，并在理论与实务界引发争议。比如，有观点就认为合议庭是在正式与非正式制度之间渐进式发展，一方面正式制度发展缓慢，另一方面由于非正式制度的强大生命力导致正式制度的探索消解于无形。有观点认为案件承办制实际上悖离了合议庭制的初衷，将合议庭共同担责简化为个人担责较为不妥，也影响了合议庭集体智慧的发挥。①还有观点则认为，合议庭的要害在于集体负责制，因为集体负责等于无人负责，而个人负责制则是名副其实的负责制。②

（二）机制局部性调整引发合议庭功能紊乱

合议庭的功能之惑远非上述所述，伴随着合议庭内部机制的局部调整同样带来了不少问题。2018 年陪审员制度进行了重大改革，其中最大的亮点是推行七人陪审合议庭，规定合议庭由 3 名法官与 7 名陪审员组成，陪审员只对事实问题进行表决，而法律问题则由专业的法官表决。应该说这是一大进步，能较大程度上解决陪审员“陪而不审”的现象，但却导致实践中出现两种陪审模式，即三人陪审合议庭与七人陪审合议庭。两种方式有较大差异，前者陪审员可以对事实和法律问题进行表决，后者陪审员则只对事实问题进行表决，这样的划分导致了两种并行的表决模式，存在明显的理论偏差，对于陪审合议制度效果的实现也可能产生不同效果。③ 七人陪审合议制度设立的思路在于，陪

① 丁朋超：《我国民事合议制度内部关系的再改革》，载《时代法学》2016 年第 6 期。

② 叶自强：《民事诉讼制度的变革》，法律出版社 2001 年版，第 86 页。

③ 余为青、王昊：《我国七人陪审合议制度的问题与对策：以日本裁判员制度为镜鉴》，载《阜阳师范大学学报（社会科学版）》2020 年第 3 期。

审员的想法可能与专业法官意见不同，一旦法官数量大于陪审员，陪审员的意见就可能被削弱。① 但通过这种增加陪审员的人数，从而降低法官对陪审员的影响，在改变合议庭结构之后，对合议庭的表决制度却依然沿用以前的少数服从多数的规定，没有作出相关的配套设置，这较为不妥。

除此以外，审判委员会的制度改革也会深深影响合议庭的功能发挥。审判委员会作为法院长期存在的组织结构，在案件讨论、审判指导方面发挥了重要作用。审判委员会在不同时期彰显出不同程度的制度合理性。因此，社会情景的变迁或特定时空条件的变化都会导致制度利益的不同调整，随着经济社会的发展，审判委员会集体决策的合理性正受到社会的日益侵蚀。有观点认为，伴随着法官整体素质的不断提升，以及合议庭业务能力的不断强化，尽管案件复杂程度越来越大，但审判委员会对于合议庭的意见却愈发尊重，完全否定合议庭意见的情形较少见。② 在审判委员会与合议庭的衔接上还存在失序。③ 其一，疑难复杂案件的发现与呈报机制不太完善，导致哪些案件能够精准地提交给审判委员会还不足够明确。在实践中，院长、庭长提交审判委会还很大程度上取决于合议庭汇报，而其汇报难免会有遗漏。其二，司法责任之间的界定与划分还有待清晰。由于合议庭与审委会在事实认定方面存在交叉，审判权边界模糊不清，从而在责任的划分界定上也存在困难。

（三）路径依赖的特征限制制度增量式成效

前述两个方面的合议庭功能之惑，与合议庭“费边社”策略的渐进式改革特性深刻关联，这种特性实质上也是一种路径依赖的特征，一个制度一旦形成，有其自身的运行途径，而且会深刻影响之后的路径选择，以后的制度供给都是在初始的制度框架内形成，很难有跨越式创新。④ 这种特性，极大程度上限制了合议庭制度的增量式成效。一方面，合议庭自身的渐进改革比较缓慢，针对司法改革纵深推进中的新情况、新问题无法及时地作出有效的调整，只能依赖于各地的实践性探索，用非正式制度探索来弥补制度对接之间的缺位，但

① 左卫民：《七人陪审合议制的反思与建言》，载《法学杂志》2019 年第 4 期。

② 方乐：《审委会改革的现实基础、动力机制与程序构建——从“四五改革纲要”切入》，载《法学》2016 年第 3 期。

③ 马荣、王小曼：《合议庭与审判委员会衔接问题探析——在审判权运行机制改革背景下》，载《人民司法》2015 年第 21 期。

④ ［德］柯武刚、史漫飞：《制度经济学社会秩序与公共政策》，韩朝华译，商务印书馆 2000 年版，第 97 页。

各地之间的探索势必又会造成各行其是的混乱状况。另一方面，合议庭制度的改革也绝非单一的司法制度问题，需要多项配套性措施综合运用方能达到改革之目的，但相应的配套性制度还远未能与之完善匹配。从《四五纲要》《五五纲要》到《关于完善人民法院司法责任制的若干意见》（2015年），再到《关于深化司法责任综合配套改革的实施意见》（2020年）虽然对合议庭作出一些规定，但囿于篇幅的考量，无法对合议庭制度作出比较完备细致的规定。以合议庭审判责任的认定为例，现有的制度规范就显得尤为欠缺，有观点①就认为，现有责任太过重视法官个体的审判责任，而忽视合议庭作为审判组织的整体责任；在合议庭审判责任的激励功能方面重视不足，其审判纪律责任、审判过程责任等在实际运行中成效不太明显；重视合议庭审判责任的结果责任追究，而忽视合议庭责任的过程性监督。

四、从中观到宏观：破除改革“隧道视野”的功能重构

“隧道视野”指的是医学上一些患者由于视力受损导致其只看到眼睛的正前方视野，就如同人们在隧道中只能看到隧道内的场景。② 此种思维对审判组织的影响应是多层次、多方位的。涉及合议庭制度改革，应基于全局的视角，从审判组织的整体架构出发，并结合其他理念共同推动。但现有举措仅仅局限于院长、庭长审判管理权、案件责任制等，较少关注于合议庭整体关系的把握，这种“隧道视野”思维很难因应新的改革形势给合议庭带来功能重构。

（一）组成模式的嬗变激发合议庭功能重塑

在司法改革的纵深推进中，为应对审判情况的新型需要，一些法院对合议庭的组成方式进行了改革，或选取特定专业的法官组成固定合议庭，或随机选定法官组成临时合议庭（表4），这种不同的组合方式也导致合议庭功能发挥有长有短、有利也有弊，亟待仔细审视。

深度分析表4中合议庭的不同组成模式，实际上是关于固定组成合议庭与随机组成合议庭两种模式的利弊探讨。固定组成合议庭的模式，虽然能最大程度推动法官的职业化建设，容易培养专家型法官，但长时间固化的方式，也容

① 何育凯、马越：《合议庭审判责任制的困境反思与破解之道——从合议庭审判组织的视角切入》，载贺荣主编：《深化司法改革与行政审判实践研究（上）——全国法院第28届学术讨论会获奖论文集》，人民法院出版社2017年版，第238页。

② 黄士元：《刑事错案形成的心理原因》，载《法学研究》2014年第3期。

易造成审判思维的僵化，长时间不承办其他类型案件，容易产生“本领恐慌”与利益小团体。有调研显示，这种组成模式容易导致工作量失衡，由于缺乏比较精细的测算与规范化细则设置，专业合议庭之间工作量差异较大，既不利于审判资源的充分利用，也会增加法官审案的负面情绪。① 此外，这种模式实际上也并非完全适应于基层法院，毕竟基层法院的特质似乎全能型法官比专家型法官更加“接地气”。同样在随机组成合议庭模式中也存在不小争议。比如就有调研显示，此种状况对法官的专业要求较高，难以做到尽可能精通许多类型案件的审理，随机组成后，跨庭室人员如何管理，院长、庭长如何行使监督管理权限，考核如何精准到人、到审判组织，案件责任如何确定等。②

表4　不同类型的合议庭组成模式举例

名称	具体构成	成效与问题
法官工作室	按主审法官、法官与书记员模式组成团队，采用合议庭组长负责制，采用全院公选结合的方式组成团队成员，主审法官对工作室的案件负直接责任	提升了效率，较大程度增强了团队的荣誉感，凝聚力更强，但工作室相对固定，人员交流少，不利于长期的效能发挥
专业化合议庭	根据本院案件类型特点，组成不同类型的专业合议庭，相对固定审理某种类型的案件	提升了效率，促进裁判尺度的统一，但由于案件类型不同，考评、奖惩、分案等配套制度无法实现精准对接。此种方式也容易产生“利益共同体”
随机组成合议庭	成员随机组成，按照随机分案、随机开庭、即时合议、即时宣判，无缝对接层级监管	能最大程度上保障程序上的公平，提升司法公信力，但法官专业水平要求高，需要精通不同类型案件
合议庭全体负责下的主审法官制	合议庭成员全体负责与主审法官责任制相结合	效率有所提升，配套举措比较完备，但责任追究的细则不好把握，合议庭成员承担责任比例单一

① 杨艺红：《基层法院构建民事专业合议庭的背景、样本与反思》，载《商丘师范学院学报》2021 年第 8 期。

② 泰安市中级人民法院课题组：《关于随机组成合议庭的调研报告》，载《山东审判》2014 年第 5 期。

（二）组织程序的“解绑”拷问合议庭定位

审判组织与审判程序的“解绑”，同样也深深影响着合议庭的功能定位。2019 年 2 月，最高人民法院将“探索推动扩大独任制适用范围”作为民事诉讼制度改革的重要举措。同年 12 月，全国 20 个城市的 2 年繁简分流改革试点工作全面铺开，独任制的扩张正是试点改革的重要内容之一。2021 年底的《民事诉讼法》修订在总结之前经验的基础上，正式扩大了独任制适用范围，将其扩大到普通程序，并可有条件适用于二审程序。至此，普通程序与合议制发生“解绑”，从而形成审判组织形式与审判程序的三种方式，即“独任制 + 简易程序”“独任制 + 普通程序”“合议制 + 普通程序”。

独任制的扩张适用，主要是由于民事纠纷的大量增加，法院审判人力资源的限制，其面临越来越大的“案多人少”压力。独任制的扩张必然压缩合议制的适用空间，同时也拷问着合议庭的功能定位。针对合议庭的种种优势，有观点也提出质疑。① 针对合议庭的“集智”功能，该观点认为面对疑难复杂案件，合议庭是必要的，但对于一般的简单案件，往往无需多主体的重复劳动；针对合议庭成员的相互监督功能，该观点认为合议庭的“形合实独”，使得其成员往往关注于自己承办的案件，集体责任感降低，往往并不是特别关心、更无法有效监督其他成员承办的案件；针对合议庭能有助于保证案件质量，该观点举出尚无确切证据证明合议庭裁判就一定比独任制的裁判更好，在需要运用专业知识判断的情形下，司法裁判首先需要掌握充足信息，其次取决于感知能力水平，最后则依靠其敏锐判断力。除此以外，该观点还认为，特定情形多数主体决策是否优于单个主体，目前尚无定论，适用合议庭审理意味着对特定案件的特别关注，但这是基于不同类型的案件区分，而繁简分流的程序已然作出科学区分，因此在同类案件上，独任制还是合议制并不当然影响当事人对程序的信任。

（三）内生与外源期待下改革的“内卷化”

合议庭组成模式的嬗变与审判独任制的扩张，给合议庭的功能定位带来了新的课题，这种“隧道视野”式的合议庭渐进改革，实际上反映出当前司法

① 胡学军：《独任制扩张的内在逻辑——兼评〈民事诉讼法〉修订中审判组织形式的变革》，载《社会科学辑刊》2022 年第 3 期。

改革的种种“内卷化”① 效应。“内卷化”被广泛应用于经济、政治与文化领域的研究，在合议庭的司法改革领域主要体现在：其一，过程进展的周期性。受制于一系列的主客观因素，合议庭改革呈现一种“周期循环”，往往只在相对有限的领域展开，而无法及时因应新的客观形势的变化，比如针对独任制的扩充，扩充边界何在、与合议制的划界标准有又在何处。其二，改革举措的“精耕细作”，与合议庭相关的制度改革虽然不断推进，但更多的是在既有框架内进行挖掘，无法触及更多审判权运行的深层次领域，比如合议庭评议实行“少数服从多数”的原则，但合议庭究竟应该如何妥善处理这种“少数”与“多数”的关系，尤其是当持多数人的意见都未能亲历案件的审判活动时，多数意见究竟该如何否定少数意见。② 其三，改革成效的“非均衡性”。由于关于合议庭制度的顶层设计较少，各地为应对客观审判状况的现实需要，在实践过程中进行了各自的探索，比如前述的专业化合议庭，但这种探索缺乏一种更高层面的统筹规划与总结，造成各地合议庭改革的成效不一，经验与问题也不同，呈现出一种非均衡的混乱局面，③ 这亟待出台制度以规范统一。

五、“三观”之融合：探效逻辑下合议庭功能的系统完善

任何具体的制度改革，如果不能带来政策的红利，而是造成相关的利益受损，推动将十分困难。长期以来，造成合议庭制度改革困难循环往复的原因除了宏观上改革的步伐缓慢，也在于微观上未能完全厘清合议庭内部成员之间的关系定位，还在于中观上相关审判组织变化带给合议庭功能的冲击。未来之解决途径，可尝试从造成疑难问题的原因入手，以制度落地、制度衔接与制度环境三个层面为着力点，综合比较实践探索的各种样本，最后在实际效果中选择最优方案。④

---

① 主要是指受制于一系列的主客观因素，司法改革只能在既定框架下，对原有问题进行持续不断修正，尽管在既定领域取得较大成效，却难以递增式增长。参见王禄生：《我国司法改革的内卷化风险及其治理》，载《法商研究》2022 年第 3 期。

② 方乐：《审判权内部运行机制改革的制度资源与模式选择》，载《法学》2015 年第 3 期。

③ 比如现在的审判团队的设置，分别有以审判团队代替庭室、在庭室下设立审判团队、单独设机构管理审判团队；以合议庭为基础设置审判团队，但在合议庭组成上既有固定、也有随机；在审判团队内再设置多个合议庭，如设立刑事审监、速裁立案、民事行政等 5 个团队，再下设固定合议庭。

④ 柯庆华：《论实效主义的探效逻辑》，载《哲学研究》2010 年第 7 期。

（一）聚焦制度落地的细节，破除执行效力的不畅

破除合议庭制度落地的细节障碍，必须以问题的反馈为参照，深度聚焦制度设计上的一些微观不足。当前，要从根本上改变合议庭合而不议、“形合实独”的困境，重点就在于进一步明确合议庭成员的各项职责，由全体合议庭成员共同对案件事实与法律使用承担责任。在实践中，可尝试采用多元型的责任体系。首先，要调整案件承办人的责任。承办人除承担案件质量的第一责任人外，还应承担全面、客观与中立地向合议庭其他成员介绍案情的责任，力争做到所有成员对案情信息有平均化的了解。① 其次，要充分发挥审判长的重要作用。应该说，审判长的水平有多高，合议庭的业务素质就有多强。一方面，要让资深的法官担任审判长，让其以丰富的庭审经验与高超的办案技能来主持庭审，为合议庭审理质量“增值”。另一方面，强化其责任，让审判长的实体性作用贯穿于案件审理的始终。其三，明确合议庭各成员的审判责任。严格区分共同责任与个人责任，逐步完善合议庭审判责任的追责事由，细化追责事项，重点关注其行使审判权的过程与程序的公正透明。

针对合议庭“少数服从多数”的评议规则，笔者认为还有必要进一步完善配套举措。因为如果内在的制度能够很好处理“少数”与“多数”之间的关系，防止司法场域中意见的说服转化为纯粹上下级的服从，那制度的生命力会大大增强。为此，可尝试建立一种法院内部不同意见论辩、对话机制，使不同意见能够得到充分交流与展示，进一步提升司法裁判的可接受性。此外，对于合议庭的绩效考评，有必要设计一套比较量化可操作的标准，以确保其实效真正到位（表5）。

---

① 蒋惠岭：《论审判组织制度改革的理论出路》，载《政法论坛》2022年第5期。

表 5　合议庭绩效考评指标内容与权重

<table>
<tr><td rowspan="13">合议庭审判绩效考评指标内容</td><td rowspan="4">审判业务能力（30%）</td><td>1. 承办法官庭前程序规范、庭审笔录及审理报告规范、文书制作（10%）</td></tr>
<tr><td>2. 审判长庭审驾驭能力、实质作用（6. 5%）</td></tr>
<tr><td>3. 合议庭其他成员参与度，有无发表案件审理的实质性意见（7. 5%）</td></tr>
<tr><td>4. 合议庭评议等运行机制的规范（6%）</td></tr>
<tr><td rowspan="5">审判质效水平（50%）</td><td>1. 审限内结案率（10%）</td></tr>
<tr><td>2. 调撤率（10%）</td></tr>
<tr><td>3. 服判息诉率（10%）</td></tr>
<tr><td>4. 改判、发回重审率（10%）</td></tr>
<tr><td>5. 案件质量合格率、优秀率（10%）</td></tr>
<tr><td rowspan="4">公众评价度（20%）</td><td>1. 程序公正（5%）</td></tr>
<tr><td>2. 司法廉洁（5%）</td></tr>
<tr><td>3. 司法形象（5%）</td></tr>
<tr><td>4. 庭审示范（5%）</td></tr>
</table>

（二）缓解制度对接的张力，完善顶层设计的周延

缓解合议庭制度与相关制度对接之间的张力，必须从中观组织之间制度对接的不畅入手，完善制度与制度之间的衔接设计。首先，关于专业法官会议与合议庭之间的衔接，重点在合议庭申请召开专业法官会议的情形。在实践中，可通过传统的“审判长提请—庭长提出—院长审批”的方式来把关专业法官会议的启动，以防止出现承办法官出于规避风险的考虑将一些并不需要提交专业法官会议讨论的情形，以此来克服部分法官的依赖心理。其次，要做好合议庭与审判委员会的衔接。要进一步明确疑难案件的发现识别机制，细化可操作标准，确保合议庭在发现与提交审委会时不会有遗漏。要做好审判委员会与合议庭责任的衔接。特别要注意在司法责任承担上，少数意见的持有者的问题。对于持少数意见的合议庭或审委会委员，在案件因多数意见错误并造成严重后果，依法应当追究司法责任的情况下，如果经法定程序纠正的意见与该少数意见也不一致，应该在法官业绩评定中对少数意见也进行评判，如果经常性发表少数意见并经评定该意见也非正确意见，则需要免去其审委会委员身份，甚至予以退出员额序列。此外，为提升合议庭成员在审委会中的表决权，建议未来

可由审委会委员与合议庭成员共同组成混合合议庭的模式，来审理重大疑难复杂案件。①

针对七人陪审合议庭制度运行不周延的问题，笔者建议逐步完善表决制度，在事实问题进行评议时至少需一名法官同意。同时，强化法官对陪审员事实认定的规范指引，可尝试区分核心事实与边际事实，前者是实体规范下的要件事实，法官应根据相关规定进行翔实解释，帮助陪审员迅速厘清整个案情，后者是饱含生活性、伦理性的事实，法官应采取开放提问的方式进行指引。②除此以外，针对独任制扩张给合议庭所带来的影响，也应该辩证予以看待。一方面，应不断完善独任制与合议制的衔接适用。准确把握普通程序适用独任制的标准，目前新修订的《民事诉讼法》将基层法院适用独任制的情形界定为“基本事实清楚、权利义务关系明确”上，实践中比较通行的做法是将离婚、继承纠纷、医疗纠纷、建设工程合同纠纷等法律适用明确的案件列为可以适用独任制，③ 未来在改革中应该继续予以明确，以提供量化的可操作标准。另一方面，独任制的扩大并非意味着置合议制于不顾。未来，合议制的法官参与案件审理也应该细分，可将审判事务区分为核心事务与非核心事务，非核心事务完全可以由审判长来处置，或者也可交予法官助理来处置，以避免过多消耗其他法官的精力，④ 合议制的人数甚至都可以是单数，也未必是票决，也可探讨新的合议形式。

（三）综合制度需求的多样，实现渐进量化的推进

虽然合议庭制度改革主要围绕审判权运行机制而进行，但同时也必须符合各个地区多样化的司法需求，在经济发达地区，“案多人少”的矛盾较为突出，合议庭的制度设计可尝试向快审、扁平化的方式挺进，增加司法辅助与司法外包事项，减轻不必要负担。但对于中西部地区，“案多人少”的问题相对

---

① 蒋惠岭：《论审判组织制度改革的理论出路》，载《政法论坛》2022 年第 5 期。

② 梅宇、王睿涵：《各擅其长：陪审制七人合议庭法官指引的二院模式构建——以个案核心事实与边际事实的差异性考量为视角》，载马世忠主编：《司法体制综合配套改革中重大风险防范与化解（上）——全国法院第 31 届学术讨论会获奖论文集》，人民法院出版社 2020 年版，第 185 页。

③ 何帆：《完善民事诉讼独任制适用范围应当把握的六个问题》，载《人民法院报》2020 年 3 月 12 日，第 5 版。

④ 张卫平：《审判资源程序配置的综合判断——以民事诉讼程序为中心的分析》，载《清华法学》2022 年第 1 期。

缓和，但审判资源的配置有待优化，合议庭制度改革面临的首要问题在于提升案件质效。所以，未来合议庭的组成模式可体现一种区分度，充分考虑各地实际状况。

一方面，随机组成合议庭是大势所趋，只不过必须考虑案件、人员与成员三要素。案件上，一般以类型划分来随机分案，但对于知识产权案件、海事海商案件、涉外案件由于专业度较高，暂不宜立刻实行随机分案，而应组成专业合议庭审理；人员上，可考虑根据案件的类型，依次区分家事审判单元、少年审判单元、交通事故审判单元、合同物权审判单元、经济犯罪类审判单元等若干团队，再将对应的案件划至不同审判单元，并随机产生合议庭，以实现专业与随机相结合；成员产生上，审判长产生可由常任制改为资格制，凡是符合任职条件的均可确定为审判长，院长、庭长参与合议庭审理的，由其担任审判长。另一方面，专业合议庭也有其广阔的应用空间，但必须做好配套举措。其一，应做好案件的分配与动态管理。根据专业案件的类型特点，制定科学的分案方法，并根据客观情况变化对专业合议庭的受案范围进行调整，以实现资源均衡。其二，完善专业合议庭法官的管理。应加强对专业合议庭法官的遴选，探索出个性化的遴选标准，将具有特定专业知识的法官遴选上来。应加强对专业合议庭法官的培训力度，各庭应当配置一定比例的年轻法官，以便通过长期的培养使其成为专业合议庭的审判力量。其三，根据四级法院职能定位的要求，未来在中基层法院、高级法院和最高法院方面，因应新的审判状况，合议庭的设置是否应该有所区分，体现层级类型化特点。

合议庭改革从来就不是一个单纯的审判组织问题，涉及法院的审判管理改革及法院的人事制度变动、职业保障等诸多配套性改革。为此，未来在司法实践中，首先，在于治理合议庭改革的“内卷化”问题。要降低各地合议庭改革的随意性与偶然性，强化对各地试点改革探索的指导，减少盲目性，注重改革经验的总结、反馈与调整。限制各地合议庭改革的无序竞争，不断优化改革的成效评价机制，以中立性与科学性来打破试点改革“自说自话”的局面。[①]其次，强化对审判组织的理论研究，推动合议庭增量式改革。应强化对审判组织作为单独个体的理论研究，以此提炼出审判组织的一般理论，同时也强化合议庭与员额制、独任制等相邻制度关系的研究，从而为特定类型审判组织的深

---

① 何挺：《司法改革试点再认识：与实验研究方法的比较与启示》，载《中国法学》2018年第4期。

化改革提供理论支撑与技术保证。

结　语

合议庭改革作为司法改革系统工程的一个重要环节，其功能成效的发挥直接决定了审判权运行机制的优劣。近十多年来，有关合议庭专项改革的步伐一直相对缓慢，成效发挥也不明显，究其根源，既有宏观上渐进式策略所导致的系统性与连贯性缺失，也有微观上传统权力固化对制度落地的功能抵消，更有中观上其他制度跨越式发展而给合议庭带来的冲击。当前，合议庭改革正处于关键的十字路口，如何破除改革的“内卷化”效应，让其功能发挥真正驶入“快车道”，成为理论与实务界普遍关注的问题。在此，本文尝试提出一些改革性的创新举措，以期为合议庭制度的行稳致远提供参考。

（谢迎春 汪媛媛：湖南省常德市中级人民法院；胡静：湖南省石门县人民法院；高岚：湖南省津市市人民法院）

程序扩容背景下独任制的运行困境与效能提升

——以规范民事独任审判权运行为视角

宋孝悌　胡柏茂　杨珺玲

扩大独任制适用范围作为2021年新《民事诉讼法》修订的核心内容，与完善简易程序及小额诉讼程序、优化司法确认程序、完善在线诉讼及送达规则等内容集中体现了民事诉讼程序繁简分流改革试点制度成效，精准回应了新时期人民群众对于诉讼权利保障的迫切需求及有限司法资源的科学调配，实现了顶层“繁简分流、轻重分离、快慢分道”的梯次化民事诉讼程序体系构建。然而延伸至二审的独任制扩张作为新生制度必然面临传统理念的制衡，尤其是需回应来自案件质量、法官监督管理等方面的担忧，公正与效率的取舍平衡难以回避，潜藏着关系失衡的危险。

一、现状扫描：独任程序运行之实践具象

被立法者寄予厚望的独任制，在司法实践中其效应价值发挥会达到一种什么样的实然状态，值得我们认真探究。为深入了解独任审判组织的运行现状及不同审判组织与承办案件质量之间的关联性，笔者采取对相关群体进行主观认知调查并通过裁判文书公开网大数据及中部H省案件质量评查数据对独任制运行状况进行扫描。

（一）共识之缺：程序价值认知离散化

针对H省三级法院200名员额法官及200名律师、案件当事人的调查中，不同群体对于独任制程序认知观点体现较为离散，改革的价值效益并未聚焦成普遍共识。

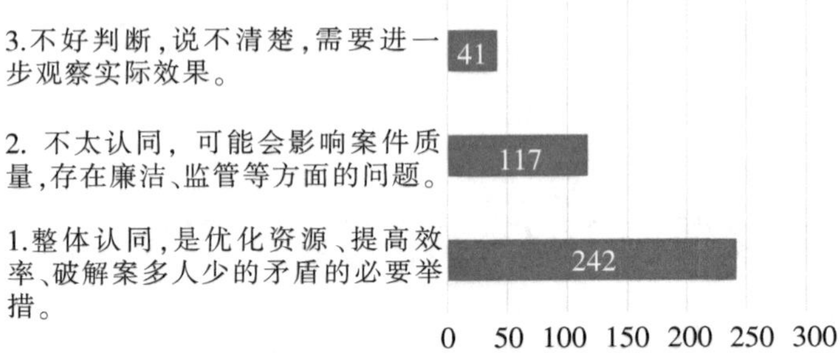

图 1　相关群体对于独任制扩张的认同度调查（单位：人）①

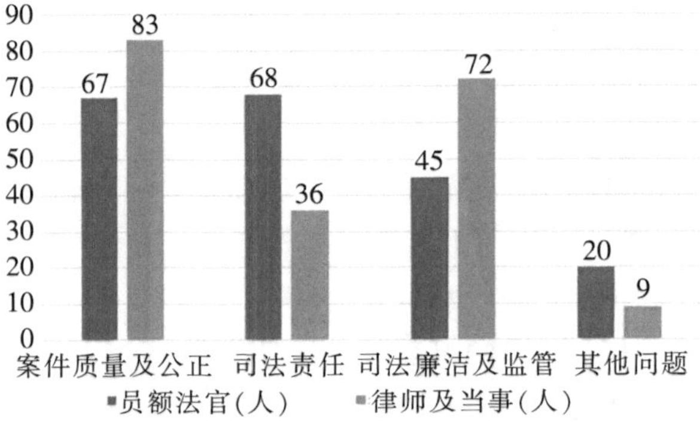

图 2　相关群体对于独任制实施状况的认知疑虑

从图 1 统计不难看出，独任制审判“简案快审、便捷解纷”的高效价值得到了 60.5% 访众认同，这也意味着大众对于民事诉讼中基本价值长期存在的冲突和紧张，如效率、经济、便捷与公正、民主、质量之间博弈或此消彼长的掣肘与牵制，寄希望于通过审判资源的配置及程序的优化，如独任制扩张得到有效缓解。但也有近 40% 的访众对此持怀疑或保留态度。当被问及“您对独任制改革的最大疑虑是什么”时，不同群体体现出了典型的场域效应。34% 的法官选择了司法责任，33.5% 的法官疑虑的是案件质量与公正，41.5% 的律师和当事人担心案件质量及公正问题，36% 的律师和当事人最大的顾忌则是法官的司法廉洁及审判监管，独任制审理的案件质量不约而同成为多元主体最为关注的问题（见图 2）。在受众同样关注的司法监管问题上，法官担心的是遭受难以承受的“无妄之灾”，而律师和当事人则关注是否会出现流于形式

① 调查的问题为“根据您的审判经验和参与诉讼感受，您是否认同扩大独任制案件审理适用范围”，调查对象为 H 省三级法院法官 200 人，律师和当事人各 100 人。

的“高举轻放”。

（二）倒挂之忧：独任案件质量逆转化

笔者通过对中部H省中基层法院线上、线下案件质量评查数据进行分析，并重点关注了发改案件及专项评查数据，① 以期窥探审判组织与案件质量关联性。评查数据反映案件质量问题较为典型，民事审判瑕疵主要集中为文书制作、不影响实体公正的程序瑕疵等问题。上网裁判文书3009处瑕疵，主要为标点符号、错别字、信息内容不完整出现、上下文不一致等问题。而224件不合格案件主要集中在判决文书存在错误、证据采信不当、事实认定不清等方面。

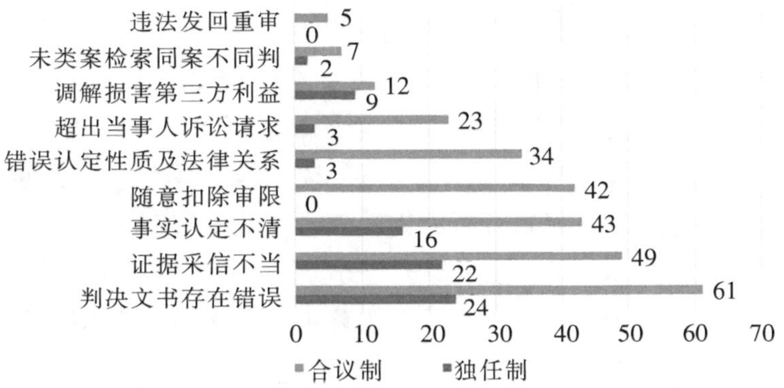

图3 不同审判组织不合格案件甄别情况对比（单位：件）

理论上来说，相较独任制，合议制因其天生的共同集智决策及民主监督因素而具有显而易见的审理优势。合议审判案件质量应当更优，纠错功能更强，但是事实并非如此。如图3所示，2021年H省中基层法院评查认定的224件不合格案件，178件采取合议制审判组织，其中43件提交了审判委员会或专业法官会议讨论，而独任制审判案件仅为46件；379处不合格案件质量问题中合议制审判案件为281处，独任制为92处。② 合议制不合格案件及问题数量占比高达74.2%、74.1%。诡异的是，上述不合格案件在类案检索、审限

① 2021年H省中基层法院完成随案评查案件4.5万件，并对审结的1960件四类重点案件、发改案件组织了专项交叉重点评查；2021年8月，H省法院委托北京法意科技有限公司采取技术加人工审核的方式对省院2019年10月至2021年7月共计15903篇上网裁判文书质量进行了评查。上述评查数据基数大且能相互印证，能够较为客观、真实反映H省案件质量情况。

② 部分案件存在多种质量问题。

扣除、裁判文书质量等与案件难易程度关联性不强的程序性事项上，合议制的表现也劣于独任制。

表1　2021年H省C、Y、Z三市两级法院案件发改情况表（单位：件）

	民间借贷纠纷		买卖合同纠纷		劳动争议纠纷		道路交通事故责任纠纷		离婚纠纷	
审判组织	合议	独任	合议	独任	合议	独任	合议	独任	合议	独任
发回重审	163	21	145	13	127	25	98	13	72	9
改判	98	6	102	7	82	17	62	9	51	13

如表1所示，因评查数据未提炼及甄别同类案件独任与合议质量比，笔者通过收集H省C、Y、Z三市两级法院数据，合议制发改率仍然明显高于独任案件，这与H省中基层法院相对较高的独任制适用率形成强烈反差。为了论证数据在全国是否具有代表性，笔者又通过裁判文书网以“发回重审”“改判”为关键词并通过人工筛选分析的方式随机调取了2021年北京、陕西、海南三地中基层法院各100件发改案件进行分析，结果显示各地法院独任制案件的发改率均显著低于独任制适用率且发改理由与H省不合格案件问题基本吻合，这体现出独任制案件的“简易”性优势。

通过以上分析，独任案件的质量在很大程度上反驳了对于独任制“专权”“擅断”的疑虑。虽然独任案件相对简单，但责任的“聚焦”也是独任法官慎重裁判的重要考量。而合议案件质量的倒挂，从某种程度上证明了合议效能的弱化，及饱受诟病的“合而不议”“形合实独”等现象的客观存在。

（三）程序之困：审判组织适用无序化

虽然独任制审理可以显著提升办案效能且案件质量相对较优，但让人困惑的是如此高效、简便、经济、便民的制度安排在我国司法实践运作中热度不高。

1. 独任制整体适用率偏低

表 2 独任制审判适用范围的法律规定

诉讼领域	相关法律对独任制审判适用范围的规定
民事诉讼	适用简易程序审理的民事案件，由审判员一人独任审理。基层人民法院审理的基本事实清楚、权利义务关系明确的第一审民事案件，可以由审判员一人适用普通程序独任审理。中级人民法院对第一审适用简易程序审结或者不服裁定提起上诉的第二审民事案件，事实清楚、权利义务关系明确的，经双方当事人同意，可以由审判员一人独任审理。人民法院有权裁定独任审理转化为合议审理，当事人亦有权提出异议（参见《民事诉讼法》第 40 条、第 41 条、第 42 条、第 43 条）
刑事诉讼	适用简易程序审理案件，对可能判处三年有期徒刑以下刑罚的，可以组成合议庭进行审判，也可以由审判员一人独任审判；对可能判处的有期徒刑超过三年的，应当组成合议庭进行审判。（参见《刑事诉讼法》第 216 条）
行政诉讼	适用简易程序审理的行政案件，由审判员一人独任审理。（参见《行政诉讼法》第 83 条、第 84 条）

如表 2 所示，我国各诉讼法对独任制适用范围有明确的规定，《民事诉讼法》更是通过规定简易程序适用范围、采取“正面清单” + “负面清单”的方式为审判组织的选择制定了标尺。为了考证全国法院对于独任制的适用情况，笔者通过中国裁判文书网以“民事案件”“基层法院”“独任”①“合议”“简易程序”“普通程序”为关键词检索，对全国基层法院近五年独任制审判适用情况通过大数据进行分析，并针对性剔除“独任仲裁”“简易转普通程序”等统计数据量。同时在热点排行榜获取前 10 位关键词及具体案由。

① 独任审判裁判文书主要存在独任审理和独任制两种表述方式。

表3　全国基层法院近五年审判组织适用大数据一览表（单位：万篇）

年度	基层法院一审民事案件裁判文书公开总量	含"独任"关键词文书量	含"合议"关键词文书量	含"简易程序"关键词文书量	含"普通程序关键词文书量"
2022年1—6月	107.3	3.7	2.2	32.4	7.9
2021年	809.6	23.54	17.9	243.8	61.9
2020年	1238.2	25.3	33.2	301.4	104.2
2019年	1274.6	19.4	55.3	302.1	137.4
2018年	1092.4	22.1	57.8	249.4	128.3

表4　全国中基层法院民事独任审理高频词及案由（单位：万个）

关键字	合同	利息	利率	合同约定	交通事故	强制性规定	误工费	违约金	返还	民间借贷
	99.4	76.9	54.9	39.0	38.7	31.7	31.5	30.1	30.1	28.1
具体案由	合同纠纷	机动车交通事故责任纠纷	离婚纠纷	生命健康身体权纠纷	保险纠纷	物权保护纠纷	劳动合同纠纷	知识产权与竞争纠纷	著作权权属、侵权纠纷	所有权纠纷
	162.4	34.7	22.8	5.5	5.3	5.3	5.2	3.5	2.4	2.3

如表3、表4所示，虽然近五年全国法院简易程序及独任制适用率稳步提升，但独任制审理案件绝对比例偏低，即便在新《民事诉讼法》实施后的2022年1—6月，从数据上粗略估算全国基层法院的一审适用率低于70%，剔除裁判文书上网的迟延与偏差，也显著低于简易案件的司法统计数据量和经大数据筛查以借贷为主的经济合同纠纷、道路交通事故责任纠纷、离婚纠纷等占所有关键词及案件类型的90%左右的独任制案件适用比率。

2. 不同区域适用率失衡

2020年试点法院一审独任制适用率为84.8%，二审独任制适用率为

29.3%。郑州市辖区14个基层法院独任制适用率达95.39%；2021年深圳市13万件纠纷通过简易程序快速办结，一审独任制适用率超过95%。[①] 上述数据不仅印证了基层法院90%左右简易案件量占比，同时对比全国不足70%的一审独任制平均适用率反映出独任制审理存在明显的区域失衡。

表5　全国中级法院民事独任审理大数据（单位：篇）

年份	上网文书总量	独任制审理文书上网总量
2022年1—6月	158859	14956（其中北京4551、广东3498、山东1559）
2021	996704	82821（其中广东18730、北京12157、山东7908）
2020	1414455	56592（其中北京6239、广东6907、河南8705）

如表5所示，笔者通过中国裁判文书网以“民事案件”“中级法院”“独任”为关键词检索，对2020年改革试点来全国中级法院二审独任适用情况进行分析。结果同一审独任制一致，显示出适用率地域失衡的明显特点。在新《民事诉讼法》实施后的2022年前六月，全国中级法院的独任适用率低于10%，且仅北京、广东、山东三地中院便占据了全国中院独任案件办理量的64.24%。

二、成因溯源：程序运行失范的深层剖析

正如何帆所言：“尽管我们一厢情愿地赋予司法许多‘高大上’的特质，但我们的司法制度，其实就是深深地嵌入在复杂的政制、复杂的体系和复杂的国情当中。不理解嵌入的背景和成因，就不能理解司法改革为何举步维艰，法治转型为何需要更多政治智慧。”[②] 上述样本数据反映出来的独任制扩张与规范之间潜藏着关系失衡的危险并非偶然，而是存在深层次原因。

（一）供需失衡问题：独任制实施效益衰减

著名的法学家波斯纳指出：“司法改革无论如何冠冕堂皇，总是基于积案

① 周强：《最高人民法院关于民事诉讼程序繁简分流改革试点情况的中期报告》，载最高人民法院网，https://www.court.gov.cn/zixun-xiangqing-288321.html，2023年6月29日最后访问。

② 何帆：《渐行渐远渐无书：法官等级如何与行政职级说再见》，载微信公众号“法影斑斓”，https://mp.weixin.qq.com/s/oP19MEAk_jYuuVMcz29zQA，2023年6月29日最后访问。

的压力。”① 随着全国法院案件数量的持续增加，案多人少已经成为人民法院审判权运行的鲜明特征。2006—2022 年最高人民法院工作报告中，均将人案矛盾表述为人民法院工作中存在的主要问题和困难。②

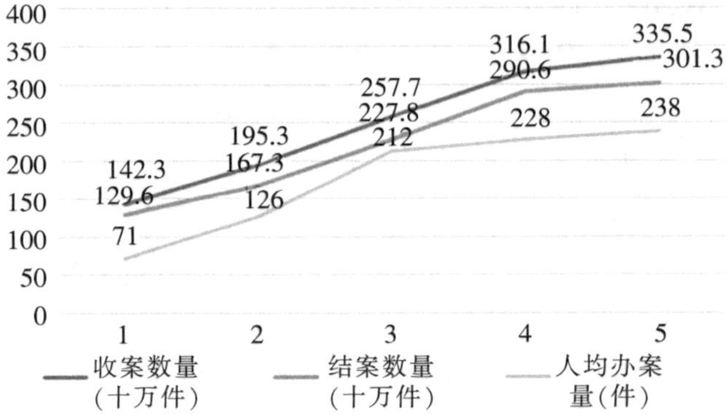

图 4　近年来全国法院收案、结案及法官人均办案数量一览表③

近年来全国法院案件呈井喷式增长，各类矛盾、各种纠纷不设防地涌入法院。由图 4 可以看出，过去 9 年各级法院受理的案件从 1420 余万件增长至 3355 余万件，法官人均办案量从 71 件迅猛提升至 238 件。与此同时，各种新业态新模式蓬勃发展，社会价值日趋多元，近年诸多司法便民措施、社会管理创新机制甚至“综合治理型司法”理念的推行更是对法院承载能力提出了更高的要求。“如何将审判业务与一般行政业务加以区别对待，将法院与一般党政机关区别对待，一直是司法体制改革并未真正解决的问题。”④ 各级法院尤其是基层法院担负了如脱贫攻坚、乡村振兴、疫情防控、平安建设、文明城市创建、优化营商环境等大量行政职能及事务性工作。在基本供端需求未有效配置的情况下，任何理想方案都会扭曲在现实面前，工作强度高、长期超负荷运转成为审判团队运行常态。独任法官办理案件数量无疑更高，责任压力更大，

---

① ［美］理查德·A·波斯纳：《联邦法院挑战与改革》，邓海平译，中国政法大学出版社 2002 年版，第 189 页。

② 2006—2022 年最高人民法院工作报告对于人案矛盾的表述从“部分法院”到“人民法院”、从“矛盾突出”到“矛盾依然突出”，这表明期间全国法院人案矛盾经历了从区域到整体的过程，此突出问题尚未通过本轮司法改革得到有效解决。

③ 数据来源于最高人民法院历年工作报告。

④ 张卫平、李浩、陈卫东、陈瑞华、左卫民、熊秋红、章志远：《关于“案多人少”的形成和破解有关问题的讨论》，载《民主与法制》2022 年第 13 期。

在案件基数过大、审判资源不足的紧张关系下，独任程序“变通”在所难免，完成办案考核任务成为法官分配有限审判资源的首要考量因素，独任制运行所预期的公平和效率都会大打折扣，实务中独任制较高的瑕疵率也回应了上述论证。

（二）立法规范问题：程序选择及监管模糊

1. 实施规程粗疏

对于民事独任制扩张有两种不同学术观点。一种观点认为，应对司法规律的演变，独任制扩张是必然之举。特别是在诉讼爆炸加剧、“案多人少”的大背景下理当“应独尽独”。另一种观点担忧独任制扩张是否会弱化当事人诉讼权利保障及案件裁判质量，认为必须谨慎对待独任制适用范围的扩大。出于加速应用独任制度释放人力资源的实践需要，独任制扩张的配套规程准备并不充分。《民事诉讼法》、最高人民法院发布的相关文件以及后续各地法院制定的实施细则对于独任制的案件识别手段、适用范围、审理方式以及程序转换等事项所作出的规定仍较为宽泛，存在内涵的模糊表达、所映射范围的语焉不详等问题，有待进一步细化与明确。且由于各地条件千差万别，试点法院的经验在全国不一定有普遍适用性。规程粗疏导致各地法院及法官存在主观化选择适用独任程序，是独任制适用率整体偏低及地域失衡的重要原因。

2. 监管约束制度缺位

要真正强化执业法律人的职业道德，一定要靠执业制裁。① 尽管《法院组织法》《法官法》等对院长、庭长的职能做了具体规定，但并未明确院长、庭长的司法行政管理职权边界。实际上除了界限并不非常清晰的“四类案件”，在现有模式下院长、庭长很难对个案尤其是独任审理的简案的运行情况进行监管，独任制审理属于“失控的大多数”。其背后原因主要有以下几点：院庭长对独任案件的掌握甄别缺乏有效途径；监管程序复杂、耗费精力大；通过参与合议、专业法官会议、审判委员会评审的案件毕竟有限等。因此院长、庭长不愿管、不真管、不严管，而将主要精力放在行政事务、办案绩效等其他方面，案件质量管控这一检视及补正制度未能有效运作。

（三）利益抉择问题：法官主观心态的功利性

趋利避害是“有限理性人”的行动逻辑，马克思曾经说过：“人们奋斗所

---

① 苏力：《法律人自身的问题》，载《北方法学》2011 年第 4 期。

争取的一切，都同他们的利益相关。”① 如果认为独任制质量较优体现了其案件本身的简易性特征，那么适用率整体偏低及地域严重失衡则折射了法官隐晦的价值策略。在应然意义上，法官应是“居中裁判”和“正义守护”的法律人，其行为决策应当追求最优和最正义的裁判结果。然而依据布迪厄理论，司法场域不是封闭的，其与社会权力其他场域之间存在着复杂的关联，并受到其他场域挤压和影响。② 法官基于“理性经济人”之角色定位，则会追求司法行为结果的利益最大化，从而作出趋利避害的策略行为，导致决策行为出现偏差。独任制审理将法官个人置于“孤立无援”的境地，而严苛的司法责任制及绩效考核无疑让独任法官处于担忧被追责的惶恐之中，并由此出现主动让渡独任裁判权、案件质量与整体纠纷化解能力下降等负面现象。相对于独任带来的效率优势，法官更为珍视的风险管控需要可能会使理性利益抉择的设想朝着相反的方向发展。从理性经济人的角度上来说，放弃独任审理追求责任分散或者旁观者效应，③ 选择将并不复杂的案件“形合实独”提交合议庭或专业法官会议甚至审判委员会研究稀释责任是合理的。

（四）考核导向问题：质量评判的空泛与同质化

“社会在任何时候都不可能只依赖某一个制度，而需要的是一套相互制约和补充的制度。”④ 在现有模式下，考核机制并未顾及不同审判组织特点与不同法院对于实施独任制在法官认知、能力水平、案件类型等方面的差异。合议制与独任制具有不同功能与特征，相较于合议制审理方式独任制具有责任明确、效能优越、有利于尊重和发挥法官能动性和创造性等优势。但显而易见的是，不同审判组织案件质量考核评判高度同质化。独任制与合议制除了程序简易性方面的区别，绩效考核普遍未将鼓励独任制扩张适用、激励发挥灵活易行、高效率低成本等制度优势嵌入评判体系，对于独任制适用率、质量评判等关键要素缺乏针对性标准。同时目前的案件评查等质量管理活动，存在评查标

① ［德］马克思：《第六届莱茵省议会的辩论（第一篇论文）》，载《马克思恩格斯全集（第 1 卷）》，人民出版社 1956 年版，第 82 页。

② 张心向：《论场域资本运作对刑事司法的影响——以布迪厄资本理论为分析视角》，载《南开学报（哲学社会科学版）》2009 年第 2 期。

③ 其具体是指对某件事来说，如果是单个人被要求独立完成人物，责任感就会很强，会作出积极的反应。但如果是要求一个群体共同完成任务，群体中的每个个体的责任感就会很弱，面对困难或遇到责任往往会退缩，其实质就是人多不负责，责任不落实。

④ 苏力：《制度是如何形成的（增订版）》，北京大学出版社 2007 年版，第 55 页。

准泛化与缺乏统一性、评查主体缺乏权威性、评查效果缺乏实质性、评查结果运用缺乏多元性等问题，监督和引导作用仍较为有限。考核制度设计的功能片面化、指标设置的非科学性与治理目标的模糊化阻碍了考核预期的“指挥棒”和“体检表”作用的发挥。

三、效能提升：独任制运行的理性规范

赋予法官独任审理及判决的权力并不是问题，而法官行使权力的态度和能力，如何实现独任审理的质量及效能最优，才是问题的焦点。

（一）独任程序立法真意的揭示

独任制扩张是理性认知司法发展规律的抉择结果。从根本上说，衡量一项制度合理性的根本标准应当是看其能否实现公正与促进效率，制度应随时代发展而变革。① 由于对不同事物的认识规律及处理能力的不同，因此不同阶段对于不同难易程度的案件所需要投入的司法资源也不同。美国学者克里斯·安德森提出的长尾理论（Long Tail Theory）能够较好解释独任制扩张的司法价值。长尾理论高度注重看似需求极低的商品生产、储存、流通展示、销售等环节的便利性，认为一旦上述各要素成本降到足够低，这些需求和销量原本不高的产品所共同占据的市场份额可以与主流产品相当，甚至达到更大的市场份额。与二八定律不同之处在于，长尾理论更加注重于被忽视的80%资源的价值。应依托现已建立的“四类案件”发现机制设定科学的适用标准，于诉前调解、立案、繁简分流阶段甄别并标识独任或合议制审理及原因并随卷流转，以“列举+兜底”方式，明晰独任制审理适用范围。对于民间借贷纠纷、买卖合同纠纷、劳动争议、道路交通事故责任纠纷、物业服务合同纠纷、银行卡纠纷等实践中独任制适用率较高的案件可通过系统推定标识为独任审理；案件的繁简是一个动态变化的过程，立案环节对民事案件作出的繁简判断，实则是一种形式化、静态化的判断。② 对于简易特征不明显的个别案件，仅在案件处理所耗费的司法智力输出明显超出了通常的水平时才必须移交合议庭审理，并且作出此种判断时应当结合独任法官自身的状况。在二审独任审理案件的识别方式

---

① 胡学军：《独任制扩张的内在逻辑——兼评〈民事诉讼法〉修订中审判组织形式的变革》，载《社会科学辑刊》2022年第3期。

② 左卫民、靳栋：《民事简易程序改革实证研究》，载《中国法律评论》2022年第2期。

上，应将系统自动识别与人工筛选相结合，依据一审程序的简易性以及案件的疑难、复杂程度划定。后期可结合完善四级法院审级职能定位改革，鼓励部分法院大胆探索推定当事人同意适用独任审理制度，除当事人以书面形式明确表示不同意适用独任制的情形外，均以独任为原则合议为例外，全流程保障二审独任稳健实施。

（二）独任审判的专业化、标准化和实质化

1. 保证独任法官履职资质

从比较法视野来看，职业化程度较高的法官队伍是扩大独任制适用范围的前提和基础。由于目前基层法院案件处理的实际需要，以及初任法官任职前的现实履职情况较为复杂，很难“一刀切”的把握。但总体而言，初任法官应当遵循有限参与独任审理原则，仅允许承办简易程序独任制案件，其审判经验过渡积累期主要通过参与合议庭审理方式完成。一方面，可以通过审判组织的强化弥补个体能力的不足；另一方面，则充分发挥了合议庭培养、训练新任法官的价值功能，使年轻法官在合议审理中承继审判经验，逐步同质个体差异化的法律见解，在实战中磨砺司法技能，得到快速成长后再专司独任审判。

2. 推动标准化审判及专业化团队建设

“在现代理论看来，传统社会与现代社会的系统形态之间一个重要不同之处便在于结构分化和功能专门化的程度有异。”① 突破路径在于各法院在将案件类别化归纳的基础上建立专门适用审理独任案件的部门及相对固定的法官队伍，将法官从“全案由轮流分案”模式中解脱出来。由相对专业的法官专门审理某类型的案件，使法官成为“专科医生”，办理好一案就能促进形成本院一类案件的审理方法，带动一批案件的标准化审理，产生较大示范效应。同时，专业化审判团队具有业务明确、权责明晰、规则明了等优势，促使审判团队自我监督管理主动性更强，院长、庭长等外部监督管理针对性更足，审判监督管理制度建设实用性更高。为解决专业化审判可能出现的利益固化、人案捆绑等制度弊端，专业化审判团队成员需综合考量审判绩效考核、岗位年限、专业特长、个人意愿及廉政风险等因素确定。在具体的实施过程中可通过定期与不定期相结合方式，在审判团队之间统筹推进轮岗交流，实现人岗动态匹配、审判专业化与人员内部流动有机结合。

---

① 左卫民、周长军：《变迁与改革——法院制度现代化研究》，法律出版社2000年版，第22页。

3. 完善类案实质化指导

鉴于当前存在同一法官就其审理中的多个同类案由案件申请上专业法官会议、多个法官就同类案由案件的裁判同时请示上级法院同一部门或同一法官等现象，造成重复劳动和审判资源的不必要浪费，为法院内部裁判标准尺度不一致埋下了隐患。我国台湾地区的“延伸程序”与“缩短程序”，提供了一种解决问题的类比借鉴。前者指的是按照法定阶段开展的程序性活动，而后者则因启动条件的不同，而将其程序缩减成一个执行步骤，是一种缩短的强制程序。① 置于类案指导语境之中，我们可将法官收集审判案例、提交法律问题视为一般“延伸程序”，而将上级法院或本院审判委员会、专业法官会议对于类案裁判的指导意见反馈视为一种“缩短程序”。新模式实施后，一类案件通过一次专业法官会议或一次请示上级法院，就可形成区域性类案裁判指引并及时下发，既提高了专业法官会议的质量，又提高了上下级法院的沟通效率。

（三）多元化的内部质量监管机制

1. 从“扩容”到“提质”，优化独任考核评查体系

普特南指出：“拥有一个帮助我们选择有效的手段以求达到我们目的的工具是有价值的，但是知道我们选择什么样的目标也是有价值的。”② 在考评体系方面，根据独任制“简易”特性制定有区别于合议制的考核指标，并将各法院独任制适用率等关键指标纳入考核范畴，鼓励提高独任适用率。在条线内，细化分解各项考核指标权重，辨析合议与独任不同的价值取向，引导独任法官发挥便于与当事人交互、责任明晰、效率较高的制度优势；在条线间，推进跨条线审判绩效考核方案制定，制定科学合理的工作量量化标准，做到条线之间动态平衡，推进专业化审判进路；条线外，依据不同案由做好发改、上诉案件的研究分析，科学界定契合司法规律的独任案件质量评定标准。将其引导到服务、配合、支持及保障法院运行的终极目标——司法产品的高质高效产出上。③

2. 从“工具”到“目的”，强化多样化监督合力

考虑到由于合议制所具有的发挥集体智慧和内部监督制约功能的消弭，需

---

① 李建良：《论行政强制之执行方法》，载《政大法学评论》2000 年第 63 期。

② ［美］普特南：《理性、真理与历史》，童世骏、李光程译，上海译文出版社 2005 年版，第 145 页。

③ 顾培东：《法官个体本位抑或法院整体本位——我国法院建构与运行的基本模式选择》，载《法学研究》2019 年第 1 期。

行之配套的机制予以保障和制约，防止独任制实施过程中损害司法公正及司法公信力。一是要统一适用法律。依托法院现有的专业法官会议、审判委员会等制度功能机制，以及结合建设全国或者区域性的类案及关联案件检索机制、法律适用疑难问题网上咨询系统等平台，进一步完善法律适用统一平台载体，发挥对独任法官的咨询、监督作用。二是充分发挥当事人监督制约作用。能够在诸多社会制约条件下正常运行，以及人们的普遍接受认可是判断制度合理性和正当性的重要标准。① 在改革效能延伸或回归效果或目的导向的过程中，应当尊重二审程序中当事人独任制适用的选择权，保障当事人独任制适用的异议权，强化当事人制约监督作用。三是明确“范围与界限”，强化院长、庭长监督。对于符合新《民事诉讼法》第 42 条规定的涉及重大利益、影响社会稳定、产生广泛社会影响、新类型或疑难复杂、法律规定应当适用合议制六类案件，以及司法责任制相关文件确定的“四类案件”不得适用独任制。立案部门应当加强对此类案件的识别、标注和提示，将程序分流和审判组织选择适用有机结合、综合考虑。

3. 从“单向”到“交互”，建立对话式讲评机制

目前对于独任案件审理主要通过发改、评查等方式进行事后监管，一方面信息反馈滞后，不能对个案进行及时指导；另一方面办案法官处于被动式接受，没有与监督者对话沟通的机制，甚至因为害怕被发改而放弃自己独立思考和判断的能力和品质。实务中下级法院层出不穷、于法无据，架空四级法院职能定位的判决前向上级法院请示汇报现象，一方面源于考核压力倒逼，另一方面也源于上级法院的权力任性及信息的单向不对称输出。故无论从平衡各方面期望的角度还是基于打破权力壁垒的考虑，② 上级法院在行使对独任审判案件的发改权、评查权的同时，应当避免权力滥用，坚持靶向式纠错，进行讲评说理。讲评程序可细分为原承办法官申辩、二审法官讲评、干警交流及院长、庭长总结，引导冲破视野“围墙”和信息“孤岛”，在智慧碰撞中凝聚共识。

---

① 苏力：《送法下乡——中国基层司法制度研究》，中国政法大学出版社 2000 年版，第 89 页。

② 陈洪杰：《司法认同的期望象征反思“无偏倚性”程序策略》，载《中外法学》2022 年第 3 期。

结 语

习近平总书记强调："司法体制改革要坚持符合国情和遵循司法规律相结合。"① 在我国司法体制改革进入深水期的大背景下，延伸至二审的独任制作为新生制度必然需要及时回应理论与实务、实体与程序之间的隔阂问题。本文从实践出发，对独任制扩张运行困境进行考察，试图通过一整套探问的技术方法挖掘制度适用方面的根源性问题，着重探讨了如何通过明晰独任制适用、实施专业审判、多元化案件质量监管及配套体系构建，力促独任审判权理性运行并激发实施效能，以期对独任制应用和司法管理实践有所裨益。

（宋孝悌 胡柏茂 杨珺玲：湖南省嘉禾县人民法院）

① 习近平：《习近平谈治国理政（第二卷）》，外文出版社 2017 年版，第 132 页。

涉诉信访视野下民事再审程序空转的审视与改进

——以H省L市人民法院涉诉信访案件为分析样本

伍玉联　文　兰

完善再审程序运行机制，实现再审依法纠错与维护生效裁判权威相统一是审级职能定位改革中的“重头戏”之一。① 再审程序与涉诉信访有着密切关联，其正处于正统诉讼程序与涉诉信访交织的接口部位，在涉诉信访事项纳入司法程序的法治化进程中，再审程序也具备了消解涉诉信访的功能，2012年《民事诉讼法》将再审路径重置，2022年《民事诉讼法》延续了这一路径规定，《关于完善四级法院审级职能定位改革试点的实施办法》中改革再审程序，调整了民事诉讼法、行政诉讼法关于再审申请原则上“上提一级”的规定，进一步完善了申请再审的标准和程序，均体现了立法者将涉诉信访纳入法律程序的初衷，实现再审程序的法律性与政治性、社会性的统一。② 通过构建再审程序与涉诉信访的闭合化解模式，实现涉诉信访在法律程序内逐步消解，契合再审制度设置的目的。故如何从涉诉信访视野下优化再审程序，使其更为合理顺畅地运行，激发再审程序应有的功能效用，具有重大的现实意义。

---

① 施林、刘文学：《法院审级职能定位改革：夯实公平正义的制度基石——全国人大常委会听取审议四级法院审级职能定位改革试点情况中期报告》，载《中国人大》2022年第17期。

② 张卫平：《再审诉权与再审监督权：性质、目的与行使逻辑》，载《法律科学》（西北政法大学学报）2022年第5期。

一、透视：涉诉信访中民事再审程序空转之实践样态

（一）经过再审的案件信访比率依然高位运行

本文以H省L市人民法院为例，深入考察了当前涉诉信访案件中适用再审程序的情况，发现当前涉诉信访案件中再审程序适用率高，占比重。H省L市法院建立了涉诉信访台账制度，将上级法院交办、其他单位转办及向本院来信来访的案件列入台账管理，截至2022年10月20日，该台账目前为未化解的涉诉信访民事案件为34件，共有19件经过了再审程序，① 其中5件信访人已申请再审，占比达71%。

由此可见，经过再审审查的案件中，信访比重依旧很高。大部分涉诉信访案件系民事再审审查后的去向选择，如H市法院信访台账中较难化解，并被最高人民法院关注的罗某某信访案，其不满一审二审判决，申请再审。反之，涉诉信访案件法院主动启动再审或检察院提起法律监督的案件少，样本台账中仅有1件因未经二审，L市法院主动启动再审复查程序，最终该案也未进入再审。事实证明，信访人或因诉求未得到满足而申请再审，其对申请再审热情高涨，但在再审审查后不满通过信访延续其诉求表达。

（二）涉诉信访案件中民事再审审查形式单一

当前我国再审程序构造为“二阶结构”程序设计，即再审启动和再审审理两个阶段，先对再审申请进行审查，对再审事由成立且符合民事诉讼法及有关司法解释的，人民法院裁定进入再审。而在实践中，再审滥与再审难仍未得到有效解决，当事人申请再审不难，但案件能够真正进入实质化再审环节难。② 在样本台账中仅有2案进入了再审审理程序，占比10.5%，其他均为驳回再审申请。而未进入再审审理程序的案件，在审查阶段中采用的审查方式一般为非诉程序，民事诉讼法及司法解释在对事由存在与否均采用“审查”，反映的是法院与当事人之间的两面关系，并非囊括双方当事人的三面关系，而非诉程序并不一定需要经过开庭审理，而是适用书面审理较多。如H省高级人民法院出台的《关于规范民事再审审查案件审查程序的工作指引（试行）》中明确“对再审审查案件进行审查时，认为需要调卷的，应当依据电子卷宗借

① 该再审程序包括再审审查程序和再审审理程序。

② 吴英姿：《“再审之诉”的理论悖论与实践困境——申请再审权性质重述》，载《法学家》2018年第3期。

阅的相关规定调阅电子卷宗。对再审审查案件进行审查时，应根据案情需要，决定是否询问当事人。对于进入再审的，或案件事实复杂、权利义务关系不明确、有新证据等有必要进行调查询问的，应当组织当事人进行调查询问。调查询问可以采取远程视频的方式进行。调查询问可以由承办法官主持，也可以由受承办法官委托的法官助理主持”。指引中载明的审查方式包括必要时调卷审查、调查询问审查，未明确具体情形的审查方式，在日趋增加的再审申请压力下，再审审查一般情况适用书面审查，听证审查、询问审查等其他审查方式适用率低。且书面审查中未触及“服判息诉”之目的，对信访的形成渊源、详细诉求、后续处理并不纳入考量范围，沦为重“过场”轻“化解”的形式审查。

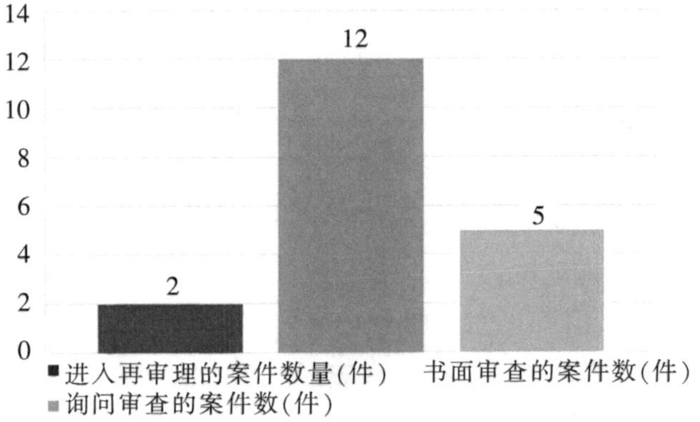

图 1　涉诉信访案件中适用再审程序的审查形式（单位：件）①

（三）民事再审与信访工作融合度不高

再审制度中蕴含多重法律价值，比如江伟认为，再审程序的价值取向包括“安定、秩序与公正之协调”“公正与效率之协调”。② 江必新认为再审制度应当综合平衡多种法律价值，处理好六对关系：一是纠正错误裁判与维护法的安定性之间的关系；二是保护申请再审人权利和保护被申请人权利之间的关系；三是防止违法审判与节约司法资源之间的关系；四是注重个案效果与追求整体利益之间的关系；五是有错必纠与维护司法权威之间的关系；六是治理“再审难”与治理“再审滥”之间的关系。③ 2007 年《民事诉讼法》的修订也将

① 该数据为笔者在与每一个涉诉信访人进行访谈时收集整理得出。

② 江伟：《民事再审程序的价值取向与申请再审程序的完善》，载《法商研究》2006 年第 4 期。

③ 江必新：《论民事审判监督制度之完善》，载《中国法学》2011 年第 5 期。

完善再审程序如强化检察监督、2008 年《最高人民法院关于适用〈中华人民共和国民事诉讼法〉审判监督程序若干问题的解释》增加了案外人申请再审权等，以解决多种司法顽疾的美好愿景。但在实践中，这种修订所预期的多个目的并未能实现。在样本台账中，18 件案件经过了再审后，当事人仍对此不满，转而通过信访寻求救济，再审结论无法产生“一锤定音”的效果。笔者在日常接访中，与样本台账中的信访人进行访谈发现，信访人认为再审审查并未进行实际调查就得出结论、法官对在再审审查中当事人提出请求调解或者进行司法救助的情形不予处理、再审裁定文书说理基本与生效判决理由一致等，故对再审结论并不能接受，再审结论对当事人并不能使当事人信服，“你审你的，我访我的”成为一种常态。同时，再审结论也未实现与信访的有效衔接，信访部门并未将再审结论纳入其评定信访诉求是否合理、是否可进行终结的考量范围内。（详见表 1）

表 1　涉诉信访案件中对再审结论不满的情况

序号	当事人不满情形	具体表现	反应次数
1	再审审查方式过于简单	未开庭、未问询，书面审查，未充分听取意见	12 次
2	审查就是简单地走程序，未进行认真的审查	文书说理并不充分，与生效判决理由基本一致	16 次
3	未进行实质性的处理	要求调解或请求司法救助，均未进行	7 次
4	未处理信访诉求	未书面或口头回应诉求，发文书后对当事人的异议仅告知向检察院申请监督	15 次

二、探析：再审程序空转之危害及缘由

（一）涉诉信访中民事再审程序空转的危害

1. 程序空转导致涉诉信访延续

再审程序的实践样态反映了当前再审程序中缺乏实质审查、适用效果不佳，程序空转也造成了涉诉信访无法消除，甚至因为程序空转而加剧了信访人的不满。且再审申请只需形式审查符合条件就可立案，不少当事人改变原生效判决抱有较大期望。审查期限一般情形下为三个月，在特殊情况下可延长审理期限，因此信访人满怀期待下得到的是驳回申请的裁定，巨大的失落引发了对

程序的不满及当事人强烈的不信任，当事人又回流至信访的老路，甚至采用缠访闹访等过激形式表达诉求，痛斥司法不公。

2. 耗费审理及信访资源

在当前审级职能定位改革中，通过调整四级法院案件结构，构建梯次过滤、层级相适的案件分布格局，推动实现基层人民法院重在准确查明事实、实质化解纠纷；中级人民法院重在二审有效终审、精准定分止争；高级人民法院重在再审依法纠错、统一裁判尺度；最高人民法院监督指导全国审判。[①] 因此高院的职能进行了相应的调整，其再审程序也应进行相应的优化和完善。但目前再审程序空转使得纠纷矛盾无法得到实质性解决，审判资源未发挥其效能。同时，再审案中案结事未了加剧了基层法院信访工作压力，使得有限的信访资源被耗费，且所花费的精力成本远远超过了再审实质化审理的成本。

【信访案例 1】罗某某不服土地承包经营权互换合同纠纷案

“我和我的邻居交换了土地，现在邻居不承认，还在我的土地上建坟。我们交换的时候村上是知道的，现在我要求对方迁坟、重新在这块地上修我们家出门的道路的这个诉求是合理的。但一审和二审因为我未提交交换的书面证据所以驳回了。我去高院申请再审，他们看都不看我的东西，我也没有见到法官，最后作出了驳回的决定。所以我才穿冤字的状衣去省高院告状。”信访人罗某某在 L 市法院院长接访中陈述。

该信访人的信访事项最终仍交办至一审法院，而一审法院为妥善化解该信访事项，多次接访、听证。如罗某某因工作原因，只有周末有时间，2022 年 7 月 23 日、8 月 20 日，L 市法院院长两次在周六接待了罗某某父子，并用通俗易懂的语言阐明了案件涉及的法律问题，通过释法明理对其在案件及法律、法规认识上的偏差进行了正确的解释说明，引导其理性维权。经过多次释法明理和劝导，打开了父子俩的心结，尤其是有访必接、有访随时接的态度让其受到了感化。同时，L 市法院院长主动协调市委、政法委、乡镇以及其他市直单位的力量，主动向上级法院汇报，寻求化解思路，争取化解资源。2022 年 7 月 20 日，L 市法院院长邀请 L 市 G 镇党委书记、政法委员等人到法院参加专项化解会议，明确化解工作的具体措施及时间节点，共同密切关注信访人动向。2022 年 8 月 26 日，L 市法院院长又邀请 G 镇政法委员、YG 村委书记参加案

① 刘峥、何帆：《〈关于完善四级法院审级职能定位改革试点的实施办法〉的理解与适用》，载《人民司法》2021 年第 31 期。

件讨论会，专题研究罗某某信访化解方案。2022 年 8 月 29 日，L 市法院工作人员与乡镇书记一道前往罗某某家中，基本达成化解意向。第二天，L 市法院院长第三次组织 G 镇、YG 村委相关领导、罗某某及其两个儿子召开专门会议，在其儿子的劝说下，罗某某最终在息诉息访协议上签字。一起多年的信访案得到化解。

3. 引发对司法制度的信任危机

立案登记制下的再审审查程序实质上完成了对再审申请的诉权化改造，①再审申请性质为针对原审裁判的撤销之诉，在审查过程中虽应慎重，但同时也要关注司法运行中的政治性、社会性等因素，因为我国现阶段法治运行与西方法治和传统法治国家不同，基于社会关系构成和治理方式的不同，我国司法运行中法律与政治、社会等关系更为紧密，尤其是信访本身是具备政治性的制度，故在再审程序中应充分考虑，发挥消解信访张力的功效。而当前程序空转则未回应当事人关切，沦为形式主义的再审审查降低了人民群众对司法的满意度，降低人民群众对程序公正和办案效率的正面评价。如在与信访人林某某、吴某某接访过程中访谈内容，可以明确感受到程序空转所引发的不满情绪。

【信访案例 2】林某某不服土地租赁合同纠纷案

林某某：我的案子从一、二审到再审，我还向检察院申请了法律监督，级别越高，越难见上承办人，根本不知道怎么作出来的结论。走了这么多法律程序，我的问题还是没有得到解决，提出的诉求也从未得到有效回应，我对继续通过法律途径来实现我的权益已经没有信心了，我只能举报、写信，让中央的领导看到我的情况，来调查，看看办案过程是不是公正，给我一个公正的说法。

【信访案例 3】吴某某不服民间借贷纠纷案

吴某某：我已经不想继续申诉了，根本没有任何意义。我把材料交过去，他们看都不看我的东西，也不见我的人，再审根本没什么用。

（二）涉诉信访中民事再审程序空转的缘由

1. 再审功能认识不匹配

信访人对再审功能期盼源于我国历史上源远流长的“鸣冤申冤”现象，“审判监督程序”在信访人的视野中也成为其信访的直接制度基础，诉讼法确

---

① 吴英姿：《“再审之诉”的理论悖论与实践困境——申请再审权性质重述》，载《法学家》2018 年第 3 期。

立了涉诉信访的基本格局，对于已经生效的司法判决，当事人不服可以向上级法院申请再审，也可向上级法院院长甚至最高人民法院院长提出申请，要求他们提起案件再审，还可以向检察院提出申请，请求他们对裁判提起抗诉。这些制度，将旨在推翻生效裁判的上访行为合法化，为涉诉信访提供了扎实的制度支撑。① 然而，在审理者视野下，要维持生效判决的既判力，既判力原理决定再审程序“择案而审，有限纠错”的补救功能，其作为例外的救济程序，其功能定位是“补救”，即补充性救济，而这种需要补正的情况往往是非常严重的，达到破坏裁判的正当性基础、不加修正将危及整体司法公正的程度，因此，确有必要冲破该生效裁判的既判力，以便采取措施修正和祛除瑕疵，恢复实体或程序正义。② 在这一视野下，审理者认为涉诉信访问题的解决不能单靠一个再审制度，故在审理时并不会触及信访人的诉求，而只是秉承谨慎态度进行审查，或以案卷为中心进行审查审理，无法满足民众内心对司法的不合理期待，这种认识偏差致使再审程序空转并引发不良效应。

2. 资源配置不足降低审判质量

随着案件激增，案多人少矛盾突出，即便目前广泛适用多元纠纷解决机制、繁简分流等，但是在当前无法解决该矛盾，且面对审限考核、结案率等绩效考核要求下，包括一审、二审案件质量无法得到充分保障，没有足够的精力对案件精雕细琢，服判息诉工作不到位，进而导致案多人少矛盾扩散到上级法院。而在高级法院，民事再审审查案件的数量大幅增多，人员配置与案件数量未实现匹配，以H省高院为例，民事再审审监庭为3个，员额法官23名，法官助理18名，然而办案数量逐年递增，自2019年起每年平均民事申诉案件达6000件以上，民事再审案件达300件以上。且目前再审程序的繁简分流机制未得到有效构建，高级法院再审审查任务量大，故在审查过程中出现了涉及涉诉信访的繁案进行书面审、未进行实质化审查成为常态化等问题，信访人无法充分有效参与到再审程序中来。同时，当前部分法院在再审案件中实行的“立审分离”，此种模式中再审审查阶段要花费大量司法资源确定案件事实和法律关系以确定是否有必要再审，审理阶段要再次审查案件事实和法律关系以

① 李红勃：《到人民法院去：当代中国涉诉信访的法社会学分析》，载《中国法律评论》2017年第2期。

② 汤维建等：《民事诉讼法全面修改专题研究》，北京大学出版社2008年版，第398页。

确定是否纠正，重复劳动加重审判负担，也加重当事人负累。同时，立审分离模式之下，各地法院对于再审审查的标准差异较大，有的认为当以再审改判标准来规范再审审查启动标准，因为启动再审就是为了纠正错误，只有有改判空间，进入再审才有意义；而有的则认为应与立案登记制的精神看齐，如果当事人申请事由成立，则无论是否达到改判标准均应当进行再审审理。这种差异导致程序空转，影响司法权威。①

3. 再审制度与涉诉信访制度未实现有效衔接

信访工作要求包括两个不拘泥及三个必须，即不拘泥于原调查意见，不拘泥于原处理结论，必须实地调查核实情况，必须当面听取信访人陈述，必须掌握信访事项涉及单位和人员意见。由此可见，在信访中也无需考虑是否经过再审及再审结论。而在再审程序中，《民事诉讼法》及相关司法解释中对再审审理是否需要开庭或听证并无强制性规定，对再审审查方式无硬性要求，与上述信访制度截然不同。两个制度在设计上便是完全分割、无法交融，故在实践运行中也是各自运行、自说自话。

三、改进：可消解涉诉信访的再审程序之制度优化

（一）推行立审合一，降低程序空转

建立民事再审案件立审合一模式，将再审审查与审理部门合二为一，减少了一批人运转，避免重复劳动，可以缩短再审案件的审理周期，也有利于统一再审审查和审理的标准，把好再审入口。将民事再审审查工作调整归口至负责再审审理的审判监督部门，由审判监督部门负责审查和审理程序。首先，这里的立审合一之“立”并非申请再审审查登记之“立”，而是指经再审审查程序后决定进入再审审理之“立”，即再审审查程序前置之“立”，接收案件材料等立案登记工作仍由立案部门负责。其次，立审合一之“合一”是主体的合一，而非程序的合一。由于申请再审审查程序的前端过滤功能不可废弃，不能将立审合一理解为再审审理程序对申请再审审查程序的吞并。该模式下，仍然保持两个程序的相对独立，只是实行由审判监督部门直接执行两个程序，不再另行组成合议庭审理。目前湖南高院进一步规范全省法院民事申请再审案件的“立审合一”工作，在其印发的《关于规范民事再审审查案件审查程序的工作

① 林越坚、刘青青：《博弈论视角下民事再审监督机制的程序优化》，载《法学》2015 年第 3 期。

指引（试行）》中明确“人民法院立案部门收到申请再审材料后，经审查认为符合法律规定的立案受理条件的，应编立再审审查案号，发送相关诉前文书材料，并按照相关分案规定，将案件移送至审判监督庭审查”。另有辽宁高院、广西高院、黑龙江高院等采用立审合一的模式，但重庆高院等地仍采用分立的方式，① 故需将立审合一的模式进行推广和普及，可有效地降低程序空转，激发再审程序功效，提供实质化审查的可能。

（二）重视程序功能，推进实质化处理

法院系统开展的诉源治理和多元解纷工作，已将司法服务延伸到法院审判以外，以期通过诉前和解、司法确认等方式，化解矛盾纠纷，民事再审审查程序亦应符合时代要求，站在信访实质化解的角度，适当延伸民事再审审查功能。

再审审查前进行“主动干预”。对案件仅仅存在瑕疵而不足以提起再审，直接驳回再审申请虽具有合理性，但不利于案结事了和矛盾化解。司法虽具有被动性和谦抑性，但对于含信访在内的司法风险却不能采用被动方式应对，应延伸司法职能，积极研判，发挥司法能动性，保障信访人的有效参与，涵养“回应型”模式，减少法律的强制性，增强法律的认知性、能动性和开发性。② 因此，在审查前可提前干预，即在收取申请再审材料时，进行风险评估，对存在风险的案件，可引入多元化解纠纷机制，充分调动社会力量参与化解，比如律师、基层组织、人大代表、政协委员等，形成化解矛盾的强大合力，在分流法院再审压力的同时，也有助于缓解经过了多次审判程序仍未达到内心认同的当事人对于法院的“敌对”情绪，达到矛盾纠纷的多元化解、实质化解的效果。③

再审审查及审理时进行“实质审查”。对审判者来说，司法判断的前提是亲历性，即亲身经历程序、直接审查证据，才可得到鲜活、丰富的案件信息，从而获得正确作出司法判断的基础和条件。④ 且以庭审为中心，推进实质化审查和审理，采取兼听和辩论的方法，采用公开的方式、严格的程序与合理的技

---

① 舒金曦：《对民事再审审查程序的反思与完善》，载《法律适用》2021 年第 3 期。

② 詹建红：《论我国刑事司法模式的回应型改造》，载《法学杂志》2020 年第 4 期。

③ 梁坤：《“案结了事—案结事了”：民事再审审查程序的矛盾化解模式构建——以 S 省 H 市中院 2018 年至 2020 年申请再审案件为分析样本》，载《山东法官培训学院学报》2021 年第 2 期。

④ 龙宗智：《庭审实质化的路径和方法》，载《法学研究》2015 年第 5 期。

术，具备正确判定事实和适用法律的最佳条件，司法公开带来看得见的司法公正，也有利于信访事项化解。若仅仅进行形式审查，不开庭或听证，或庭审沦为虚化，则丧失了庭审的优势和优越性，无法发挥其本身应发挥的功能，甚至是加剧了当事人对司法的偏见。对当事人来说，法院采用不开庭的书面审理，其最深刻的感受是审判的神秘化，即审判活动全程保密，法官武断裁判案件，当事人质证辩论无门，社会大众难以监督。而再审比起一审二审，应当是更为严格的审判程序，应当遵循司法原理，应当给当事人提供程序上的权利保障，接受社会的监督，由于广泛采用非公开的方式，导致其功能基本无从实现，即使结果是公正的，这种公正性也不免让人产生怀疑。① 而当前基于再审案件数量激增，部分高级法院在再审案件中实行繁简分流，有效地提升了再审案件审理效率。但在繁简分流中必须仍将涉诉信访纳入考量因素，对涉诉信访案件或者通过风险评估存在信访风险的案件，不能采用简案的方式进行审查，而应进行实质化审查。基于再审第一阶段的核心和重点是关于再审事由的查明和裁判，是关系再审当事人双方的实体利益，涉及案件的事实和法律适用问题，因此应当适用诉讼程序，按照诉讼审理的各项原则加以审理。② 实现以审判为中心，弱化案卷影响，例如提高开庭审理比例，或采取询问、听证等方式进行再审审查，保障审查的公开性，而非像起诉审查一样适用书面原则、间接原则。③

（三）深化后续追踪，实现再审与信访制度的有效融合

完善程序完结后的疏导。从再审申请进行风险排查到再审审查中开展听证等进行实质化审查，实现了再审与信访制度的前中端衔接。故在后续追踪时，也应实现再审与信访制度的有效衔接。即再审结论应作为涉诉信访事项处理、复查、复核意见的重要依据，对于通过民事再审审查程序不能事了的案件，信访风险评估较高的，可以进行“内部移交”至信访部门，按照信访处理模式处理。生效裁判结果正确的，进行法律释明，判后答疑。答疑的内容包括事实认定和法律适用。法律适用通过判后答疑往往能够消除当事人疑虑，而事实认

① 魏胜强：《司法公正何以看得见——关于我国审判方式的思考》，载《法律科学》（西北政法大学学报）2013 年第 6 期。

② 张卫平：《再审诉权与再审监督权：性质、目的与形式行使逻辑》，载《法律科学》（西北政法大学学报）2022 年第 5 期。

③ 魏晓娜：《以审判为中心的诉讼制度改革：实效、瓶颈与出路》，载《政法论坛》2020 年第 2 期。

定，因当事人固有的追求客观真实的思维定式，法官在与之释明证明责任、举证责任等诉讼规则时，当事人可接受性不强。对此，建议判后答疑的启动主体为当事人或信访人，参与答疑人员则不限于原生效裁判的法官、民事再审审查法官，视案情复杂程度，可以根据当事人的申请，邀请律师、人大代表等第三方参与，增加透明度和说服力，地点可在法院，有条件的也可在案发地、第三方所在地进行。具体操作步骤为，判后答疑应由作出原生效裁判的审判部门为主，再审审查部门为辅。答疑法官应在接到答疑申请之日起 1 个月内完成答疑工作。一般案件由原审判团队负责人组织答疑，答疑应针对当事人的申请或质疑理由；对案情复杂、当事人人数众多、社会影响大以及审判委员会讨论决定的案件，由分管副院长参加答疑。必要时当事人可申请第三方参与，组织答疑机关可以视案件情况邀请人民调解委员会、当地村（居）委会或人大代表、政协委员、相关专家、公民代表参加，共同做好答疑工作，努力实现案结事了。

深化再审结论应用。将再审结论与信访处理挂钩，对于法律程序已经完结，当事人仍然不服生效裁判的，可以终结信访，驳回再审申请的结论可作为信访终结的重要参考依据。具体而言，在信访终结程序中对再审结论进行分类审查，确定再审结论对于终结的效力。对于经过了开庭、听证等实质化审理的再审结论，原则上可作为信访终结的依据，对于未经开庭、听证的书面审查作出的再审结论，应重新审查，仅作为信访终结的参考依据之一。且信访终结后在必要时与“外部”结合，纳入社会综合治理，进一步化解矛盾纠纷，以防形成影响社会稳定的信访事件。信访事项若依法终结，信访人没有提出新的事实和理由的，法院可对此不再受理。对再审结论的深度应用，也可倒逼再审法官在审查及审理过程中实质化审查，破除形式主义，谨慎作出结论。

四、匹配：再审程序实质化运行之配套完善

（一）强化再审审判资源配置

《关于完善四级法院审理职能定位改革试点的实施办法》的理解与适用中将“高级人民法院等再审审判力量的配置”作为一个需要重点说明的问题，并提出各高级法院应当根据申请再审案件任务量的变化，统筹确定如何调配审判资源、完善机构职能，理顺立案庭、申诉审查庭、审判监督庭和各审判业务

部门的职能和关系。① 当前改革中，基层法院、中级法院的职能是纠纷解决和规则治理，高级法院和最高法院重在规则治理，但如何实现上述功能，需要平衡工作量为导向，在再审程序中消解涉诉信访是一个较好的尝试，与其让再审程序空转，基层法院在涉诉信访中耗费大量精力，不如加强再审方面资源配置，推进再审的实质化运行。

需大力加强高级法院、最高法院的再审职能，削弱高院的一审职能，以实现四级法院职能定位的匹配。在改革中，一审重心下移到基层法院，高级法院和最高法院的一审大幅减少。② 再审案件审判质量代表了法院的司法能力和司法水平，若法院人力资源配置无法匹配高聚焦、高水平办案需求，将进一步加剧“人案矛盾”，弱化“司法公信”，消减“治理能力”。科学合理的人力资源配置，是促使法院高效运转的关键，是司法机构改革重要一环。在当前模式下，再审资源配置已不能满足需求，实质化审查加大了再审工作量，故在人员配置上应实现倾斜，将高级法院和最高法院原一审审判力量调整至再审审理线上，以实现人员与案件的匹配，同时也是让改革后的顶层司法机关“接地气”，保障顶层司法机关对于社会纠纷的相对解除，能促进规则治理功效发挥。以 H 省高院为例，可在原有的再审配置上，再新增一个审判监督庭，以强化资源配置，完成再审案件的实质化审查和审理。

引入其他主体参与再审各环节。第一，加强律师在再审前的法律咨询。当事人法律认知过程与法律程序的设置不对等，民事诉讼过程中，当事人诉讼规则向上熟稔而法律程序向上则趋于收紧，客观上助力了涉诉信访的存在及发展，造成此种结果与未委托律师存在一定关系。各地法院建立了律师代理申诉制度，对不服司法机关生效裁判的申诉，可由律师代理申诉，从律师代理对象来看，并未延展至申请再审案件。对于信访风险评估较高的涉诉信访案件，也可引入律师参与，在进入实质审查之前，可先由代理申诉律师审查，对申请人的申请事由分析后，告知当事人申请风险，亦可向审查团队提出是否再审的初步意见，供其参考，以助诉讼程序矛盾化解之效。第二，引入第三方加入涉诉信访案件的再审审查，实现中立客观的评价。部分信访人在再审前即已产生对法院的

① 刘峥、何帆：《〈关于完善四级法院审级职能定位改革试点的实施办法〉的理解与适用》，载《人民司法》2021 年第 31 期。

② 靳栋：《结构与功能：四级法院审级职能定位改革研究》，载《政法学刊》2022 年第 2 期。

“不信任”，若在再审中也完全由法院内部评定信访人诉求是否合理，将导致法院为了息诉息访而作出再审结论，加深信访人误解，也加剧了化解信访的难度。故成立引入人大代表、政协委员、行业专家、地方乡镇社区或村委的人员等组成第三方共同对信访诉求的合理性进行评定，并共同致力于实质化解涉诉信访，有利于保证再审程序的中立性，也是信访人权利保护体系下的应有之义。

（二）打造再审专业化团队

用法律手段并不能完全解决合理的信访诉求，涉诉信访涉计的问题趋于多样化，若再审程序工作人员的能力素质未实现专业化、多元化的提升，则难以满足再审程序中消解涉诉信访的工作要求。故在再审审判团队配置时，除了需要具备强大的法律业务知识外，还需具备其他化解涉诉信访事项的能力。

首先，专业化团队需具有心理学方面的专业知识。在再审审查或审理过程中，运用心理学的技术、知识和相关理论，能够深入了解涉诉信访者思想活动的新情况和新特点，及其心理活动规律和特点。司法心理学家认为，冲突中的一些主角大多只关注自己的主张，而不关注自己的利益。①接访者便可根据不同对象、不同问题、不同目的，甚至不同心态，因人因事因心理问题而异，采取不同的疏导方法、不同的干预措施，方能取得实效。为有利于解决问题，要积极引导、鼓励支持，防止信访者产生不良的情绪和过激行为，造成严重后果。② 再审程序中要成为释放被封闭的对抗与进攻性情绪的缓冲器，能够有效避免可能的冲突或减少其破坏性，有助于维护社会系统保持和谐稳定。故专业化团队中，需要配置人员对来访者进行有效的心理疏导，创建良好和谐的关系，修复法院与当事人之间的信任，提高再审的工作效能。

其次，专业团队需具备综合治理的思维和能力。“枫桥经验”蕴含的“共建共治”思想也可成为再审程序中化解涉诉信访工作的行动基础和治理思路，正如前文所述需发动多元主体共同参与信访治理，再审程序实质化运行和化解信访必然需要与各机关部门协调沟通，且需动员各方资源，将社会组织、市场化力量等主体引入，在必要时需要联合包括信访人当地乡镇或社区在内的资源共同化解，充分调动各方主体参与的积极性，故再审中需要强化综合治理的认知和能力。

---

① ［美］赖茨曼：《司法心理学》，吴宗宪、林遐等译，中国轻工业出版社 2004 年版，第 56 页。

② 沈光玲：《涉诉信访者心理疏导的可能方案》，载《金陵法律评论》2021 年卷。

（三）建立有关配套协调机制

再审结论深化应用的落脚点之一在于可作为涉诉信访终结的依据，但若终结沦为一种形式，并无法有效解决信访的问题，则再审的实质化审查毫无意义。故需解决涉诉信访结而不终的问题，需要完善再审程序的配套制度。

建立无理信访人名单制度。在实践中，涉诉信访的终结往往变成一个程序上的终结，信访人的问题并不一定获得实体上的解决，致使终结效力不确定。信访案件终结后上级法院以及其他国家机关交办、转办、督办的现象仍屡禁不止。为解决这一问题，可适用无理信访人名单制度，即信访终结后仍多次信访的可定为无理信访人，引入诚信治理构建无理信访人名单制度，首先将拟纳入名单但尚未公布的信访人进行预告，可以给予15天宽限期，若其进行信用修复或息诉息访，可暂时取消无理信访人名单的公布。若预告无效，可采用熟人圈公示方式，如向所在社区（村委）等，让其可基于圈内人的劝导和基层社区的引导而结束自身的无理信访行为。其次是向关键部门发函，被纳入名单的无理信访人存在信访诚信缺失问题，故对其可进行关键部门公布方式迫使其停止无理信访，可根据数据对其进行人物画像，根据其行为特征采取针对性的公布，如向其所在派出所公布并发函，在其办理信访人及子女政审等工作时予以参考，向管理其子女所在学校的教育局发函，在办理入学时予以考虑等。最后是进行全网管控，即公布在信访共享平台，可向全社会进行公示，让信访人充分认识到被纳入无理信访人名单的危害性，增强人民对无理信访行为惩戒的认同感。将名单通过“熟人圈”、相关单位、全社会分级公示的体系，通过他者评价产生约束，减少无理信访的发生频率，也形成“教育与惩罚相结合”的良性治理架构和协同治理体系。该制度也将实现联合惩戒，评定为严重失信信访人名单，可通过平台进行信息交换共享，实现多部门、跨地区联动惩戒，突出约束导向，惩戒措施更有力度，限制了失信者实施不当信访行为，实现有效监管，① 也是再审结论深化应用的有效延伸。

建立涉诉信访档案库。信访档案是法院信访部门在处理人民群众来信来访工作中直接形成并集中收集的具有文字、图表、声像等真实记录。信访档案的管理是法院信访工作的一项重要的基础工作，它的完整性、准确性直接关系到信访工作的客观公正性，其所记载的信息既是工作的基础，又能完整还原和展现信访事项。当前信访人的信访表达中，绝大部分以传统的“维权视角”为

① 赵建波：《诚信建设制度化：内涵、困境及出路》，载《求实》2018年第6期。

基础，公众对此也是基于此视角，即通常认为信访人的权利受到侵犯，公权力未救济私权利。信访话语的表达包括封闭场域和开放场域，前者为信访者表达场所主要为法院工作场所，表达对象为接访人员或其他工作人员，表达内容往往因表达场所的情景感而偏理性，故对此类信访治理难度相对较小。同一场域中信访者可通过信件、网络等方式进行表达，在开放场域内的表达存在着更多的非理性表达，如情绪化、偏激化、捏造化。而在这个场域表达中，官方话语受制，治理效果弱化。而表达主体结构失衡形成的认知障碍，将导致这种圈层扩散不断增强，引发负面影响，甚至因为情绪传播而贴上群体标签，造成舆论场的站队和对立。① 故平衡地表达主体结构是形成理性认知，进而理性表达的重要机制。涉诉信访档案建立在一定程度上有利于构建理性表达机制，实现信息平衡。通过对信访言行和治理方式的客观记录，并实现信访档案的共享，可以让相关机关了解信访情况，从而给予公正客观的判断，也限制了信访人的无理表达，避免其他非信访场域中的主体或公众陷入认知障碍，对形成理性认知进而达到理性表达具有重要作用。② 且对于信访档案的有效利用能够化解信访纠纷，如以下两个案例，成功展现了信访档案对于化解信访的作用。

【信访案例 4】李某某不服合同纠纷等案

李某某有多个案件在法院，每个案件李某某都进行信访和投诉，甚至在网上发帖，其言语中有较多的过激表达，且前后陈述也存在差异。针对此，L 市法院为其建立信访档案，将其每一次信访投诉的材料、接访的笔录、网上发帖的内容进行整理，形成了完整的信访档案。在随后的接待中，调阅档案，并向信访人展示，告知其不诚信信访的影响和后果，并可能对其子女产生影响，基于此，信访人未再持续无理信访，并签订息诉息访承诺书。

【信访案例 5】邹某某不服合同纠纷案

邹某某在烟花厂的生产线被取消后，一直信访，其在法院的案件被驳回了诉讼请求后，更是不停地向各部门甚至是国家领导人寄信。信件内容更是有很多不当言论，包括对法院、政府及工作人员、国家领导人的质疑。L 市法院收集其信访资料，整理其不当言论合集，形成信访档案。在召开听证会时，告知

---

① 赵前卫：《智能时代移动舆论场的传播特点与舆论引导》，载《青年记者》2022 年第 3 期。

② 秦雪冰：《主体结构平衡：网络舆论理性表达机制》，载《新闻传播》2017 年第 7 期。

其信访表达不当的法律后果，并向其出示信访档案的有关资料，为后续实质性化解其信访事项、信访人理性表达诉求奠定了基础。

由此可见，涉诉信访档案不仅仅规范了信访工作，推动法院信访工作更为有序开展，同时也能为信访人带来约束，引导其合理合法表达诉求。但当前对涉诉信访档案普遍缺乏认识，存在管理模式不健全，建立不规范，利用不到位等一系列问题。故应强化档案意识，加强对信访档案的组织领导，建立考核机制。可参照诉讼案件档案管理方式，构建档案管理组织架构和管理机制，对归档、借阅等明确要求。加强信息化建设，实现信访档案信息资源共享。对信访档案进行扫描和整理，形成电子卷宗，并上传至信息平台，实现各级法院甚至信访部门的互动，及时了解信访人诉求，提升信访档案的利用效率。

完善部门联席会议制度。信访工作需要综合运用法律、政策、经济、行政等手段，教育、调解、疏导等办法，把群众合理合法的利益诉求解决好，故需凝聚各部门共同化解，很多信访事项单靠法院是无法得到解决的。上述典型案例中，如罗某某案、邹某某案等多个信访案件的化解是与地方政府等多部门共同协调的结果。《信访工作条例》中也明确构建信访工作大格局。然而对涉诉信访如何更好地建立部门联席会议制度，均无明确规定。当前的信访工作联席会议与涉诉信访并无较好的衔接，在处理涉诉信访时就显得格外乏力。故针对涉诉信访案件，需完善部门联席会议制度，吸纳包括法院在内的主体，如某涉诉信访案件的协调会，需邀请案件的原承办法官共同参与，以推进涉诉信访事项实质化处理，实现切实把合理诉求解决好、群众情绪疏导好、信访秩序维护好的目标。

结　语

再审程序的优化需要充分考虑我国的司法特色，政治、法律与社会的交织缠绕，不能仅仅停留在法律的单一属性内，虽然这是一种现实主义的视角，但此种模式能激发再审的功能，通过将再审程序中融入涉诉信访治理理念，将涉诉信访消解在再审程序中，有效破除程序空转与信访堆积的局面。当然，本文的探索性研究仅为初步设想，对于如何在再审中信访化解与既判力维护实现平衡、再审审查与涉诉信访的深度融合等，值得深度探讨。

（伍玉联：湘潭大学法学院、湖南省浏阳市人民法院；文兰：湖南省浏阳市人民法院）

论在线诉讼的制度型信任机制

——基于效率改革下的主体间性视角

杜秋阳

党的十八大以来，最高人民法院以落实网络强国战略为目标，积极探索完善“互联网 + 诉讼”模式，推动我国民事司法的电子化改革进入高速通道。ODR（在线纠纷解决）历经多年发展，远程科技促进了便捷，算法辅助判定推动了专业，而建立信任正面临挑战。① 在线诉讼相较传统诉讼具有更灵活、更便捷、更宽松等特点，然而相比线下模式，人们对在线模式始终处于弱信任状态，这不仅成为进一步拓展在线诉讼实践应用的阻力，也将导致适用在线诉讼面临正当性和合法性缺失的困境。

一、当事人参与在线诉讼之隐忧

（一）忧从何来：对调查结果的实证分析

实证研究是能直接探明当事人对在线诉讼信任与否存在哪些影响因素的有效方式，笔者结合了现有的研究成果，对可能影响在线诉讼信任的重要因素进行归类，向当事人和律师（法律工作者）各 50 人进行问卷调查或电话访谈，总结分析出如下基本情况。

1. 受调查对象（律师）在线诉讼整体使用率不高

在问及代理案件中在线诉讼占比时，超过 90% 的受调查者答复在线诉讼案件占比在 50% 以下，50% 以上的受访者表示适用在线诉讼比例在 10% 以下。

---

① Ethan Katsh, Orna Rabinovich - Einy, Digital Justice: Technology and the Internet of Disputes, Oxford University Press, 2017, p. 165, 转引自谢鹏远:《在线纠纷解决的信任机制》, 载《法律科学》(西北政法大学学报) 2022 年第 2 期。

其中有6名被调查者表示可以接受在线立案和在线调解，但无法接受在线庭审，还有受访者称“如无必要，不接受在线诉讼”。

这一调查结果既在意料之中，又在意料之外。过去进行的许多调查研究已经发现公众对于在线纠纷解决机制普遍抱有忧虑，缺乏信任。[①] 所以笔者未期待调查结果会有明显的改变；意料以外的是，受疫情影响，律师应该是更愿意使用在线诉讼的群体，[②] 而本次调查中作为法律共同体和法治精英的青年律师们，也没有因在线诉讼“便捷”“经济”的特点而产生比其他公众更强的使用意愿，反而有少数受访对象明显表达出排斥态度。

2. 进行在线诉讼主要是因为疫情等客观原因无法到庭

有83%的受访者在被问及为何愿意使用在线诉讼使选择了“因为疫情等特殊原因，不便到庭”，有63%的受访者认可在线诉讼“方便快捷，提高效率，节约成本”。与此相对，因为在线诉讼本身体验良好而增进使用意愿的比例很低，统计中“系统流畅，体验好”和通过在线诉讼“与法院、对方当事人沟通顺畅”等原因而愿意使用在线诉讼的受访者仅分别占比13%和20%，甚至多数受访者表示并不因法院“背书”而信任在线诉讼（见图1）。

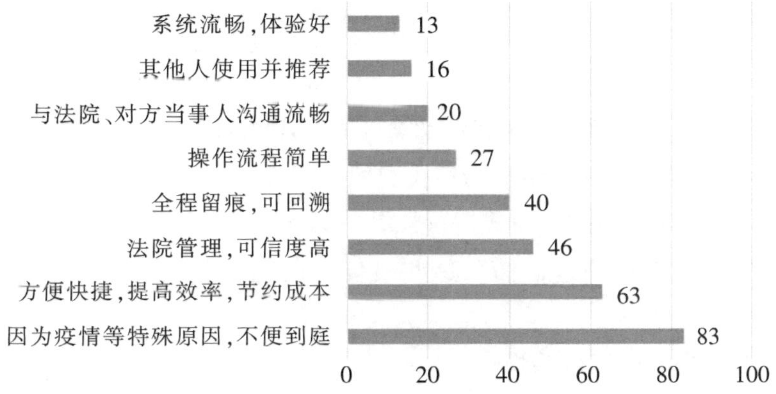

图1　受访者愿意使用在线诉讼的原因

---

① 王锦熙、夏金莲：《送法下乡：在线诉讼模式全新应用场景规则设计——基于“VEF”原则逻辑起点的展开》，载刘贵祥主编：《审判体系和审判能力现代化与行政法律适用问题研究（上）——全国法院第32届学术讨论会获奖论文集》，人民法院出版社2021年版，第303－315页。

② 左卫民：《中国在线诉讼：实证研究与发展展望》，载《比较法研究》2020年第4期。

3. 抗拒在线诉讼的因素主要是交流存在障碍

客观障碍是参与者都较为担心网络故障影响在线诉讼的进程和体验，认为时常发生的“系统卡顿”是不愿继续使用在线诉讼的重要原因。此外，“证据原件提交/核实困难”以及“与法院或对方当事人沟通不畅”也是妨碍使用的因素（见图 2）。比如部分受访者反映法院不会主动提醒当事人或代理人证据是否批准通过、是否需要补交材料，而是要求他们定期上平台查看，若发生疏漏都要当事人和代理人自行负责。

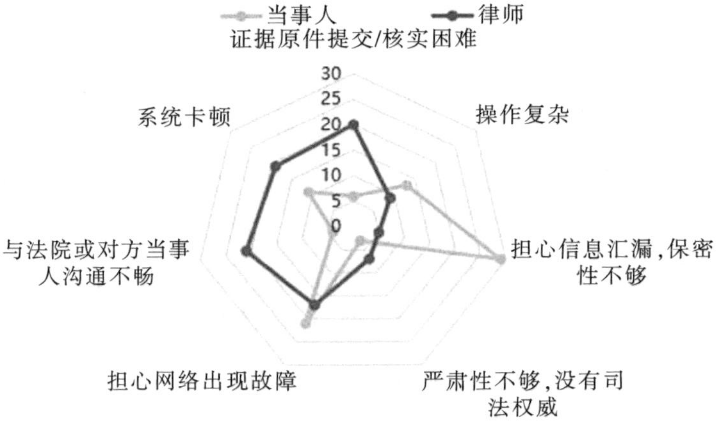

图 2　妨碍参与者适用在线诉讼的因素

（二）个案探微：在线诉讼运行失灵的典型样态

为求立体展现在线诉讼模式运行失灵的实务样态，笔者通过对 126 件在线调解案件进行分析和筛选，抽取这些案件中的共同特征，还原其中的典型样态。

1. 认知壁垒阻碍获得共识

【案例 1】

调解员：这个条据是被告打的吗？

被告：条据上不是原告实际支付金额，因为当时充值有活动，实际只充值了 5 万元，其余是赠送。

原告：被告收款时在电脑上作了详细登记，我起诉的金额与条据上的 7 万元都是真实的，我现在要求法官（指调解员）调取被告掌握的登记资料。

被告：不存在这种登记资料。

调解员：调解阶段我们无权调查取证。

原告：我不懂为什么都是法院，上面（指审判庭）可以，你们不可以。

案例 1 中，调解员只是陈述法律规定的客观情况，当事人却因为对法律专业的不熟悉，误认为调解员“只有诉讼阶段才能申请调查取证”的话语存在推诿，将调解员的话语视为对对方的偏袒和对己方权利的漠视。这种因为专业壁垒而加深的各言语角色之间的对立关系，既来自部分法律问题的高度专业化，也因为公众对法律的认知和判断往往立足于自身的利益立场。进入审理阶段后，因在线诉讼相比线下诉讼具有更强的技术性特征，不同当事人之间的认知壁垒会进一步加深，对电子证据的理解、运用，以及其他专门性知识的掌握上都会出现偏差，形成所谓的结构性偏在和知识性偏在。①

2. 不真诚交流带来沟通障碍

【案例 2】

调解员：既然双方都同意离婚，对于共同财产分割有什么协议？

被告（男方）：我有 6 年的工资收入全部交给她保管了，大概 42 万元，要求予以分割。

原告（女方）：首先他没有交这么多钱给我，就是每年年底给我一两万元，（改口）给我几千块钱；然后家庭每年开销我也支出了很多……

被告（男方）：你要是这么说的话就谈不下去了，你有（主张）什么开支要拿出证明来。

案例 2 中，双方基本没有直接沟通，以第三人称“他”或“她”指代对方并陈述事实，而且在事实表述上呈现出随意性甚至虚假性，这样的沟通和表达方式对会话场景进行了割裂，容易激发对立，难以建立起共同视角。产生这种现象的原因之一是在调解阶段或者在线诉讼阶段，缺少仪式性的呈现方式让场域内的角色快速建立起身份认同和责任担当。一旦当事人选择抛弃言谈的真诚性参与在线诉讼，他们在镜头前说谎比在法官（调解员）面前说谎更加容易。②

---

① 王从光：《电子诉讼中的证据偏在及其破解进路》，载《法律适用》2021 年第 5 期。

② 占善刚、张博：《民事诉讼电子化及其边界》，载《中南大学学报（社会科学版）》2020 年第 5 期。

3. 不利评判结果引起刻意回避

【案例 3】

调解员：被告一认可还款本金是 48 万元，并且对于利息计算双方也达成了一致。

被告一：认可本金和利息，但是我只是代表公司签字，所以我个人不承担偿还责任。

原告：我不同意。

调解员：原告是请了律师的，我提出一个意见看你们赞不赞成，被告一是单位的法定代表人，签字只能代表法人，不代表个人。

原告：我需要和律师商量一下（离开镜头和律师私下沟通）。

原告：我还是不接受这个意见，被告一签字应当对债务承担连带责任。

案例 3 中的调解员是民事庭的退休法官，其基于多年积累的司法专业素养为当事人促成共识提供了指导。然而，一旦无法“知根知底”的调解专家提出的意见明显不利于己方时，在线系统信任的脆弱性就显现出来，各方之间不同观点引发的认知冲突在线上交往过程中会被进一步放大，于是当事人要求脱离在线程序，转入更为严格的线下诉讼程序进行处理。这是人与人之间“脱域”不在场交往的信任特质所决定的，在此情形下，唯有可认知的抽象制度而不是无法“知根知底”的“陌生专家”才更值得信任。①

二、在线诉讼信任缺失的多维度分析

公众或诉讼参与人对于在线诉讼的不信任建立在认知壁垒、沟通障碍、获得不利评判结果、评判不公、信息泄露、无法达成协议等不确定风险的基础上，② 这些不确定风险或是漏洞本身，或是深层因素的具现，需要我们一一厘清。

（一）规则之维：程序规范的供给与缺失

在线诉讼信任缺失的因素是多重的，其中规则的留白无疑是核心的原因，哈贝马斯的交往行为理论为我们探究现有规则在哪些位置空场提供了新的理论

---

① 陈洪杰：《现代性视野下司法的信任危机及其应对》，载《法商研究》2014 年第 4 期。

② 谢鹏远：《在线纠纷解决的信任机制》，载《法律科学》（西北政法大学学报）2022 年第 2 期。

分析框架。哈贝马斯立足于主体间性的交往理性，强调构建程序化、平等化、自由化的“理想言谈情境”，让各方经由主体间充分的协调互动达成共识。笔者由此尝试从言语行为有效性要件出发，对在线诉讼规范从何种维度搭建对话场域进行观察，整理如表1所示。[①]

1. 塑造真诚性的规范缺失

在线诉讼现行规范过于注重体系中正当性、真实性等要素的构建，忽略真诚性要素建构。笔者所称的真诚性，关注的是在线诉讼的参与和表达，重点是要在司法供给中营造相应的仪式感。因为当前司法实践之所以在特定支持层面出现一定程度的认同危机，恰恰在于预想的司法供给未能根据多元社会需求来恰当定位自身的仪式化策略。[②]

一方面，在线诉讼中庭审的仪式感和威严感丧失，[③] 在线庭审本应具备的教育和震慑功能难以发挥；另一方面，在线诉讼将减损甚至架空直接言辞原则，法官丧失察言观色的环境之余，还要面对更易进行不真实陈述的当事人。《在线诉讼规则》第24条通过规范法院和当事人之间在线诉讼环境，让参与者处于一个符号、象征、要求都带有司法威严的场域，能够有效营造一种看得见、可感受的正义叙事环境，促使诉讼参与者之间为取得共识进行真诚沟通。

---

① 以达成理解为目的的言语交往行为必须具备表达的可理解性、陈述的真实性、表达的真诚性和言语行为的正当性。笔者以真实性、真诚性、正当性以及安全性为要件，构成评价在线规范的四个维度。参见段厚省：《远程审判的程序正当性考察——以交往行为理论为视角》，载《政法丛论》2020年第2期。

② 陈洪杰：《司法的象征生产与认同想象》，载《中国政法大学学报》2022年第4期。

③ 陈锦波：《在线庭审的实践检视与规则重塑》，载《安徽大学学报（哲学社会科学版）》2021年第1期。

表 1　在线诉讼与调解的规范维度考察表

规范文件	典型条款	主要内容	所在维度	其他条款
人民法院在线运行规则	第 12 条	各级人民法院应当建设安全保障系统，为人民法院在线运行提供网络和信息安全保障	安全性	第 13 条、第 34 条等
	第 14 条	智慧服务系统应当对接公安机关户籍管理系统支持核对用户身份认证信息，并支持用户信息的统一管理和共享应用	真实性	第 15 条、第 23 条
	第 16 条	当事人及其他参与人可以应用人民法院调解平台等开展在线调解，进行在线申请、接受、拒绝或者终止调解，获得在线调解引导等服务	正当性	第 33 条
人民法院在线诉讼规则	第 4 条	人民法院开展在线诉讼，应当征得当事人同意……	正当性	第 5 条、第 10 条等
	第 7 条	人民法院应当通过证件证照在线比对……确认诉讼主体身份真实性	真实性	第 12 条、第 15 条等
	第 8 条	在线调解应当……依法保护国家秘密、商业秘密、个人隐私和其他不宜公开的信息	安全性	第 27 条、第 38 条
	第 24 条	出庭人员参加在线庭审，应当选择安静、无干扰、光线适宜、网络信号良好、相对封闭的场所……	真诚性	第 25 条
人民法院在线调解规则	第 13 条	主持或者参与在线调解的人员有下列情形之一，应当在接受调解前或者调解过程中进行披露：（一）是纠纷当事人或者当事人、诉讼代理人近亲属的……	正当性	第 15 条、第 29 条

2. 规则多为原则宣示，少有法律后果

以正当性要素构建为例，在上位法未赋权之前，法院不可自行安排在线程序，所以在线规范核心之一是保障启动在线诉讼必须经“当事人同意”。然而，当法院有违法行为或者不当适用在线诉讼的行为时，当事人仅能依据《人民法院在线诉讼规则》第21条享有理论上的“异议权”，而进一步的救济如当事人怎样提出异议、法院如何处理等缺乏详细规定。①

（二）实践之维：在线司法的运作与偏离

在调查中我们发现，有部分当事人之所以选择在线诉讼，只是因为法院或客观环境仅提供了在线诉讼而排除了其他选择。这些当事人似乎在“与效率做交易”，甚至“与法院做交易”，这是一种期待与怀疑、尊重与被动并存的复杂心理状态。

1. 弱势当事人的诉讼能力相对较差

一方面，不同地区和不同条件的当事人对于网络技术的驾驭能力、熟悉程度有差异，部分当事人受客观条件或自身能力所限制，缺乏参与甚至理解在线诉讼的知识、能力，使得他们难以建立对在线诉讼的信任；另一方面，即使扫清了基本的技术障碍，以信息技术为核心的在线诉讼也将会放大技术力量雄厚的企业与技术力量薄弱的个人之间的不对等性，形成证据的结构性偏在或知识性偏在，如案例4所示，作为系统控制者对个人具有更强的技术优势。

【案例4】肖某从京东公司购买了为期一年的会员服务，在会员权益期间内，肖某存在近两个月无法下单的情形，肖某以京东公司为被告提起诉讼。就不能下单的原因，原、被告各执一词且均未进行充分举证，最后法院认为京东公司作为操作系统开发者和技术优势方应当从技术上确保用户在平台上顺利开展交易活动。②

2. 时空分离造成参与弱化

网络“脱域”机制之所以带来不信任，主要是物理距离弱化了当事人的参与感，并在实际上造成在线诉讼面临形式真实和实质真实双重丧失的风险。这不仅指在线诉讼对证据法基本原则的冲击，更表现为在线诉讼对发现真实造成的阻碍。所有因线上媒介交流而导致的信息缺失都将加重纠纷解决的不确定

---

① 曹建军：《“元宇宙”司法与纠纷解决的智能化》，载《政法论丛》2022年第2期。

② 北京互联网法院（2018）京0419民初414号民事判决书。

性，从而导致信任的不易建立或者弱信任。

3. 价值失衡增设信任障碍

在线诉讼对程序效率的价值追求与传统诉讼中对程序公正价值之间始终存在张力。司法者为消化更多案件，选择无视每个案件中对于当事人而言具有重要意义的特征，只是将各具特性的纠纷统一到所谓的法律共性之中。当事人在线上纠纷解决过程中既感受不到同裁判者平等、真诚的交流互动，能够得到公平对待的心理需求也没有被满足。强行将高度分化的社会大众拟制为同质化的当事人，在线上程序中得不到满足的诉讼主体就会借助法律赋权逃逸到线下甚至其他途径中去。①

三、主体间性视角下信任机制的生成机理

在线诉讼强化了司法主导，掩盖和忽略了司法过程的多元参与性和交涉性，“独白—服从”式的情境与深入人心的平等观念背道而驰，也就不具备信任扎根所需的交往理性和主体间性。本文强调从在线诉讼的信任对象和信任主体出发，通过发展有效互动的核心要件提升在线诉讼的信任度。

（一）谁在信任：以施信者需求为导向的信任传播

1. 施信者——当事人、公众

一是案件当事人。当事人是在线诉讼的基本主体，但他们的参与和信任是脆弱的，当事人可能因对在线诉讼的主观评价达不到预期，随时中断这一过程，除非在线平台能够提供制度的保障、可靠的技术、丰富的信息、透明的规则。二是社会公众。互联网技术将个案的影响力无限扩大至全体社会公众，也让个案对司法公信力与权威性的塑造效果呈指数级增长。② 这不单只要求法官在个案中加强对司法行为的规范，还要求在线诉讼平台不断加强改造，在利益保障、公开透明、评估反馈等规范性建设上下功夫，以保持平台对诉讼外主体的拉扯与吸引（见图3）。

---

① 邵六益：《我国司法理论中“人民”的多重意涵研究》，载《法商研究》2021年第3期。

② 李经纬：《疫情防控常态化背景下民事电子诉讼制度之完善》，载《法律适用》2021年第5期。

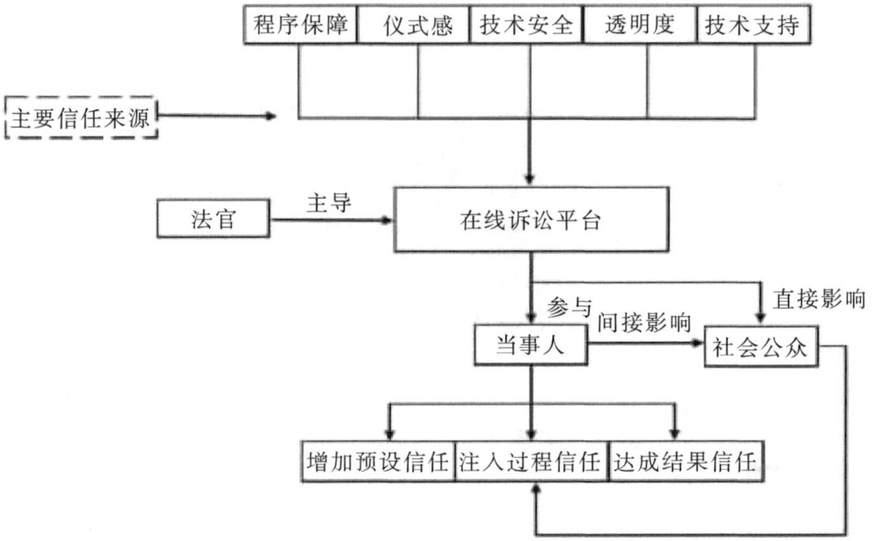

图 3　在线诉讼信任生成示意图

2. 被信者——在线诉讼平台

在线诉讼中的信任不再是单纯的人际信任，即不能只单纯考虑当事人与裁判者或者调解人员之间如何达成信任，而是由整个在线纠纷解决系统或平台作为被信者与施信者之间建立信任。① 这种信任建立在足够的信息支撑下，让参与者能开展平等对话，也可以是在面临风险时满足当事人的积极预期，保证公正地进行处理违法行为。② 只要这种信任得以建立并且足够强大，它甚至可以破圈传递到案件的后半段促使当事人“服判息诉”（见图 4）。

① 谢鹏远：《在线纠纷解决的信任机制》，载《法律科学》（西北政法大学学报）2022 年第 2 期。

② 李立望、毛基业等：《服务众包平台信任如何修复？——基于猪八戒网的案例研究》，载《科学学与科学技术管理》2022 年第 2 期。

图4　在线诉讼信任传播过程示意图

（二）何以信任：以主体间有效互动为核心的信任建构

主体之间的交往是在满足一定有效性要件基础上，以达成理解为目的进行平等互动。在线诉讼要以此为理论基础，帮助参与者认知并坚持自身诉讼主体定位，在预先形成的对话框架下积极、有效、真诚地进行表达。

1. 营造在线诉讼仪式感，满足真诚性表达的要求

仪式想象往往有赖于作为背景的场域，线下诉讼中法庭高悬的国徽、法官身着的法袍和手握的法槌带来严肃的氛围，给参与者以仪式感和威严感。在线诉讼仪式感的呈现需要通过特别的程序设计和安排营造出庄严肃穆的氛围或者易于表达的场景。比如借鉴“当事人具结”制度，这种宣读仪式起到一个提示性功能，让参与者意识到自己已经进入一个庄严的诉讼时空当中。

2. 强化在线诉讼中的信息交互，提升表达的可理解性和主体参与感

诉讼参与者具有学习的主体性和能动性，① 在线诉讼平台完全可以依托大数据技术帮助他们加强学习。一是可以消除当事人之间的猜疑链，为当事人权衡利弊，走向和解搭建平台；二是让诉讼参与者更平等地参与讨论、进行与自身密切相连的实体、程序的取舍与抉择，避免利益分配和价值判断都来自裁判者的强制与垄断，② 进一步生成对裁判结果的信任。

3. 组织完善约束规则，保证陈述的真实性

在哈贝马斯商谈理论下，据以定案的法律事实是经由诉讼主体相互沟通得

---

① 法律人郑青就是在上访、起诉等维权过程中钻研法律，并通过法律职业资格考试。刘万永：《从访民走向法律人》，载《中国青年报》2018年2月1日，第06版。

② 胡百精、李由君：《互联网与信任重构》，载《当代传播》2015年第4期。

出的“共识性事实”,[①] 从不同的诉讼主体角度出发要提供不同的约束规则。如法院作为审判机关需要保证事实的可靠性，就要在在线交流过程中积极参与、发问，排除质疑，并能够对当事人不真实的陈述进行制裁和处罚。对于当事人而言，需要被赋予程序权利对可疑陈述进行质疑和反驳，直至在循环往复的辩论、修正过程中达成“共识性真实”。

4. 推进在线诉讼公开评价，深化言语的正当性

言语行为的正当性乃至诉讼交往活动正当性要在社会公众的实时评判和国家社会的多层次监督中得到实现。诉讼服务满意度评价系统对于提升诉讼交互质量、改进诉讼服务水平具有重要作用。但现行评价系统仍是保守式、封闭式的，只有通过全平台的评价统合、融合分析，才有足够的反馈意见帮助参与者坚持检视和反思自己的言语行为，推动在线交互的良性运转。

（三）统合信任：以“当事人体验”为目标塑造信任格局

在线诉讼是需要注重“消费者体验”的公共产品,[②] 无论是系统功能的设计或是法律程序上的规定都要更多地考虑当事人的使用体验。持续提升对用户的吸引力需要化解在线诉讼功能复杂性与使用便捷性之间的冲突。

一方面，在线诉讼必须满足当事人的多元诉讼需求。在功能等值外，要建立起相对线下诉讼的比较优势，这种优势可以是相较线下诉讼的额外功能，或者是对线下诉讼缺陷的补足。[③] 如上文所述，在线诉讼能够通过智能推送实现信息交互，弥补当事人法律知识和诉讼能力的不足。但与此对应，平台使用者必须花费更多的时间、精力去主动调整和适应在线平台，包括学习平台的操作规则，学会如何分析案情并进行案件检索等。这可能会超出使用者的预期使用成本甚至超过他们的使用能力。

另一方面，在满足参与者需求的前提下要最大程度简化在线诉讼。简化在线诉讼，就是要让其在实现交互性上不存在技术上的障碍。[④] 在诉讼服务的过程中应当保障当事人的程序主体地位，不应求快求全进行改革而让司法受制于

---

① 陈文曲：《我国民事诉讼基本原则的内在沟通逻辑》，载《法律科学》（西北政法大学学报）2022 年第 4 期。

② 顾培东：《人民法院改革取向的审视与思考》，载《法学研究》2020 年第 1 期。

③ 陈锦波：《电子诉讼可控复杂性与可行简单性之均衡》，载《河南财经政法大学学报》2022 年第 2 期。

④ 陈锦波：《电子诉讼可控复杂性与可行简单性之均衡》，载《河南财经政法大学学报》2022 年第 2 期。

僵化的技术指标。[①] 要推进平台之间的数据共享，在数据流通上实现端口匹配和标准对接，免去当事人重复提交资料的诉累。

四、在线诉讼制度中信任机制的构建路径

在线诉讼信任机制需要建构诉讼各方围绕共享客体的一种主体间性关系，允许诉讼主体尤其是当事人对在线平台进行评价与改造，不断加强当事人对自身主体角色的身份认同，形成平台对主体的拉扯与吸引。警惕在线诉讼空间的自我封闭，通过同质主体间的交流和吸引争取其他主体加入，或借由异质主体间的矛盾与排斥加强对在线诉讼的监督与批评。

（一）主体共在：以在线平台为核心做好场域共建

司法公正的价值表达不能仅仅是司法机关一厢情愿的单方供给，更要落实在主体间的交往视角中就公平正义的理解达成共识。在线诉讼的表达机制亦需要排除过去“独白式”的单方叙事，走向互动型的多方叙事。

1. 引入社会情感性互动

所谓社会情感性互动是指通过参与主体之间的社会性互动，保障参与者对诉讼过程的认同感和责任感。笔者认为，在保证基本的参诉环境外，还可以通过“参与者具结”的手段增强互动时的仪式感。具体而言，就是强制在线用户在进入平台前必须在限定的时间内阅读平台推送的“法庭纪律”“在线诉讼规则”等规范，阅读完毕后还要签署承诺书并宣读。具结制度一方面起到提醒、警示作用，让当事人清醒认识到自己言行所负的法律义务。另一方面，通过高声宣读也能够唤起宣读者内心的道德良知，提升其自觉性和正义感。[②]

2. 探索递进式认知互动

时空的分离和重新组合影响着个体和团体行动的知识的不断输入，在线诉讼的“脱域”特性决定了提高诉讼主体交互质量的重要性和可能性。帮助当事人进行认知性学习的方式包括媒介交互和人际交互。前者是指为当事人提供学习的平台，让当事人在认知探索中建构起诉讼知识表征。后者是指法官在平台支持下与当事人进行的同步、异步交流，包括法官为弱势当事人提供诉讼指导，进行法律释明，甚至情感交流，通过个性化、具体化、知识化的沟通交

---

① 曹建军：《民事诉讼电子化的目标与路线》，载《法治研究》2022年第3期。

② 最高人民法院民事审判第一庭：《最高人民法院新民事诉讼证据规定理解与适用（下）》，人民法院出版社2020年版，第593－594页。

流，达到层层递进、逐步加深式的认知同化。

3. 建立结构性反思互动

如果一个流程的内部机理和最终结果能够为公众所见并接受公众的批评，那么该流程相对一个不透明的流程来说更具有可靠性。从诉讼参与者的互动视角来看，既可以利用大数据分析技术对法官及两造所参与庭审的秩序、程序、话语全方面进行分析评价，还可以向参与者以及社会公众开放评价，针对在线诉讼过程的公平性、合法性、透明度等问题设置评价选项。从平台本身的视角出发，可以根据其安全性、便捷性、智能性等方面的表现设置问题，根据评价结果动态地调整平台的运行规则。

（二）价值共同：以契合需求为方向嵌入程式规则

诉讼程序的建构以促进共识达成为价值目标，应当适当拓宽在线诉讼的程式空间，以保证诉讼参与者和主导者达成“价值共识”的可能。结合参与者的实践需求，笔者认为应当纳入以下三种程式规则，分别是转换程式、对质程式以及命令程式。

1. 转换程式

所谓正当的程序，不仅在设计上要有利于程序参与者之间达成理解与共识，也要符合程序法在规则上的表达。程序启动有两种模式。一是“法院提出 + 当事人同意”，另一种是“当事人申请 + 法院同意”。前一模式中为避免当事人“被强迫”，可赋予当事人提出异议及事后评价的权利进行监督和救济。后一模式下，在适用范围内应当以同意为原则，不同意为例外。在不同意的情况下，法院应详加说明理由并回复当事人。程序转换的设计上，确认在线诉讼作为特定案件适用的“元程序”，线下诉讼为“次程序”。[①] 一般情况下，已经选择适用某种诉讼方式的，不得任意更换。确需转换的，线上转线下，需要满足一定的条件，如网络故障、设备损坏等；而线下转线上则只需要告知法院，法院应当进行转换。

2. 对质程式

诉讼对质是刑事审判中的认定事实的一种重要方法。而在线上诉讼这一因时空分离导致参与弱化、信息缺损的场域中，赋予当事人对质权以促进事实查明，加强法官心证无疑是有必要的。传统庭审对质包括三类核心要素：在场

① 张卫平：《在线诉讼：制度建构及法理——以民事诉讼程序为中心的思考》，载《当代法学》2022 年第 3 期。

权、直面权、诘问权。① 在场权和直面权可以根据其涵义和场景的转换合并为在线诉讼中的“到场权”，即负有举证责任的当事人在竭尽所能后依然无法使法官形成内心确信时，可以要求对方当事人本人或者证人线上出庭，进行面对面的言辞对质。各方当事人到场后，可依据诘问权相互就争议事实发问。为避免庭审的拖延或无用对质，是否准许对质，应由法官进行判断。

3. 命令程式

随着在线诉讼普及和深化应用而凸显的证据偏在问题表现为能力、经济等不平等的诉讼双方无法“平等接近事证”，此时法院基于保障“实质平等”的要求，可以通过“电子（化）证据准用书证提出命令”的方式介入。命令的申请者为负有举证责任但因距离证据较远而存在举证困难的一方，被申请方限定为控制证据的对方当事人。法院可以通过听取意见、组织辩论等方式对于命令提出申请进行审查。认定对方确实存在显著技术优势而导致证据偏在的，得裁定对方提交相关资料。在法院裁定对方提出证据而遭拒绝的场合，可采取对申请方所主张事实直接拟制为真实的方式对证据持有人进行制裁。

（三）风险共容：以司法托底为考量进行成本补偿

在司法实践的压力下，我们有时不得不撤销程序关卡换取提速增效之功，然而案件加速消化的背后可能隐藏着让当事人诉讼权益减损的巨大风险。应当通过事先的案件考察和制度设置，控制、分担在线诉讼的整体风险，从而争取到诉讼主体的信任和积极参与。

1. 关注“难案纠错”风险

在线诉讼在隐私保护、证据审查等方面的风险集中表现在那些程序保障要求高、纠错程序启动难度大的诉讼案件中。在厘定在线诉讼负面清单时，可以围绕案件类型、证据复杂程度、技术条件、当事人意愿等因素进行考量。事实清楚、争议不大的简易程序案件可以适用，证据繁杂或者需要进行鉴定、勘验的案件，诉讼参与者众多或者当事人不具备在线诉讼条件和技术的案件一般不宜适用。

2. 风险负担下的成本补偿

在线诉讼的技术应用不同于传统的线下服务，使用者与平台之间不仅存在一定的磨合成本，还承担了更大的信任风险，如系统故障可能导致程序的被迫

---

① 何良彬：《庭审实质化改革背景下的对质规则研究》，载《西南民族大学学报（人文社会科学版）》2020年第9期。

转换和已经进行的程序失效等。在线诉讼目前还不具备相对线下诉讼那样完善的评判标准和补救程序，但法院作为在线诉讼改革的主导者和受益者，若出现难以补正的程序错误或结果错误，应当承担监督、救济和赔偿的成本，而不应该让制度利用者的用户承担超出控制之外的风险和成本。①

结　语

康德说过，“只有经得起理性的自由、公开检查的东西才能博得理性的尊敬。”信任机制的改变督促着社会治理结构的同步变革，在线诉讼作为司法审判助推国家治理体系和治理能力现代化的重要侧面，理应对如何获得社会公众的认同和信赖作出更加积极、科学、有效的回应。本文的探讨未见全面，但求抛砖引玉，引起学界和实务界更多有识之士的关注。

（杜秋阳：湖南省岳阳市岳阳楼区人民法院）

① 曹建军：《民事诉讼电子化的目标与路线》，载《法治研究》2022 年第 3 期。

人民法院主动获取电子送达地址的检视与优化

康曼婷

一、电子送达地址主动获取现状

(一)《民事诉讼法》修改后未解决的规定冲突

2021年《民事诉讼法》修改之后新增的第16条①规定了在线诉讼的当事人同意规则，第90条第1款②规定了电子送达的当事人同意规则，第16条与第90条规定共同构建了电子送达的当事人同意规则，即电子送达适用的前提是要经过受送达人的同意，只有在受送达人同意的情况下才能对其进行电子送达。同时2022年《最高人民法院关于适用〈中华人民共和国民事诉讼法〉的解释》（以下简称《民诉解释》）第136条规定，“受送达人同意采用电子方式送达的，应当在送达地址确认书中予以确认。”2017年最高人民法院印发《关于进一步加强民事送达工作的若干意见》（以下简称《送达意见》）的通知中也规定当事人同意电子送达的，应当提供电子送达地址。③ 上述法条共同构建出了受送达人同意适用电子送达与提供电子送达地址之间的逻辑关系：即受送达人同意适用电子送达的，就应当提供自己的电子送达地址并对其进行确认；

---

① 《民事诉讼法》第16条规定：“经当事人同意，民事诉讼活动可以通过信息网络平台在线进行。民事诉讼活动通过信息网络平台在线进行的，与线下诉讼活动具有同等法律效力。”

② 《民事诉讼法》第90条第1款规定：“经受送达人同意，人民法院可以采用能够确认其收悉的电子方式送达诉讼文书。”

③ 2017年最高人民法院印发《关于进一步加强民事送达工作的若干意见》的通知第2条规定：“当事人提供的送达地址应当包括邮政编码、详细地址以及受送达人的联系电话等。同意电子送达的，应当提供并确认接收民事诉讼文书的传真号、电子信箱、微信号等电子送达地址。当事人委托诉讼代理人的，诉讼代理人确认的送达地址视为当事人的送达地址。”

若受送达人未提供或确认自己的电子送达地址，即表明受送达人不同意使用电子方式对其进行送达，即失去电子送达得以适用的前提条件，人民法院不能通过主动查询受送达人的电子送达地址对其进行电子送达。

但2021年最高人民法院通过的《人民法院在线诉讼规则》（以下简称《规则》）关于电子送达的当事人同意的认定和收悉规则的规定与上述电子送达适用的逻辑相冲突。《规则》第29条规定，“经受送达人同意，人民法院可以通过送达平台，向受送达人的电子邮箱、即时通信账号、诉讼平台专用账号等电子地址，按照法律和司法解释的相关规定送达诉讼文书和证据材料。具备下列情形之一的，人民法院可以确定受送达人同意电子送达：……（四）受送达人通过回复收悉、参加诉讼等方式接受已经完成的电子送达，并且未明确表示不同意电子送达的。”即人民法院适用电子送达的，要经过当事人同意，但当事人同意并不仅仅表现为事前明示同意，也可以从事后当事人的知悉回复、依照诉讼文书内容的参诉行为推定当事人同意。《规则》第31条第2款①中关于电子送达收悉规则的规定表明，对于当事人未主动提供或确认电子送达地址的，人民法院可以主动获取当事人的电子送达地址，并向该地址进行电子送达，对于受送达人回复知悉、根据诉讼文书内容参诉，或通过系统反馈或有证据证明受送达人已经实际阅知诉讼文书内容的，即认定为有效送达。《规则》第29条、第31条规定在《最高人民法院关于互联网法院审理案件若干问题的规定》（以下简称《规定》）中亦有相同规定。②《规则》等文件所规定的电子送达适用的逻辑与前述《民事诉讼法》《民诉解释》《送达意见》中所确定的适用逻辑相冲突，认为在当事人未提供或确认电子送达地址时，人民法院可以通过主动查找电子送达地址，并通过送达后受送达人事后行为表征推定当事人同意，进而肯定电子送达的效力。《民事诉讼法》在修改之前规定有电子送达的当事人同意规则，在近几年对电子送达的探索适用过程中，地方各级

---

① 《人民法院在线诉讼规则》第31条第2款规定：“受送达人未提供或者未确认有效电子送达地址，人民法院向能够确认为受送达人本人的电子地址送达的，根据下列情形确定送达是否生效：（一）受送达人回复已收悉，或者根据送达内容已作出相应诉讼行为的，即为完成有效送达；（二）受送达人的电子地址所在系统反馈受送达人已阅知，或者有其他证据可以证明受送达人已经收悉的，推定完成有效送达，但受送达人能够证明存在系统错误、送达地址非本人使用或者非本人阅知等未收悉送达内容的情形除外。”

② 《最高人民法院关于互联网法院审理案件若干问题的规定》第15条对事后推定当事人同意，第17条对收悉规则作出了与《规则》相同的规定。

法院经常会对当事人的电子送达地址的主动获取进行探索，以提高电子送达的适用率，最高人民法院在制定《规则》时为这种主动获取电子送达地址的行为提供了法律依据，将“当事人同意”进行了扩大解释，规定了事后推定同意的形式。《民事诉讼法》在修改时同样理应顺应司法实践的需求，肯定这种事后推定的当事人同意的效力，与《规则》中的规定相统一，但2021年《民事诉讼法》在修改过程中并未重视这一方面的问题，未对当事人同意进行扩大解释导致规定之间的冲突未得到化解，人民法院主动获取电子送达地址方面存在的问题仍未得到解决。

（二）电子送达地址主动获取的司法现状

最高人民法院正式开发的统一电子送达平台提供有的找人功能即意味着人民法院可以主动查找受送达人的电子送达地址，是对当事人同意并提供电子送达地址的适用前提的突破，对事后推定同意规则的认可，而司法实践中人民法院也多适用电子送达平台进行电子送达地址的查找。另外，部分地方法院也纷纷对电子送达予以重视并推进对电子送达的探索及适用，例如北京市密云区法院，其在电子送达地址获取方面进行了创新性发展，以“全覆盖”为导向，推动全区56名律师、83家行政机关、7家金融机构等相继提交电子送达地址，建立全员电子送达信息共享库，实现送达地址信息与当事人信息自动对接、一键送达，① 送达信息共享库能够在电子送达时直接对当事人的电子送达地址进行自动检测，人民法院自行进行当事人信息与地址信息的比对以确定当事人的电子送达地址。

此外，多地区地方性文件中关于人民法院主动获取电子送达地址的规定不同，例如山东、青海、江苏等地的规定中并未规定人民法院有权主动进行电子地址的获取并进行电子送达；②《上海市高级人民法院关于进一步推广适用电子送达的若干规定（试行）》（2022年）中规定了与《规则》中相同的电子送达收悉规则，并规定了人民法院在受送达人未明确表示不同意的情况下且通过

① 密云法院：《做好“加减乘除”法 密云法院为区域建设聚势赋能丨优化营商环境》，载京法网事，https://baijiahao.baidu.com/s?id=1740766618500320341&wfr=spider&for=pc，2023年6月28日最后访问。

② 《山东省高级人民法院关于规范基层法院民商事案件诉讼文书电子送达和公告送达的若干规定》《青海省高级人民法院诉讼文书电子送达规定》《江苏省高级人民法院关于印发〈司法文书电子送达规定（试行）〉的通知》中规定电子送达的适用以受送达人的同意为前提，并由受送达人提供电子送达地址。

该规定第8条无法找到电子送达地址的，可以通过受送达人诉讼材料中记载的电子地址，受送达人在其他诉讼、仲裁活动中提供的本人的电子地址，受送达人签订民事合同时常用的电子地址，通信运营商采集的经过实名认证的电子地址等通过其他合法途径获取的电子送达地址。《广州市中级人民法院关于电子送达的若干规定（试行）》（2020年）中第8条规定，“受送达人不同意电子送达的，在严格遵照《民事诉讼法》及其司法解释中有关电子送达使用条件的前提下，可采取与大型门户网站、通信运营商合作的方式，通过查证核实的专门电子邮箱、特定通信号码、信息公众号等渠道，以录音电话、弹屏短信等方式送达除判决书、裁定书、调解书外的其他诉讼文书。”即广州市人民法院通过该规定允许人民法院在受送达人不同意的情况下，也可以依照《民事诉讼法》及其司法解释中规定的适用条件，对受送达人的电子地址进行获取并进行电子送达，此条规定在《召陵区人民法院关于电子送达的若干规定（试行）》（2021年）、《商城县人民法院关于电子送达的若干规定（试行）》（2021年）中亦有规定。但此条规定存在问题，《民事诉讼法》及其司法解释中明确规定人民法院在进行电子送达时要经过受送达人同意，并由受送达人提供电子送达地址，才得以适用电子送达，在受送达人不同意的情况下符合《民事诉讼法》及其解释规定存在矛盾，这就体现出了地方性文件与中央立法及司法解释规定之间的冲突。

（三）现有规范未能满足司法实践方面的需求

从前述司法实践中的做法来看，人民法院在受送达人未提供或确认电子送达地址的，会主动对受送达人的电子送达地址进行查找，通过查找到的电子送达地址对受送达人进行电子送达，并且部分地方性文件也对电子送达地址查找途径进行规定，以便于查找受送达人的电子送达地址，这与《规则》与《规定》中规定的人民法院主动获取电子送达地址后进行电子送达，通过事后当事人行为推定当事人同意是相契合的，与《民事诉讼法》与《民诉解释》规定的当事人同意并提供电子送达地址的适用前提相背离，这就体现出了法律规定与司法实践方面的冲突。司法服务电子化建设已经成为不可逆的趋势，电子送达以其高效性、便捷性的特点也会逐渐成为主流，人民法院也应当推动对电子送达的积极适用，加强对电子送达地址主动获取的探索。但《民事诉讼法》及其司法解释在修改的过程中并未重视这一方面的修改，未顺应电子送达发展的趋势，现有的以当事人同意并提供电子送达地址为适用前提的规定限制了电子送达的发展，也没能解决人民法院主动获取电子送达地址时存在的问题，不能满足司法实践的需求。且《民事诉讼法》及其司法解释与《规则》之间规定的冲突也造成地方性文件对人民法院能否主动获取电子送达地址规定不一，导致地方法院适用时出现混乱。

二、电子送达地址主动获取方面存在的问题

（一）实践中人民法院主动获取电子送达地址的数量过少

在司法实践中，人民法院过于被动地适用电子送达制度，很少主动对受送达人的电子送达地址进行收集以进行电子送达。例如孝义市中院在受送达人电子送达地址缺失时，会通过电子送达平台的找人功能进行电子送达地址的查找，自 2020 年 8 月该法院正式启用“人民法院送达平台”以来，该院 2021 年发起电子送达 3903 次，运用统一送达平台找人 86 次，成功数 72 次，人民法院主动进行地址收集占比仅为 2.20%，成功率为 83.72%；2022 年 1 月至 6 月发起电子送达 1992 次，利用统一送达平台协查找人 172 次，成功数 40 次，人民法院主动收集地址占比 8.63%，成功率为 23%。① 可见人民法院在实践中很少主动进行电子送达地址的收集，收集的途径仅限于统一电子送达平台的找人功能，且对该功能适用很少，该平台查找成功率低，不能满足司法实践的需要。根据魏红对于 Q 市 2020 年 7 月—2021 年 7 月电子送达的调研结果来看，该市一年间电子送达数量为 4519 件，由受送达人主动提供地址信息的案件占 4196 件，法院适用统一送达平台功能通过大数据查找地址信息的案件数量为 323 件，其中通过受送达人的历史涉案信息查找到受送达人地址信息的数量为 187 件，通过公安系统信息查询受送达人地址信息的数量为 136 件。② 就该市的具体情况来看，电子送达地址的来源主要是受送达人主动提供，而人民法院依职权主动获取电子送达地址的案件占比极少，仅达到 7%，且查找电子地址的途径仅仅局限于通过受送达人的历史涉案信息及公民身份信息进行查找。2021 年《民事诉讼法》修改后将电子送达可适用的范围扩展至所有的诉讼文书，目的在于扩大电子送达的适用，提升电子送达的适用效率，提升诉讼文书的送达效率，为顺应司法电子化发展趋势，人民法院应当积极获取当事人的电

---

① 张靖玲：《全力助推电子送达 便民利民成效显著》，载山西省孝义市人民法院网，https://llxyfy.shanxify.gov.cn/article/detail/2022/08/id/6847664.shtml，2023 年 6 月 28 日最后访问。

② 魏红：《Q 市法院民事诉讼电子送达情况实证研究》，贵州民族大学 2022 年硕士学位论文，第 29 页。

子送达地址并适用电子送达，但就司法实践中表现来看，人民法院主动收集电子送达地址的积极性并不高，不能有效推动电子送达的发展。

（二）地方性规定相对混乱

部分地方法院为推进本地区各级法院对电子送达的适用，制定了关于电子送达的地方性文件，但关于电子送达地址的主动获取的前提存在规定不一的问题。例如《上海市高级人民法院关于进一步推广适用电子送达的若干规定（试行）》中规定人民法院可以主动进行电子地址的获取并进行电子送达的前提是“当事人未明确表示不同意”，而《广州市中级人民法院关于电子送达的若干规定（试行）》《召陵区人民法院关于电子送达的若干规定（试行）》《商城县人民法院关于电子送达的若干规定（试行）》中规定在当事人不同意的情况下人民法院在符合《民事诉讼法》及其司法解释时仍可以进行电子送达地址的获取并进行电子送达。而《民事诉讼法》及《民诉解释》中明确规定电子送达的地址要由受送达人提供，并未规定人民法院可以在受送达人未对送达地址进行确认的情况下进行电子送达，中央和地方规定不一致将导致法律权威受损。广州市中院及商城县、召陵区所出台的文件规定在当事人不同意的情况下仍可通过电子送达地址的查找向其进行电子送达，显然违背电子送达制度对受送达人程序权利予以及时保障的初衷。在对电子诉讼进行探讨时，张卫平教授认为，当事人同意是在线诉讼的正当性根据①，王福华教授认为当事人对于电子诉讼制度有程序选择权，且当事人的程序选择权是电子诉讼正当性的基础②，而电子送达同样作为司法电子化在民事诉讼程序方面的体现，电子送达中的“当事人同意”也应当是当事人行使程序选择权而对送达方式进行的选择，是对法院适用电子送达进行的一种授权。《规则》与《规定》中对于当事人同意的事后推定的认定，是在合理的基础上对于当事人同意进行的扩大解释，上海高院对“受送达人未明确表示不同意”的规定符合事后推定同意的规定，但广州中院等法院对于“受送达人不同意”的情形下仍允许法院主动获取电子送达地址并进行电子送达的规定显然是对受送达人程序选择权的侵犯，超出事后推定同意的可适用范围，违背《民事诉讼法》及其司法解释的相关规定，属于地方立法乱象。

① 张卫平：《在线诉讼：制度建构及法理——以民事诉讼程序为中心的思考》，载《当代法学》2022年第3期。

② 王福华：《电子诉讼制度构建的法律基础》，载《法学研究》2016年第6期。

（三）电子送达地址收集途径过于单一

2021年《民事诉讼法》第90条中取消了关于“传真、电子送达”的电子送达途径列举式规定，即是在互联网时代背景下鼓励电子送达的多种送达途径共同发展，在司法实践中，人民法院也会经过微信等媒介进行电子送达，而电子送达途径的多元化发展需要人民法院对当事人的多种类电子送达地址进行收集，这就需要对电子送达地址的收集方式进行优化，扩宽地址查找路径以收集当事人的多种类型的电子送达地址。就目前实务中电子送达的运行情况来看，人民法院收集当事人电子送达地址的途径过于单一，只有部分地区法院与第三方平台合作进行电子送达地址获取路径的创新，例如杭州互联网法院通过与天猫等网络平台以及移动等电信运营商等加强合作，深度挖掘受送达人的收发件地址、电子邮箱、活跃的手机号、宽带地址；① 北京互联网法院通过查找公司受送达人在其网站、应用软件、公众号上所留联系方式，与三大运营商合作的方式查找电子送达地址②，等等。一些未进行政企合作的法院通常只能通过统一电子送达平台的找人功能进行地址途径的收集，而目前电子送达平台中仅能提供受送达人的历史涉案信息与公民身份信息，找人方面只能提供运营商协查找人和邮政协查找人方面的帮助，无法通过互联网大数据对受送达人的地址信息进行查找，通常只能查找到受送达人的手机号，且不能显示出手机号的近期使用情况，不能进行比对分析，同时无法查找到其他类型的电子送达地址。就我国目前互联网技术发展情况来看，理应具备受送达人电子地址信息多途径查找的技术储备，但从我国人民法院在司法实践的情况来看，仍存在收集途径过于单一的问题。

三、电子送达地址主动获取遇困的成因

（一）法律规定层面的冲突未能得以化解

如前文所述《民事诉讼法》及其司法解释等文件与《规则》等文件中关于人民法院能否主动获取电子送达地址并进行电子送达的规定之间存在冲突，允许事后推定同意更加符合我国司法实践需求，而《民事诉讼法》及其司法

---

① 岳丰、黄洪连：《全国首个！杭州互联网法院电子送达平台全功能上线》，载杭州网，https：//hznews. hangzhou. com. cn/ chengshi/content/2018 - 04/11/content _ 6844422. htm，2022年10月3日最后访问。

② 北京互联网法院课题组：《“互联网+”背景下电子送达制度的重构——立足互联网法院电子送达的最新实践》，载《法律适用》2019年第23期。

解释在修改时也并未对事后推定同意的效力进行肯定，且《民事诉讼法》新增加在线诉讼活动的当事人同意规则时，也未对电子送达当事人同意规则的扩大解释进行关注，法律规定层面的冲突仍然存在。这就一方面导致人民法院在适用电子送达时出现模糊；另一方面地方法院为本区域电子送达工作进行制定文件时，无法把握当事人同意可以扩大的限度，认为《规则》等规定中关于事后推定同意是对当事人同意规则的扩大，统一电子送达平台查询功能即是人民法院在未经受送达人同意的情形下主动进行电子送达地址查找的实践，且实务中人民法院通常的做法也会对受送达人的电子地址进行查询，因而部分地方法院便认为“当事人同意”只是在法律没有明确规定时予以电子送达的正当性基础，而目前已有关于电子送达的规定依据，当事人同意便不再有意义，因而可以无需考虑当事人意愿，即使当事人不同意时也可以在符合法律规定的条件下进行电子送达地址的查询及送达，将当事人同意的扩大解释转变为不考虑当事人意愿，进行地方性文件的错误规定，严重侵犯当事人程序权利。

（二）人民法院存在责任承担方面的顾虑

由于法律规定上存在冲突，对于人民法院主动进行电子地址的查找并进行电子送达的效力不明，对于受送达人未提供并确认电子送达地址的，若人民法院主动对电子送达地址进行了查找，并对该地址进行了电子送达，一旦出现电子地址错误的情形，导致受送达人并未实际接收到诉讼文书，而法院方根据收悉规则确定已成功进行电子送达的，由此产生的诉讼拖延和当事人程序权利受损的法律后果就要由人民法院来承担，因为此种情形下人民法院并未经当事人同意及地址确认，违反《民事诉讼法》及其司法解释的规定。从这个层面来看，人民法院送达工作违背程序法规定，应承担送达错误所造成的法律后果。此外，受送达人若以其并未事先同意适用电子送达来主张人民法院电子送达程序违法的，对于已经根据事后推定同意和《规则》中规定的收悉规则成功进行电子送达的人民法院，无法以《规则》为依据来证明其程序正当，这就使得之前的程序归于无效，造成司法资源的浪费。而如果人民法院严格依照《民事诉讼法》及其司法解释规定的以当事人同意并提供电子送达地址为电子适用的前提条件，对提供并确认了电子送达地址的当事人进行电子送达，则不必有这种顾虑，根据法律规定的收悉规则，诉讼文书发送到受送达人确认过的地址所在特定系统的，即认定送达成功，而无需通过其他方式来确定诉讼文书是否有效送达，地址错误所产生的法律后果则仅由当事人承担，人民法院不必承担风险。因此，为了避免不利法律后果的承担，人民法院通常更倾向于以当事人提供为主要的电子送达地址收集方式，而很少愿意主动通过电子地址的查找进行主动电子送达。

（三）部分地区发展水平限制地址获取路径的发展

智慧司法在地方的建设及发展依赖于地方的科技发展水平，较为发达的地区在电子送达发展的过程中，能够更为熟练的与一些占市场份额较大的企业进行合作，以更为广泛、便利的获取电子送达地址，例如北京、杭州、上海等较为发达地区的法院则更为重视智慧司法的推动，电子送达地址的主动获取的途径则更为多元，更倾向于进行政企合作以拓宽电子送达地址的主动获取路径，而在甘肃、山西等为全面推进电子送达地区，法院的送达人员对于电子送达的重视程度也不够高，送达中更倾向于直接送达和邮寄专政等传统送达方式，①对电子送达适用较少，因而对电子送达地址的路径的探索也处于较为落后的状态。此外，受科技发展水平的影响，部分地区在与一些科技类企业合作的经验不足，尽管在政企合作方面已有许多成功的先例，例如腾讯先后宣布与河南省、重庆市和上海市政府合作打造“智慧城市”，将一系列政府服务接入微信平台，但地方法院在与政企合作方面仍未有起色，以至于电子送达地址获取方面，不能够有效地利用大数据获取当事人的电子送达地址。

（四）法院送达人员地址查找能力不足

在传统送达中，当事人向人民法院进行起诉时，往往需要向立案庭提供被告的相关信息，其中包括被告人的地址以便于人民法院向其送达诉讼文书，原被告双方共同到场的，则由被告当事人确定自己的送达地址，对于原告未提供被告的住址信息的，送达人员可以通过公安内部系统或受送达人此前诉讼中接收诉讼文书的地址进行查询，对其进行送达。但在电子送达中，许多情况下原告并不知道被告的电子联系方式，公安系统并未“全覆盖式”的对所有人的电子联系方式进行收录，这就导致法院送达人员在通过向公安机关进行申请查找受送达人电子地址信息时成功率较低。而在智慧司法发展建设以来，送达人员并未经过查找电子地址信息查找方面的培训，传统送达多由法官助理、书记员进行，其所掌握的互联网技能不多，只能依据现有的电子送达平台或通过公安、司法系统对电子送达地址进行查找，不能熟练地运用大数据对受送达人的电子地址信息进行查找，而法院又未配备相关专业人员予以协助，就导致受送

---

① 宋春龙：《电子送达的理论反思及其制度完善》，载《河南财经政法大学学报》2016 年第 6 期。

达人电子送达地址查找困难。

四、人民法院主动获取电子送达地址的完善路径

（一）在规范层面进行统一

法律规定之间的冲突导致人民法院在主动获取电子送达地址时存在障碍，《规则》等文件中关于事后推定同意是对当事人同意规则的扩大解释，《民事诉讼法》及《民诉解释》中关于当事人明示同意并确认电子地址的规定意味着电子送达是被动式触发的，法院只能积极引导当事人适用，而不能主动地直接适用，① 但实践中存在受送达人恶意逃避送达或是被告缺席的情形，此时在没有受送达人提供有效送达地址的情况下，若原告也未提供有效地址，那么处于被动地位的法院似乎难以进行电子送达，电子送达形同虚设。民事电子诉讼以尊重当事人程序选择权为前提，而当事人的程序选择往往阻碍了民事电子诉讼的推进。② 过于恪守任意诉讼禁止原则可能会阻碍在线诉讼的制度创新和实践探索，会阻碍在线诉讼程序所追求的司法为民、司法便利等价值功能，③ 在电子送达上同样如此，过度追求以当事人同意适用并提供电子送达地址为前提，很容易排斥程序经济等的程序性价值。“被动式”送达局限了电子送达的发展，为提升电子送达的适用率，法院应当从被动适用向主动适用转变。被动适用向主动适用的转变需要对“当事人同意”进行扩大解释，目前司法实践中人民法院主动对当事人的电子送达地址进行收集，也是对“当事人同意”进行扩大解释后的结果，这就说明《规则》等文件中关于事后推定同意的规定更加符合目前司法实践中的需求。这种事后推定同意属于默示同意，也即法院在不太可能取得明示同意时，应允许推定被告同意使用电子送达方式，并以受送达人的行为表征予以二次确认。④ 因此，为更加契合司法实践对法律规定的需求，使得法律规定更加明确统一，应当肯定事后推定同意的效力，允许人

---

① 陈珊彬、任永乐：《从被动适用到主动适用：基于大数据应用的电子送达制度完善与路径重塑》，载《法治社会》2019 年第 6 期。

② 张兴美：《中国民事电子诉讼年度观察报告（2017）》，载《当代法学》2018 年第 6 期。

③ 谢登科：《在线诉讼的中国模式与未来发展》，载《中国应用法学》2022 年第 4 期。

④ 北京互联网法院课题组：《“互联网 +”背景下电子送达制度的重构——立足互联网法院电子送达的最新实践》，载《法律适用》2019 年第 23 期。

民法院在当事人未明确拒绝适用电子送达的情况下主动对其电子送达地址进行查询，并进行电子送达，再根据事后表征判断电子送达是否成功。《民事诉讼法》及其司法解释等在日后的修改过程中应当肯定事后推定同意的效力，将受送达人拒绝作为不得主动进行电子送达地址查询及电子送达的前提条件，即在当事人未明确表示拒绝的，人民法院可以主动进行电子送达地址的查询并进行电子送达；当事人明确表示拒绝的，人民法院不得主动采用电子方式进行送达，从而更加符合司法实践及司法电子化发展的需求，实现法律规定层面的一致。

（二）建立内嵌于统一送达平台的电子送达地址信息库

就我国已有的统一电子送达平台来讲，其具备的受送达人电子地址信息检索功能无法发挥的主要原因是其所收集的数据信息过少，导致法院在查询过程中成功率过低。因此在对统一电子送达平台的建设过程中，可以建立一个地址信息储备完整的电子送达地址信息库内嵌于电子送达平台，以使得法院可以更加高效便捷地对受送达人的电子送达地址进行查询。电子送达地址信息库的建立需要在大数据背景下对受送达人的电子地址信息进行尽可能广泛、全面的收集，数据的来源可以从司法机关内部数据库、公安系统内部信息库、移动运营商数据库以及疫情防控数据库等几个方面进行获取，以较为全面的储备受送达人电子地址信息。目前我国移动电话几乎已经达到了“全覆盖”，根据工信部发布的数据，截至 2021 年 2 月底，去年移动电话用户总数就已经达到了 15. 92 亿，且移动电话已经成为人们之间交往最基础的方式，且移动电话的使用需要经过实名认证，因此可以通过与三大通信运营商的合作，通过移动运营商数据库进行当事人电话号码的查找。疫情防控为实现对人员的精准管控，人们出入公共场所需要通过微信或支付宝扫码出示场所码以便于流调信息的整合，疫情防控要求个人健康码、场所码的获取需要进行本人实人认证，且微信、支付宝等社交软件也要求用户进行实人认证。因此，可以通过对疫情防控期间形成的数据资料进行整合，将个人信息与其社交账号进行对应，在人民法院要进行电子送达时，通过个人信息的查找，查询出受送达人的社交软件账号，以此进行电子送达。综上，应当通过不同的渠道丰富当事人的电子地址信息储备，以推进电子送达地址信息库的建立，提高人民法院进行受送达人电子地址信息查询的成功率。同时应当建立大数据分析系统，对收集到的数据进行分类汇总、对比分析，以便送达人员在通过统一电子送达平台查询时能够更加直观的获取受送达人的多种电子送达地址，以进行比较筛选出最适宜进行电子送达的电子地址。

（三）推动政企合作收集电子送达地址

目前一些企业开发的软件在市面上具有巨大份额，拥有庞大的用户数，人民法院在对电子地址信息进行收集时也可以选择与企业进行合作，以收集电子地址信息。在政企合作方面，部分地方法院已经作出了卓有成效的先例，如《宁波移动微法院诉讼规程（试行）》中规定，对于使用宁波移动微法院的当事人，对于一般性诉讼文书，微法院可以直接进行电子送达；而判决书、裁定书、调解书则需要受送达人的明示同意（当时《民事诉讼法》尚未修改，判决书、裁定书、调解书尚不属于可以适用电子送达的文书范围）。即使用移动微法院的微信账户可作为受送达人的电子送达地址，微法院可以通过受送达人在使用微法院时的实名认证来对受送达人的信息进行收集，确定其电子送达地址。移动微法院的建立无疑是司法机关与腾讯科技有限公司进行合作而探索出的创新性的路径，为当事人提供了查询诉讼文书、诉讼状态等等方面的便利，同时使得法院更加便捷地获取受送达人的电子地址信息。在今后电子送达的发展过程中，应当在全国范围内推动移动微法院的建立，在当事人使用移动微法院时，对于接收诉讼文书无困难的当事人直接让其在注册时签署电子送达地址确认书及电子送达同意书，以便于人民法院直接通过微信账户向其进行电子送达，对于接收有困难的当事人，可以通过申请方式选择传统送达方式，并在申请时要求其提供用以接收诉讼文书的物理地址以保证送达工作的进行。

此外，可以鼓励地方人民法院与第三方企业进行合作，建设数据共享交换平台，实现法院与外部企业之间的数据共享交换和业务协同。除微信外，支付宝、云闪付等实名制常用支付软件也可以作为司法机关合作的对象。在大数据时代，包括案件的裁判结果、执行情况在内的司法审判大数据，对于腾讯科技有限公司、支付宝网络技术有限公司、阿里巴巴集团等科技类企业来说，是一笔宝贵的资源和财富。① 因此，人民法院可以在保障安全的前提下，通过构建与第三方平台等信息共享机制，实现对受送达人电子地址的精准查询。② 人民法院通过第三方平台提供的自由检索功能，输入当事人身份证号码等信息，对

---

① 梁峙涛：《“互联网 +”时代下民事送达新路径探索——以实名制手机支付软件为核心的电子送达方式》，载《科技与法律》2019 年第 2 期。

② 马俊骏：《互联网时代民事送达电子化路径探析》，载《湖州师范学院学报》2020 年第 3 期。

其手机号、微信号、支付宝账号、电子邮箱等进行检索，[①] 并通过强制弹出框等模式向受送达人进行诉讼文书电子送达的通知提醒，并将送达情况反馈到法院系统，法院将与司法审判相关的不涉及隐私的执行情况、诉讼文书接收情况等与企业进行共享对接，以供企业参考评判当事人的信誉情况，实现法院与企业之间的互惠共赢。

（四）组建具备专业知识的送达队伍

目前司法实务工作中的电子送达工作主要通过统一的电子送达平台进行，涉及查找受送达人的电子送达地址的工作主要由送达人员通过电子送达平台或通过第三方平台进行，这就需要送达人员具备一定的计算机信息技术等相关知识背景，以对在电子地址查找过程中的一些技术问题或故障问题予以及时解决，而提升送达的效率，法官助理和书记员显然不具备这些专业知识技能，因此人民法院应当加强对司法人员的技能培训，严格操作规程，熟练掌握电子送达的实务技巧，配备具备专业知识的人员与文书送达人员组建专门的电子送达队伍，以解决电子送达地址信息的查找问题。

结　语

电子送达符合当下智慧司法发展的需求，契合互联网法院对于高效、便捷的价值追求，也解决了传统送达存在的诸多弊端，为法院与当事人之间信息的交互提供了新路径。但电子送达的适用不应当被受送达人明示同意并提供电子送达地址的前提条件所束缚，《民事诉讼法》及其司法解释在修改时未对人电子送达地址主动获取方面予以重视，导致实践中存在的问题仍无法得到解决。为适应司法现代化的需求，应当化解现有法律规定之间的冲突，解决人民法院主动获取电子送达地址的难题，健全统一送达平台的查询功能，细化完善电子送达的规则，以确保电子送达制度得以完善，送达效率得以提高，受送达人合法权益得以保障。

（康曼婷：湘潭大学法学院）

① 杜伟杰：《直接电子送达的基础证成与实现进路——以微信、支付宝为电子送达接收端的应用图景》，载《山东法官培训学院学报》2021年第6期。

民事审判中算法自动化决策的风险规制

林凯莉　刘谢慈

一、问题的提出

近年来，司法实务部门深入贯彻习近平总书记关于网络强国的重要思想，推动人工智能技术在司法领域深度应用，大力加强人工智能与审判工作的融合，基于人工智能的算法自动化决策技术被广泛运用于审判各环节，研发各类智能化办案辅助平台，实现辅助事务自动化办理、案件智能画像、法条及类案精准推送等，司法质效得到显著提升。人工智能算法所具有的自动化决策特性有效助力实现全国四级法院审判数据的常态化、自动化汇聚，推动了社会治理的法治化进行，其在司法领域的应用，表明人工智能具有增强接近和实现正义的能力——"数字正义"（Digital Justice）。

"算法自动化决策"属于技术系统与法律系统的组合，其描述的是司法制度和诉讼程序从物理环境向虚拟环境，从司法决策到人工智能裁判的转变结果，跨越信息技术、法律、伦理和社会心理学多学科。对于算法自动化决策风险，学界探讨大多集中于刑事领域，例如美国犯罪预测系统 CAMPAS 算法软件中是否存在算法偏见、卢米斯案件中法官将犯罪预测软件中得出的高社会风险结果作为量刑依据是否符合公平正义等，但却鲜有人专门讨论民事审判中算法自动化决策的潜在风险。同刑事犯罪相比，民事纠纷中所呈现出来的当事人之间错综复杂的关系，以及在民事活动中不得不进行考量的民事习惯、社会伦理、价值判断等因素，会导致算法自动化决策结果的合理性和最终判决的公正性受到质疑。尽管算法自动化决策技术能够极大地提高审判效率，但其潜在的多元社会风险已逐步浮现，如何有效规制算法自动化决策风险从而在程序数字化环境下实现司法正义，成为法律人必须正视的问题。

二、算法自动化决策风险的基本类型

算法自动化决策的基本路径是在事先构建好的模型中输入训练数据，通过对于训练数据的学习形成决策逻辑，在此基础上通过验证数据输入、结果验证来判断该决策逻辑的可行性，从而进行算法自我调整，生成算法应用。① 在整个算法应用的生成过程中，任何一个环节出现偏差均可能导致算法自动化决策结果的公正性受到影响。根据风险产生的不同环节，可以将算法自动化决策的风险分为三类：

（一）程序编制过程中产生的风险

算法自动化决策实现的前提是算法程序的建立，要完成决策行为，必须通过程序平台加以进行。在程序的编纂过程中，程序编写者个人的主观认知深刻影响着程序的运行过程。程序建立初始，需要对问题进行分类，预设一定的标准来构建基本的运行框架，在这个标准预设过程中，设计者的价值偏好以及自身对于某个问题的理解，或将导致标准设定的偏差，进而使得以该标准作为运行基础的其他过程在运作之中将偏差进一步放大。而且就目前智慧法院的程序建设来说，由于专业司法人员在算法编制上的专业隔阂，对于算法自动化决策程序编制只能外包给软件公司进行。虽然在核心算法编制过程中，司法工作人员会对于其中法律适用问题提出建议，但是实际编纂过程主要还是由程序员进行。由于程序员没有经过专业的法学和法律职业训练，不具备相关学科背景，在编制过程中不可避免地会将自己的主观看法融入程序之中。② 例如，算法核心的编写者本身带有一定性别偏见，在其编写过程中有意识或无意识地将这种偏见写进核心算法之中，那么依据该算法所推演出来的判决结果也将在不同性别的当事人之间呈现出误导倾向。同时，算法验证是算法程序中不可或缺的一个步骤，对于算法程序进行验证的前提是设计者已经为程序预设好一个判断正误的标准，进而在验证过程中不断修正算法程序，以便最终输出的结果符合其定义的“公正裁决”。当不断按照设计者意图进行修正时，设计者的主观意识便自然地融入算法之中③，影响算法自动化决策结果的公正性和中立性。

---

① 刘友华：《算法偏见及其规制路径研究》，载《法学杂志》2019 年第 6 期。

② 高鲁嘉：《人工智能时代我国司法智慧化的机遇、挑战及发展路径》，载《山东大学学报（哲学社会科学版）》2019 年第 3 期。

③ 许向东、王怡溪：《智能传播中算法偏见的成因、影响与对策》，载《国际新闻界》2020 年第 10 期。

（二）数据输入过程中产生的风险

算法决策的产生，离不开对于训练数据的学习。根据“GIGO”定律，糟糕的样本准备会导致糟糕的数据，其意指在计算科学或在统计科学中，若输入错误数据，则输出亦为错误数据。因此，在算法决策过程中，当输入的算法数据隐含不公时，则输出的算法决策结果往往也隐含不公。只有输入充足、高质量的数据才能够保证算法决策结果的公正性和中立性。在算法自动化决策过程中，可能会因为所输入数据存在偏差、数据选取过程不客观以及大小样本悬殊等因素导致小样本群体利益受损，进而导致决策结果与实际情况产生偏差。算法程序训练过程中所输入的案例数据是作出裁判的法官自身价值取向的映射，这种隐性的价值取向在个案中往往较难发现，但是如果这些价值取向在算法运行过程中进行迭代而不加以修正，就会扩大这种偏见，使得个案不公演变成为类案不公。由于案例数据中可能存在主观色彩严重、价值偏好明显等难以预期的情况，因此有必要对于输入的数据进行全面筛查。然而在这一过程中可能会出现案例数据筛查人员或者筛查程序编写者出于自身利益考量，使得选取的案例数据不够全面，从而影响判断结果。同时由于数据抽取具有一定随机性，小样本数据被抽取概率低，导致最终的结果往大样本方向倾斜，从而在无形中侵害少数群体利益。①

（三）算法深度学习过程中的风险

算法决策的应用过程是算法决策再学习的过程。算法学习不仅仅是在程序编写阶段进行，在投入应用后，算法程序仍处于深度学习之中。通过人工神经网络算法的构建，赋予人工智能以自主学习的能力，实现机器智能化是人工智能发展的目标。但是，由于人工智能自主学习过程不透明，这种“算法黑箱”导致其作出的决策缺乏可论证性。在人工智能进行学习的过程中，还存在着交互性，其学习的基本原理是利用实际案例的输入与外界进行对话，通过对于实例中要素的提取、判断、演绎、再判断等流程来实现自我修正和优化。这一优化过程是被动的，倘若受到新数据的干扰，可能偏离最初设计的轨道。在交互过程中如果攻击者采用数据投毒的方式向学习模型中输入大量投毒数据，就会

① 岳平、苗越：《社会治理：人工智能时代算法偏见的问题与规制》，载《上海大学学报（社会科学版）》2021 年第 6 期。

导致算法模型训练出错误的对应关系，从而导致最终输出的结果出现错误。① 在算法自我学习过程不透明的情况下，这种错误结果的出现得不到可视化解释，即便是出现错误结果或者是隐性的算法偏见，仍可能被视为正确答案加以利用，严重损害算法决策结果的准确性和公平性。可见，在算法自我学习过程不透明的情况下，多种因素的介入都可能导致算法自动化决策结果产生偏见或错误。

三、算法自动化决策风险对民事审判的影响

基于算法自动化决策技术中存在着多元风险，在民事审判中应用算法自动化决策技术时，应着重分析这些风险如何对民事审判产生影响。

（一）同案判断依据不明导致算法识别困难

利用算法进行自动化决策依赖于必要的算法程序平台，基于法律的严谨性和诉讼程序的规范性，在民事审判中运用算法辅助审判更需完善算法决策程序的编制。算法决策程序对案件事实和法律问题的判断必须建立在科学、统一的标准之上，具体到民事审判中，这一标准可以简要概括为“同案同判”。“同等情况相同对待”是现代法治的基本原则，“同案同判”既是自然正义的要求，也是宪法法制统一原则的要求，其涵盖了司法过程对在一定坐标系中具有共同要素的案件之处理的一致性，是法律上“同等情况同等对待”原则在司法裁判场合的特别化。② 人工智能算法具有深度挖掘数据，高效对比数据的强大优势，这种优势使得利用算法自动化决策技术实现同案同判成为现实。同案同判意味着，对于两个类似的案件法官应作出相似的判决，尽管法律实务中不存在案件事实完全相同的两个民事案件，然而，法律调整社会关系和个体行为具有一般性和类型化特征，而社会关系中纠纷冲突的普遍性和个体行为的可重复性要求司法裁判应具有同一性。基于错综复杂的民事法律关系，对是否属于“同案”进行判断时，基于不同视角出发往往会得出不同的结果。我国法学界对于“同案”的判断标准一直存在较大争议，归结起来主要包括构成要件类似说、实质一致说和同一思想基础说。在判断两个案件相似性时，单从任一标

---

① 李欣姣、吴国伟等：《机器学习安全攻击与防御机制研究进展和未来挑战》，载《软件学报》2021 年第 2 期。

② 杨知文：《“同案同判”的性质及其证立理据》，载《学术月刊》2021 年第 11 期。

准看，都存在一定合理性，但是均不足以独立作为同案判断的标准。[①] 尤其是在民事审判中，当事人之间的民事法律关系往往具有个案特殊性，很难通过某个确切的标准得出唯一正确的结论。以往由法官进行同案判断时，主要依据法官的审判经验来判断案件之间是否存在“相似性”。而利用人工智能进行同案或者类案筛选则要求对于已有案例进行解构，将事前输入的数据分解成单个关键词用以作为进行同案判断时的匹配节点，并按照确定的标准进行筛选。若判定标准不够明晰，则算法在进行筛选时，会将两个形式上相似而实质上存在差异的案件识别成为“同案”，使得本该异判的两个不同案件得出“同一性”裁判结果。人工智能对于“同案”进行筛选的机制本质上是一个机器学习的过程，而在机器学习的过程中，需要有明晰的标准来构建学习模型，以学习模型为基础进行数据训练、数据检查后输出筛选结果。由于算法决策程序的编制往往交由软件工程师进行，对于没有法律经验的工程师而言，必须通过清晰的指令和标准才能够按照审判人员所提出的“同案同判”要求构建程序。过于抽象的标准将会造成工程师在程序编制时无从下手，或是按照自己的理解进行编制，导致其将个人主观想法过多地融入算法决策程序之中，从而影响算法决策结果的中立性。换而言之，判断“同案”的标准决定了如何构建训练模型，缺乏明晰标准而建立的决策模型将会导致识别效率低下、识别正确率下降以及识别过程存在偏见等问题，从而影响最终判决。

（二）算法数据不全导致结果出现偏差

民事审判中想要引入算法自动决策技术必须依靠海量的数据支持，尤其是优质的审判数据。目前我国民事司法数据的主要来源是中国裁判网上的法律文书。但是，根据有关学者的统计发现，在中国裁判网上公开的法律文书数量仅占审结数量的一半，且主要公开数据以判决书、裁定书为主，并未包含所有已结案的文书，其涵盖裁判文书范围不够全面，可用数据覆盖面有限。[②] 从截至目前已经公开的八千多万条民事裁判文书数据上看，由基层法院公开的数据占到了七千三百多万条，由于基层法院自身审判能力存在局限性，可能导致从中获取的数据质量难以保障。此外，目前已公开的法律文书中存在的错误也给法律人工智能的数据学习造成相当大的影响。例如，对于裁判文书标识性信息的

① 孙海波：《“同案同判”：并非虚构的法治神话》，载《法学家》2019 年第 5 期。

② 卢海燕：《治理能力现代化视阈下民事纠纷解决智能化研究》，载《广西社会科学》2020 年第 3 期。

书写错误，将案由或者案件类型等信息写错等，将会导致进行裁判文书读取时出现无法识别的情况，并且由于文书表达多样化现象的存在，文书缺乏规范化、格式化，导致机器识别困难，识别精确度下降。[①] 当这些错误信息被输入算法程序后，由于没有相应的纠错机制，该错误不断迭代的后果就是最终输出结果产生错误。而且，在现行法律文书书写过程中，对于法官心证的过程、判决结果的考量因素等一般并未体现，这些实质性的裁判信息没有写明，使得裁判文书说理不足的现象频发。在此情况下，人工智能可以获得的实质性信息又被进一步限缩。不全面、不公正的信息严重阻碍了人工智能在民事审判中的嵌入范围，由此产生的算法偏见更是进一步影响了算法自动化决策结果的客观性和公正性。

（三）法官过于依赖算法导致价值判断缺失

通过人工智能技术完成证据调查，证据分析，简单法律文书生成、类案推送等任务，可以减轻法官工作量，有效避免一些重复性、简单性的工作降低司法工作效率。目前人工智能提供的主要是程序性的帮助，借助其强大的运算和解析能力协助法官进行判断。作为司法决策辅助者，其在算法运行、数据计算上的精密性能够有效弥补法官在精力有限、阅读数量局限上的缺陷。[②] 同时，算法自动化决策技术在信息存储记录和精确抓取上的优势能够帮助法官审查证据链条的完整性、对于不同证据与事实结论之间的概然程度进行量化，提升法官的证据审查能力。此外，算法自动化决策技术还可以利用事先划定的观测点对于量刑或者赔偿数额的影响进行计算，得出更为精确的裁量结论，从而弥补法官在确定量刑或者赔偿数额上精确性不足的劣势。[③] 然而，当算法自动化决策技术的分析能力逐步得到认可后，很可能加深法官对于自动化决策结果的依赖程度。例如，在建设工程纠纷中，由于法官没有建筑行业的从业背景，便倾向于依赖工程量鉴定作为确定工程价款的依据，以至于发展为看到工程价款纠

---

① 马超、于晓虹、何海波：《大数据分析：中国司法裁判文书上网公开报告》，载《中国法律评论》2016 年第 4 期。

② 李婷：《人工智能时代的司法公正：价值效用与风险防范》，载《江苏社会科学》2023 年第 1 期。

③ 王文玉：《司法人工智能：实现裁判正义的新路径》，载《大连理工大学学报（社会科学版）》2022 年第 6 期。

纷就想到工程量鉴定，而非对于施工合同的法律关系进行梳理。[①] 由此可以合理推断，当算法自动决策技术的分析能力不断增强，分析准确度不断提高，能够较好地完成证据分析等任务时，法官对于该技术的依赖性将会上升。但是，对于算法自动化决策结果的过度依赖，将会导致民事判决结果缺乏合理性，也将进一步增长法官机械的法律形式主义思维。民事判决中不仅有错综复杂的民事法律关系，案件事实和争议焦点也很可能具有鲜明的伦理色彩和价值判断倾向。例如，离婚诉讼中子女抚养权的确定，遗产继承纠纷中财产份额的确定等，均需要从当事人之间的伦理关系、情感因素等方面进行考量。民事判决结果是否充分考虑当事人之间的身份关系、伦理关系等重要事实是对其合理性进行考量的重要因素。虽然人工智能介入法律领域的目的之一是将法官个人的价值取向从判决结果中剔除，尽量减少主观因素对于裁判结果的干扰。但结果却可能是将法律解释、法律议论进行排除，这类释义、沟通等情感共鸣部分的缺失，使得法律判断成为一种基于算法的冰冷的机械行为。事实上，对于案件审判来说，绝对的客观可能反而会造成判决结果不合理。例如，在离婚诉讼中，对于当事人感情是否破裂，需要法官通过生活经验对当事人主张的零碎的事实进行综合判断，对于这类具备极强个体差异性和高度生活化的问题，很难利用算法进行考量。算法自动化决策的工作原理决定了其无法将天理、国法、人情三者融为一体，而民事审判中所涉及的身份关系、情感因素又迫切需要在案件裁判过程及结果中彰显人情，体现温度，一旦法官在案件中过度依赖于算法自动化决策技术，机械的算法裁判将会加重当事人之间的冲突，出现“恐龙司法”的现象。[②]

司法判决原本就严格遵循法律逻辑推理和先例约束原则，依据事实和证据推导出判决结果，倾向于忽视案件当事人的个性特征和质性差异。在算法自动化决策系统的集成统一下，部分司法判决结果可能更加容易偏离社会公众所普遍认同的价值或利益诉求，在伦理立场方面存在不足。司法判决文书中的文学性叙事可以通过文学想象展示案件当事人的个性特征和质性差异，进而通过将当事人的个体利益诉求与社会公众的共同利益诉求相关联，修正或补充司法判决结果的伦理立场，但这一叙事逻辑难以完全契合以预设标准为主线的算法决

---

① 李晓楠：《可信赖 AI 司法：意义、挑战及治理应对》，载《法学论坛》2020 年第 4 期。

② 张建伟：《司法机械主义现象及其原因分析》，载《法治社会》2023 年第 1 期。

策技术逻辑。强行使用通用标准对于当事人之间的情感状况进行判断，将会导致判决结果出现错误或不合理之处。民事裁判必须考虑主体在特定情境下的情感取向，回应主体情感诉求，使得人情与法理有机统一，才能进一步实现司法公正的目标，形成社会价值认同，体现司法温度。完全通过算法自动化决策所作出来的决策结果无法对价值判断、情感价值进行理解，只能将其以事实判断的形式表现出来，具有一定的机械性，难以契合社会对于司法公正的诉求。当法官倾向听取人工智能意见而放弃自我决策时，主观裁量的尺度会产生随机性，这种价值判断的缺失就会可能导致判决结果有失公正，缺乏情理。虽然有一种说法是，强人工智能可以在某种意义上学习到人类的情感，但是将法理、情理综合考量必然离不开法官的主动参与。当法官对于人工智能产生过度依赖，不仅会导致价值判断缺失，甚至会使得判决结果被程序编写者所掌控。同时，由于算法本身的不可解释性，加上算法深度学习带来的不确定性，如果法官价值判断失衡，将会导致最终判决结果难以面向普通民众进行说理，这就可能引发公民对于算法的信任危机，使其难以信服法院基于算法决策方案所作出的判决。

四、算法自动化决策风险的规制路径

虽然在民事审判过程中引入人工智能算法存在种种风险，但不可否认，“AI + 司法”已成为法治信息化发展的主流方向，势必会推动民事审判制度的进一步改革，仅因为算法自动化决策技术的潜在风险而将其摒弃，无疑是因噎废食。在这样的背景之下，体系健全的算法自动化决策风险的规制路径就显得尤为重要。

（一）优化算法同案识别路径

民事审判追求的终极目标就是实现公平正义，而判断判决结果正义性的一个重要指标就是是否实现同案同判。算法自动化决策技术参与民事审判的一个重要目标就是助力实现“同案同判”。但是，由于目前判断“同案”的标准较为模糊，人工智能技术在“同案”识别上仍存在着识别结果不精确，识别效率低下等问题，因此有必要对同案的智能化识别路径进行优化，进一步完善算法自动化决策程序的编制架构。

首先，完善同案判断依据首先应当明确识别要素。在民事案件中进行同案区分应以要件事实审判思维作为识别依据，即以诉讼标的作为第一要素，结合要件事实以及主要争议点作为判断标准。以要件事实审判思维作为识别要素的优势在于，其揭示了法律适用所依照的逻辑模式，依照三段论推理的方式将抽象的法律规范适用于具体的案件之中。① 按照诉讼标的、要件事实、主要争议点进行层层递进，可以防止出现由于民事法律关系的复杂性导致单一识别标准难以准确区分同案的情况。其次，应完善司法判决书写规范。人工智能识别同案的基础是存在海量可供参考的裁判数据。但是由于民事裁判文书中法官个人书写习惯、论证逻辑、论证依据等差异，人工智能进行同案筛选存在一定难度。因此应当进一步规范民事裁判文书书写，方便对于公开的裁判文书进行要素解构，推进平台公开数据的规范化、严谨化。同时在向裁判文书网等数据公开平台进行民事裁判文书数据导入时，可以人为进行初步分类，方便人工智能对于数据的抓取。最后，在同案识别机制运行过程中，应当将法官的判断作为最终同案认定的依据。民事案件中存在的地方风俗、习惯等个案差异，可能导致法律适用路径的不同，人工智能在识别案件过程中，往往是借助关键词匹配的方式实现同案识别，在识别过程中由于民事审判关键词的差异化，容易导致一些性质上完全不同的案件因为检索关键词的重合而被识别为类案。因此在智能识别案件结果中，可以在将相似度高的案件筛选出来后按照关联度、裁判法院层级等要素进行排列，标注案件之间相似点和不同点，最终由法官对于哪些案件属于类案作出判断。对于一些新型案件、特殊案件的检索，应该为法官提供可参考的范围以及选取依据，并建立多元关键词搜索引擎，便于法官快速进行横向检索（地域维度）以及纵向检索（时间维度），综合各维度进行考量。② 将人工智能筛选同法官审判经验相结合，一方面可以利用人工智能算法对案件进行预先筛选以减轻法官工作量，另一方面可以适时依据法官的价值判断，弥补算法自动化决策的程式化弊端。

（二）完善算法数据库建设

通过算法自动化决策技术实现民事审判公正化、效率化，应当审慎处理算法编制时可能出现的数据遗漏和算法偏见等问题。目前我国目前民事审判数据库尚不完备，存在着数据公开范围窄、各地区数据难以互通、裁判数据质量参差不齐等问题，而缺乏广泛、全面、准确的司法数据可能导致算法决策过程中

---

① 冉博：《民事司法中同案同判的智能化实现路径——以要件事实审判思维为基本遵循》，载《江汉论坛》2022 年第 6 期。

② 李媛媛：《大数据时代下的“同案同判”探析》，载《安徽警官职业学院学报》2017 年第 3 期。

因为所依据的数据失之偏颇，从而出现不公正的判决，故有必要从以下三方面着手，做好算法数据库完善工作。

1. 实现信息共享

信息互通和信息共享是运用大数据进行审判活动的基础，尤其是在互联网的传播下，许多民事案件中都存在当事人涉及多个地域、多类主体的情况，这使得利用算法自动化决策技术进行审判活动时对于地区间、司法机关间实现信息互通和信息共享的需求更加强烈。做好信息互通工作，首先，应加强法院内部信息共享，各级法院应积极将裁判文书上传至裁判文书数据库。对于一些涉密案件，例如商业秘密纠纷案件、涉及未成年隐私案件等，在允许上传的情况下可以附条件或是加密上传，以保证信息公开的全面性。其次，还需要加强公、检、法等司法机关之间的信息共享。目前，虽然公、检、法各部门均具有内部信息数据库，但是由于法律规定或者技术限制等原因，导致各机关间信息不流通，人工智能可采集数据不全面，未能贯彻案件审理全过程，造成判决结果缺失说服力。因此，需要进一步推动信息共享法律法规的制定，促进技术优化，有序建设司法系统内部信息共享平台，打破信息壁垒。

2. 提高信息质量

应建立裁判数据流通准入制度，对于进入司法数据库的裁判信息的质量进行审核。目前在裁判文书公开网上公开的民事审判数据主要来自基层人民法院，这些数据中仍然存在着一定的瑕疵，例如前文所述的书写错误、历史判决错误等。这种瑕疵数据进入司法数据库，并被算法自动化决策系统所采纳后，将会基于错误数据而得出错误判决。民事审判的目的是解决平等主体之间的民事权利和义务纠纷，当事人往往具有较为紧密的人身关系或利益关系，当出现判决错误时可能会导致当事人之间冲突升级，甚至出现“由民转刑”的情况，严重破坏当事人之间的社会关系。因此需要建立数据审核机制，防止错误信息影响算法自动化决策结果。在数据输入前应由专业司法工作人员进行审核，对于存在错误的信息进行过滤。对于已经入库的信息，借助数据清洗技术将错误数据从样本库中剔除。深化司法数据分析，规范对数据的实时监控措施，搭建司法数据区块链平台以加强对司法数据的校验工作，提高司法数据跨链协同能力，支持相关主体对于输入数据的真伪进行核验，联合各方优势力量共同提高司法数据质量。通过在数据输入过程中进行监督审核以及错误核查，从输入端解决好数据质量问题。

3. 确保数据安全

在搜集司法大数据时，应当做好数据安全保护措施。首先，应保护公民个人信息安全，在采集数据时因按照实际需求进行采集，明确数据采集边界。对于所公开的裁判数据，亦应对涉及公民隐私、商业秘密等部分进行模糊化处理，不得过度采集公民的个人信息。其次，应当确保已采集数据的安全。很多民事司法数据都涉及当事人隐私，具有个案特殊性，如果被不法分子所侵害，将造成严重后果。因此应建立数据保护措施，定期进行安全维护，防止数据遭到破坏。对于诉讼目的完成后的数据，及时进行封存，防止数据泄露。最后，对于数据的使用者也应当进行相应监督，做好数据查阅留档、留痕工作，防止使用者利用司法大数据进行非法活动，损害公民利益。

（三）明确算法技术的辅助定位

在人工智能技术介入民事审判的过程中，“算法黑箱”问题是人们对于裁判结果的正义性产生疑问的重要原因。由于算法运算过程的不可知性，可能出现算法偏见影响判决结果的情况。尤其是民事审判所涉及的当事人以自然人居多，对于算法技术的了解程度有限，凭借其能力难以认识到算法自动化决策结果是否对其造成损害，司法工作人员也难以向其解释决策结果的正当性，容易造成当事人权利受损或出现当事人对于司法工作产生误解等情况。如果盲从依据算法自动化决策所产生的结果，极有可能导致当事人的权益受到损害。因此在适用人工智能算法自动化决策时，应当明晰对于算法自动化决策技术的使用边界，加强对于算法自动化决策技术应用过程中的监督。

1. 明确算法决策技术的使用限度

算法自动化决策技术对于民事审判过程的参与不能突破其作为辅助手段的定位。随着人工智能技术的完善，算法自动化决策技术将在司法实务中发挥更多作用，甚至成为司法实务运行的主要手段。但是与此相对应的是可能出现司法工作人员对于 AI 技术的依赖性不断增强，甚至失去主观能动性的情况。①当法官的决策权被人工智能所取代时，将会损害司法决策的灵活性和合理性，尤其是民事裁判过程中往往带有一定的伦理、习惯，无法进行价值判断的人工智能过度参与判决，将会导致在这些判决中存在着片面、僵化的评价。在适用算法进行自动化决策时，应当通过立法保障法官的主体地位，严格限定技术适用范围。通过出台相关法律规定，限制法官对于算法自动化决策技术的使用范

① 张凌寒：《智慧司法中技术依赖的隐忧及应对》，载《法制与社会发展》2022 年第 4 期。

围，通过制度上的限制防止人工智能“越权”。同时，应当构建“以人为中心”算法决策辅助模式，突出法官在算法自动化决策系统中的决定性价值，充分发挥法官在司法裁判过程中的主观能动性。构建人机协同新机制，以法官的职责以及算法自动化决策技术的能力对于二者的权限和责任进行分配，明确规定算法自动化决策技术在何种情况下允许自动运行，在何种情况下必须由法官自主决策，并对于责任承担、分配进行详细说明。① 从而确保法官在使用算法自动化决策技术时保持独立地位，调动法官在履职过程中的主动性，避免对技术的过度依赖。

2. 加强算法决策技术的使用监督

在算法自动化决策进入民事司法领域的过程中，应当加强监督机制建设。由于算法设计过程中容易受到设计者主观局限的影响，使得运行程序可能隐含一定的算法偏见，因此在算法投入使用之前，应当组织具有深厚法学背景的司法工作人员以及对于计算机技术有着深入研究的计算机专业技术人员等相关领域中较为权威的人士对算法进行相对独立的伦理审查，防止设计者在程序编制过程中将个人偏见融入算法。对于审查人员的选择应当做到公正公开，防止滋生司法腐败。在算法投入使用后，应当对使用算法自动化决策系统的法官进行监督，防止出现履职惰怠。法官应对于适用自动化决策结果的依据进行说明，对于复杂疑难，需要进行价值判断等综合考量的案件，应当避免直接适用人工智能技术。此外，还应当赋予当事人对于算法自动化决策技术应用的知情权、选择权以及咨询权，提高当事人对于算法自动化决策系统应用过程中的自主性，强化对法官和技术适用的多元监督体系。同时，应注重多主体联动，鼓励社会对算法自动化决策技术在民事审判中的应用进行监督。

3. 构建算法决策技术的解释路径

算法的交互性使得算法在运行过程中仍然处于不断学习的过程，而算法黑箱的存在使该学习结果不具备可解释性。对于民事审判来说，不具有可解释性的结果很可能导致公民对于判决结果的不信任，因此在适用算法自动化决策技术的同时，应当推动算法决策技术解释路径的构建。首先，应当制定尽量贴合普通民众视角的算法解释技术解释细则，满足公民对于司法透明和公正的期待；其次，着力培育具有人工智能技术和法学双重背景的法治人才，完善现代

---

① 魏斌：《法律人工智能：科学内涵、演化逻辑与趋势前瞻》，载《浙江大学学报（人文社会科学版）》2022 年第 7 期。

化司法工作队伍的建设，高效引领建设具有可解释性的算法自动化决策模型，进一步加强算法决策结果的透明性；最后，可寻求企业助力，推动建立算法公开制度。通过制度激励的方式鼓励企业协同建设算法公共平台，助力构建算法决策技术的可解释性。

结　语

未来，算法自动化决策技术在民事审判领域的发展趋势包括，司法文本的论证挖掘、司法大数据的信息抽取、诉讼文书的分类和摘要、人工智能辅助的纠纷解决、证据推理的可计算模型等。但需要明确的是，算法正义仍是人类司法的正义，算法裁判本身并不能对算法判断结果和过程负责，而必须由人类法官对算法进行监督和规制，保证算法裁判的准确性、透明性和公平性，防止算法歧视。在面对算法自动化决策的潜在风险时，应强调人工智能的辅助性地位，重视人类法官对算法的监管。面对算法自动化决策技术给民事审判带来的挑战，法律职业共同体应当迎难而上，不断完善算法自动化决策技术及其应用路径，通过体系完备的风险规制路径防范其可能产生的负面影响，在探寻扎根于互联网社会司法正义的过程中，须避免表面数字化，重视互联网司法的整体性，以及各种司法形式相交叉与包容，使算法自动化决策技术成为民事审判的助推器，从而真正实现人工智能司法的数字正义。

（林凯莉　刘谢慈：湖南工业大学法学院）

基于解构主义的区块链要素式审判系统构建

陈　曦　葛伟科

当前，区块链技术已经纳入我国新基建范畴，周强院长也强调要加强区块链在司法领域的应用，全面提升智慧法院建设水平。[①] “区块链”概念随着“比特币”的流行一起走入公众视野，自提出后热度一直居高不下，拥有的“去中心化、智能合约、数据真实安全不可篡改”等特征使其成为司法领域的“新宠”。2022 年最高人民法院发布《最高人民法院关于加强区块链司法应用的意见》，明确将区块链技术结合司法实际，为人民群众提供更智能、更便捷、更优质的公共服务作为当前新的研究方向，对在司法领域形成具有中国特色的区块链应用模式有着重要意义。而另一边，同样是为了提高司法机关生产力、提升人民群众公平正义获得感而改革探索出的审判方法——要素式审判，作为在提升审判质效方面小有成就的“旧爱”，具有审理案件“快、准、简”的特点，因此，如果尝试将两者进行“融合碰撞”，能否产生新的“火花”？

一、分析：要素式审判与区块链技术的双向融合

（一）何为要素式审判与区块链技术

1. 要素式审判

最高人民法院一直鼓励各地区人民法院根据审判实际对庭审方式和裁判文书进行探索改革，“要素式审判”就是在实践中应运而生的创新型审判工作方法，指根据民间借贷纠纷、离婚纠纷等简单类型化案件的规律和特点，提取类案审理中的必备要素后，简化无争议要素的审理程序，围绕争议要素进行重点

① 《加强区块链应用促进审判能力现代化》，载《法制日报》2019 年 11 月 11 日，第 2 版。

审理并撰写要素式裁判文书。[①] 具有以下三个优点：（1）能缓解法院案多人少的矛盾。2021 年，全国各级法院受理案件 3355 万件，同比上升 8.77%，全国法官人均办案 238 件[②]，其中北京市法院法官人均结案 389 件、江苏法院法官人均结案 261 件、湖南法院法官人均结案数 221 件。与案件数呈正增长趋势相比，员额法官人数基本趋于稳定，甚至因退休、入额等程序原因在一定程度上有所减少，再加上编制数量有限，要想达到法官与司法辅助人员 1：1 的配置，只能采取合同聘用法官助理、书记员的方法，存在流动性大、水平参差不齐等缺点。而要素式审判中“无争议要素简化审理、要素式判决文书”的特点能有效缩短审理周期，提高法官庭审和撰写文书的效率，有利于缓解案多人少的窘境。（2）能解决类案不同判的问题。不同区域、不同层级的法院，同个法院中不同法官间对同一问题都可能存在不同观点，这就导致会出现类案不同判的结果，[③] 当前裁判文书公开程度高且查询方便，类案不同判的结果不符合当事人心理预期的，易引发上诉、上访，不利于案件质量和司法公信力的提升。而要素式审判对法官的自由裁量权有一定的限制，能使案件裁判结果更清晰、裁判依据更明确，为员额法官责任制的落实提供可“计算”的量化标准。[④]（3）有利于提高当事人的诉讼程序参与感。通过当事人自己填写的要素表可以初步归纳出案件争议焦点，为法官高效庭审打下基础，同时模板化的庭审笔录与裁判文书更易被当场制作、当庭宣判和及时送达，这不仅可以缩短案件审理周期、提高纠纷解决效率，更避免了当事人多次往返法院，降低了诉讼成本，更便利人民群众。同时要素式裁判文书以要素表为基础，争议焦点突出，通俗易懂，当事人通过填写要素表对其也有一种参与感和一定的心理准备，从而更容易接受判决结果，达到定纷止争的目的。

2. 区块链技术

区块链是一种分布式账本技术，依靠智能合约等逻辑控制功能演变为完整

---

① 黄振东：《要素式审判：类型化案件审判方式的改革路径和模式选择》，载《法律适用》2020 年第 9 期。

② 数据来源于 2020 年、2021 年最高人民法院工作报告。

③ 曾学原、王竹：《道路交通纠纷要素式审判探索——从四川高院的改革实践出发》，载《中国应用法学》2018 年第 2 期。

④ 曹守晔：《助力员额改革巩固改革成果》，载《人民法院报》2017 年 5 月 25 日，第 5 版。

的存储系统。[①] 根据不同场景下的信任方式，区块链可分为公有链、联盟链和私有链三种类型，[②] 其主要特征包括去中心化、信息共享、数据真实安全不可篡改、信息与凭证可追溯、智能合约等。被称为“信任机器”的区块链技术适用于任何需要公平、公正和信任环境的领域，与司法领域存在天然耦合。

近年来，区块链技术在各领域应用的落地速度越来越快。在金融领域，应用于加密数字货币、跨境支付、证券交易等场景，如摩根大通银行发行的数字货币——摩根币、纳斯达克推出的新型证券交易平台“Linq”，使交易双方能够在线借助去中心化的账本实现股份的交易，不需要任何的第三方介入。在公证领域，杭州互联网公证处电子证据保管平台于 2018 年 12 月上线。[③] 在医疗领域，飞利浦医疗和 TIERION 合作通过区块链来完成病历资料的认证和隐私保护。

在司法领域，许多法院也已经开始相关实践探索。比如三家互联网法院均建设了司法区块链平台，分别是：杭州互联网法院的“司法链”、北京互联网法院的“天平链”、广州互联网法院的“网通法链”，可以承载电子证据的验证以及审判业务的存证等，[④] 其中“天平链”在全国率先运用智能合约技术自动执行立案；[⑤] 另有亳州谯城区法院启用区块链电子封条，可云端实时监控被查封财产状况、[⑥] 广州中院开通区块链律师调查令平台等。[⑦] 从以上例子可以

---

① 曾诗钦、霍如等：《区块链技术研究综述：原理、进展与应用》，载《通信学报》2020 年第 1 期。

② 公有链向所有人开放，任何人都能在公有链上发送、读取数据；联盟链由相关组织共同管理，只对特定成员和有限第三方开放；私有链完全归个人或组织私有，数据的写入等权限全权掌控在其手中。

③ 《重磅：全国首家互联网公证处在杭州成立公证行业创新变革拉开序幕》，载中国日报网，http：//chuangxin. chinadaily. com. cn/a/201901/02/WS5c2c4aa7a3106072a9033a0f. html，2022 年 7 月 28 日最后访问。

④ 石松、邝志强：《司法区块链的应用与发展》，载《中国应用法学》2021 年第 3 期。

⑤ 伊然：《区块链技术在司法领域的应用探索与实践——基于北京互联网法院天平链的实证分析》，载《中国应用法学》2021 年第 3 期。

⑥ 《亳州谯城启用区块链电子封条：可云端实时监控被查封财产状况》，载中国法院网，https：//www. chinacourt. org/article/detail/2020/05/id/5234093. shtml，2022 年 7 月 27 日最后访问。

⑦ 《广州中院“区块链律师调查令”线上办理平台开通》，载中国法院网，https：//www. chinacourt. org/article/detail/2020/08/id/5403522. shtml，2022 年 7 月 27 日最后访问。

看出，目前区块链在司法领域中的研究主要体现在存证、认证、电子封条等单个场景的应用上，并没有将区块链的底层技术嵌入整个办案流程。

（二）要素式审判与区块链技术的耦合性

耦合是指两个或两个以上体系一起协同产生的增力，来完成单一体系无法完成的任务，同时使被耦合的体系能组成完整系统，因此可以用系统论观点来讨论耦合，而系统论是从整体出发研究目的、结构、功能等组成要素间相互关系的理论，对重点工作和全局工作都有很高要求。

1. 要素式审判与区块链技术存在目的耦合

考虑到案件要素是否易于归纳等问题，各地法院适用于要素式审判的案件基本属于事实清楚、权利义务关系明确的简单类型化案件①，可以实现“简案更简”的目的，最高人民法院在2022年开展的全流程要素式审判试点工作中也选定的是信用卡纠纷、金融借款合同纠纷、离婚纠纷、民间借贷纠纷、机动车交通事故责任纠纷、诈骗罪、物业服务合同纠纷、盗窃罪等21类案由。2021年，H省Y市A区法院受理这21类案由的案件数占比全年审判类案件数的62.6%，简易程序适用率达90%以上，而对区块链技术来说，虽然其本身适用于所有类别案件，但选择以简单类型化案件为切入点可以降低新兴技术在司法领域落地的难度，由简入繁，为后续大规模的应用做铺垫。另外自员额制改革以来，各级法院案多人少的问题一直急需解决，同时，提升司法案件质量也迫在眉睫，而区块链技术在多元解纷、诉讼服务、审判执行和司法管理工作中的应用可以有效促进司法公信、提升司法效率，② 这与要素式审判可以“提升审判案件质效”的特性不谋而合。

2. 要素式审判与区块链技术具备结构耦合

“网络”是跨学科的一个概念，在自然科学中，技术网络主要指计算机网络；在经济学和管理学中，网络是组织存在的一种结构与形态。③ 区块链技术无疑是网络协议的一种，而要素式审判则类似于管理学中所说的，是一个由法

---

① 根据《山东省高级人民法院要素式审判方式指引（试行）》《青岛市中级人民法院关于在民商事案件中实行要素式审判的若干规定（试行）》等文件，适用要素式审判的案件一般为金融借款合同纠纷、民间借贷纠纷、买卖合同纠纷、机动车交通事故责任纠纷、劳动争议、物业服务合同纠纷、信用卡纠纷等几类。

② 《最高人民法院关于加强区块链司法应用的意见》（法发［2022］16号）。

③ 李维安、林润辉、范建红：《网络治理研究前沿与述评》，载《南开管理评论》2014年第5期。

院、当事人等参与主体组成的网络组织，两者分别代表了技术网络和组织网络，在结构上具备耦合性。

3. 要素式审判与区块链技术具有功能耦合

从协同性的角度来说，要素式审判是一种审判方法，而区块链技术则是一种信息化手段，技术手段协同审判方法，才能产生耦合的效果。例如在审理机动车交通事故责任纠纷案件的过程中存在以下几个问题，一是营养费、护理费、误工费、残疾赔偿金等损失计算环节的人工计算量较大且容易出现错误；二是案件被申请执行时要经过当事人提供裁判文书等各种纸质材料、承办法官核对生效情况并出具立审执衔接表、立案人员再次进行信息核对与录入等复杂环节；三是在审判管理中，司法统计分析范围仅限于录入办案系统的数据，许多只存在于裁判文书的内容无法被统计利用，比如想要统计涉机动车“安全统筹服务”的案件数据，只能采取凭借承办法官的个人记忆或一篇一篇翻找裁判文书的方法，效率和准确度都极低。这些问题不能通过任何审判方法解决，但可通过技术融入破解。

（三）区块链技术嵌入要素式审判的积极效应

1. 破解要素式审判数据共享壁垒

在要素式审判信息化的配套建设方面，许多法院已经有了阶段性成果，比如四川省高院组建团队研发的道路交通事故纠纷要素式审判信息化系统就取得了良好成绩，可以实现人民调解办案电子化、将不涉及价值判断的事务性、重复性和机械性工作进行剥离，让系统能自动完成，以此为法官及辅助人员“减负”，经推算，相比传统模式，运用此系统平均办理每起案件可节约 2.5～3.5 小时的时间，但是该系统的建立并不能解决数据“孤岛”问题，不论是在法院外部，与公安、检察等部门之间，还是内部不同法院之间，数据资源都是各自独立的，共享程度极低。① 但若是引入区块链技术，首先，其去中心化的特征让数据存储不需要单独架设实体服务器，数据共享不再受地域限制；其次，区块链基于密码学原理进行数据保护，确保了数据的安全性；然后，采用只对特定成员和有限第三方开放的联盟链类型，就能有效划定分享范围；最后，区块链的分布式共识机制使得在当前技术条件下，传入的数据难以被篡改，确保了数据在流转中能保持原始真实，可以被准确溯源。可以预见，各部

① 曾学原、王竹：《道路交通纠纷要素式审判探索——从四川高院的改革实践出发》，载《中国应用法学》2018 年第 2 期。

门、各组织之间的数据共享壁垒在区块链技术的引入下有望被打破。

2. 实现要素式审判数据自动流转

现有要素式审判的办案数据流转依旧是传统方式，比如当事人参与诉前调解时提供了相关的诉讼信息，但若是调解不成功，仍需前往立案窗口排队进行又一次的诉讼信息录入，但若是引入区块链技术，其底层逻辑——“智能合约”有望优化司法业务流程。智能合约技术形同于计算机编程中的“if…than…”语句，合同的交易各方确定合同的条款内容后，智能合约就将合同条款编译成一段计算机代码，同时设置一个预订的触发条件，当合同签署成功后，“if：触发条件达成，than：系统自动运行相应的结果”。以上述流程为例，当“调解不成功且当事人仍需立案”的条件被触发后，系统自动将收集到的诉讼信息进行立案登记，当事人只需要核对无误后进行缴费即可。整个事务和状态的处理都由区块链内置的智能合约系统自动完成，全程不可篡改，可以有效减少人为操作的干预，避免出现恶意违规现象，使调解、立案、审理、上诉、执行等流程能自动衔接联动，缩短流转环节的时间和人工成本，有利于提升当事人的获得感。①

3. 克服要素式审判实践路径依赖

有的法官认为运用要素式审判在庭前要花费过多的时间进行准备，也不习惯于当庭宣判，这种问题的出现主要是因为在没有信息化技术的配套发展下，要素式审判流程不清晰、过程操作集简成繁造成的，但若是引入区块链技术，可以设计出数据自动流转、OCR 数据抓取回填、文书模板自动生成等功能，能给要素式审判带来强大的技术支撑，深拓效率提升空间，以此克服上述问题，使法官能自愿使用要素式审判并充分发挥其优势。

二、障碍：区块链技术嵌入要素式审判的难题

当前，区块链技术融入司法领域正处于初期阶段，各级人民法院进行开发应用时所出现的差异意味着，可以多元驱动机制来提高技术应用水平和完善系统建设功能。据此，对系统开发背后技术、组织、环境、价值等多方条件进行分析便有了重要的现实意义，而 1990 年由 Tornatizky 和 Fleischer 两位学者提

---

① 孙福辉：《〈最高人民法院关于加强区块链司法应用的意见〉理解与适用》，载《中国应用法学》2022 年第 4 期。

出，最初用于分析企业采用和实施创新影响因素的 TOE 框架理论，[①] 本质是一种基于技术应用情境的综合性分析框架。[②] 该理论认为企业对创新技术的采纳受技术因素、组织因素和环境因素三方面的共同影响，正好与上述分析需求相吻合。

（一）技术因素层面

1. 顶层设计价值冲突

区块链要素式审判系统的首要目标就是效率价值：首先在审判方法上推行要素式审裁，无争议的要素在庭前归纳，开庭时基于当事人自认原则不再进行举证质证，同时要素式裁判文书根据模板生成，简洁明了且易于撰写；其次在技术上让计算机代替完成重复性、机械性的工作；然后在空间上实现数据共享，让数据能在线上安全流转，创新司法协同机制，降低办案成本，最终实现对简单类型化案件的快速审理，提高审判效率。但是司法的最终目标是实现公平价值，失范的高效率在一定程度上会损害当事人的权益，比如要素的不全面就会影响双方真实意思的表达，进而影响裁判结果。因此，如何在区块链要素式审判系统的顶层设计中对“公平”与“效率”进行动态平衡就成为一个难题。

2. 后台框架搭建复杂

传统的系统开发过程中，应用需求分析及建模通常只包含功能、性能、安全和界面等方面，但基于区块链技术开发的系统除考虑这些因素之外还需要考虑法律因素。[③] 例如，使用区块链来存储办案信息就必须要满足以下三方面的条件：一是及时性，办案数据必须被及时收集，如果当事人提交的电子证物没被及时打上时间戳，这套系统就不具法律效应；二是过程性，办案过程的数据必须被记录，比如法官在何时对案件进行的任何处理都应被记录在案，便于审判管理和司法监督；三是不可篡改性，所收集及存储的数据必须不能被篡改，如果数据能被随意篡改，系统就失去了“信任机器”的初衷。

---

① 谭海波、范梓腾、杜运周：《技术管理能力、注意力分配与地方政府网站建设——项基于 TOE 框架的组态分析》，载《管理世界》2019 年第 9 期。

② 邱泽奇：《技术与组织：多学科研究格局与社会学关注》，载《社会学研究》2017 年第 4 期。

③ 蔡维德、郁莲等：《基于区块链的应用系统开发方法研究》，载《软件学报》2017 年第 6 期。

3. 技术能力参差不齐

融合区块链技术与要素式审判辅助法官办理案件的同时，也意味着给法院工作人员提出了更高的要求，但是部分法官因年龄偏大等原因，对新技术的适应能力不强；部分法院对司法辅助人员如何操作办案系统等信息化技术方面的培训少，一般只是采取“老带新”的方式，效率低且容易出错；部分法院技术人员配置不足，以中部地区 Y 市为例，几乎没有基层法院配备负责系统维护、信息技术培训推广的专职技术人员，有的甚至只能依赖于外聘的合同制员工，进入角色慢，人员流动频繁；另外，技术人员大部分在综合办公室下工作，工作过程中很难接触到审判业务知识，导致“技术 + 法律”复合型人才的缺失。

（二）组织因素层面

1. 组织范围限定困难

基于区块链技术具备的分布式共识特点，使得构建法院与相关政府部门、检察院、公证、司法鉴定以及各类社会组织之间的可信协同网络、实现数据的可信流转成为可能，但是这种协同网络的张力和可扩展性是巨大的，如何把控司法协同网络的功能定位边界有必要仔细验判。① 同时，因为司法领域的区块链技术目前仍处于发展初期，未来形成成熟稳定的技术体系还有很长的一段路要走，这也是为何本文要从简单类型化案件入手融合区块链技术的原因之一，所以如果此阶段就对共享双方的数据进行全开放，既不安全也不现实，那么如何设计对方组织机构数据的接入方式，确定双方现阶段数据分享范围也尤为重要。

2. 组织功能设计障碍

区块链技术具备的特性，能使其被运用在司法领域的许多方面，比如电子证据的存、取证，办案数据的溯源检查等，从表面上来看，区块链技术嵌入要素式审判后拥有的功能似乎是越多越好，但实际上会带来投入成本高、研发时间长、系统操作复杂、重点不突出等问题，“全面”与“适当”似鱼与熊掌不可兼得，那如何使区块链要素式审判系统的设计符合适当性原则，让手段与目的之间具有实质的关联性②就需要引起思考。

---

① 石松、邝志强：《司法区块链的应用与发展》，载《中国应用法学》2021 年第 3 期。

② 刘权：《适当性原则的适用困境与出路》，载《政治与法律》2016 年第 7 期。

3. 共享制度保障缺乏

想要实现跨部门、跨业务的数据共享，区块链只能提供技术保障，还需有制度的保障，但基于保密问题、权限问题或是利益等问题的衡量，暂时鲜有出台国家层面的协调、共享与问责机制。数据开放亟需部门之间共享协同来突破传统“条块分割”的体制所造成的“数据烟囱”“数据孤岛”等窘境，① 但机制的难产成为数据共享的掣肘，人为形成“数据壁垒”。

（三）环境因素层面

1. 内部认知程度不一

区块链是一个前沿技术，大多数人对其并不了解，并且区块链技术与要素式审判从表面上看似是两个毫不相关的事物，让人很容易对两者的融合产生“能不能”的怀疑。同时，区块链要素式审判系统一旦上线就会改变传统的办案模式，比如在立案时需要引导当事人填写要素表，容易被误解会增加额外的工作量，反倒降低工作效率，让使用者产生系统“好不好”的质疑。另外，目前区块链技术在司法领域的实际运用中，以三家互联网法院为首，基本将重点放在了开发证据的存证认证上，让人误以为这就是区块链技术的全部，让人产生区块链技术与要素式审判结合“行不行”的猜疑，但事实上，区块链的巨大潜力在司法领域中尚未被挖掘，其在促进司法公信、提升司法效率、强化廉洁司法、服务社会治理、防范化解风险、推动高质量发展、加强诚信体系建设等方面都能起到非常大的作用。② 所以如何将区块链技术与要素式审判进行有效融合，设计出来的系统能否符合使用者的需求，具备可行的顶层逻辑架构与系统功能，达到提升办案质效、实现数据共享等目的，还存在一定挑战。

2. 外部财政依赖度高

有研究表明，丰富的财政资源对电子政府服务创新及发展不可或缺，③ 这同样适用于人民法院，良好的经济水平和财政能力有利于新技术的投入开发，从杭州、北京、广州率先建设区块链平台也能得以验证，但是，当前人民法院收入的主要来源仍是财政预算拨款收入，对财政的依赖程度高。当政府财政能力较弱时，必要的公共支出会被优先分配财政资源，技术革新等发展性领域就

① 邓念国：《体制障碍抑或激励缺失：公共服务大数据共享的阻滞因素及其消解》，载《理论与改革》2017年第4期。

② 《最高人民法院关于加强区块链司法应用的意见》（法发［2022］16号）。

③ DasA., Singh H., Joseph D., A Longitudinal Study of E – Government Maturity, Information & Management, 2017, Vol. 54, p. 415 – 426.

难以得到资源支持，导致区块链要素式审判系统的开发进度缓慢。

三、突破：审判系统设计中解构主义理论的引入

对现有办案系统进行分析发现，考虑到数据保密性的需求，几乎采取的都是中心化顶层设计，以高院为单位独立架设服务器进行系统开发与维护，而内部则是采取随着法院层级从下至上逐一放开数据权限的方式进行管理，存在以下几个不足：一是法院内部的数据未实现共享，下级法院想查询二审文书都不具备权限，更遑论想参考他省法院的类案判决，大部分数据极具开发价值但利用率低；二是与上游环节沟通渠道有限，例如案件审理过程中若需调阅公安交警部门收集的证据材料时，仍只能采取线下借阅的传统方式①；三是与外部系统断联，有些需要司法鉴定的案件，因双方系统不互通，材料的流转只能采取寄送或人工送达的方式，效率较低；四是数据准确性得不到保障，因系统数据库归法院（或者说是与之合作的运维公司）管理，具备随时修改任何数据的权限，案件办理流程的数据准确性存疑，不利于案件的溯源查证。

如果继续采取“中心化”的思想设计区块链要素式审判系统，不仅区块链的特性得不到有效展示，上述问题也依旧得不到解决，所以探索研究“去中心化”的系统顶层设计就十分必要，而这正与解构主义理论所提倡的不谋而合。解构主义20世纪60年代缘起于法国，简单来说即是利用怀疑与否定的精神去破坏旧的理性，发现其中的非逻辑因素，并以此入手去打开结构或系统，让其内部因素与原被排除在结构外的因素有尽可能多的结合可能，从此展现多种可能性和产生多元的研究视角，最后重新建构的一种方法论，② 它提倡去中心，去权威，对意识形态、既定秩序、人们思维定式甚至是一些知识体系加以拆解和重建。根据解构主义理论，将采取“拆解—分析—重组”的方法对区块链要素式审判系统的顶层设计进行构建。

（一）拆解：系统各要素的化整为零

拆解是指将整体破解分成一个个的零件以供分析，可从以下四个维度进行拆解。第一，从案件的审理过程来看，包含诉前调解阶段、立案阶段、审理阶

① 曾学原、王竹：《道路交通纠纷要素式审判探索——从四川高院的改革实践出发》，载《中国应用法学》2018年第2期。

② 吕俊：《翻译学应从解构主义那里学些什么——对九十年代中期以来我国译学研究的反思》，载《外国语（上海外国语大学学报）》2002年第5期。

段、裁判阶段、上诉阶段、执行阶段；第二，从涉及的组织来看，包含纪检监察机关、法院、检察院、公安部门、鉴定机构、律所、医院、保险公司、银行等；第三，从涉及的人员来看，包含法官、立案人员、司法辅助人员、审判管理人员、当事人、代理人、社会公众等；第四，从涉及的材料类型来看，包含立案材料、要素表、证据材料（如机动车交通事故责任纠纷案件中交警部门出具的责任认定书、鉴定结论、医疗费发票等）、庭审笔录、裁判文书、提起上诉、申请执行材料等。

（二）分析：系统零件间的逻辑联系

在对各零件的逻辑联系进行分析前，首先需厘清一个概念，区块链的存证与验证过程是怎样的？简单来说是“四步法”：1. 加密运算，通过哈希算法为需要存证的电子数据①生成唯一对应的“身份证号”——哈希值；2. 数据上链，区块链平台将生成的哈希值打包成“区块”并实时传给所有节点服务器存储，各个“区块”连接成链，在共识机制下可以校验哈希值是否一致；3. 安全防护，每个节点均进行数据存储，各节点之间基于安全传输层协议的可信通道联系，当有人试图篡改一个节点内的区块数据时，该篡改数据就会被其他节点验证、发现并拒绝，最终无法完成数据写入，确保了数据安全性；4. 数据验证，将需要验证的电子数据原文上传到区块链平台，平台自动为其计算哈希值并与之前存储的哈希值进行比对，比对一致则验证通过，不一致则验证失败。② 了解这个概念后再结合要素式审判的特点，可从以下三方面分析各零件之间的逻辑联系。

1. 基于耦合效应的要素链

案件的要素式审判过程按时间顺序产生各种电子数据，与区块链的存证验证过程相耦合，所以将区块链的底层技术嵌入要素链，再将要素链应用至要素式审判等各平台，能实现要素式审判和区块链技术的耦合效应。

2. 基于开放效应的链接网络

涉及的各主体之间有相互交换数据需求，比如法院需给鉴定机构送达鉴定材料并接受鉴定结论、当事人对法院有提交数据、核验数据的需求，系统的链

① 电子数据可以是文字、图片、视频等任何文件，也可以是操作行为、行为人、终端、地理位置等信息。

② 陈蓍、张名扬：《区块链在互联网司法中的应用与发展——基于杭州互联网法院司法区块链平台的实证分析》，载《人民司法》2020 年第 31 期。

接网络需要将各方主体包含进来，才能实现开放效应。

3. 基于集成效应的平台设计

各人员主体对系统的需求不同，比如办案人员需要的是全流程的要素式审判办案平台，审管人员需要的是对数据进行统计分析等功能的审判管理平台，而社会公众则是需要能验证裁判文书真伪的核验平台，等等，所以各平台应用的设计要根据不同需求出发，最后形成一个整体，实现集成效应。

（三）重组：系统各零件的化零为整

按照上述分析，主要从要素链、链接平台和链接网络三个层面对区块链要素式审判系统进行顶层设计，可以解决“公平”与“效率”的价值冲突、后台框架搭建复杂等问题，如下图 1 所示。

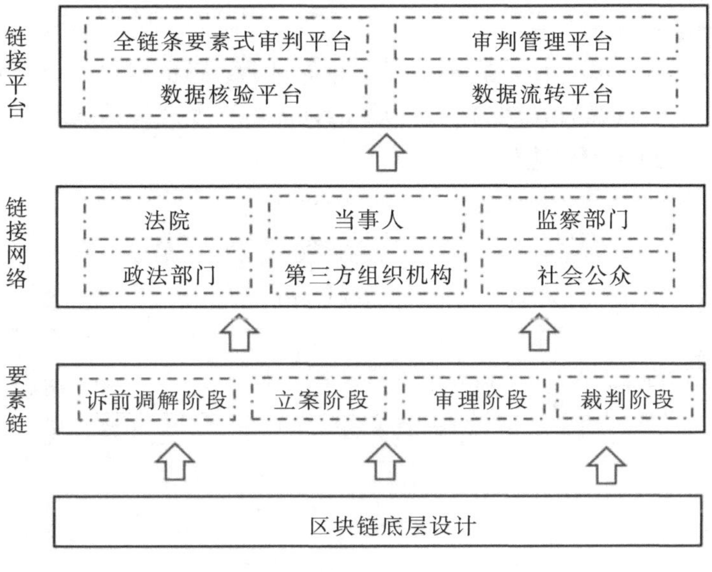

图 1　区块链要素式审判系统的顶层设计

要素链从要素式审判维度理解是指从立案到裁判的全链条要素式审判系统，包含要素表的填写、裁判结果的辅助计算、要素式判决书的模板生成等环节；从区块链技术维度理解是指办案原始数据的存证验证过程，如在立案阶段收集的立案材料、要素表等材料合称“立案链”，裁判阶段生成的裁判文书等材料合称为“裁判链”，整个办案流程信息合称为“管理链”，等等。

从数据共享的需求出发，可以解决组织范围限定困难的问题。不将法院设置于中心地位，而是设计以联盟链为基础，囊括案件办理涉及的、有数据往来需求的组织机构的全方位链接网络，让数据共享有了技术基础，同时避免数据的重复录入。但初级阶段考虑到系统开发对接难度和最急迫的需求，可先从监察部门、政法部门、第三方组织机构如公证、司法鉴定机构等、当事人、社会公众着手接入，但同时要留有其他扩展接入口，为日新月异的审判需求做准备。

从不同角色的需求出发，可以解决组织功能设计障碍的问题。设计由法官和司法辅助人员使用的全链条要素式审判平台；由审判管理人员、监察人员使用的审判管理平台；由法院内部人员、当事人使用的数据核验平台、数据流转平台；对社会公众公开的司法公开平台。

四、构建：区块链要素式审判系统的新方案

仅有顶层设计还不足以保障区块链要素式审判系统的顺利实现，需进一步关注其构建路径。在上述解构主义理论的指引下，以审判为中心，辅助法官提升办案质效、全面提升司法公信力为目的，能解决上述技术嵌入等难题，将区块链要素式审判系统构建如下：

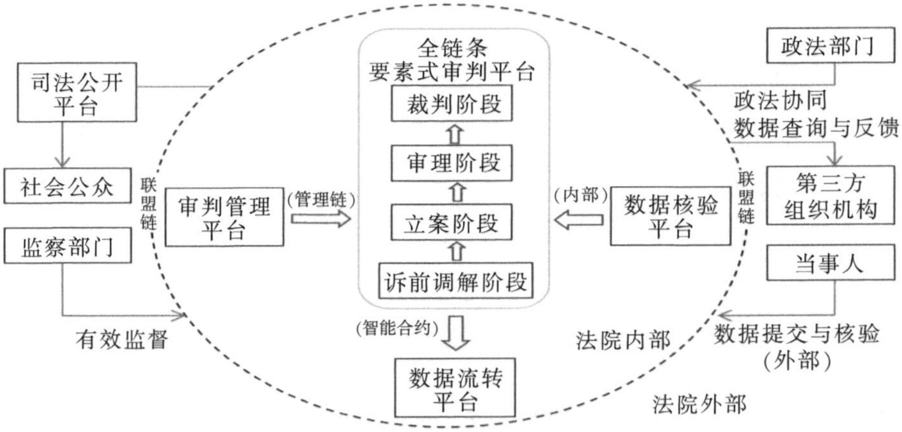

图 2　区块链要素式审判系统的整体架构

（一）基于要素式审判规则的智能办案平台

1. 诉前调解阶段

民事纠纷在进入诉讼程序前，双方当事人可由法院工作人员组织进行调解，此时需将当事人的身份信息、诉求、证据、调解过程、调解结果等信息登记形成“诉前调解链”，当调解成功时，根据链上数据自动生成文书，经核对无误后可申请电子签章，当即送达；当调解失败时，经当事人确定与材料补充

后，基于智能合约技术的数据自动流转功能可以自动进行立案操作，“诉前调解链”的信息自动接入立案阶段。

2. 立案阶段

要素信息是要素式审判智能办案平台建立和运行的核心，也是平台有效运用数据的基础，如案由为“机动车交通事故责任纠纷”的案件要素信息包含以下 9 项：（1）事故发生经过；（2）交警部门责任认定结果；（3）交强险投保情况；（4）商业险投保情况；（5）垫付情况；（6）受害人概况；（7）受害人家庭成员情况；（8）机动车情况；（9）损失情况：财产损失、医疗费、后续医疗费、交通费、营养费、护理费、误工费、住院伙食补助费、残疾赔偿金、残疾辅助器具费、被扶养人生活费、死亡赔偿金、丧葬费、处理丧葬事宜人员住宿费、精神抚慰金、鉴定费。在审查案件符合立案标准后，首先需引导双方当事人填写要素表，纸质版本可利用 OCR 识别技术提取转换成电子版本，再将要素表与其他立案材料进行存证上链，与系统自动抓取上链的立案流程信息一起组成完整的“立案链”。

3. 审理阶段

案件分案后，承办人自动获取“立案链”信息读取权限的同时，立案人员不再具备写入权限，确保数据准确性。在庭前准备阶段，法官助理可以在系统的辅助下，通过比对不同角色的要素表初步归纳出案件争议焦点并生成庭审笔录，在庭审过程中，法官简单点明没有争议的要素后，将审理重点放于争议焦点处，节约庭审时间。同样，审理阶段的材料与流程信息也会存证上链形成“审理链”。

4. 判决阶段

庭审结束后，进入判决文书拟稿阶段，主要设计以下几种功能：第一，设计计算逻辑，精确计算结果。如根据司法解释的相关规定，对机动车交通事故责任纠纷案件审理中涉及的赔偿款项等需要计算的项目分别内设计算公式，并允许根据司法政策和经济水平的差异，设置不同的计算参数；民间借贷纠纷案件中可对利息计算设置公式，只需填入起始日期与约定的利率就可自动计算，在提高效率和精确度的同时，确保了类案的相同计算方法，实现类案同判。第二，类案检索推荐，提供裁判参考。主要包括权威观点检索、类案检索、法规检索三种功能，权威观点包括指导案例、参考性案例、其他权威案例确立的观点；类案检索和法规检索主要依靠设定关键词等检索条件进行。第三，智能生成文书，实现自动纠错。根据“立案链”“审理链”的数据自动生成当事人、原告诉讼请求、被告答辩、本院认定法律事实、本院认为等内容，同时系统可以对文书上下文当事人是否一致、引用条文有无失效等进行检测，避免文书"带错出门"，最后将文书正稿上链并提取其中内容进入类案数据库，供他人进行类案查询，形成良性循环。

5. 纠错程序

因人为操作失误等原因导致办案数据录入系统错误的，可在上述四个相对应的阶段申请纠错。纠错按错误类型区分不同程序：轻微错误如错别字只需提出申请并确认更改即可；稍微严重的错误则在提出申请后需本院领导级别的审批人审批才能修改成功；而更为严重的错误如申请案件从已结案状态变更为未结状态继续审理的，则需要上一级或高院级别的审批才能进行修改。所有的修改过程均记录在区块链上，随时可以溯源查证，还能作为绩效考核的一项参考指标。

（二）基于区块链技术的辅助配套平台

1. 审判管理平台

主要服务于审判管理部门，第一个功能是基于裁判文书的司法统计。众所周知裁判文书是案件的精华所在，里面包含的内容最齐全也最准确，而办案系统里各数据项的内容都是人工填写，数量设计有限且容易出错、漏填，不能满足现在司法统计的需要，所以在审判管理平台设计一个以搜索关键词为主的查询入口，比如想查询某位律师是否担任过本院受理案件的诉讼代理人，只需输入名字，系统就会自动在特定范围的"裁判链"中搜索裁判文书内容来得到查询结果，另外可以根据裁判文书内容智能回填生成法院版要素表，此要素表的信息更准、内容更全，更具备参考价值。第二个功能是基于智能合约的自动预警。当案件在办理过程中触发了临近超审限、鉴定结果待签收等特定条件时，基于智能合约的区块链技术就会对承办人和审判管理人员发布提醒，辅助审管办进行审判管理。第三个功能就是基于智能合约的自动司法统计功能，设计以时间为触发值，自动对各法官的办案数据进行统计并单独将个人情况推送至法官账号，更加准确且实时。

2. 数据核验平台

主要用于电子数据验证环节，从内部来说，可以用来核验当事人提交的结婚证、交警部门责任认定结果、鉴定报告等证据是否与民政部门、交警部门、鉴定机构所出具的一致；从外部来说，将法院文书进行上链操作生成识别码后再送达给当事人，当事人就可以在系统中自行识别验真，避免出现通过短信等线上送达方式送达文书时，被当事人误以为是诈骗信息而不予理会的问题。

3. 数据流转平台

主要基于智能合约技术，当案件需上诉或进入执行阶段时，系统自动触发完成上诉信息和执行立案信息的流转，不再需要反复进行手动填写案件信息、上传执行依据等步骤，而当事人在移动终端即可操作，提高办案效率的同时也为当事人带来了便利。

4. 司法公开平台

主要用于当承办人确认案件生效后，系统基于智能合约技术将符合上网要求的文书自动屏蔽打包传送至中国裁判文书网后台等待上网，解决了人工操作易出错等问题，同时可以将上链的审判流程信息有限度地向公众公开，让审判各个环节更加公开透明。

（三）基于联盟链的全方位链接网络

区块链的联盟链类型创建了一种全新的信息网络架构，有助于法院与外部群落建立协商互动、资源整合、数据共享的司法系统联盟链：（1）法院积极拥抱技术，加强基础设施建设，对各主体的资源进行有效整合，经济发达地区的法院可以率先开展试点工作，并将试点成果全国推广，缓解经济欠发达地区法院外部财政依赖度高的问题；同时各法院要加强“技术+法律”复合型人才的培养、完善法官和司法辅助人员系统操作培训机制，提高其对新兴技术的认知程度，使区块链要素式审判系统的运行越来越顺畅。（2）政法部门办案协同，例如公安交警部门将涉及案件的办案材料存证上链，并发送给法院对应的密钥，当法院在办案过程中需要查看交警办案过程的材料时，只需要输入密钥就可以直接打开查看，不再需要去现场翻找档案，没有密钥则没有查看权限，保证了数据的保密性。在开发初期，可以采取“新案件新办法”，先不对接旧案件的数据库，仅对新案件进行录入，减少了新技术的应用难度。（3）鉴定机构与法院的资料往来不再需要借助其他方式，只需在区块链节点中调取相关数据即可，节省办案时间的同时增强了资料保密性。（4）纪检监察机关在查询是否存在违规办案等情况时，链上完整且不可篡改的电子数据能够提供有效证据链条，切实加强在行使司法权力时的监督制约，促使法官清正、法院清廉。[①]（5）当事人可以在案件审理过程中自行上链证据材料，也可以利用核

① 陈蓦、张名扬：《区块链在互联网司法中的应用与发展——基于杭州互联网法院司法区块链平台的实证分析》，载《人民司法》2020年第31期。

验平台核验查证法院材料的真实性。

结 语

人民法院开展信息化建设以来，已经取得巨大成就，审判方式发生了深刻的变革，审判质效也有了很大的提升。区块链作为一门新兴技术，目前在司法领域的应用还有非常大的空间，但我们有理由期待，区块链技术能推动人民法院司法改革的下个大跨步，继续推进审判能力和审判体系的现代化建设。

（陈 曦：湖南省益阳市赫山区人民法院；葛伟科：湖南省高级人民法院）

民事裁判中社会主义核心价值观释法说理的效用实现

——以最高院和高院实践样态为对象

谭婉静

2021年最高人民法院《关于深入推进社会主义核心价值观融入裁判文书释法说理的指导意见》（以下简称《社会主义核心价值观融入释法说理意见》）规定，社会主义核心价值观应当融入裁判文书释法说理的全过程。作为释法说理的重要组成部分，社会主义核心价值观在民事裁判文书中可以发挥多重效用。如《社会主义核心价值观融入释法说理意见》第5条规定，社会主义核心价值观可以用以明晰法律内涵和阐明立法目的；其第6条规定，社会主义核心价值观可以在法律缺失时起到法律指引的作用；其第7条规定，应当以社会主义核心价值观确定个案的价值取向。但《社会主义核心价值观融入释法说理意见》对社会主义核心价值观的效用仅作概括性规定，未明确其实现路径，社会主义核心价值观效用实现情况并不理想。而效用实现是社会主义核心价值观融入释法说理的落脚点，社会主义核心价值观在释法说理中的效用即体现为其对释法说理的积极意义。因此，本文拟结合《社会主义核心价值观融入释法说理意见》的相关规定，分析社会主义核心价值观在民事裁判文书释法说理中的效用实践困境，剖析成因，以构建社会主义核心价值观释法说理效用实现路径。

本文于2022年6月1日在中国裁判文书网以“全文检索：社会主义核心价值观”“案件类型：民事案件”“裁判日期：2021年3月1日至2022年6月1日”进行检索，共检索得裁判文书27596份，其中最高院15份，高院237份，中级法院5856份，基层法院21488份。最高院和高院的案件一般经过多次审理，双方争议较大，案件矛盾突出，因此，本文拟以最高院和高院的裁判文书为研究样本。在最高院和高院共计 252 份裁判文书中，排除 179 份无效裁判文书后，① 余 73 份裁判文书。本文即以该 73 份裁判文书作为研究对象，以窥得民事裁判中社会主义核心价值观释法说理效用的实践困境。

一、实践困境：社会主义核心价值观效用未能实现

（一）社会主义核心价值观价值宣示意义大于说理效用

社会主义核心价值观释法说理效用实现的前提在于，其在裁判文书中作为说理要素存在。但实践中，法院以社会主义核心价值观作为价值宣示的情况屡见不鲜，具体体现在法院在援引社会主义核心价值观时未结合案件事实。一般来说，个案存在特殊性，因此运用社会主义核心价值观释法说理时应当结合具体案件，充分说明社会主义核心价值观与具体案件事实的关联。

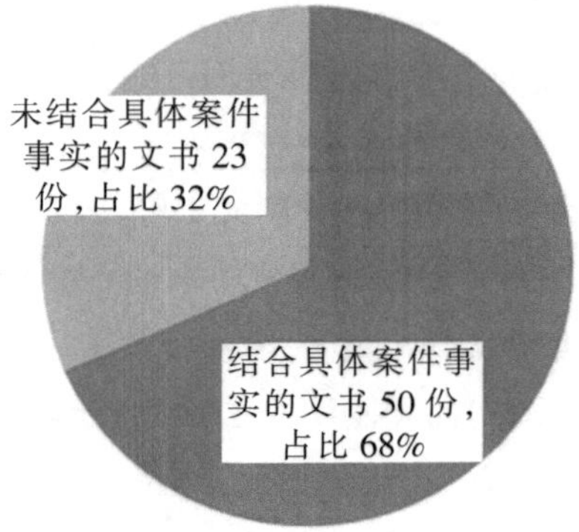

图 1　法院结合具体案件事实情况统计

如图 1 所示，50 份裁判文书中，法院在运用社会主义核心价值观释法说理时结合具体案件事实，占比 68%；23 份裁判文书中，法院在运用社会主义

① 其中，69 份裁判文书仅在适用《最高人民法院关于适用〈中华人民共和国民法典〉时间效力的若干规定》（法释〔2020〕15 号，以下简称《民法典时间效力规定》）第 2 条时，涉及检索词“社会主义核心价值观”，而法院实际讨论社会主义核心价值观；110 份裁判文书中，当事人援引社会主义核心价值观，但法院并未回应和讨论。

核心价值观释法说理时不结合具体案件事实，仅使用较为泛化的语言，占比32%。[①] 在此维度下，社会主义核心价值观在裁判文书中的价值宣示大于其对释法说理的积极作用，法院引入社会主义核心价值观的政治意义大于法律意义。

如在某房地产公司买卖合同纠纷[②]中，再审法院在完成较为清晰的说理后加入一句“为弘扬社会主义核心价值观，彰显司法公正，对此种行为不应予以支持”。虽然裁判文书此处引入社会主义核心价值观，但因法院未将社会主义核心价值观结合具体案件事实进行分析，该表述“放之四海而皆准”，仅作为法院援引社会主义核心价值观的一种标志。

（二）社会主义核心价值观整体运用比例高于单个适用

社会主义核心价值观既能作为整体援引，亦能深入其内部，以特定的单个社会主义核心价值观释法说理。但在实践中，将社会主义核心价值观整体援引的比例远高于单个适用，单个社会主义核心价值观释法说理效用难以实现。

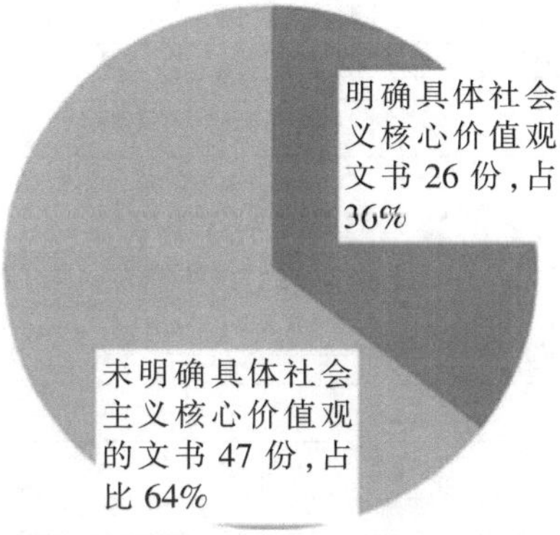

图2　法院明确具体社会主义核心价值观情况统计

如图2所示，在73份裁判文书中，仅26份裁判文书的法院在运用社会主义核心价值观释法说理的过程中明确了具体社会主义核心价值观，占比36%。大多数裁判文书中，法院在援引社会主义核心价值观的过程中倾向于将其作为一个整

① 此处对是否结合具体案件事实的判断标准相对较低，仅考虑法院是否存在结合具体案件事实的行为，而不讨论法院的说理效果。典型的情形是，法院在陈述完案件事实后，简单提到“刘培林主张绿茵公司应向其支付未签订劳动合同的二倍工资差额，既缺乏事实与法律依据，亦与社会主义核心价值观相悖”亦属于该标准下法院结合了具体案件事实的情形。具体参见广东省高级人民法院（2020）粤民再327号民事判决书。

② 辽宁省高级人民法院（2021）辽民申3255号民事裁定书。

体，而不去讨论具体社会主义核心价值观。较为典型的情形是，法院在裁判文书释法说理的过程中提出当事人的某种行为符合社会主义核心价值观的要求，或是法院的此种判决体现了社会主义核心价值观，但均未明确具体的社会主义核心价值观。在法院将社会主义核心价值观作为一个整体适用时，其对社会主义核心价值观的运用是笼统的，难以实现社会主义核心价值观释法说理效用。

（三）运用方式的分布不均难以实现预设效用

依据《社会主义核心价值观融入释法说理意见》之规定，社会主义核心价值观具有阐明法律、指引最类似规定、确定个案价值取向等多种释法说理效用，但实践中，社会主义核心价值观在民事裁判文书中的运用方式分布不均，且相对单一，诸多预设效用难以实现。

表 1　社会主义核心价值观在裁判文书释法说理中运用方式统计

具体作用	文书数量（份）	百分比（%）
评价当事人的行为	32	44
阐明法律	10	14
评价一审/原审法院裁判	10	14
指引法律选择	9	12
明确法律解释方法	3	4
解释法律基本原则	3	4
评价当事人诉讼主张	2	3
决定法院的个案价值取向	2	3
评价法院职责的行使	1	1
事实认定	1	1
总计	73	100

如表 1 所示，32 份裁判文书的法院以社会主义核心价值观评价当事人的行为，通过判断其是否符合社会主义核心价值观的要求得出裁判结果，占比 44%；10 份裁判文书中，法院以社会主义核心价值观阐明法律，占比 14%；9 份裁判文书中，法院以社会主义核心价值观指引法律选择，其中 8 份裁判文书皆是援引《民法典时间效力规定》第 2 条，依据“更有利于弘扬社会主义核心价值观”认定本案适用《民法典》的规定。除上述四种作用外，社会主义核心价值观其他民事裁判文书释法说理效用占比均不到 5%。

社会主义核心价值观在民事裁判文书释法说理效用分布不均，其预设效用难以实现。首先，以社会主义核心价值观作为评价要素的裁判文书占比极大，无论是评价当事人行为，还是评价原审判决，法院似乎倾向于将社会主义核心价值观简单用于评价。其次，部分作用虽然在裁判文书中有所体现，但其效用未能实现。以“阐明法律作用”的10份裁判文书为例，这10份裁判文书均未结合具体案件事实和明确具体社会主义核心价值观，社会主义核心价值观的作用浮于表面。最后，诸多预设效用在实践中没有体现。如《社会主义核心价值观融入释法说理意见》第6条规定，在法律规定缺失时，社会主义核心价值观可以发挥指引最相似法律的效用，但此效用在实践中未能体现。

（四）作为评价要素的社会主义核心价值观与道德混同

社会主义核心价值观作为明确入法入规的社会共识，其效力不同于一般道德标准。但在实践中，社会主义核心价值观在民事裁判释法说理中作为评价要素的比重大，而在社会主义核心价值观作为评价要素时，其实际发挥与道德要素同等效用。

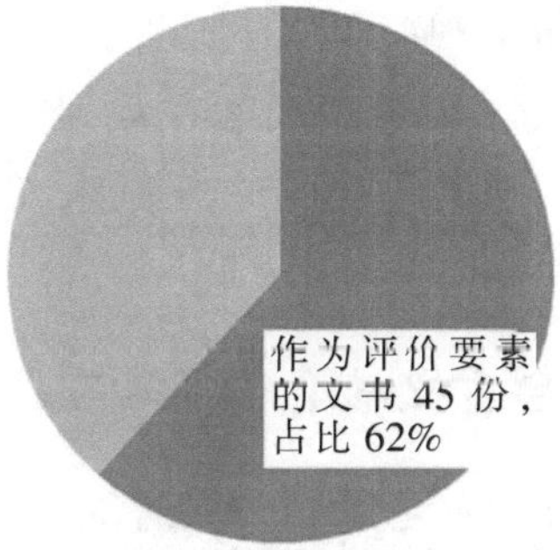

图3　法院以社会主义核心价值观作为评价要素情况统计

如图3所示在73份裁判文书中，45份裁判文书的法院以社会主义核心价值观作为评价要素。在这种情形中，社会主义核心价值观主要存在四种不同的评价主体。

表2　社会主义核心价值观在裁判文书释法说理充当评价标准情况统计

具体作用	文书数量（份）	百分比（%）	法院改判（份）	法院整体适用（份）
评价当事人的行为	32	71	7	17
评价一审/原审法院裁判	10	22	0	2
评价当事人诉讼主张	2	4	1	2
评价法院职责的行使	1	2	0	1
总计	45	100	8	22

如表 2 所示，最典型的情形是，法院以社会主义核心价值观评价当事人的行为，32 份裁判文书皆采此做法，占比 71%；10 份裁判文书法院以社会主义核心价值观检视一审或原审法院裁判，占比 22%。其余两种评价主体占比不大。在评价当事人行为的 32 份裁判文书中，法院改判的仅有 7 份。在评价一审或原审法院裁判的 10 份裁判文书中，没有法院改判，也就是说，法院通常是以社会主义核心价值观论述一审或原审的判决的合理性。虽然未改判并不当然意味着社会主义核心价值观并未在释法说理中发挥任何作用，但如此低的改判率还是可以从侧面反映社会主义核心价值观在作为评价要素时对裁判结果的影响有限，社会主义核心价值观的援引更多是对既定的结论作出肯定，是否援引不会影响裁判结果。同时，在 45 份法院以社会主义核心价值观作为评价要素的裁判文书中，22 份裁判文书的法院选择整体援引社会主义核心价值观，未点明其基本内容，难以真正发挥社会主义核心价值观释法说理效用。

法院将社会主义核心价值观简单用于评价时，社会主义核心价值观与道德评价的运用实际上是一致的。因道德要素在裁判文书中一般亦起到评价之效用，此种情况下，法律裁判极容易变成道德裁判，社会主义核心价值观效用难以发挥。

二、原因分析：社会主义核心价值观在民事审判中定位不明

民事裁判文书中社会主义核心价值观具有阐明法律、指引最类似规定、确定个案价值取向等多种释法说理效用。若以单个效用为区分，则每种效用未能实现都存在其独特原因，如指引最类似规定效用未能实现则需要从法院对类推的谨慎态度、社会主义核心价值观在类推适用中的指引位阶等方面考虑。但社会主义核心价值观各项效用作为一个有机联系的整体，可以从整体的角度讨论。社会主义核心价值观效用难以实现的共同成因和根本原因在于，社会主义核心价值观的定位是不明确的。

（一）社会主义核心价值观法源地位存在争议

近年来，社会主义核心价值观与法律在逐步融合，但其是否具有正式法源地位尚不清晰。对社会主义核心价值观法源地位的确定是其效用实现的重要前提，若法源地位不确定，则其容易沦为价值宣示。同时，法源地位模糊导致法院援引社会主义核心价值观最多的情形是以其作为评价要素。此种援引是最“安全”的，无论其法源地位如何，哪怕仅作为一种道德，也可以用以评价，但此种运用方式难以发挥社会主义核心价值观释法说理效用。

理论中，对社会主义核心价值观能否作为正式法源存在较大争议。有观点将社会主义核心价值观与道德伦理、习惯①或政策性倡导②类比，认为其属于非正式法源。若将其作为正式法源可能影响法律规范要素体系。③ 该观点在实践中被广为认同，法院出于规避风险的考虑，更倾向于将社会主义核心价值观作为非正式法源运用。诸多学者持相反观点，认为社会主义核心价值观具有正式法源地位，仅对作为正式法源的社会主义核心价值观的适用方式存在分歧。有的观点认为其属于一般法律原则，④ 可以作为法律原则直接适用。有的则认为社会主义核心价值观不能直接适用，应当转化为法律原则或法律规则后适用。⑤ 还存在折中观点认为社会主义核心价值观中既有属于正式法源的部分，也有属于非正式法源的部分，社会主义核心价值观可以通过入法入规具有正式法源地位，也可以通过司法解释等具有"准法源"地位。⑥

（二）社会主义核心价值观内涵存在不同解读

自社会主义核心价值观提出后，官方虽然对其基本内容进行了阐释，但尚不存在对其内涵的精确界定。诸多官方文件提出要把握社会主义核心价值观的基本内涵，但未涉及对基本内涵的讨论。这导致实践中大多数法院回避对社会主义核心价值观内涵的阐释，在阐释社会主义核心价值观的部分法院中，亦存在不同解读，而内涵的不稳定则会导致社会主义核心价值观释法说理效用的减弱。

---

① 许志华：《社会主义核心价值观融入裁判说理之现实困境及纾解》，载《山东法官培训学院学报》2022 年第 1 期。

② 刘雷：《论社会主义核心价值观融入司法裁判的路径研究——基于实证分析的整全性考量》，载《法律方法》2021 年第 1 期。

③ 孙海波：《裁判运用社会公共道德释法说理的方法论》，载《中国应用法学》2022 年第 2 期。

④ 孙光宁：《社会主义核心价值观的法源地位及其作用提升》，载《中国法学》2022 年第 2 期。

⑤ 高松琼：《论社会主义核心价值观的司法运用》，载《西南科技大学学报（哲学社会科学版）》2020 年第 2 期。

⑥ 陶泽飞：《社会主义核心价值观融入司法的机制构建》，载《法律方法》2021 年第 1 期。

表 3 裁判文书对具体社会主义核心价值观的解读

文书案号	解读具体内容
（2020）渝民申 2420 号	诚信：诚信信用
（2021）吉民申 339 号	诚信：诚实守信
（2021）吉民申 3639 号	法治：依法行为、守法经营 诚信：做事诚实、重视信用
（2021）吉民申 723 号	（劳动关系领域中）自由：有选择的权利法治 （一）守法，循法而行
（2021）吉民终 209 号	（在经济交易中）自由：意思自治 诚信 = 诚实信用原则：诚实守信
（2021）津民申 478 号	诚信：诚实信用
（2021）鲁民再 264 号	诚信 = 诚实信用原则：恪守诺言、诚信不欺

如表 3 所示，涉及对“诚信”解读的 7 份裁判文书中，法院虽然在表述上存在细微不同，但本质均是将其解读为“诚实信用”。2 份裁判文书中，法院将“诚信”直接定义为“诚实信用原则”，混淆了社会主义核心价值观和法律原则。2 份涉及对“法治”解读的裁判文书中，解释的落脚点均是个人的“守法”，但“法治”价值是对社会层面的要求，法院如此援引法治仅考虑了该词语在日常用语中的含义，没有领会其真正内涵。涉及对“自由”价值的 2 份裁判文书的解释存在较大差异。（2021）吉民申 723 号文书将“自由”定义为“有选择的权利”，强调民事主体在法律框架可以自由选择，法院以此论述了用人单位单方面形成的劳动合同对劳动者不具有约束力。（2021）吉民终 209 号文书则将“自由”等同于民事领域的“意思自治”，以此说明的是双方已经以合同确定了权利义务关系，应当遵循合同约定。这 2 份裁判文书看似对“自由”价值作出了合理的解释，也符合其通常词义的表达，但社会主义核心价值观中的“自由”直接与日常意义上的“自用”应当是不同的，其具有特定含义。“自由”是社会主义核心价值观对社会层面的要求，法院以其解释个人行为是对“自由”的误用。

同时，学界亦存在此种问题，即虽然提出与社会主义核心价值观的内涵相关的观点，如要丰富社会主义核心价值观的内涵，① 但并未明确内涵为何。一般而言，理论界倾向于直接将24个字作为社会主义核心价值观的内涵。此种观点在一定程度上使社会主义核心价值观的内涵明确和具体，但混淆了内容与内涵的不同之处，容易陷入循环解释之窠臼。同时，将社会主义核心价值观的基本内容作为其内涵，回避对于社会主义核心价值观这一整体内涵之讨论。

除作为整体的社会主义核心价值观的内涵尚未明确外，具体价值的精确内涵亦不存在官方界定。对其应作何理解，存在不同观点。以在实践中分歧较大的“自由”价值为例，有学者站在社会层面，认为“自由”是指为多数人的享有的、实质性的自由，强调社会自在和谐的状态；② 有学者则站在个人角度，提出“自由”是个人权利义务的统一；③ 还有学者采居中观点，认为“自由”是个人自由和社会自由的结合；④ 也有学者提出，“自由”以人的自由全面发展为核心，以社会主义为内在价值逻辑⑤。仅对“自由”价值的理解，即存在如此分歧。

（三）社会主义核心价值观与法学方法论脱节

法学方法论可以指导法律适用，从深层逻辑上实现社会主义核心价值观释法说理效用。但社会主义核心价值观与释法说理中的法学方法论存在脱节，对社会主义核心价值观的援引仅浮于表面，其效用难以实现。如上所述，《社会主义核心价值观融入释法说理意见》中对社会主义核心价值观效用仅作出较为笼统的规定，未能与法学方法论融合。

目前，理论上更多讨论的是以法学方法推动社会主义核心价值观融入释法说理。如认为可以利用法律解释、注重说理依据和推理过程、采用合理法律修辞，推动社会主义核心价值观融于司法。⑥ 又如，运用体系解释寻求社会主义

① 顾海良、张岂之等：《学习贯彻习近平总书记重要讲话精神大力培育和践行社会主义核心价值观》，载《思想理论教育导刊》2014年第7期。

② 张苗苗：《社会主义核心价值观内容解读之“自由”》，载《思想政治教育研究》2015年第1期。

③ 江国华、彭超：《马克思主义自由价值观：内涵与道路——对社会主义核心价值观中自由的理解》，载《青海社会科学》2016年第3期。

④ 李万春、袁久红：《论社会主义核心价值观中的自由理念》，载《河海大学学报（哲学社会科学版）》2014年第4期。

⑤ 段妍：《社会主义核心价值观中“自由”真谛及其实现路径》，载《理论探讨》2016年第2期。

⑥ 于洋：《论社会主义核心价值观的司法适用》，载《法学》2019年第5期。

核心价值观与法律规范的一致性，以加快融合。① 对此，《社会主义核心价值观融入释法说理意见》第9条规定了充分运用包括文义解释、目的解释、体系解释、历史解释在内的解释方法，但从实践来看，社会主义核心价值观效用实现依然困难重重。以社会主义核心价值观释法说理浮于表面的症结并非在于缺少解释等方法论的指引，而在于其没有融入法学论本身。但学界对社会主义核心价值观与法学方法的讨论不多，更遑论形成学界通说观点，理论难以给司法实践提供有益参考。有的较为抽象地从司法理念、裁判依据、法律规则和原则适用几个方面提出了社会主义核心价值观融入释法说理的路径。② 有的则认为，社会主义核心价值观在裁判文书中可以融入法律发现、价值权衡和后果推理。③ 还有的提出，社会主义核心价值观可以作为确定法律规范的价值参考、漏洞填补的指引，可以解释裁判适用的法律条文。④ 有的提出其可以在面临法律冲突和法律空白时，指导性法律解释、法律补充和法律续造。⑤⑥ 理论中对社会主义核心价值观与法学方法论融合的讨论较少，且尚未形成主流观点，社会主义核心价值观与法学方法论结合道阻且长。

三、路径实现：建立社会主义核心价值观效用实现的多维体系

基于社会主义核心价值观效用未能实现的共同成因，社会主义核心价值观效用的实现应当从其本身出发，厘清其定位，借助科学的分析工具，明确其发展方向，分“三步走”构建多维社会主义核心价值观效用实现体系。

（一）定位校准：以社会主义核心价值观正式法源地位为效用实现前提

社会主义核心价值观是否具有正式法源地位决定了其效用应当如何实现，

① 陈金钊：《“社会主义核心价值观融入法治建设”的方法论诠释》，载《当代世界与社会主义》2017年第4期。

② 廖永安、王聪：《路径与目标：社会主义核心价值观如何融入司法——基于352份裁判文书的实证分析》，载《新疆师范大学学报（哲学社会科学版）》2019年第1期。

③ 刘翀：《社会主义核心价值观融入司法裁判的方法论——以“狼牙山五壮士”案为例》，载《华南理工大学学报（社会科学版）》2020年第6期。

④ 刘晓霞、黄子睿：《社会主义核心价值观在案件审判中的司法适用——以最高人民法院发布的典型案例为基础》，载《江苏警官学院学报》2022年第4期。

⑤ 陈锐：《社会主义核心价值观融入民法典的理论意蕴与实践样态》，载《理论探索》2021年第3期。

⑥ 郑旭文、徐振东：《社会主义核心价值观在司法裁判中的适用》，载《福州大学学报（哲学社会科学版）》2022年第4期。

社会主义核心价值观效用实现的前提是找准定位。2018 年社会主义核心价值观被正式写入《宪法》，且多部法律中均体现了社会主义核心价值观，法律的明文规定赋予了社会主义核心价值观不同于一般价值准则或政治倡导的法律效力，从规范层面证成其正式法源地位。①

从法律适用角度，只有确立社会主义核心价值观正式法源地位，方能明确其在释法说理中的效用，推动其融入裁判文书释法说理。诚然，依据《社会主义核心价值观融入释法说理意见》第 13 条规定，即使社会主义核心价值观不具有正式法源地位，依然能够作为说理依据。但此时，其在民事裁判文书释法说理中仅能“扮演”评价者，在此角度上，社会主义核心价值观与普通道德准则相比并无特殊性。同时，不能忽略的是，社会主义核心价值观在特殊情况中可以作为裁判依据。《社会主义核心价值观融入释法说理意见》第 6 条规定，赋予社会主义核心价值观在法律条文缺失时，可以作为寻找最类似条文的指引。《民法典时间效力规定》第 2 条赋予社会主义核心价值观作为《民法典》溯及既往依据之效力。以上皆是社会主义核心价值观作为裁判依据的体现，若社会主义核心价值观属于非正式法源，则其作为裁判依据的合法性无从证立。

在明确社会主义核心价值观正式法源地位的基础上，对其适用方式的讨论亦不可回避，适用方式不同可能会导致截然相反的结果。社会主义核心价值观与现有法律原则、法律规定的部分内容存在较大交融，如“诚信”价值，在民事领域即可以理解为“诚实信用原则”，对社会主义核心价值观已经转化为法律原则或法律规则的部分，应优先适用转化后的原则和规则。一方面，社会主义核心价值观内涵尚无官方定论，适用准确性较难保证，而既定的原则与规定内涵是相对稳定的，如果在已经存在转化的情况时依然坚持适用社会主义核心价值观，则可能导致司法裁判向一般条款逃逸。② 另一方面，社会主义核心价值观在较多部门法中均有体现，且其是对社会共识的凝聚，性质更接近一般性原则，而各部门法转化过的法律原则和规则更具针对性。因此，若社会主义核心价值观存在向法律原则和法律规则转化的情况，则应当优先适用转化后的

① 孙光宁：《社会主义核心价值观的法源地位及其作用提升》，载《中国法学》2022 年第 2 期。

② 廖永安、王聪：《路径与目标：社会主义核心价值观如何融入司法——基于 352 份裁判文书的实证分析》，载《新疆师范大学学报（哲学社会科学版）》2019 年第 1 期。

规定，社会主义核心价值观可以作为补强证成的作用；若不存在转化，再直接适用社会主义核心价值观释法说理。在直接适用的时候应当注意，虽然社会主义核心价值观在特定情况下可以直接作为裁判依据，但其仅限于法律的明确赋予，若无法律的明文规定，社会主义核心价值观不能直接作为裁判依据。

（二）分析工具：以法学方法论为社会主义核心价值观效用实现工具

在明确定位后，核心价值释法说理效用的实现还需借助法学方法论作为分析工具。社会主义核心价值观最初作为一种政治上的价值共识提出，属于“法外”要素，不能自然融入释法说理，社会主义核心价值观释法说理效用实现存在困难。虽然《社会主义核心价值观融入释法说理意见》第 9 条规定，通过文义解释、体系解释等解释方法发挥其释法说理效用，但如前所述，社会主义核心价值观融入民事裁判文书释法说理的层次较浅，社会主义核心价值观浮于表面的问题始终存在。法学方法论是法律适用过程中的方法指引，社会主义核心价值观与法学方法论融合后，可以从法律解释的深层逻辑中发挥其效用。

一方面，将社会主义核心价值观融于法律解释。法律解释作为法律适用的重要环节，可以将抽象的法律进行具体解读，提高司法适用效果，将社会主义核心价值观融于法律解释必不可少。在文义解释中，应阐明具体法律条文所体现的社会主义核心价值观，厘清具体社会主义核心价值观的内涵，将事实涵摄于法律规范之下；在体系解释中，涉及与其他法律规范或社会规范交融时，以社会主义核心价值观为纽带，保证法律体系的一贯性和概念用语的一致性；①在目的解释中，以社会主义核心价值观这一社会共识为基准，保证裁判文书释法说理与法律精神、立法目的保持一致；在历史解释中，充分理解社会主义核心价值观的时代内涵，使裁判达到法律效果与社会效果的统一。

另一方面，以社会主义核心价值观指引法律漏洞填补。法律漏洞可以分为“开放的”漏洞与“隐藏”的漏洞，② 前者指不存在相应法律规定，后者指依据既有规定之立法目的，其不应被适用。“开放的”漏洞填补的主要方法是类推适用。《社会主义核心价值观融入释法说理意见》第 6 条规定，民事案件若无法律规定，应当以核心价值指引最类似的法律规定。该条赋予社会主义核心

① 杨仁寿：《法学方法论》，中国政法大学出版社 2013 年版，第 143 页。

② ［德］卡尔·拉伦茨：《法学方法论》，陈爱娥译，商务印书馆 2003 年版，第 256 页。

价值观指引法律类推效力，在此过程中，社会主义核心价值观应首先作为最相似法律条款的指引依据，再以社会主义核心价值观融入对新条文目的解释，决定类推成立与否。对“隐藏”的漏洞的填补方式主要是目的论限缩。目的论限缩解释的过程中，若法律条文字意过宽导致适用范围扩大，则需以社会主义核心价值观为指引，探究该条文真正立法目的，以确保限缩属于立法目的范围内。

（三）发展方向：以单个社会主义核心价值观为效用实现研究对象

社会主义核心价值观并非抽象概念，其不仅能整体运用，亦能深入内部，将每一个具体内容单独适用。由于社会主义核心价值观的每一个词语都有其独特内涵，对该词语内涵的解读较整体解读更具有确定性，在运用社会主义核心价值观释法说理时，援引具体的社会主义核心价值观更能实现社会主义核心价值观释法说理效用。在分析社会主义核心价值观释法说理效用时，应以单个社会主义核心价值观为分析单位。

一方面，要在注意社会主义核心价值观三个层面的区分。2013 年《中共中央办公厅关于培育和践行社会主义核心价值观的意见》将社会主义核心价值观分为国家、社会和个人三个层面。习近平指出，社会主义核心价值观的三个层面实际上回答了我们要建设什么样的国家、建设什么样的社会、培育什么样的公民的重大问题。① 社会主义核心价值观三个层面中的社会主义核心价值观适用对象是不同的，在援引社会主义核心价值观释法说理时，应当符合特定层面要求。“富强、民主、文明、和谐”体现的是国家的价值目标，反映人民普遍愿望,② 其价值位阶较高，在民事裁判文书释法说理中应当谨慎援引。“自由、平等、公正、法治”是社会层面的价值追求，具有较多的司法元素，能够与司法裁判更好地转化衔接。③ “爱国、敬业、诚信、友善”立足个人层面，是对公民提出的要求，可以直接用以评价公民行为。社会主义核心价值观的三个层面各有其对应价值和适用对象，对社会主义核心价值观各层面的交叉适用，忽视了社会主义核心价值观的特定含义。

---

① 习近平：《青年要自觉践行社会主义核心价值观——在北京大学师生座谈会上的讲话》，载《人民教育》2014 年第 10 期。

② 韩震：《社会主义核心价值观的话语构建与传播》，中国人民大学出版社 2019 年版，第 17 页。

③ 王智杰：《司法裁判的社会功能失灵及其应对——基于社会价值之反向重塑的思考》，载《政法学刊》2021 年第 6 期。

另一方面，在社会主义核心价值观三个层面的限定范围内，应当以单个社会主义核心价值观为区分。同一层面的多个社会主义核心价值观虽然在适用对象上一致，但其具体内涵是完全不同的，在援引社会主义核心价值观时，应当以单个社会主义核心价值观为单位。若案件存在同时涉及多个社会主义核心价值观，单个社会主义核心价值观亦是在其内涵辐射范围内实现效用。同时，需要注意的是，单个社会主义核心价值观具有不同于其一般语义的特定内涵，以“自由”价值为例，“自由”在现代汉语中意为“不受约束，不受限制”“在法律规定的范围内，随自己意志活动的权利”。① 实践中常以“自由”价值评价民事主体行为，如某公司与于某影劳动纠纷②中，法院将“自由”理解为“有选择的权利”，从而论证公司单方面出具的劳动合同不合法。但作为社会主义核心价值观社会层面的“自由”价值，应当理解为在法律的规定的范围内自由言论、自由行动、不受限制的权利。③ 法院对“自由”价值基于一般语义的理解，不符合其作为社会主义核心价值观的特定内涵，属于对社会主义核心价值观的错误适用。在特定的内涵上援引单个社会主义核心价值观才能保证其适用的准确性和裁判的稳定性，避免出现类案不同判。

结　语

社会主义核心价值观作为社会共识的“最大公约数”，具有引领社会思潮的重要作用。《社会主义核心价值观融入释法说理意见》赋予其在民事裁判文书中阐明法律、指引最类似规定和确定个案价值取向等多重释法说理效用。但因为效用实现路径规定的缺失，规范上预设的效用未能在实践中体现，因此需要从实践出发，探究社会主义核心价值观效用实现过程中的实践困境。本文立足于社会主义核心价值观效用实现的实践困境，对社会主义核心价值观释法说理效用实现的路径提出了一些初步构想。囿于篇幅和研究角度的限制，社会主义核心价值观效用实现体系的构建中可能还需要其他维度的讨论，而在本文中未能体现。如针对法院对社会主义核心价值观“应用未用”的现实，社会主义核心价值观效用应借助何种机制实现等。社会主义核心价值观作为一种新事

① 中国社会科学院语言研究所词典编辑室：《现代汉语词典》，商务印书馆2016年版，第1740页。

② 吉林省高级人民法院（2021）吉民申723号民事裁定书。

③ 赵长芬：《社会主义核心价值观学习读本：社会篇》，新华出版社2015年版，第3页。

物，在出现之初存在问题不可避免，但随着其自身理论的不断完善，加之实践的反馈，社会主义核心价值观释法说理效用实现是必然趋势。

（谭婉静：湘潭大学法学院）

论民事裁判释法说理中社会主义核心价值观的内涵解读

李雨晴

2021年1月19日最高人民法院印发《关于深入推进社会主义核心价值观融入裁判文书释法说理的指导意见》（以下简称《社会主义核心价值观释法说理指导意见》）的通知，为规范各级法院适用社会主义核心价值观释法说理提供统一方法指引。2021年3月1日《社会主义核心价值观释法说理指导意见》实施后各级法院适用社会主义核心价值观释法说理的规范性在一定程度上有所提高，但部分法院仍存在适用社会主义核心价值观释法说理不规范的行为，其中法官对社会主义核心价值观内涵理解及运用不当这一问题较为突出。为此，本文通过实证分析运用社会主义核心价值观释法说理的裁判文书，深入探究民事裁判说理中社会主义核心价值观内涵理解问题的运用样态及运行困境，并提出相应完善路径。

一、民事裁判释法说理中社会主义核心价值观内涵解读的现状考察

为了解社会主义核心价值观内涵在民事裁判文书说理中的理解情况，笔者以“全文检索：社会主义核心价值观”“案件类型：民事案件”“裁判日期：2021年3月1日至2022年9月1日”为检索条件，在“中国裁判文书网”上共检索到9590份裁判文书，从中随机抽取200份进行分析。除去37份未涉及

社会主义核心价值观具体内涵信息的无用文书,① 最终余下163份有效文书可用作本文研究样本。

（一）社会主义核心价值观内涵解读的总体情况

163份有效样本文书中民事裁判释法说理对社会主义核心价值观内涵分为解读与未解读两种，解读社会主义核心价值观内涵的文书109份，占比66.87%；未作解读的54份（其中，仅提及“社会主义核心价值观”一词未解读内涵②的文书42份；提及社会主义核心价值观全部内容未解读具体内涵③的文书12份），占比33.13%（如图1所示）。

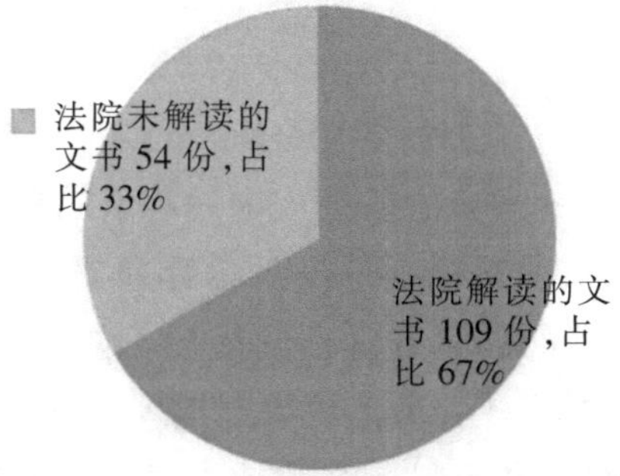

图1　民事裁判中社会主义核心价值观解读与否的总体情况

以解读是否具体为分析对象，分析上述109份文书后发现，对社会主义核

---

① 该37份裁判文书仅在文件名称中提到“社会主义核心价值观”一词，但说理部分未涉及社会主义核心价值观12个内涵的内容，故对本文无研究价值，应予排除。例如，辽宁省高级人民法院（2021）辽民申3158号民事裁定书提及“认定案涉房屋归申请人所有不仅彰显法律的公正，亦引领社会风尚，树立价值导向，维护老年人弱势群体的合法权益，符合最高人民法院《关于深入推进社会主义核心价值观融入裁判文书释法讲道理的指导意见》的规定”。

② 例如，最高人民法院（2020）最高法民申5974号民事裁定书写道“二审判决上诉人按照中国人民银行同期同类贷款利率支付利息，有悖于普通民众对法律的认识、有悖于社会主义核心价值观”。此类情形还有：(2021）黑民再19号民事判决书、(2021）京民申3319号民事裁定书、(2021）苏06民终2066号民事判决书等。

③ 例如，山东省莱州市人民法院（2021）鲁0683民初2078号民事判决书中的相关表述为，“我国社会主义核心价值观：富强、民主、文明、和谐；自由、平等、公正、法治；爱国、敬业、诚信、友善，体现了我国国家、社会、个人的核心价值追求”。此类情形还有：(2021）粤09民终413号民事判决书、(2021）鲁0391民初2597号民事判决书、(2021）粤09民终413号民事判决书等。

心价值观内涵作具体解读的文书 72 份，占比 66.06%；作笼统解读的文书 37 份，占比 33.94%（如图 2 所示）。

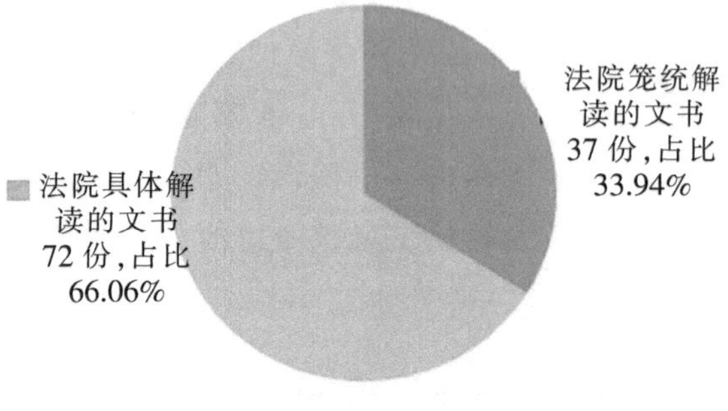

图 2　民事裁判中法院对社会主义核心价值观内涵解读的程度情况

（二）不同层面社会主义核心价值观内涵解读的具体情况

分析文书援引的社会主义核心价值观内涵所属层面发现，72 份文书中存在运用多个层面和单个层面内涵的说理的情况。如表 1 所示，共 19 份文书运用多个不同层面的社会主义核心价值观内涵说理，其中 6 份文书运用国家和个人层面内涵说理；① 9 份文书运用社会和个人层面内涵说理；② 4 份运用国家、社会和个人层面的内涵说理。③ 另有 47 份文书运用单个层面的内涵，其中 4 份运用国家层面内涵说理；④ 6 份运用社会层面的内涵说理；⑤ 37 份运用个人层面的内涵说理。⑥

---

① 具体表现为：援引"和谐、友善"的文书 6 份，占比 8.33%；援引"文明、和谐、诚信、友善""和谐、敬业、诚信、友善"的文书各 1 份，占比 1.39%。

② 具体表现为：援引"公正、法治、诚信""诚信、法治"的文书各 2 份，占比 2.78%；援引"自由、法治、友善""平等、诚信""自由、诚信""平等、公正、诚信""敬业、诚信、友善"的文书各 1 份，占比 1.39%。

③ 具体表现为：援引"平等、自由、诚信""文明、公正、和谐、友善""文明、自由、平等、诚信、友善""和谐、法治、诚信"的文书各 1 份，占比 1.39%。

④ 具体表现为：援引"和谐、文明、法治、友善""文明、和谐""文明""和谐"的文书各 1 份，占比 1.39%。

⑤ 具体表现为：2 份文书援引"平等、公正"，占比 2.78%；援引"法治、敬业""公正、法治""公正""法治"的文书各 1 份，占比 1.39%。

⑥ 具体表现为：27 份文书援引"诚信"，占比 37.5%；8 份援引"诚信、友善"，占比 11.11%；2 份文书援引"敬业"，占比 4.17%；2 份文书援引"友善"，占比 2.78%。

表1　社会主义核心价值观各层面内涵适用情况分布

社会主义核心价值观所属层面	社会主义核心价值观内涵	文书数量/份	所占比例
国家+个人层面（共9份）	文明、和谐、诚信、友善	1	1.39%
	和谐、友善	6	8.33%
	文明、和谐、友善	1	1.39%
	和谐、敬业、诚信、友善	1	1.39%
社会+个人层面（共9份）	公正、法治、诚信	2	2.78%
	自由、法治、友善	1	1.39%
	平等、诚信	1	1.39%
	诚信、法治	2	2.78%
	自由、诚信	1	1.39%
	平等、公正、诚信	1	1.39%
	平等、自由、诚信	1	1.39%
国家+社会+个人层面（共3份）	文明、公正、和谐、友善	1	1.39%
	文明、自由、平等、诚信、友善	1	1.39%
	和谐、法治、诚信	1	1.39%
国家（共4份）	和谐、文明、法治、友善	1	1.39%
	文明	1	1.39%
	文明、和谐	1	1.39%
	和谐	1	1.39%
社会（共6份）	平等、公正	2	2.78%
	法治、敬业	1	1.39%
	公正	1	1.39%
	公正、法治	1	1.39%
	法治	1	1.39%
个人（共38份）	敬业、诚信、友善	1	1.39%
	诚信、友善	8	11.08%
	敬业	2	2.78%
	诚信	27	37.50%
	友善	3	4.17%
总计		72	100.00%

分析具体解读社会主义核心价值观内涵的 72 份文书发现，从社会主义核心价值观 12 个词出现的频次和频率看，“诚信”出现次数最多，共 47 次，占比 37.9%；“友善”以 23 次，18.85%的比例居第二位；“法治”出现 11 次，占比 8.87%；“和谐”出现 14 次，占比 11.29%；“公正”出现 7 次，占比 5.65%；“文明”出现 7 次，占比 5.65；“平等”出现 6 次，占比 4.84%；“敬业”出现 5 次，占比 4.03%；“自由”出现 4 次，占比 3.23%；“富强”“民主”“爱国”在 66 份文书中未出现（如下表 2）。

表 2　社会主义核心价值观各层面内涵运用频次分布

社会主义核心价值观内涵	出现频次/次	频率	
国家层面	富强	0	0.00%
	民主	0	0.00%
	文明	7	5.65%
	和谐	14	11.29%
社会层面	自由	4	3.23%
	平等	6	4.84%
	公正	7	5.65%
	法治	11	8.87%
个人层面	爱国	0	0.00%
	敬业	5	4.03%
	诚信	47	37.9%
	友善	23	18.85%
总计		124①	100.00%

（三）社会主义核心价值观内涵解读的说理情况

72 份具体解读社会主义核心价值观内涵的样本文书中，对于社会主义核心价值观内涵的解读与说理存在 4 种不同情形，详见表 3。

① 因部分文书援引了社会主义核心价值观的多个内涵，故社会主义核心价值观内涵出现的总频次为 124 次，大于 72 份被分析样本文书的总量。

表 3　对社会主义核心价值观内涵的解读与说理概况

法官对社会主义核心价值观内涵解读/说理情况	文书数量/份	所占比例
法官未解读社会主义核心价值观内涵也未说理①	49	68.06%
法官未解读社会主义核心价值观内涵但说理②	18	25%
法官解读社会主义核心价值观内涵且说理③	5	6.94%
法官只解读社会主义核心价值观内涵但未说理	0	0.00%
总计	72	100.00%

由表 3 可看出，72 份具体解读社会主义核心价值观内涵的文书中，法官未解读社会主义核心价值观内涵也未说理的文书 49 份，占 68.06%；未解读社会主义核心价值观内涵但说理的文书 18 份，占 25%；解读社会主义核心价值观内涵且说理的文书仅 5 份，占 6.94%；尚未发现只解读社会主义核心价值观内涵但未说理的文书。

以法官解读社会主义核心价值观内涵时是否对其存在不同理解为视角，进一步分析表 2 中列出的 9 个词语，除对“公正”一词均被解读为社会主义核心价值观内涵外，其他 8 个词均存在不同理解情形（如表 4）。其中，解读“诚信”“友善”两个词语时均存在 7 种不同理解，这也与表 2 中反映的“诚信”“友善”在社会主义核心价值观 12 个词语中适用频率最高之现状相对应。

---

① 例如，河南省漯河市中级人民法院（2022）豫 11 民终 1420 号民事判决书中的相关内容为，“事故发生后被告积极为原告垫付第一次医疗费用，符合传统道德及社会提倡的正能量，弘扬了社会主义核心价值观和谐、友善的基本价值理念。”此类情形还有：（2021）川 1902 民初 2715 号民事判决书、（2021）晋民申 2171 号民事裁定书、（2022）京民申 382 号等民事裁定书。

② 例如，吉林省高级人民法院（2021）吉民申 339 号民事裁定书中的相关内容为，“诚信是社会主义核心价值观的重要内容，亦是民商事活动中应遵循的基本原则和基本道德准则。双方基于诚信而发生多笔交易，被告否认本人签字的欠条真实性，有悖诚信原则。”此类情形还有：（2021）京 0115 民初 7558 号民事判决书、（2021）豫 1104 民初 5123 号民事判决书、（2021）闽民终 1151 号民事判决书等。

③ 例如，吉林省高级人民法院（2021）吉民申 3639 号民事裁定书中的相关内容为，“法治与诚信是社会主义核心价值观的重要内容，法治要求依法行为、守法经营；诚信要求做事诚实、重视信用。被告在无充分证据证明的情况下，将未订立书面劳动合同违反劳动法的过错归咎于劳动者，不符合法治原则；被告用工短缺的主张无证据证实又与事实不符，违反诚信原则。”此类情形还有：（2022）粤 0105 民初 447 号民事判决书、（2021）京 03 民终 1217 号民事判决书。

表4　对社会主义核心价值观内涵的不同理解情况

社会主义核心价值观内涵	是否存在不同理解	不同理解种类统计
富强	/	
民主	/	
文明	是	4①
和谐	是	5②
自由	是	2③
平等	是	3④
公正	否	1⑤
法治	是	4⑥
爱国	/	
敬业	是	3⑦
诚信	是	7⑧
友善	是	7⑨

① 对“文明”的4种不同解读分别为：1. 解读为社会主义核心价值观内涵；2. 构建文明社会；3. 社会秩序文明；4. 公民个人行为文明。

② 对“和谐”的5种不同解读分别为：1. 解读为社会主义核心价值观内涵；2. 社会秩序和谐；3. 医疗环境和谐；4. 邻里关系和谐；5. 和为贵的传统文化。

③ 对“自由”的2种不同解读分别为：1. 解读为社会主义核心价值观内涵；2. 契约自由。

④ 对“平等”的3种不同解读分别为：1. 解读为社会主义核心价值观内涵；2. 平等的社会秩序；3. 平等保护公众利益。

⑤ 对“公正”只存在解读为社会主义核心价值观内涵这一种情形。

⑥ 对“法治”的4种不同解读分别为：1. 解读为社会主义核心价值观内涵；2. 法治社会；3. 遵守法律；4. 依法行为、守法经营。

⑦ 对“敬业”的3种不同解读分别为：1. 解读为社会主义核心价值观内涵；2. 爱岗敬业；3. 遵守职业道德和劳动规范。

⑧ 对“诚信”的7种不同解读分别为：1. 解读为社会主义核心价值观内涵；2. 诚实守信；3. 诚实信用原则；4. 民法诚信原则；5. 诚信诉讼；6. 诚信守法；7. 传统美德。

⑨ 对“友善”的7种不同解读分别为：1. 解读为社会主义核心价值观内涵；2. 邻里关系；3. 社会主义大家庭的关怀与温暖；4. 社会秩序；5. 人际关系；6. 家庭关系；7. 中华优良道德传统。

（四）社会主义核心价值观与传统文化、公序良俗的理解混淆情况

以图2中的文书为对象，以解读社会主义核心价值观内涵时是否与传统文化、公序良俗等内容存在理解混淆为视角进一步分析后发现，72份对社会主义核心价值观内涵作具体解读的文书中，有6份占比约8.33%的文书存在解读具体内涵时与传统文化、公序良俗理解混淆的情况；① 37份对社会主义核心价值观内涵作笼统解读的文书中，有23份占比37.84%的文书存在笼统解读社会主义核心价值观内涵时与传统文化、公序良俗理解混淆的情况②（如图3、图4所示）。

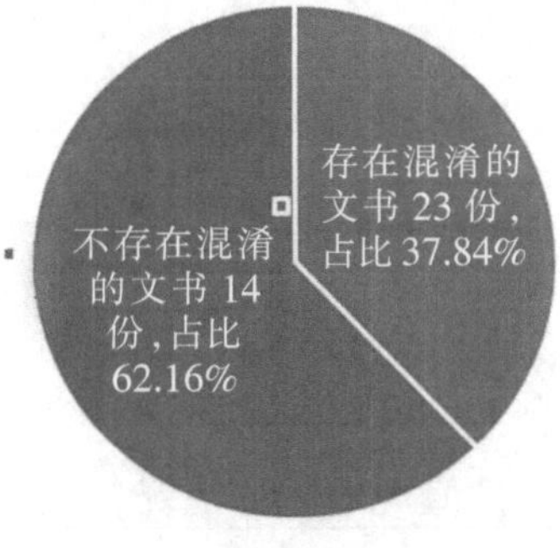

图3　法院笼统解读社会主义核心价值观内涵时与传统文化、公序良俗的混淆情况

① 例如，黑龙江省齐齐哈尔市龙沙区人民法院（2022）黑0202民初7号民事判决书写道"在短时间内，在失去至亲的悲痛氛围下，举行婚礼有违我国传统善良习俗，有违人性，暂时取消婚礼符合一般善良风俗习惯，符合社会主义核心价值观要求"。此类情形还有：（2021）渝0114民初4947号民事判决书、（2021）京0106民初31635号民事判决书等。

② 例如，江苏省淮安市清江浦区人民法院（2022）苏0812民初2930号民事判决书说理时写道"原告起初对列继承人为被告的范围尚不完全清楚，也没有与被告在继承财产份额内偿还涉案贷款进行充分沟通，以便积极协调解决，原告过度依赖诉讼方式实现自身权益，不符合"和为贵"的传统文化，有违和谐、友善的社会主义核心价值观"。此类情形还有：（2021）京0491民初4172号、（2021）云08民终748号、（2021）粤01民终18907号等。

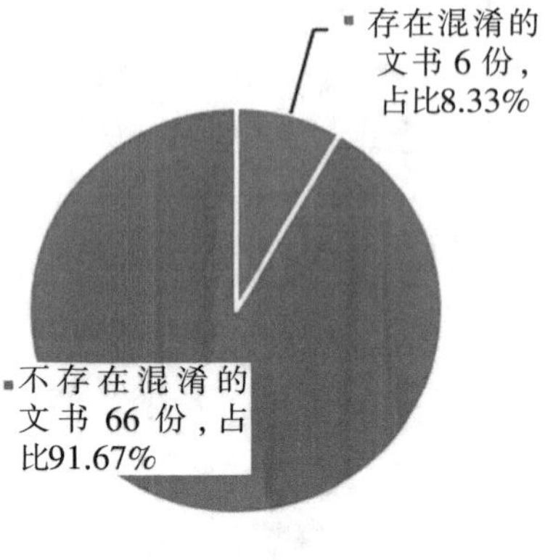

图 4　法院具体解读社会主义核心价值观内涵时与传统文化、公序良俗的混淆情况

二、民事裁判释法说理中社会主义核心价值观内涵解读的问题检视

（一）部分法官回避对社会主义核心价值观的内涵解读与说理

如图 2，109 份解读社会主义核心价值观内涵的文书中，有约 34% 的文书存在笼统解读社会主义核心价值观内涵的情况，此部分文书说理时仅简单论及某一行为是否违反或符合社会主义核心价值观，① 抑或是未结合案情说理与社会主义核心价值观，割裂了两者的联系。② 此外，还有一部分文书仅将社会主义核心价值观全部内容 24 个字依次列出，却没有对三个不同层面的内涵作出区分。③ 这部分文书虽适用了社会主义核心价值观说理，但缺失详细论证过程，未说明援引了社会主义核心价值观哪一层面的何种具体内涵。还有部分文书根本未体现出社会主义核心价值观与案情之间有关联却强行适用社会主义核

① 例如，宁夏回族自治区石嘴山市大武口区人民法院（2021）宁 0202 民初 3244 号民事判决书写道“原告居住使用涉案房屋已有十年，如果仅因为涉案房屋属于经济适用房而判决解除合同、退还房屋，会对原告生活产生重大影响，导致各方当事人之间产生不必要纠纷，有违社会主义核心价值观的要求”。此类情形还有：（2021）沪民终 358 号民事判决书、（2021）甘民申 1109 号民事裁定书、（2022）川 3402 民初 28 号民事判决书。

② 廖永安、王聪：《路径与目标：社会主义核心价值观如何融入司法——基于 352 份裁判文书的实证分析》，载《新疆师范大学学报（哲学社会科学版）》2019 年第 1 期。

③ 例如，甘肃省庆阳市中级人民法院（2021）甘 10 民终 1182 号民事判决书写道“恶意拖欠劳务费用的行为，与国家所倡导的‘富强、民主、文明、和谐、自由、平等、公正、法治、爱国、敬业、诚信、友善’的社会主义核心价值观相背离，不利于弘扬社会社会主义核心价值观”。此类情形还有：（2021）川 34 民终 1126 号民事判决书、（2021）浙 1024 民初 2830 号民事判决书、（2022）京 03 民终 4247 号民事判决书。

心价值观进行说理，① 此种较为牵强的适用方式属于为提高“社会主义核心价值观”一词在文书中的适用率而刻意适用。根据表 3，74.24% 的裁判文书未解读社会主义核心价值观内涵也未说理；仅有 4 份裁判文书解读了社会主义核心价值观内涵并简要结合案情说理，反映出大部分法官援引社会主义核心价值观时存在逃避论及对社会主义核心价值观内涵之理解并充分说理的问题，不符合最高人民法院发布《社会主义核心价值观释法说理指导意见》指引社会主义核心价值观融入裁判文书释法说理的基本要求。

（二）社会主义核心价值观适用对象与所属层面不对应

社会主义核心价值观包括国家、社会、个人 3 个不同层面 12 种价值，每一层面的 4 个价值均有固定内涵及特定适用对象，在运用时应作准确解读。虽然国家、社会、个人是一个不可分割的整体，但是裁判文书释法说理时一般不宜对不同维度的价值观内涵直接跨层面交叉混用，否则容易导致社会主义核心价值观三个维度间的边界模糊，造成不同层面社会主义核心价值观适用规则混乱。② 从表 2 可以看出，不少法院存在跨维度解读、扩张解读社会主义核心价值观内涵，错误交叉混用不同层面内涵说理等问题，具体表现为以下几种情况。

1. 将国家层面的社会主义核心价值观用于评价个人行为

“富强、民主、文明、和谐”为社会主义核心价值观国家层面的四个价值目标。十八大报告中明确了各价值目标的特定内涵，在适用时应准确解读各价值在社会主义核心价值观语境下的特定涵义及适用对象。以“文明、和谐”为例，作为国家层面价值目标的“文明”，它是社会主义现代化国家文化建设的应有状态，是对面向现代化、面向世界、面向未来的，民族的科学的大众的社会主义文化的概括，是实现中华民族伟大复兴的重要支撑；“和谐”是中国传统文化的基本理念，集中体现了学有所教、劳有所得、病有所医、老有所

① 例如，湖南省高级人民法院（2021）湘民申 169 号民事裁定书写道“原审以原告不能举证证明零件脱落原因为由驳回其诉讼请求属于适用法律错误，苛重了消费者的义务，也与社会主义核心价值观不符”。此类情形还有：（2021）湘 0502 民初 2054 号民事判决书、（2021）鲁民申 9127 号民事裁定书、（2022）黔 0121 民初 180 号民事判决书等。

② 刘雷：《论社会主义核心价值观融入司法裁判的路径研究——基于实证分析的整全性考量》，载《法律方法》2021 年第 2 期。

养、住有所居的生动局面。[①] 部分法官对“文明”“和谐”理解不当，错误将其用于个人层面说理。[②] 以运用包含社会和个人层面内涵说理为代表的案件中，法官对“文明”“和谐”两个价值目标的理解均不当，社会主义核心价值观中的“文明”“和谐”旨在为我国建成文明、和谐的社会主义国家提供指引，不应将其理解为日常生活语境中的含义用于形容公民个人行为举止不符合文明要求，不利于构筑构建和谐社会等。

2. 将国家层面的社会主义核心价值观用于评价社会活动

社会主义核心价值观所倡导的“文明”指在社会主义条件下人民精神丰富和思想进步在文化软实力建设之中居于重要位置，从国家层面上来说，“文明”一词旨在指导建设文明国家，而并非平常理解的人与人之间文明相处或是社会秩序文明有序等。然而实践中部分法院除将国家层面的“文明”内涵用于形容公民个人行为外，亦存在评价社会现象时错误适用“文明”内涵说理[③]的情形。上述运用国家层面内涵说理的案件中，法官将国家层面的“文明”价值用来评价著作权侵权行为给社会文明带来不良影响，错误解读了社会主义核心价值观语境下“文明”的实际内涵及适用对象。这种跨维度不当适用社会主义核心价值观内涵说理的行为，容易造成社会主义核心价值观国家与社会层面间子价值内涵的混淆，更是与司法裁判政策的合理要求不相符。

3. 将社会层面的社会主义核心价值观用于评价个人行为

“自由”“平等”“公正”“法治”是对社会层面提出的要求，与其他层面一样，社会层面的四个价值目标亦有其特定核心内涵。以“法治”为例，法治是治国理政的基本方式，依法治国是社会主义民主政治的基本要求。它通过

---

① 李祖军、王娱瑷：《社会主义核心价值观在裁判文书说理中的运用与规制》，载《江西师范大学学报（哲学社会科学版）》2020年第4期。

② 例如，重庆市綦江区人民法院（2021）渝0110民初9877号民事判决书针对当事人是否有权在小区安装电动汽车充电桩说理时指出“坚持绿色发展是社会主义核心价值观中文明价值的重要体现。通过司法促进新能源汽车的推广使用，符合我国可持续发展战略和《民法典》绿色原则的精神，是法院践行社会主义核心价值观的重要体现”。此类情形还有：（2022）皖1824民初510号民事判决书、（2022）新民申355号民事裁定书、（2021）鄂0923民初689号民事判决书等。

③ 例如，重庆市第五中级人民法院（2019）渝05民初3828号民事判决书就侵害著作权行为说理时写道：“四川方言作为千百年来深植于巴蜀大地的地方语言深受大众喜爱，被告给原著作品人物配音时不文明使用四川方言的行为与全社会倡导的社会主义文明价值观相冲突，给社会造成了负面影响。”

法制建设来维护和保障公民的根本利益，是实现自由平等、公平正义的制度保证。故社会主义核心价值观中的“法治”内涵应用于社会层面的释法说理，而不能论及公民个人行为是否符合法治要求。但审视多个法院公布的生效判决主文，依然能发现社会层面的“法治”被错误用于评价当事人主体之间行为是否合法[①]的场景。以（2021）吉民申3639号民事判决书为典例，法院用社会主义核心价值观中“法治”的内涵来衡量公民在诉讼中的行为是否符合法律规定，此为对社会层面“法治”价值目标的错误理解，混淆了作为社会主义核心价值观语境下的“法治”与现代汉语词典中法治一词的关系。

（三）不同法院对社会主义核心价值观内涵理解的差异较大

根据表1，文书中社会主义核心价值观内涵的适用频次相差悬殊，与日常生活较为贴近的“诚信”“友善”“和谐”“法治”等内涵适用率较高，甚至同时被援引在同一份文书中用来说理；而“富强”“民主”“爱国”等与国家、政治关联密切的内涵在72份样本文书中未得到适用。这一现象与实践中大部分民事案件为当事人之间因日常琐事发生纠纷而诉至法院的情况相对应，故法官在审理案件时更倾向于适用那些与生活关联度高的社会主义核心价值观内涵，对于政治性色彩较强的内涵则较少适用到也就不足为奇了。此外，通过分析样本文书发现，对于同一个社会主义核心价值观内涵，不同法院在审理案件时对其解读时存在理解差异，以理解差异最大的“友善”为例：7个法院在适用“友善”一词时对其有7种不同解读：社会主义核心价值观内涵[②]；友善

① 例如，吉林省高级人民法院（2021）吉民申3639号民事判决书指出：“法治与诚信是社会主义核心价值观的重要内容，法治要求当事人依法行为、守法经营。用人单位在没有证据证明的情况下，将未订立书面劳动合同的过错归咎于劳动者的做法不符合法治的要求。”此类情形还有：（2021）沪0106民初49930号民事判决书、（2022）京03民终4247号民事判决书、（2022）川0503民初44号民事判决书等。

② 例如，新疆维吾尔自治区阿克苏地区中级人民法院（2022）新29民终721号民事裁定书中的相关表述为，“上诉人在被上诉人延期开工、完工的情形下，以履行合同的诚意、相互理解的善意继续履行合同义务，符合‘诚信、友善’的社会主义核心价值观，应予鼓励。”

的邻里关系①；社会主义大家庭的关怀与温暖②；友善的社会秩序③；友善的人际关系④；友善的家庭关系⑤；中华优良道德传统⑥。上述7个法院在文书说理部分解读“友善”一词时作出了7种截然不同的解释，仅有少部分法院在解读时将其理解为社会主义核心价值观内涵，该种裁判理由不稳定的行为会影响裁判统一性，给当事人带来一种法院裁判具有随意性、自由裁量权不当扩张的感受，有损司法公正与权威。

（四）社会主义核心价值观内涵解读与传统文化、公序良俗理解相混淆

2014年5月4日，习近平总书记就青年学生自觉践行和培育社会主义核心价值观问题发表讲话时提到了弘扬培育社会主义核心价值观与传统文化之间

---

① 例如，云南省昭通市昭阳区人民法院（2020）云0602民初6969号民事判决书中的相关表述为，“邻居之间在日常生活中应规范自身行为，换位思考、互谅互让、和睦相处，坚持弘扬社会主义核心价值观，并建立起友善的邻里关系”。

② 例如，河南省漯河市中级人民法院（2022）豫11民终1420号民事判决书中的相关表述为，“事故发生后，被告主动积极为原告垫付第一次全部医疗费用，符合传统道德及社会提倡的正能量，弘扬了社会主义核心价值观和谐、友善的基本价值理念，同时，也能让原告感受到社会主义大家庭的关怀与温暖，对其垫付费用的行为，法庭理应给予肯定与提出赞扬”。

③ 例如，上海市第二中级人民法院（2021）沪02民终10224号民事判决书中的相关表述为，“以小额诉讼成本追逐高额投资回报，甚至会发生恶意拔高诉讼标的、给诉讼相对方不当施加压力等情形，对建设和谐友善的社会秩序明显不利”。

④ 例如，广东省广州市中级人民法院（2022）粤01民终14618号民事判决书中的相关表述为，“在弘扬社会主义核心价值观方面，友善强调我们公民之间要互相尊重、互相关心、互相帮助、和睦友好，努力形成社会主义新型人际关系”。

⑤ 例如，河南省息县人民法院（2022）豫1528民初2570号民事判决书中的相关表述为，“在今后的生活中，被告除了按时履行各自经济上的赡养义务，更应增加对老人的探望和情感沟通，以维护和睦友善的家庭关系”。

⑥ 例如，湖南省湘潭市岳塘区人民法院（2022）湘0304民初243号民事判决书中的相关表述为，“作为邻居，本应和睦共处，共同维护文明、和谐、友善的邻里关系，传递善良风俗，弘扬社会正能量，这既是中华民族的优良道德传统，也是社会主义核心价值观‘文明、和谐、友善’的应有之义”。

的关系。① 该讲话明确指出社会主义核心价值观与弘扬中华优秀传统文化之间有着密不可分的联系，但从法源形式上来说，中华传统文化与社会主义核心价值观分别隶属于不同形式的不成文法源，相互间不存在涵盖的关系②，援引二者说理时也不能并列适用。如图 3、图 4，部分样本文书在对社会主义核心价值观内涵进行解读时存在与某些中华传统文化内容理解相混淆的情况。此类文书案情涉及的“文明”“和谐”“友善”等词在含义上本属于传统文化或公序良俗的内容，与社会主义核心价值观内涵并无实际关联，却被用来与社会主义核心价值观内涵一同说理或以社会主义核心价值观内涵代为说理。此种并列适用或以社会主义核心价值观内涵代替传统文化内容说理的方式混淆了社会主义核心价值观与传统文化的适用顺位，削弱了社会主义核心价值观作为当前主流价值观的地位。

三、民事裁判释法说理中对社会主义核心价值观内涵理解不当的原因分析

（一）内涵理解缺乏统一性且法官说理的积极性不足

目前，社会主义核心价值观 12 个价值内涵当做何种解释，尚未形成统一的规范性理解，部分法官对于如何就社会主义核心价值观内涵进行解释尚存困惑，故而其无从知晓怎样在裁判文书中就社会主义核心价值观内涵向当事人释法说理。此外，民事裁判适用社会主义核心价值观说理对内涵解读粗糙的行为更像是为提高社会主义核心价值观在裁判文书中的适用率而刻意适用，并非以主动适用社会主义核心价值观释法说理增添裁判信服力为出发点。这一普遍现象印证了当前《社会主义核心价值观释法说理指导意见》的实施并未取得预期成效，社会主义核心价值观尚未实质性融入裁判文书释法说理过程。③ 究其原因，近年来中央层面强调要在全社会形成大力学习弘扬社会主义核心价值观

① 习近平：《青年要自觉践行社会主义核心价值观——在北京大学师生座谈会上的讲话》，载《中国高等教育》2014 年第 10 期。讲话内容为：“中华优秀传统文化已经成为中华民族的基因，植根在中国人内心，潜移默化影响着中国人的思想方式和行为方式。今天，我们提倡和弘扬社会主义核心价值观，必须从中汲取丰富营养，否则就不会有生命力和影响力。”“我们提倡的社会主义核心价值观，就充分体现了对中华优秀传统文化的传承和升华。”

② 于洋：《论社会主义核心价值观的司法适用》，载《法学》2019 年第 5 期。

③ 陶泽飞：《社会主义核心价值观融入司法的机制构建》，载《法律方法》2021 年第 2 期。

的良好氛围。作为司法机关的法院要体现出与中央层面的倡导步调一致，在裁判文书中融入社会主义核心价值观释法说理便是一种很好的呈现方式。因此法官为响应政策导向更多是在文书中笼统提及“社会主义核心价值观”一词，内心深处对《社会主义核心价值观释法说理指导意见》提出的在法律框架内释法说理这一基本要求认同感较低，[①] 缺乏将社会主义核心价值观融入文书说理过程的主动性，更不必说区分清楚不同层面的社会主义核心价值观内涵后，在文书中阐述自己的相应理解并结合案情详尽说理。

（二）法官自主学习的精力受限且具体适用说理的示范缺失

一方面，在法院受理案件数量大幅度增长、审判压力与日增大的当下，最高人民法院先后公布了 4 批人民法院大力弘扬社会主义核心价值观典型民事案例[②]（如下表 5）。然而部分法官每日疲于应对高强度的审理工作，无暇腾出额外精力来专门自行学习社会主义核心价值观 12 个词的核心要义，更不必说学习社会主义核心价值观内涵后对其进行解读并结合案情详细说理。另一方面，最高人民法院并未向下级法院在裁判中运用社会主义核心价值观提供方法指引。分析总结表 5 中最高人民法院公布的 39 个典型案例中体现或弘扬的社会主义核心价值观发现，只有约 50% 的典型案例的核心价值与社会主义核心价值观 12 个子价值目标具有关联。进一步分析可以发现，最高人民法院发布的典型案例之中提及的“家庭美德”“社会公德”“扶弱济困、乡风文明”等价值与社会主义核心价值观的内容并不相关，其自身并没有做到在裁判文书释法说理中正确适用社会主义核心价值观。与此同时，最高人民法院公开发布的典型案例对于下级法院办理案件具有统一司法适用之指引作用，而上述典型案例中鲜有谈到法官对社会主义核心价值观内涵的理解并结合具体案情详细说理。故最高人民法院作为《社会主义核心价值观释法说理指导意见》的发布主体，其自身亦未达到上述意见第二条对法院推进社会主义核心价值观融入裁

---

① 刘峥：《论社会主义核心价值观融入裁判文书释法说理的理论基础和完善路径》，载《中国应用法学》2022 年第 2 期。

② 《最高人民法院公布 10 起弘扬社会主义核心价值观典型案例》，载《人民法院报》2016 年 3 月 10 日，第 3 版；《最高人民法院关于弘扬社会主义核心价值观典型案例》，载《人民法院报》2016 年 8 月 23 日，第 3 版；《人民法院大力弘扬社会主义核心价值观十大典型民事案例》，载《人民法院报》2020 年 5 月 14 日，第 3 版；《第二批人民法院大力弘扬社会主义核心价值观典型民事案例》，载《人民法院报》2022 年 2 月 24 日，第 2 版。

判说理的要求,① 在社会主义核心价值观融入裁判文书说理方面不能对各下级法院起到良好示范引领作用。

表5 最高人民法院弘扬社会主义核心价值观典型案例体现的核心价值总结

批次	2016年		2020年	2022年
典型案例体现的核心价值	家庭美德	诚实守法	革命英烈保护	家庭和谐、孝敬老人
	公序良俗	诚实守规	当代英烈保护	独立自强、家风文明
	社会公德	诚实守信	公序良俗、文明出行	扶弱济困、乡风文明
	友善互助	诚信经营	助人为乐、友善共处	就业平等、文明用工
	诚实守信	诚信诉讼	社会公德、文明交往	睦邻友善、社区文明
	诚信经营	公序良俗	诚实守信、网络秩序	诚实守信、爱岗敬业
	诚信诉讼	诚实守信	诚实守信、契约严守	助人为乐、社风文明
	诚实守法	家庭美德	诚实守信	求实敬业、诚信经营
	诚实守规	社会公德	中华孝道	好意同乘、善意施惠
	环境公益	友善互助	未成年人保护	

(三)社会主义核心价值观融入民事裁判释法说理未形成规范化指引

目前,社会主义核心价值观融入裁判文书释法说理尚未形成体系化指导,除《社会主义核心价值观释法说理指导意见》和最高人民法院公布的四批典型案例外,缺乏系统的裁判指引,导致不同法官对其内涵的把握和理解不同,内心证成过程亦存在差异,因此在文书说理中向当事人解释社会主义核心价值观内涵时有所差别,出现同一价值在不同案件中"同案不同判"的情形。② 法院在民事裁判中援引社会主义核心价值观并非强制性规定,由法官在撰写裁判文书时自行决定某一案情是否应该结合社会主义核心价值观说理并选择适用何种内涵。规范化指引方式的缺失,加上法官对裁判文书如何行文说理拥有较大

① 《社会主义核心价值观释法说理指导意见》第2条:"各级人民法院应当深入推进社会主义核心价值观融入裁判文书释法说理,将社会主义核心价值观作为理解立法目的和法律原则的重要指引,作为检验自由裁量权是否合理行使的重要标准,确保准确认定事实,正确适用法律。对于裁判结果有价值引领导向、行为规范意义的案件,法官应当强化运用社会主义核心价值观释法说理,切实发挥司法裁判在国家治理、社会治理中的规范、评价、教育、引领等功能,以公正裁判树立行为规则,培育和弘扬社会主义核心价值观。"

② 郑旭文、徐振东:《社会主义核心价值观在司法裁判中的适用》,载《福州大学学报(哲学社会科学版)》2022年第4期。

自由裁量权，这就难免造成大量裁判文书笼统适用“社会主义核心价值观”一词释法说理或错误交叉混用不同层面价值观内涵说理，社会主义核心价值观内涵未能得到精准匹配适用的现象发生。

（四）部分社会主义核心价值观与传统文化在内容上具有同源性

实践中部分裁判文书释法说理时将社会主义核心价值观内涵与传统文化、公序良俗内容混淆的原因，或是某些法官认为赡养老人与我国尊老爱幼的传统文化、社会主义核心价值观之间有密切关联，他们对此类案件说理同时援引了社会主义核心价值观和传统文化理念，希望通过这种方式来唤醒当事人内心深处的基本良知①。社会主义核心价值观与传统文化、社会公序良俗等都包含与人为善、待人真诚等基本价值理念，中华优秀传统文化亦是社会主义核心价值观的重要源泉，二者在内容上具有同源性，部分内容存在重合。而社会主义核心价值观 12 个价值目标在社会主义核心价值观语境下有其特定内涵和适用对象，需要区分不同情形来分别适用，不能以平常含义来理解。未深入学习理解社会主义核心价值观内涵的法官不能准确厘清二者的关系，这是导致裁判文书释法说理中社会主义核心价值观内涵与传统文化等任意混用、适用顺位不清的主要症结所在。

四、民事裁判释法说理中社会主义核心价值观内涵解读的优化路径

（一）鼓励法官积极学习理解社会主义核心价值观的内涵并充分说理

社会主义核心价值观 12 个价值目标在其特定语境下有着不同于日常生活用语的特殊涵义，法官应专门学习这些词作为社会主义核心价值观内涵时如何正确理解并准确区分不同层面适用，而不能按平常理解向当事人说理。面对实践中大部分法官缺乏自行学习社会主义核心价值观内涵的途径，在裁判文书中对其适用一笔带过或不作理解说明的问题，法院可以组织开展理解与适用社会主义核心价值观的集中学习培训，指导法官在准确理解社会主义核心价值观内涵的前提下正确释法说理。通过为法官解读社会主义核心价值观精确内涵以及如何融入裁判文书进行说理等方式，逐步提升法官相应能力水平。此外，法院

---

① 何晓阳：《社会主义核心价值观民事司法适用研究》，郑州大学 2021 年硕士学位论文，第 26 页。

还可以设置激励机制来鼓励法官援引社会主义核心价值观说理,① 对于准确解读社会主义核心价值观内涵并结合案情说理的优秀裁判文书给予适当奖励，提高法官自觉适用社会主义核心价值观释法说理的积极性。同时坚持以文义解释方法为基础，运用文义解释方法对社会主义核心价值观的二十四个字进行裁判说理。在社会主义核心价值观与个案之间搭建桥梁，彰显出社会主义核心价值观融入裁判释法说理的充分性，增加当事人对司法裁判的信服度。

（二）强调对社会主义核心价值观内涵的精准匹配适用

如前文所论及，实践中法院不区分层面整体适用或不同层面交叉混用社会主义核心价值观内涵的现象较为突出。社会主义核心价值观 12 个子价值的适用对象各有差异，一般不能跨越不同层面适用，应当以其核心内涵为基点，采用分层适用的方法对社会主义核心价值观三个不同维度的内涵进行区分，避免整体评价与适用。“富强”“民主”“和谐”“文明”适用于国家层面，是对国家建设目标的凝练，具有统领性，不宜用于对社会和个人行为的指引；“自由”“平等”“公正”“法治”适用于社会层面，是对社会治理方式和价值取向的概括，不宜用于评价个人行为，也不足以用于指引国家发展目标；“爱国”“敬业”“诚信”“友善”则适用于个人层面，是对公民个人行为举止和基本道德素养提出的规范性要求，在说理时应注意各个层面适用对象的精准匹配。因此，法官在说理时要正确解读社会主义核心价值观具体内涵。在规范使用自由裁量权释法说理，精准匹配社会主义核心价值观各层面内涵适用对象的前提下，结合个案案情和具体语境来充分阐释社会主义核心价值观在裁判中释法说理如何适用，做到对其不同层面内涵的精准匹配适用。

（三）发挥好指导性案例、典型案例的指引作用

《最高人民法院关于案例指导工作的规定》第 7 条明确“最高人民法院发布的指导性案例，各级人民法院审判类似案例时应当参照”。基于此，最高人民法院可以通过发布弘扬社会主义核心价值观融入司法裁判的指导性案例、典型案例等，利用其政治影响力来推动和指导地方各级法院贯彻执行社会主义核心价值观融入司法。② 表 5 所列举 39 个典型案例所体现的价值中有一部分与

① 刘峥：《论社会主义核心价值观融入裁判文书释法说理的理论基础和完善路径》，载《中国应用法学》2022 年第 2 期。

② 孟融：《中国法院如何通过司法裁判执行公共政策——以法院贯彻“社会主义核心价值观”的案例为分析对象》，载《法学评论》2018 年第 3 期。

社会主义核心价值观内涵关联度不高，最高人民法院将这些体现“边缘性”价值的案例作为弘扬社会主义核心价值观的典例一同发布，难免给人一种强加联系、牵强附会的感觉，且这些典型案例较少结合个案案情来适用社会主义核心价值观内涵说理，只是简单说明体现何种价值观。基于此，最高人民法院应遴选发布一些准确体现社会主义核心价值观 12 个子价值内涵并结合具体案情详尽说理的指导性案例或典型案例，发挥好指导性案例、典型案例对地方各级法院审理裁判工作参照适用的指引性效用，为社会主义核心价值观融入司法活动提供良好的案例语境及体系化规范指引。①

（四）厘清社会主义核心价值观内涵与传统文化内容的关系

社会主义核心价值观根植于中国传统文化的深厚土壤，② 与传统文化之间有着密切联系。但是裁判文书随意搭配适用社会主义核心价值观内涵与传统文化等共同说理却不区分顺序的问题亦不容忽视，应厘清它们的关系及适用顺位。首先，可以通过学习优秀典型案例等方式向法官正确解读社会主义核心价值观内涵与传统文化内容存在交叉的词语在各自语境下的含义及恰当的适用场景，要求法官对它们进行准确理解和区分。其次，价值位阶是法理学中一种常用于解决价值冲突的方法，当不同价值在适用顺位上发生冲突时法官可以适用该方法来进行价值排序。③ 社会主义核心价值观是当今的主流价值观念，《宪法》《民法典》《老年人权益保障法》等法律规范更是将社会主义核心价值观作为基本法律规则和法律原则写入，部分司法政策④亦将社会主义核心价值观整体融入其中。故社会主义核心价值观在价值位阶上要远高于其他价值，在适用顺位上要优先于传统文化、公序良俗等价值，不能将两者并列适用，更不能以社会主义核心价值观内涵代替传统文化等来说理。对于某些运用传统文化等价值即可达到释法说理目的，未触及社会主义核心价值观内涵的案件，法官可

---

① 杨知文：《把社会主义核心价值观融入指导性案例的理据与方法》，载《中共中央党校（国家行政学院）学报》2021 年第 6 期。

② 戴木才：《时代的价值坐标：社会主义核心价值观简明读本》，湖南教育出版社 2016 年版，第 64 页。

③ 王海石：《司法裁判中社会主义核心价值观的适用研究》，上海师范大学 2020 年硕士学位论文，第 47－48 页。

④ 例如中共中央办公厅、国务院办公厅《关于进一步把社会主义核心价值观融入法治建设的指导意见》、最高人民法院《关于深入推进社会主义核心价值观融入裁判文书释法说理的指导意见》等。

以不必再援用社会主义核心价值观，以杜绝相关滥用。

结　语

最高人民法院《社会主义核心价值观释法说理指导意见》发布后，援用社会主义核心价值观释法说理的裁判文书数量不断攀升，但各级法院在适用社会主义核心价值观进行释法说理时存在随意性强、内涵解读差异较大以及与传统文化公序良俗混同并用、不同层面价值观交叉混同适用等问题，影响了司法裁判的客观性和法秩序的安定性。需要正确理解社会主义核心价值观内涵并精准适用，区分清楚不同层面社会主义核心价值观内涵及适用对象，鼓励法官主动将其融入文书释法说理过程，依托文义解释、体系解释等法律方法展现说理充分性。同时，还应建立较为系统、成熟的社会主义核心价值观典型案例体系，为各级法院理解与适用社会主义核心价值观内涵说理指引，以提高社会主义核心价值观内涵在司法裁判中适用的准确度和规范性。

（李雨晴：湘潭大学法学院）

社会主义核心价值观融入公序良俗案件裁判的路径优化

陈尚龙

一、问题的提出

2021年3月1日，最高人民法院印发的《关于深入推进社会主义核心价值观融入裁判文书释法说理的指导意见》（以下简称《指导意见》）的通知正式开始实施，旨在为各级人民法院在司法裁判中适用社会主义核心价值观提供方法和方向上的指引。《指导意见》第4条明确了四种应当适用社会主义核心价值观强化说理的案件类型，其中就包括涉及公序良俗，诉讼各方存在较大争议可能引起广泛关注的案件。① 公序良俗作为民法的基本原则，对于维护社会公共利益和公共秩序起着不可替代的作用。《中华人民共和国民法典》（以下简称《民法典》）以弘扬社会主义核心价值观作为立法宗旨，公序良俗即是其重要表现。《指导意见》规定的意图也在于使社会主义核心价值观与公序良俗原则相互配合相互作用，共同强化司法裁判的正面导向作用。

为了探究《指导意见》实施后公序良俗民事案件中法院适用社会主义核

① 《关于深入推进社会主义核心价值观融入裁判文书释法说理的指导意见》第4条："下列案件的裁判文书，应当强化运用社会主义核心价值观释法说理：（一）涉及国家利益、重大公共利益，社会广泛关注的案件；（二）涉及疫情防控、抢险救灾、英烈保护、见义勇为、正当防卫、紧急避险、助人为乐等，可能引发社会道德评价的案件；（三）涉及老年人、妇女、儿童、残疾人等弱势群体以及特殊群体保护，诉讼各方存在较大争议且可能引发社会广泛关注的案件；（四）涉及公序良俗、风俗习惯、权利平等、民族宗教等，诉讼各方存在较大争议且可能引发社会广泛关注的案件；（五）涉及新情况、新问题，需要对法律规定、司法政策等进行深入阐释，引领社会风尚、树立价值导向的案件；（六）其他应当强化运用社会主义核心价值观释法说理的案件。"

心价值观释法说理的现状，必须从实践出发，分析相应的民事裁判文书。笔者在“聚法案例网”上以“社会主义核心价值观”“公序良俗”为关键词，以《指导意见》实施的日期即2021年3月1日为检索起点，以实际检索日2022年9月1日为检索终点进行检索，共检索出1436份民事裁判文书，并对这1436份裁判文书进行量化分析，从宏观上探究《指导意见》实施后公序良俗案件运用社会主义核心价值观的大致现状。笔者对现状进行总结后发现公序良俗民事案件适用社会主义核心价值观存在相应问题。首先，虽然《指导意见》出台后，我国各级法院在公序良俗案件中适用社会主义核心价值观的案件数量大量增长，但是较之于公序良俗案件民事裁判文书总量，公序良俗案件中社会主义核心价值观的适用率依然处于较低水平。① 其次，最高人民法院和高级人民法院在公序良俗案件中运用社会主义核心价值观释法说理的民事案件裁判文书数量极少，这也许与进入这两级人民法院的案件数量少有一定关系，但是最高人民法院作为《指导意见》的发布者和实施者，理应起到带头表率作用，在涉及公序良俗的案件司法裁判中充分运用社会主义核心价值观说理，激发各级人民法院将社会主义核心价值观应用于公序良俗案件的热情。最后，公序良俗案件大量存在于合同纠纷、物权纠纷、婚姻家庭继承纠纷等自然人纠纷领域案件中，而这类案件的人情味较为浓厚，是法理与情理交叉的地区，更需要法院运用社会主义核心价值观强化说理。基于对以上现状的分析，本文试图论证涉及公序良俗的民事案件中适用社会主义核心价值观释法说理的正当性，并以公序良俗案件为视角，探视实践中公序良俗案件司法裁判运用社会主义核心价值观释法说理存在的问题，并提出社会主义核心价值观融入公序良俗案件司法裁判的路径，以期为司法裁判提供有益指引。②

二、社会主义核心价值观融入公序良俗案件释法说理的作用

（一）有利于将社会主义核心价值观与公序良俗的内涵紧密联系

社会主义核心价值观中平等、公正、诚信、友善四个价值词组就高度凝结

---

① 2021年涉及公序良俗的裁判文书是案件共38410篇，适用社会主义核心价值观的裁判文书数量共1042篇，占比2.7%。

② 本文研究的主要对象为民法中的公序良俗原则，仅涉及民事裁判文书，为避免冗长文章均表述为“公序良俗案件”。

和体现了“公序良俗”这一法律原则。① 一方面，根据我国《民法典》第 1 条的规定，“弘扬社会主义核心价值观”是整部《民法典》的价值统领，并且在第 6 条、第 7 条、第 8 条分别规定了民法典的各项基本原则即“公平原则”“诚信原则”“公序良俗原则”。另一方面，最高人民法院《关于适用〈中华人民共和国民法典〉总则编若干问题的解释》第 2 条第 3 款也明确规定：“适用习惯，不得违背社会主义核心价值观，不得违背公序良俗”。从《民法典》及其相关司法解释的规定可以看出社会主义核心价值观与“公序良俗原则”息息相关，公序良俗原则所体现的精神和价值与社会主义核心价值观的内涵紧紧联系在一起。公序良俗中的公共秩序，强调的是社会主义核心价值观国家和社会层面的价值理念，善良风俗突出的则是民间的道德观念，是社会主义核心价值观在《民法典》中的重要表现。② 2020 年最高人民法院发布的第一批大力弘扬社会主义核心价值观十大典型民事案例中的“村民私自上树摘果坠亡索赔案”就将社会主义核心价值观表述为“公序良俗”。在《民法典》时代，公序良俗原则要求每个民事主体必须自觉遵守社会公共秩序，遵循大众普遍认可的道德规范，在婚姻、家庭、继承、合同、人格权等领域发挥着引领积极向上的社会公德的重要作用。将社会主义核心价值观融入涉及公序良俗的民事案件裁判文书中，并将其与公序良俗原则相结合，从而更好地发挥社会主义核心价值观的价值引领、促进全社会形成共识的功能。

（二）有利于发挥社会主义核心价值观的价值导向作用

司法裁判承载着国家、社会、个人的价值引领功能，裁判文书在内容上应“准确阐明事理，详细阐明法理，力求讲究情理”，努力实现法、理、情的融会贯通，加强司法审判的价值传导作用，提升人民群众对司法裁判的法理和情理认同。③ 公序良俗案件多见于自然人之间的民事纠纷，法理与清理交叉混杂，裁判者需要妥善处理该类案件中法律和道德之间的关系，若处理不当，则不能实现良好的审理效果，给社会带来负面的价值导向。公序良俗是国家价值的体现，它包含着国家发展、社会秩序、个人伦理等方面的需要，是培育社会

---

① 宋才发：《〈民法典〉与习惯法的契合研究》，载《武汉科技大学学报（社会科学版）》2022 年第 4 期。

② 贺荣：《最高人民法院民法典总则编司法解释理解与适用》，人民法院出版社 2022 年版，第 81 页。

③ 王静静、韩宏伟：《社会主义核心价值观融入司法裁判的问题与路径》，载《伊犁师范大学学报》2021 年第 4 期。

主义核心价值观的重要理论依据。社会主义核心价值观与公序良俗的关系密切，相互促进。公序良俗原则可以通过对违反社会秩序和善良风俗的行为作出负面评价的方式来维护社会公共利益和社会公共秩序，并且在此基础上运用社会主义核心价值观进行释法说理，通过裁判文书的说理来实现对社会价值的正确引导，从而实现公序良俗民事案件裁判的良好审理效果。将社会主义核心价值观融入公序良俗案件的司法裁判，使核心价值观更加能体现民意和公平正义，使司法裁判释法说理更具科学性、规范性、针对性，使法律更具有权威性，引导人民信任法律、尊重法律，进一步发挥社会主义核心价值观所具备的价值导向功能。

（三）有利于增强公序良俗案件裁判文书的说理

司法裁判中的释法说理目的在于向案件的当事人或者广大社会公众阐释案件的事实和理由，并且说明支撑司法判决的事理和法理。司法裁判释法说理部分是裁判文书的核心，裁判说理是否透彻、论证是否严谨、论据是否翔实合理直接影响到司法裁判结论的可接受性。① 在涉及公序良俗的民事案件中，人们的关注不仅停留在法律规范层面，更多的是道德层面，因此在该类案件司法裁判过程中不可避免地出现法官释法说理与社会公众的普遍道德观念相冲突的情况，这就更加要求司法者在裁判文书释法说理中把握法律和道德的平衡。若处理不当，则会造成司法裁判与社会公众判意的错位，引发社会争议，挫伤人民对于道德价值的追求，甚至会动摇整个社会对于道德价值和道德进步的信念。② 而在涉及公序良俗案件的裁判文书中使用公序良俗原则，结合社会主义核心价值观的内容加强论证说理，可以极大地改变现状，有效地提高裁判文书的说服力。在这样的背景下，社会主义核心价值观的引领功能能够得以实现，既能够充分地实现凝聚价值共识的社会效果，体现民事裁判中的人文关怀和司法温度，又可以弥补公序良俗原则这一基本原则的模糊性、抽象性的不足，增强法律原则适用的确定性、连续性和稳定性。这样不仅有助于推进裁判文书的释法说理更为充分、更能体现社会主义核心价值观的要求，也使理性的司法裁判更具服判力，提升裁判文书的总体质量，使裁判文书“形神兼具”，实现政

① 郑旭文、徐振东：《社会主义核心价值观在司法裁判中的适用》，载《福州大学学报（哲学社会科学版）》2022 年第 4 期。

② 王智杰：《司法裁判的社会功能失灵及其应对——基于社会价值之反向重塑的思考》，载《政法学刊》2021 年第 6 期。

治效果、社会效果和法律效果的统一。①

三、社会主义核心价值观融入公序良俗案件释法说理存在的问题

（一）对公序良俗案件范围界定不明

公序良俗的含义是公共秩序和善良风俗，代表着国家一般利益与一般道德观念，其内容太过抽象。公序良俗原则覆盖面广泛，且具有较大的主观因素，故其内涵外延在目前司法实践并没有一个具体而清晰的界定，《指导意见》第 4 条也未对公序良俗案件的范围作出解释，法院判断该类案件时过于随意。②如果法院对公序良俗案件的判断和界定不明，那么极可能导致公序良俗的衡量标准与一般道德相混淆，削弱法的严谨性，也不利于社会主义核心价值观在此类案件的司法适用。在许多案件中，法院对于“公序良俗”的表述并不统一，将公序良俗与“社会公德”“社会公共利益”“社会经济秩序”等表述混用，进一步模糊了公序良俗案件的界定。例如在何某与王某、杨某确认合同无效纠纷中，法院在裁判文书说理中表述为：“明显违反了法律规定和社会公德以及公序良俗原则”，③ 同时提到了“社会公德”与“公序良俗”。在司法实务中，也有一些法院将“公序良俗”视为一般社会利益、一般道德，并未严格遵守“公序良俗”原则的初衷，也未深入探究其内在法理和规则，仅仅认定为违反道德而判决法律行为无效。例如对涉及婚外同居关系的，简单以婚外同居违背公序良俗为由确定其他相关法律行为（如期间发生的财产关系）无效。④ 此外，法院对于公序良俗案件的理解和判断标准过于片面化。公序良俗是公共秩序和善良风俗的结合，而在司法实践中法院适用公序良俗的民事案件大多集中于善良风俗的问题，例如家庭伦理、性道德等。相比较善良风俗的案件，在笔者所检索到的裁判文书中涉及公共秩序的案件占比极少。在公序良俗案件的判断和认定上侧重于善良风俗的发扬，而忽视社会公共秩序的维护，这显然违背

---

① 侯军亮：《将社会主义核心价值观融入理性司法》，载《人民法院报》2021 年 4 月 1 日，第 2 版。

② 徐亚文、李紫琦：《公序良俗原则司法适用的实践研究》，载《河南科技大学学报（社会科学版）》2022 年第 2 期。

③ 何艳平与王凤云、杨新生确认合同无效纠纷案，濮阳市中级人民法院（2021）豫 09 民终 3351 号民事判决书。

④ 贺荣：《最高人民法院民法典总则编司法解释理解与适用》，人民法院出版社 2022 年版，第 81 页。

了公序良俗原则的宗旨，也不利于社会主义核心价值观在此类案件的全面弘扬。

（二）社会主义核心价值观的运用“简单化”

所谓运用“简单化”，就是法院没有明确地说明运用了社会主义核心价值观的何种具体价值，也没有说明运用理由，而是单纯地使用“违背公序良俗，违背社会主义核心价值观”“维护公序良俗、促进社会主义核心价值观”等字眼，未没有明确规定公序良俗原则的定义和案件的具体法律关系，在裁判说理时也没有将公序良俗与社会主义核心价值观有机地结合起来。这在该类案件的裁判文书中已经成为一种套用的固定格式。这种笼统式的援引其实不光是体现在公序良俗案件中，而普遍存在于所有民事案件的裁判文书说理中，仅仅作为一种单纯的价值宣示，和裁判文书的释法说理并没有直接的关联，实与阐明事理、释明法理、讲明情理相去甚远，也足见在公序良俗案件中法官运用社会主义核心价值观刻意说理、机械说理的现状。① 这种空洞的价值评价反而导致裁判说理不充分，使社会主义核心价值观在案件的裁判中仅仅起到一种“背书”的效果，影响了司法的公正和权威。② 例如在刘某某、李某某添附物归属纠纷一案中，③ 法院在判决书开头首先洋洋洒洒一段表述：“民事主体从事民事活动要自觉弘扬社会主义核心价值观，不得违反法律，不得违背公序良俗，特别是要自觉做到爱国、敬业、诚信、友善、诚实劳动、诚恳待人。”整段说理看似高大上，实则与案件处理无任何关系，而仅仅作为价值宣示。

（三）滥用社会主义核心价值观释法说理，“规则逃逸”现象较为普遍

在司法实践中，公序良俗案件存在有相应法律规范可以被适用时，但是法院却直接援引公序良俗原则和社会主义核心价值观进行裁判，将公序良俗原则和社会主义核心价值观作为裁判依据，出现了滥用社会主义核心价值观导致“规则逃逸”的问题。社会主义核心价值观作为一种抽象性的概念，可以与公序良俗结合说理发挥其价值导向作用，引领法官作出公正的裁判结果，但并不能直接作为公序良俗案件的裁判依据。实践中部分法院在引用公序良俗和社会主义核心价值观时，也没有充分进行论证，通常就是直接罗列条款，这种做法

---

① 许志华：《社会主义核心价值观融入裁判说理之现实困境及纾解》，载《山东法官培训学院学报》2022 年第 1 期。

② 于洋：《论社会主义核心价值观的司法适用》，载《法学》2019 年第 5 期。

③ 刘改花等与人李晋阳添附物归属纠纷案，河南省安阳市中级人民法院（2022）豫 05 民终 112 号民事判决书。

这就相当于社会主义核心价值观在公序良俗案件中视作“万能条款”来裁判案件，认为凡是涉及公序良俗案件裁判文书的说理中加上“社会主义核心价值观”字眼就能增强裁判说服力，而全然不顾在公序良俗案件中存在具体法律规则可以适用。这种随意的适用社会主义核心价值观过多地用道德判断取代法律判断，闲置具体的法律规范，因此损害了司法裁判的权威性，模糊了人民群众对社会主义核心价值观的认知与理解，在一定程度上将削弱社会主义核心价值观的影响力。

例如在王某与周某返还原物纠纷一案中，① 被告王某在三十年里一直随公公婆婆共同居住在案涉房屋内，原告周某后取得了案涉房屋的所有权，因此要求被告王某搬离房屋。在本案中，尽管王某在案涉房屋内居住了三十年，但是根据所有权的法律规范，被告没有对案涉房屋享有任何物权，法院理应按照房屋所有权归属状况判决被告搬离。但是二审法院在本案中认为原告周某以被告王某无权占有案涉房屋为由要求其腾退案涉房屋，有悖善良风俗，也不利于弘扬社会主义核心价值观，据此判决驳回了原告诉讼请求。此时，在这一案件中，房屋的产权归属已经很清楚了，但这一人民法院却忽视了法律规范中有关物权的具体准则，而是完全按照道德原则进行裁判。如果法院认定王某没有其他住房，可以判决被告王某在找到合适的房子后立即搬走，但法院却依据公序良俗原则、社会主义核心价值观，将原告的起诉予以驳回，这无疑侵犯了原告的所有权利益，侵犯了民法所有权的法律规范，滥用了社会主义核心价值观和公序良俗原则。

（四）公序良俗案件是否运用社会主义核心价值观释法说理不明

根据《指导意见》第 4 条的规定，若案件涉及公序良俗，诉讼各方存在较大争议可能引起广泛关注的案件情形，人民法院应当强化运用社会主义核心价值观释法说理。同时，根据《指导意见》第 8 条的规定，民事诉讼中的当事人、诉讼代理人等在诉讼文书中或在庭审中援引社会主义核心价值观作为诉辩理由的，人民法院一般应当采用口头反馈、庭审释明等方式予以回应；属于《指导意见》第 4 条规定的案件的，人民法院应当在裁判文书中明确予以回应。根据上述规定，只要民事案件满足涉及公序良俗、诉讼双方有较大争议、可能引发广泛关注这三个条件，那么在该案的裁判文书法院就应当加强运用社

---

① 王某与周某返还原物纠纷案，辽宁省大连市中级人民法院（2021）辽 02 民终 5647 号民事判决书。

会主义核心价值观进行释法说理。如果当事人在诉辩理由中明确援引社会主义核心价值观，那么在此案件中，法院应强化对社会主义核心价值观的应用，并在裁判文书中针对当事人的说理进行明确回应。但在笔者检索到的裁判文书中，涉及公序良俗的民事案件即便已引起社会关注，也存在部分案件法院在裁判文书中没有强化运用社会主义核心价值观释法说理。甚至有些案件当事人在诉辩理由中明确援引了社会主义核心价值观，法院也没有明确予以回应，严重违反《指导意见》的规定。

以在贾某、陈某排除妨害纠纷一案为例，[①] 原告陈某与被告贾某系同村居民，贾某在陈某家族坟场内平垫了一个谷场，并堆放牛粪等杂物，陈某便起诉要求排除妨害、恢复原状。本案涉及我国传统的伦理观念和长期形成的民间风俗习惯问题，属于涉及公序良俗的案件，并且在当地社会引起一定的广泛关注。被告在上诉状中将公序良俗与社会主义核心价值观结合说理："一审判决违背公序良俗，弘扬孝道是法律倡导的善良风俗，但迷信风水玄学却是社会应当摒弃的糟粕。被上诉人故去的亲人已被迁入新坟，按照民间说法'是给先人搬了新家'，并非坏事。土桥村委会也对其迁坟行为给予了应有的补偿，被上诉人悼念死者、寄托哀思完全有新坟可依。被上诉人把持原坟地无非是迷信风水玄学，这是不科学的，也是与社会主义核心价值观中的'文明''法治'相违背的。并不是法律所倡导的善良风俗。"此时二审法院不仅应当根据《指导意见》第 4 条针对本案涉及的公序良俗问题运用社会主义核心价值观进行强化说理，而且应当根据《指导意见》第 8 条在裁判文书中对当事人在上诉状中援引的社会主义核心价值观，通过诠释社会主义核心价值观的具体内涵及其与案件法律适用问题之间的关系，予以针对性回应与说明，树立社会主义核心价值观在司法裁判中的权威性与说服力。[②] 但二审法院在判决中并未援引社会主义核心价值观进行说理，也未针对上诉人进行回应，对当事人援引社会主义核心价值观说理置若罔闻，显然与《指导意见》规定的要求不符。

---

① 贾某与陈某排除妨害纠纷案，甘肃省张掖市中级人民法院（2022）甘 07 民终 58 号民事判决书。

② 孙跃、陈颖颖：《社会主义核心价值观融入司法裁判的法律方法》，载《山东法官培训学院学报》2021 年第 4 期。

四、社会主义核心价值观融入公序良俗案件裁判的优化路径

（一）将社会主义核心价值观作为公序良俗案件的判断标准

由于公序良俗内涵的抽象性和不确定性，司法实践中公序良俗案件适用标准的模糊性，法院在适用社会主义核心价值观时存在“不敢用”“不会用”“用错案件”等问题，甚至导致“同案不同判”的现象。据此，要想准确的在公序良俗案件中运用社会主义核心价值观释法说理，首先必须明确公序良俗案件的类型和判断标准。目前对于公序良俗案件的确立标准学界有不同的观点，如价值补充方法、利益衡量方法、类型化方法等。笔者赞同类型化的方式，这样也有利于法院对实务中具体案件的判断，保障公序良俗原则适用的统一性、科学性、准确性、可操作性。日本学者我妻荣所提出的“我妻荣类型”的判断类型，在国外的公序良俗理论中影响最为深远，① 国内梁慧星教授对公序良俗的类型化曾深入研究，总结了公序良俗的十种类型，② 于飞教授将违反公序良俗的行为类型化为违反基本权利保护行为，③ 李岩教授对司法实践中的481个案例进行考量后总结出了五类违反公序良俗的行为等。④ 上述学者的观点均基于一定时期的社会经济环境。

笔者认为，在《指导意见》实施后的今天，可以将社会主义核心价值观作为公序良俗案件类型化的判断标准。首先，类型化的确立需要立足我国的司

---

① 即违反人伦的行为，违反正义观念的行为，乘他人穷破、无经验而获取不当利益的行为，极度限制个人自由的行为，限制营业自由的行为，处分生存基础的行为以及显著的射幸行为。

② 梁慧星先生在参考国内外判例和经验的基础上对于总结出了违反公序良俗原则的十种类型：（1）危害国家公序行为；（2）危害家庭关系行为；（3）违反性道德行为；（4）射幸行为；（5）违反人权和人格尊重的行为；（6）限制经济自由的行为；（7）违反公正竞争行为；（8）违反消费者保护行为；（9）违反劳动者保护的行为；（10）暴利行为。参见梁慧星：《市场经济与公序良俗原则》，载《中国社会科学院研究生院学报》1993年第6期。

③ 于飞：《公序良俗原则研究——以基本原则的具体化为中心》，北京大学出版社2006年版，第135－143页。

④ 李岩教授将违反公序良俗原则的行为总结为五类：（1）禁止祖父母、外祖父母等父母之外的其他近亲属探望孙子女、外孙子女的行为；（2）请托他人办事形成的协议或不当得利；（3）以人身为交易内容或所附条件的民事协议；（4）违反性道德而为的赠与；（5）侵犯生命周期仪式的行为。参见李岩：《公序良俗原则的司法乱象与本相——兼论公序良俗原则适用的类型化》，载《法学》2015年第11期。

法实际，以时代性、本土化、清晰化原则为标准，不宜宏大而失去对具体案件的指导性，以便于司法裁判者更好地适用社会主义核心价值观释法说理。其次，类型化的确立可以通过最高人民法院定期发布的弘扬社会主义核心价值观典型指导案例的方式，高度重视对法官司法实践的总结与归纳。基层法院可以及时总结判案经验，有必要的可报高级人民法院备案，统一适用标准与方法，尝试建立实用的评价体系与新类型，与时俱进，体现公序良俗的时代性。最后，公序良俗原则的类型化可以结合社会主义核心价值观的精神内核，将社会主义核心价值观各个价值作为判断公序良俗案件的标准。社会主义核心价值观作为我国人民的价值指导和道德准则，两者的结合不仅可以解决司法适用中公序良俗原则的模糊性等缺陷，其类型化的设置还符合社会一般群众的道德标准使得人们更容易接受。以社会主义核心价值观为核心的公序良俗判断标准，也可防止法官在公序良俗案件中由于个人道德水平和公众利益的不同，导致法官在公序良俗中出现不同的判断尺度，乃至滥用裁量权的问题。

（二）将社会主义核心价值观融入对公序良俗原则的法理阐释

根据前文分析可知，司法实践中出现当事人乃至法院对于公序良俗原则的理解和判断不明，在裁判文书中的简单适用等问题。公序良俗原则属于规范性概念，具有高度的模糊性和不确定性，必须作出价值判断和法理阐释才能让大众理解。根据《指导意见》第2条的相关规定，社会主义核心价值观可以被作为理解公序良俗这一法律原则的重要指引，确保准确认定事实，正确适用法律。为了消除公序良俗案件中公序良俗原则的模糊性应用所产生的不确定性，有必要在对具体案例进行分析的基础上，运用社会主义核心价值观对案例中的公序良俗原则进行解释，并在案例中阐释其法理意义。① 法院应当通过援引社会主义核心价值观中的各项具体价值如“文明”“和谐”“诚信”来解释公序良俗的法理及其意义，将社会主义核心价值观作为理解公序良俗原则法理含义的重要指引，从而可以为司法裁判提供更加完美的说理依据，实现社会主义核心价值观与公序良俗原则的有机结合。

在最高人民法院公布的《人民法院大力弘扬社会主义核心价值观十大典型民事案例》的“村民私自上树摘果坠亡索赔案”中，再审人民法院便以社会主义核心价值观中的“文明”价值阐释了公序良俗原则。不仅如此，除了

---

① 单超：《社会主义核心价值观融入裁判释法说理的原则与方式》，载《齐鲁师范学院学报》2021年第6期。

可以运用社会主义核心价值观的“文明”价值解释公序良俗，“和谐”“友善”“诚信”等价值同样可以解释公共秩序和善良风俗。例如在王氏家族、先某某财产损害赔偿纠纷中，[①] 原告王某某祖先的古坟留在了先某某家的自留地中，先某某将原告祖坟推倒，原告便起诉要求被告承担赔偿责任并赔礼道歉。本案是两位邻居之间发生的纠纷，被告将原告祖坟推倒的行为有违我国的传统观念和善良风俗，属于公序良俗案件。本案中法院运用社会主义核心价值观中和谐、友善价值对公序良俗进行了解释和说理，指出坟地留在他人自留地不是个别现象，对祖坟进行祭拜和保护是我国的善良风俗体现，双方应当在和谐、友善的社会主义核心价值观指导下进行充分协商处理。

（三）将社会主义核心价值观作为公序良俗案件法律漏洞的填补方式

针对司法实践中公序良俗案件运用社会主义核心价值观说理不充分，简单适用等问题，《指导意见》第 6 条规定了社会主义核心价值观和《民法典》的法律漏洞填补问题：民商事案件若没有规范性法律文件可以作为直接裁判依据时，法官可以依据公序良俗原则这一法律原则作出裁判，并充分运用社会主义核心价值观释法说理，填补法律漏洞。公序良俗案件多存在于婚姻、家庭、继承等领域，在这些领域中法理与情理交叉，存在大量法律没有规定或者虽然有规定但是存在法律漏洞的情况。法院在民事领域没有拒绝裁判的权利，必须对其所管辖的案件作出判决，这就需要法官进行法律漏洞的填补。司法实践中，在没有规范性法律文件的情况下，法院一般会利用《民法典》第 8 条规定的公序良俗原则对该类案件进行说理论证从而作出相应裁判。作为“一般原则”或“抽象概念”的公序良俗原则，“既是法律漏洞的存在形式，也是其补充方式。”[②] 在《指导意见》出台后，法院应当将社会主义核心价值观融入公序良俗案件的法律漏洞填补，以此增强公序良俗原则的说理论证。

以隔代探望权为例，在“董某某、张某某与谭某探望权纠纷案”中，[③] 祖父母要求探望孙子女，但是儿媳却一直阻挠，祖父母便诉至法院要求排除儿媳的妨碍。本案属于隔代探望权纠纷，而隔代探望权是否应当被规定一直存在争

---

① 王氏家族、先某某财产损害赔偿纠纷案，贵州省赤水市人民法院（2021）黔 0381 民初 2815 号民事判决书。

② 李双元、杨德群：《论公序良俗原则的司法适用》，载《法商研究》2014 年第 3 期。

③ 董某某、张某某与谭某探望权纠纷案，重庆市渝中区人民法院（2018）0103 民初 11722 号民事判决书。

议，相关法律如《老年人权益保障法》并未进行规定，存在法律漏洞。祖父母探望孙子女符合公序良俗和社会主义核心价值观，但法院苦于没有法律依据进行说理论证。在该案中，法院根据公序良俗原则，以及《老年人权益保障法》第十八条第一款所规定的“老年人”的基本权利，并通过社会主义核心价值观加强说理，最终填补了这一法律漏洞，判决其祖父母可以看望自己的外孙子女，而儿媳也有义务协助。若根据相关法律规定即《老年人权益保障法》第 18 条第 1 款不能认定祖父母有看望孙子女的权利，法院则可根据《民法典》第 8 条规定的公序良俗原则进行法律漏洞的填补，推断祖父母有探视孙子女的权利。在解读“公序良俗”原则的过程中，法院可以借助社会主义核心价值观的“文明”“和谐”“友善”等内涵来进行强化说理。这样，法庭就立证了祖父母的隔代探视权。因此，在公序良俗案件中，法院可以运用社会主义核心价值观来阐释公序良俗，强化说理，从而填补法律上的漏洞。

（四）将社会主义核心价值观作为公序良俗案件价值的衡量标尺

与法律规则适用的“全有或全无”结果不同，法律原则适用的特点之一就是在特定案件中可以并存，一个案件完全可以体现多个法律价值。[①] 在实践中，公序良俗案件因为法理与人情的交织，存在许多“疑难案件”。在这些案件中没有法律规则可以适用，需要法官适用公序良俗原则进行法律漏洞的填补。有的案件甚至出现多种法律原则的适用及其价值指向的冲突，例如公序良俗原则与公平原则、诚信原则的价值之间存在冲突，这就需要法官在公序良俗案件中在诸多法律原则的价值之间进行衡量。《指导意见》第 7 条明确规定：“案件涉及多种价值取向的，法官应当依据立法精神、法律原则、法律规定以及社会主义核心价值观进行判断、权衡和选择，确定适用于个案的价值取向，并在裁判文书中详细阐明依据及其理由。”这一条本质上是以社会主义核心价值观为基本属性的元标准或元价值，对案例所涉的多重价值进行衡量，并形成最后的判决依据。

社会主义核心价值观涵盖国家、社会、个人三个层面的价值，是具有普遍性、综合性的多元价值体系，其理论高度契合了法律原则在制度构建中的本源

---

① 孙光宁：《裁判文书援引指导性案例的效果及其完善——以弘扬社会主义核心价值观为目标》，载《苏州大学学报（法学版）》2022 年第 1 期。

性、基础性及指导性地位,[①] 具有包容性和综合性，非常适合作为在涉及公序良俗的具体案件中法官权衡不同价值的标准。因此，司法者可以在公序良俗案件中运用社会主义核心价值观进行价值衡量，最终选取适合具体个案的价值，作出符合公平正义的判决。

结　语

“法安天下，德润人心”，将社会主义核心价值观纳入公序良俗案件的司法裁判中，既可以发挥社会主义核心价值观的价值导向作用，又可以增强公序良俗案件的司法判决的说理，从而弥补公序良俗案件中原则裁判的缺陷。《指导意见》将涉及公序良俗的案件列为应当强化运用社会主义核心价值观释法说理的案件类型，目的也是将两者结合，提升司法裁判的公信力，增强司法的权威，实现在该类案件的公正裁判。因此，应当注重社会主义核心价值观与公序良俗等部门法原则的协作，既要发挥法律原则在法律漏洞填补、指导法律解释方面的重要功能，也要强化社会主义核心价值观对民事裁判的价值引领作用，实现两者的有机统一。如此，才能真正将民事案件置于“天理国法人情”当中综合考量，才能更有利于实现民事案件的良好审理效果，才能更好实现“努力让人民群众在每一个司法案件中感受到公平正义”的最终目标。

（陈尚龙：湘潭大学法学院）

① 陈融：《社会主义核心价值观入法的理论基础、现实需求及实现路径》，载《毛泽东邓小平理论研究》2018 年第 10 期。

刑事诉讼

高空抛物罪情节严重的认定及司法适用

——基于刑事合规理论的考察与反思

王新龙

近年来，随着高楼大厦的鳞次栉比，高空抛物事件频发，人员伤亡、财产损失时有发生，因此，高空抛物也被称为了“悬在城市上空的痛”。为了回应民意要求以及规范这种新型法益侵害行为的罪名适用，《刑法修正案（十一）》在《刑法》第291条之下增设了高空抛物罪。2021年3月1日，高空抛物罪独立成罪生效首日，江苏某市基层法院就审理了全国首例高空抛物案。[①] 该案中，徐某某因邻里纠纷，从楼上先后抛掷两把菜刀，楼下住户见状报警。法院经开庭审理后认为，虽然徐某某从建筑物抛掷菜刀未造成重大财产损失或严重人身损害后果，但徐某某从高空抛掷菜刀的行为已经符合高空抛物罪的构成要件，依据《刑法》第291条之规定，判决被告人徐某某犯高空抛物罪，判处有期徒刑6个月，并处罚金2000元。高空抛物行为危害极大，通过刑事手段规制高空抛物行为，是我国积极运用刑法治理社会生活风险的体现。该案作为全国首例高空抛物罪案件，具有极强的社会教育意义与法律警示功能。当然，高空抛物罪作为新设罪名，在司法适用中仍然存在许多疑难之处。有必要对高空抛物行为的刑法适用进行系统梳理，使得高空抛物行为定罪科学、处罚得当、罪责刑相适应。如此，既能有效规制高空抛物行为，又能形成符合刑法目的的定罪量刑体系。

---

① ①常州中院：《喜报！常州溧阳法院审理的全国首例高空抛物罪案入选2021年全国法院十大案件！》，载中国法院网，https：//www. chinacourt. org/article/detail/2022/1/id/5628664. shtml，2022年11月10日最后访问。

一、实证考察：高空抛物的罪刑样态

笔者在中国裁判文书网以“刑事案件”和“高空抛物”为关键词进行搜索，有194篇裁判文书，剔除与高空抛物不相关文书，合并一审及二审文书，得到有效文书169份。这些裁判文书涵盖了2012年至2022年十年间有关高空抛物的定罪量刑问题。其中，在2021年高空抛物罪独立成罪之前，法院对高空抛物行为主要以危险方法危害公共安全罪定罪；在2021年高空抛物罪独立成罪之后，法院对高空抛物行为主要以高空抛物罪定罪。

（一）案件数量：曲折式增长

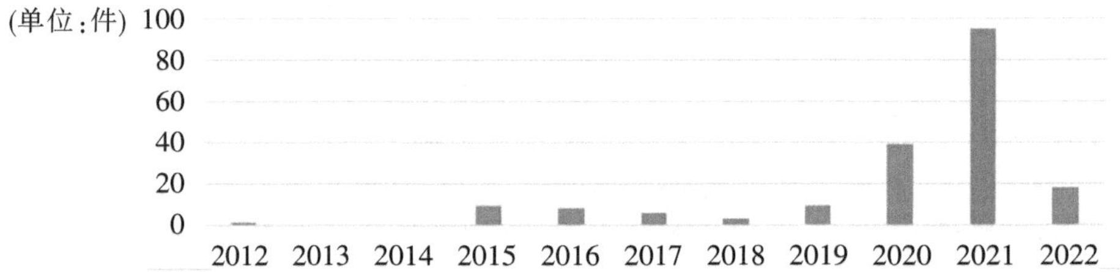

图1　2012—2022年涉高空抛物犯罪的案件数量

从图1可以看出，高空抛物案件数量会随着城市化的推进逐渐增加，也会随着打击力度的增加而逐渐减少。在2012—2015年，涉高空抛物犯罪基本为零，这是由于此时我国城市高楼较少，高空抛物未引起社会关注；在2015—2020年，涉高空抛物犯罪出现不断增加的趋势，这是由于我国城市高楼增加，高空抛物行为也随之增加；在2020—2021年，即《刑法修正案（十一）》出台后，涉高空抛物犯罪出现了明显增长，这说明我国在《刑法修正案（十一）》出台后对高空抛物行为进行了严厉打击；而在2021—2022年，涉高空抛物犯罪又有所回落，这说明我国刑法规制效应良好，高空抛物犯罪减少。最高人民法院工作报告也指出，2021年高空抛物致人伤亡案件大幅下降，群众“头顶上的安全”更有保障。①当然，相关案件虽然明显减少，但出于种种原因，高空抛物仍时常发生。为了从源头上杜绝高空抛物行为，需要加大执法力度和普法力度，让社会大众了解高空抛物的危害性以及可能会承担的各种法律

① ①最高人民法院：《高空抛物致人伤亡案件大幅减少》，载中国法院网，https://www.court.gov.cn/zixun-xiangqing-349321.html，2022年7月8日最后访问。

责任，使社会公众养成遵纪守法的习惯，树立遵纪守法的意识。

（二）案由类型：非均衡分布

从我国涉高空抛物犯罪的案由类型可以看出，并非所有高空抛物行为都会以高空抛物罪规制。高空抛物行为既涉及妨害社会秩序罪，也涉及危害公共安全罪；既涉及侵害人身犯罪，也涉及侵害财产犯罪。尽管高空抛物罪已经独立成罪，但是案由类型中认定为危害公共安全罪的占比仍旧很大，这说明在司法实践中对两罪名的界定并不明晰，有许多高空抛物案件仍是以以往的危险方法危害公共安全罪定罪量刑。比如在西安市“李某高空抛物一案”中，李某酒后故意将多个酒瓶从高空抛掷，造成一人受伤、一车受损。法院审理后认为，该高空抛物行为足以危害到不特定多数人的人身和财产安全，完全符合以危险方法危害公共安全罪的构成要件，所以对其判处以危险方法危害公共安全罪。① 除此之外，也有一小部分高空抛物行为以侵犯人身权利或财产定罪。对于侵犯人身权利犯罪，一般是行为人高空抛物致使受伤或死亡的情形；对于侵犯财产犯罪，一般是高空抛物行为造成他人财产损失而未造成人身伤亡的情形。比如在深圳市龙华区“黄某高空抛物一案”中，黄某将鞋子、鞋架等物品从楼上扔下，致使停放在楼下的三台车辆被砸。法院审理认为，黄某故意抛掷物品致使他人财物损坏，且损坏财物数额较大，符合刑法故意毁坏财物罪的构成要件，对其行为以故意毁坏财物罪定罪量刑。②

（三）量刑样态：从轻化为主

总体上来说，高空抛物罪的量刑呈现出轻刑化的样态。在所有涉及高空抛物犯罪的案件中，缓刑的适用最多，6 个月以上的实刑最少。呈现出这种状况的原因主要有二：一是案件中被告人大多有自首、坦白、积极赔偿的情节；二是高空抛物的行为并未造成严重的人身或财产损害。比如在烟台市芝罘区“徐某高空抛物一案”中，法院审理后认为，鉴于被告人徐某到案后能够如实供述犯罪事实，且自愿认罪认罚，并已赔偿经济损失取得被害人谅解，故可以依法对其从轻处罚，最终判处被告人犯高空抛物罪，拘役 5 个月。③

在广州市荔湾区“陈某高空抛物一案”中，被告人向外抛掷砖块和塑料罐，抛掷物虽未造成人员伤亡和财产损失，但对公共秩序已经产生威胁，构成

① 陕西省西安市中级人民法院（2021）陕 01 刑终 561 号刑事判决书。
② 广东省深圳市龙华区人民法院（2019）粤 0309 刑初 1690 号刑事判决书。
③ 山东省烟台市芝罘区人民法院（2021）鲁 0602 刑初 488 号刑事判决书。

高空抛物罪。但由于行为并未造成严重的人身或财产损害，最终对被告人判处拘役4个月，缓刑6个月。① 对于判处6个月以上的情形，主要是因为被告人的抛物手段、场所比较特殊，对社会秩序造成了严重影响。比如在东莞市“谭某高空抛物一案”中，被告人谭某将木制的椅子、铁制靠背椅等物品扔到楼下公路上，造成车辆通行及行人安全隐患。该行为对道路安全秩序造成了严重影响，法院审理后判处被告人有期徒刑6个月。② 除此之外，对于情节特别轻微的高空抛物行为，法院可能会判决单处罚金。比如在自贡市贡井区“兰某高空抛物一案”中，法院认为兰某犯罪情节轻微，兼具从轻与从宽情节，最终判决其单处罚金5000元。③ 从量刑来看，高空抛物一般判罚不重。这种立法理念既有利于发挥刑法的威慑功能，也有利于防止重罪被误用和滥用，对于实现妥当的刑罚具有重要意义。

二、教义分析：高空抛物罪的认定

（一）“高空”的认定

根据刑法和刑法修正案相关条文之规定，“高空”意指“建筑物或者其他高空”。但由于这里的“建筑物或者其他高空”并不具体，实践中对“高空”的认定标准也比较模糊。如在对GB/T3608－1993修订基础上最新制定的《高处作业分级》中就有规定，凡是在标准基准面2米以上有可能坠落的高处进行的作业，均属于高处作业。基于此，有学者主张借鉴《高处作业分级》的规定，建议将2米作为高空的认定标准。④ 笔者认为，高空并不等同于高处，二者不具有可借鉴性。根据国家规定，商品房的一层高度在2.8米左右，而要想高空抛物，必须要在二层以上。若将高空的标准限定在上面所认定的2米，无异变相降低了高空抛物罪的入罪门槛，如此必然会导致高空抛物罪的不当扩张与滥用。事实上，对高空的认定，并不在于一个具体的米数或高度，而是在特定的场景下，在任一高度抛掷物品的行为是否对人身或财产安全有某种危险。⑤ 笔者比较赞成这种观点，判断是否属于高空，应当结合法益的危险性才

---

① 广东省广州市荔湾区人民法院（2021）粤0103刑初923号刑事判决书。

② 广东省东莞市第一人民法院（2021）粤1971刑初4001号刑事判决书。

③ 四川省自贡市贡井区人民法院（2021）川0303刑初75号刑事判决书。

④ 章诚豪、郑天城：《高空抛物罪的教义学阐释与司法适用——以〈刑法修正案（十一）〉为视角》，载《社会科学动态》2021年第12期。

⑤ 林维：《高空抛物罪的立法反思与教义适用》，载《法学》2021年第3期。

能判断。比如在亳州市谯城区“崔某高空抛物一案”中，崔某从33楼将绳子抛下，险些砸中一名途经的儿童。① 显然，33楼对公民财产人身安全、社会公共秩序足以产生法益危害，应当认定为高空。在四川省米易县“伍某高空抛物一案”中，伍某从3楼将铁锅抛下，险些造成人身损害。② 此时，3楼能否认定为高空？答案是肯定的，因为从3楼抛物已经足以扰乱社会公共秩序，产生法益危险性。这也是刑法之所以规定“建筑物或者其他高空”的目的，就是因为从建筑物抛掷物品具有不确定的危险性。若从某一高度投掷物品不会使社会一般人产生恐惧感，比如荒漠、森林的上空，那么该高空不宜受到高空抛物罪的规制。因此，高空抛物罪的“高空”应当理解为——抛掷物品具有危害人身或财产安全的高空。

（二）“抛物”与“坠物”的区分

《侵权责任法》相关条文明确了“坠物”概念，即它是包括建筑物、构筑物或者其他设施及其搁置物、悬挂物发生自由脱落、坠落的情形。“抛物”与“坠物”显然有重大区别，不管是在主观恶性还是在法律后果等方面。首先，说主观恶性，抛物主观上一般是故意，而坠物主观上通常是过失。因此，在高空抛物中行为人对其行为和损害后果持有的是故意与“不确定”态度，但是在高空坠物中行为人对整个过程都是过失且“不确定”的。其次，在法律后果上，高空坠物仅在产生损害后果的情形下才需承担责任。而对于高空抛物，不管是否产生财产或人身损害，只要抛物行为的情节足够严重，扰乱了公共秩序，就应当认定为刑事犯罪。比如在湖北武汉市“李某与易某健康权纠纷一案”中，因李某房屋墙壁脱落，致使过路的易某妻子当场死亡。③ 尽管该案造成了1人死亡，李某所承担的责任也仅限于民事赔偿责任，不涉及相关刑事责任。而在亳州市谯城区“崔某高空抛物一案”中，崔某从33楼抛掷物品，即便未造成任何财产和人身损害，其仍被判处有期徒刑6个月。④ 由此可见，“抛物”与“坠物”在主观罪过、责任认定等方面都具有重大的区别（见表1）。

① 安徽省亳州市谯城区人民法院（2021）皖1602刑初937号刑事判决书。

② 四川省米易县人民法院（2021）川0421刑初161号刑事判决书。

③ 湖北省高级人民法院（2020）鄂民申1948号民事判决书。

④ 安徽省亳州市谯城区人民法院（2021）皖1602刑初937号刑事判决书。

表 1　抛物与坠物的区分

	主观罪过	责任认定	证明标准	法律后果
抛物	故意	不要求实害后果，只要扰乱公共秩序即可	排除合理怀疑	刑事责任（若造成财产人身损害，同时负有侵权责任）
坠物	过失	必须造成实害后果，包括财产或人身损害	高度盖然性	民事责任（主要指侵权责任，也包含停止侵害、消除危险等责任）

（三）“情节严重”的判断

有关学者认为，“情节严重”本质上反映的是人身或财产权法益受侵害之危险程度的主、客观事实。① 考察《刑法修正案（十一）》之立法精神，“情节严重”仅仅是高空抛物罪的定罪要件而非其量刑要件，这是一个明确的立法信息。刑法修正案之所以要附加这样一个“情节犯”，往往是因为某些高空抛物行为尚不足以对所要保护的法益产生损害危险性，所以立法上必须附加“情节严重”作为其犯罪构成要件。实践中如何判断情节严重，还需要司法解释或者指导性案例予以明确。如在 2019 年 10 月 21 日最高人民法院公布实施的《关于依法妥善审理高空抛物、坠物案件的意见》（以下简称《审理意见》），其第 5 条就规定了应当根据高空抛物行为人的动机、场所和造成后果等因素，全面考量其行为的主观过错和社会危害性。其第 6 条明确列举了“从重情节”，包括多次实施、罚后重施、特殊场合实施以及存在其他严重情形等。该《审理意见》对于高空抛物罪“情节严重”的判断具有一定指导作用，但其区分了定罪要件与量刑要件，将“情节严重”作为加重要件而非定罪要件。因此，虽然该《审理意见》具有一定的指导意义，但是并不能作为判断高空抛物罪“情节严重”的直接依据。笔者认为，根据《刑法修正案（十一）》之规定并结合《审理意见》内容，高空抛物罪“情节严重”的情形应结合行为的危险程度即抛物时间、抛物地点、抛掷物品的属性、抛掷行为可能造成的危害后果以及行为人的主观恶性两方面予以考虑。此外，还要结合本罪的法益进行判断，即高空抛物行为造成了人员伤亡或者财产损失，以及虽然

① 姜涛：《高空抛物罪的刑法教义学分析》，载《江苏社会科学》2021 年第 5 期。

并未造成损害结果或者没有危害到公共安全，但是能够造成社会恐慌、导致公共秩序混乱的。① 综合以上，高空抛物罪“情节严重”的情形可以大致认定如下（见表2）：

表2 高空抛物罪情节严重的认定

1. 作案数量较多	a. 多次实施的
	b. 刑事或行政处罚后再次实施的
2. 作案手段严重	c. 向商场、广场、体育馆、居民楼等人员密集的公共场所实施高空抛物的
	d. 抛掷重物、锐器等可能导致他人身体受损或者财物损害数额较大的
3. 兜底情形	e. 抛物行为严重扰乱公共秩序的

三、困境剖析：高空抛物罪的适用疑难

（一）证明障碍：司法证明难度大

1. 案件事实取证难

高空抛物罪的证明标准不同于高空坠物侵权，其定案依据必须具备确实、充分的证明力。高空坠物的证明只需达到“高度盖然性优势”即可，而高空抛物定罪的证明标准必须达到“事实清楚、证据确实充分”并“已排除了一切合理怀疑”的严格程度。现实生活中高楼林立，要想从众多的大楼中找到实施高空抛物行为的犯罪嫌疑人，具有很大的困难与障碍。实践中高空抛物行为的作案手段、作案方式、作案时空也千差万别，呈现出复杂多样的事实样态。② 有些行为人将抛物责任推给未成年人，以此减轻承担刑事责任。有些行为人称物品是大风吹落，以此逃避承担刑事责任。这些情形都会很大程度上增加案件证明难度。正因此，实践中常常出现案件发生后却无法确定真正行为人的情况。在四川曾发生一起“天降铁球砸死女婴案”，警方对事发地点的住户进行了逐一排查，调取了视频监控，提取了指纹和DNA，但最终还是没能找

---

① 张明楷：《高空抛物案的刑法学分析》，载《法学评论》2020年第3期。

② 于同志、王硕：《高空抛物刑事案件司法认定的若干问题》，载《法律适用》2022年第4期。

到犯罪嫌疑人。①

其实，高空抛物罪的司法认定并不难，而真正难的是其调查和取证问题。第一，查找犯罪嫌疑人难。在高空抛物行为发生后，一般很难找到犯罪嫌疑人，一是很少有直接在场的目击证人；二是没有直接锁定犯罪嫌疑人的监控录像；三是被害人无法确定所抛物品的具体来源，比如抛掷物品出于建筑物的具体哪个楼层或具体哪个位置等。从司法实践来看，如从现场勘验笔录、伤情鉴定报告和财产损失评估报告等证据均可证明高空抛物的损害结果，但是这些证据都无法直接锁定犯罪嫌疑人。第二，调查取证量大。在高空抛物犯罪案件中，如果没有直接证据，公安机关则需要对建筑物中的所有住户进行逐户排查和调查取证，这显然会极大增加公安机关的工作量和司法取证的成本。②

2. 情节严重认定难

“情节严重”这一要素关系到高空抛物行为的刑民界分标准，直接决定着高空抛物行为的刑事可罚性，因而是高空抛物罪司法认定中的另一个难点。目前尚无具体的司法解释对高空抛物罪的“情节严重”进行明确规定，故使得司法实践中无法形成统一认定标准。关于“情节严重”认定标准的理解不一，是司法机关对高空抛物行为定罪量刑不统一的主要原因。在辽宁新民市“王某高空抛物一案”中，王某从6楼扔下菜刀、铁锅等物品，造成楼下车辆损坏。法院审理认为王某抛掷物品的行为，情节严重，构成高空抛物罪。③ 然而在上海市静安区“卢某高空抛物一案”中，卢某从9楼高空抛物，造成楼下汽车损坏。法院审理认为，虽然卢某的高空抛物行为损害结果并不严重，但其已严重危害到了公共安全，所以对其以危险方法危害公共安全罪定罪量刑。④对比这两个案件可以发现，“情节严重”在前案作为定罪要件而在后案作为量刑要件。法院对“情节严重”作了不同的认定，这说明法院对高空抛物罪“情节严重”的理解并不一致。

我国《刑法修正案（十一）》第33条要求抛物行为达到“情节严重”才能构成高空抛物犯罪，“情节严重”的认定成为高空抛物罪与非罪的关键。陈兴良教授在其《规范刑法学》一书中认为，“情节严重”中的“情节”既是

① 张虎：《天降铁球砸死女婴，4年没找到肇事者》，载《法制日报》2020年9月6日，第2版。

② 韩旭：《高空抛物犯罪案件司法证明之难题》，载《法治研究》2020年第6期。

③ 辽宁省新民市人民法院（2022）辽0181刑初37号刑事判决书。

④ 上海市静安区人民法院（2021）沪0106刑初49号刑事判决书。

一个涉及主客体、主客观相关内容的综合性概念，又是一个反映犯罪行为的社会危害性与犯罪嫌疑人人身危险性的要素总和。① 作为犯罪成立要件的“情节严重”应当与作为衡量刑罚轻重要素的“情节因素”相区分。行为是否符合犯罪构成，达到刑法所规定的不法判断应当是一般意义上的客观判断。因此，“情节严重”中的“情节”应当限定为“客观上表明法益受侵害程度的情节”。② 在高空抛物犯罪中，情节严重的规定应当是对高空抛物行为“量”的限制，即高空抛物行为必须达到一定的社会危害性、值得刑法评价才能纳入该罪的评价范围。因此，对于情节严重的认定应当仅限于“客观方面上对法益造成侵害的情节”。

（二）尺度缺失：司法适用偏差大

1. 此罪与彼罪界分不清

从高空抛物犯罪的司法实践中可以发现，大量存在相同行为而类案认定不一的现象。在高空抛物独立成罪前后，其和以危险方法危害公共安全罪的区分界定一直都是司法适用难题。换言之，如何从两罪名的相互交错中，剥离出各自特有的规范属性和独立构成要件，是高空抛物罪司法适用中必须把握的关键。③ 但是立法条文中关于高空抛物罪的表述并未给出明确的解释，并且《刑法修正案（十一）》与《审理意见》有很大出入。根据《审理意见》第 5 条第 2 款之规定，若是高空抛物未造成严重后果，但是足以危害公共安全的，对其应以危险方法危害公共安全罪论处。但是《刑法修正案（十一）》并未沿袭《审理意见》的定罪思路，而是将高空抛物独立成罪，并将其归属到扰乱社会秩序犯罪之中。

那么，需要讨论的是高空抛物行为能否同时构成高空抛物罪和以危险方法危害公共安全罪？张明楷教授给出了明确答复。他认为，在高空抛物独立成罪之后，高空抛物行为从法理基础上已不具备以危险方法危害公共安全罪的犯罪构成要件了，所以，一个行为只能认定为一个罪名，且这个罪名就是高空抛物罪。通常而言，以危险方法危害公共安全罪所侵犯的法益是不特定多数人的生命或财产安全，但是高空抛物行为即便是造成了多数人的伤亡或者重大财产损

---

① 陈兴良：《规范刑法学（上册）》，中国人民大学出版社 2008 年版，第 192 页。

② 陈洪兵：《“情节严重”司法解释的纰缪及规范性重构》，载《东方法学》2019 年第 4 期。

③ 俞小海：《高空抛物犯罪的实践反思与司法判断规则》，载《法学》2021 年第 12 期。

害结果，这种结果的范围也是特定的，所以从侵害法益的角度来说，高空抛物行为并不构成以危险方法危害公共安全罪。然而，高空抛物行为复杂多样，当其行为具备“人员高度密集”等特征时，便有可能导致不特定多数人的生命健康或重大公私财产法益受损，进而构成以危险方法危害公共安全罪。目前的司法实践中也还是大量存在因行为人实施高空抛物行为而被判处以危险方法危害公共安全罪的案件，这使得高空抛物罪与以危险方法危害公共安全罪之间的区分变得更加复杂。

2. 罪责与量刑不太均衡

司法实践中的高空抛物案件之所以会出现罪名争议和量刑失衡问题，首要原因还是在于两罪名的界定不清以及以危险方法危害公共安全罪的泛化适用。如此泛化适用的结果必然会导致高空抛物行为定罪量刑方面出现偏差，对类案之罪刑均衡原则带来巨大冲击。《刑法》第 291 条和第 114 条分别规定了高空抛物和其他以危险方法危害公共安全行为的刑罚幅度，由此可见，高空抛物罪的法定刑是相对较低的。如果将高空抛物行为认定为危害公共安全罪等重罪名，势必会导致高空抛物行为的罪责与量刑严重失衡。

通过类案检索发现，司法机关在将高空抛物犯罪行为认定为以危险方法危害公共安全罪之后，为了缓和定罪上的严苛，普遍在量刑方面倾向于从轻从宽：一是对那些具有自首情节的被告人给予减轻处罚；二是选择在“3 年有期徒刑”这一量刑节点确定宣告刑；三是一般适用缓刑。这说明，司法机关已经意识到了高空抛物行为的危害性在两罪名之间的严格区分。但是想要实现这一犯罪行为真正意义上的罪刑相当，那就还需要在刑法条文上进一步确定其更为具体的界定标准和量刑幅度。

四、制度优化：高空抛物罪的规范适用

（一）标准厘清：明晰入罪门槛

1. 以公共秩序为定罪导向，避免其他罪名适用的泛化

高空抛物罪侵害的主要法益是公共秩序，这是其与其他相关罪名的本质区别。高空抛物罪的法益归属，是构成该罪要件规范解释的基础，也是理解与适用该罪首要明确的问题。事实上，关于高空抛物罪所指向的法益存在很大的争议，这也是高空抛物可能涉及多个罪名的原因。原来的刑法修正案草案计划是将高空抛物罪置于《刑法》第 114 条第 1 款之后的，立法者当时认为高空抛物罪属于危及公共安全的抽象危险犯。但是正式出台后的《刑法修正案（十

一)》却将高空抛物罪置于了《刑法》第291条后面，重新认定高空抛物罪为妨害社会管理秩序罪。这一立法理念上的变动，是因为立法者认为高空抛物罪不应同其他严重的危害社会公共安全罪“相提并论”，其危害性明显轻微。通说认为，危害公共安全应当达到危害“不特定多数人”的生命或财产安全程度。但实践中高空抛物行为往往是“特定行为”，即便在人员聚集等特殊场合进行高空抛物，也不一定能够达到《刑法》所规定的危害社会公共安全的危险程度和严重后果。从这一角度看该立法理念的变动是极其科学和合理的，同时也说明立法上是明确高空抛物罪侵害的法益是公共秩序而非公共安全。

然而，公共秩序是一个极其模糊、极具包容性的概念。同时，公共秩序与公共安全之间是具有密切关联性的。如果对公共秩序没有清晰的界定，那么高空抛物罪必将会导致相关刑法条文在适用上的冲突。笔者认为，“公共安全”与“公共秩序”的区别在于侵害结果是否特定化。“公共安全”具有侵害对象的不确定性，这种不确定性不仅是对人数范围的不确定，甚至还会进一步扩大或者增加具体危险或侵害结果。而“公共秩序”具有侵害对象的确定性，因为在通常情况下，人们虽然无法预先确定高空抛物所侵害的对象和可能造成的危害，可是在造成具体的危害结果时，该结果就会特定化，不会进一步扩大危险或者导致其他具体结果。从立法原理上来说，增设新罪的最重要理由在于日益增加的需要刑法保护的法益出现。[①] 之所以高空抛物要独立成罪，主要原因也是立法者考虑到其所保护的法益严格区别于以危险方法危害公共安全罪所要保护的法益。只有以“公共秩序”作为高空抛物罪的定罪导向，才能避免危害公共安全罪等其他罪名的泛化适用。

2. 以情节严重为入罪前提，避免违法性审查的形式化

在高空抛物罪的司法适用中，为防止刑罚打击面过宽，必须将“情节严重”作为其入罪判断的前提条件，一是坚决避免相关违法性审查的形式化；二是坚决避免刑事处罚的不当扩大化。通过审慎把握“情节严重”这一入罪前提，能够对罪与非罪以及量刑幅度等进行适当调控和平衡。[②] 我国在刑事立法上为实现“积极刑法立法观的确立”原则，其中一个重要表现就是通过刑

① 张明楷：《增设新罪的观念——对积极刑法观的支持》，载《现代法学》2020年第5期。

② 李珈：《高空抛物罪适用中的疑难问题》，载《东南大学学报（哲学社会科学版）》2021年第2期。

法修正案的形式完善刑法立法上的不足和滞后，比如新增罪名、废除罪名、扩大和限缩犯罪行为类型等。① 但是对刑法的过度理解和适用，势必会超过立法者原有的立法初衷和界限，因此适当发挥刑法教义学的限制功能，对那些存在有过度干预之嫌的刑法条文进行适用范围上的限缩是十分必要的。② 所以，对高空抛物罪的成立加上“情节严重”的条件，就是为了限制该罪的扩大化适用，以避免将轻微的违法行为重罪化。若高空抛物行为导致他人重伤或者造成数额较大财产损失的、导致附近群众恐慌或交通拥挤等严重扰乱公共场所秩序的，当然属于“情节严重”的情形，但是对于一些表面上符合法条规定而实际上并未侵犯公共秩序法益的轻微抛物行为，便需要借助对“情节严重”的限缩解释予以明确排除。

事实上，《刑法》多条文中的“但书”条款就有明确的排除规定，即“情节显著轻微危害不大的，不认为是犯罪”。这是总则的纲领性规定，统领分则各个罪名。刑法对不同类型的不法行为，刑罚触及之边界力求公平均匀，避免此松彼紧。对于高空抛物行为，同样应当在法网体系尺度内寻求边界。高空抛物行为只有“情节严重”才能入罪，这是其够罪量刑的前提条件。在审查高空抛物行为构成要件该当性的同时，切记不要忘记审查其实质违法性。因此，才能将有违公德的行为、民事侵权行为、行政违法行为和刑事犯罪行为区别开来，避免将一般违法行为与犯罪行为混为一谈。对于经过综合审查判断确认不属于“情节严重”的高空抛物行为，应当依法排除在刑事处罚范围之外，尽量通过民事、行政等手段进行解决。

（二）综合判断：实现精准量刑

1. 结合时空、特殊物等情况，准确认定行为人主观罪过

行为人的主观恶性影响着刑罚的轻重。在高空抛物独立成罪之前，司法机关对于故意的高空抛物行为，一般认定为以危险方法危害公共安全罪；而对于过失的高空抛物行为，若发生实害结果则处以相关的过失犯罪，若没有发生实害结果，则以民事责任或行政责任进行追究。③ 但是如何认定行为人之行为是故意还是过失，立法上并无一个明确的标准。实践中还存在着许多犯罪嫌疑人

---

① 周光权：《积极刑法立法观在中国的确立》，载《法学研究》2016 年第 4 期。

② 梁根林：《刑法修正：维度、策略、评价与反思》，载《法学研究》2017 年第 4 期。

③ 陈惠淙：《论法益视角下高空抛物罪的规范构造》，载《理论观察》2022 年第 2 期。

在案发后辩称自己是无意扔下物品等情况，这无疑给主观罪过的认定增加了很大难度。比如在上海静安区“卢某高空抛物一案”中，被告人卢某对抛物行为造成的损害结果没有异议，但卢某辩称斧子是失手滑落，并非故意抛掷。① 在这种情形下，就需要综合全案事实去认定被告人的主观罪过。正如法院认为，卢某明知楼下是居民进出通道及车辆停放场所，抛掷斧头会对居民的生命财产构成危害，且当时其身居窗外空调外机上，明知楼下有人仍先后从9楼抛掷斧头，足见其对危害后果存在直接或间接的故意。

《刑法修正案（十一）》出台后，有学者提出高空抛物行为根据行为人的心态以及具体情节的不同可能构成故意犯罪或者过失犯罪，所以高空抛物罪的罪过形式包括故意与过失。② 但是笔者认为在公共秩序法益的引导下，本罪的罪过形式一般应是故意。这是因为高空抛物罪是情节犯，而情节犯的主观罪过大都属于故意。虽然我国刑法也规定了某些情节犯的主观罪过为过失，但是成立过失犯罪必须产生实害结果。而高空抛物罪并不要求造成实害后果，只要求扰乱公共秩序。但如何认定行为人的主观故意，还需通过客观方面来判断，依赖于对行为、后果、时间、地点、对象等要素的综合分析。比如行为人在人员流动性高的场所高空抛物，可以认为其明知自己的行为会影响到公共秩序而依旧放任不理，主观上是间接故意，应认定为高空抛物罪。行为人在私人庭院或者偏僻之处高空抛物，存在过失时，没有影响到公共秩序的，不应认定为高空抛物罪；如果造成危害结果的，可以认定为相关过失犯罪。如此才能避免轻罪重判、同案不同判，做到定罪量刑的公平公正。

2. 根据财产人身损害等情况，具体分析行为人的客观方面

客观方面是定罪量刑的重要考量因素。刑法对不同性质的犯罪设置了轻重不一的刑罚梯度，主要就是因为犯罪客观方面的不同使得它们的社会危害性不同。就同一性质的犯罪来讲，其客观方面对定罪量刑的影响主要体现在两个方面：一是从立法理念上来看，刑法往往把那些是否具备某种危害结果作为特定犯罪是否要加重处罚的依据；二是从司法实践上来看，同一犯罪性质的不同案件，行为人所实施犯罪的时间地点、手段条件、具体对象的不同会影响它们的

---

① 上海市静安区人民法院（2021）沪0106刑初49号刑事判决书。

② 李珈：《高空抛物罪适用中的疑难问题》，载《东南大学学报（哲学社会科学版）》2021年第2期。

社会危害性，从而导致轻重不一的量刑处罚。① 对于高空抛物罪来说，高空抛物的时间、地点、物品性质等违法要素会提升高空抛物行为的不法程度。如在人流密集的时间、地点高空抛物对公民人身、财产安全乃至公共秩序造成的影响更大，其不法程度更高，可能造成的损害后果也更严重。

《审理意见》第 5 条第 1 款指出，对于高空抛物行为，应当根据多种因素，全面考量其行为的社会危害程度，准确定性和量刑。尽管高空抛物罪不要求损害后果，但损害后果影响着犯罪行为客观方面的判断。若抛物行为达到入罪门槛但未造成财产人身损害，说明其可谴责性较低，因而可以在量刑幅度内从轻处罚。比如，高空抛物只是单纯导致附近群众恐慌、造成人员或交通拥挤等扰乱公共场所秩序，而并未造成他人财产人身损失。若抛物行为达到入罪门槛并造成财产人身损失，说明其危害性较大，因而在量刑幅度内要从重处罚。比如，高空抛物行为既扰乱了社会公共秩序，又导致他人轻微伤或造成数额较大财产损失的。除此之外，即便没有造成人身财产受损的侵害后果，也要考虑到造成人身财产法益受损的可能性。只有如此，才能准确并合理界定高空抛物犯罪行为的主客观要件，使其既不被架空，也不被扩大适用。

结　语

截至目前，高空抛物罪尚无任何司法解释出台，究竟什么样的抛物行为会受到该罪处罚，具体又应该以何种量刑幅度进行处罚，实践中没有统一标准。本文以司法案例为分析对象，以法教义学为解释方法，对高空抛物行为的具体认定进行了规范解读，对高空抛物罪的司法证明难度与司法适用偏差问题进行了理论剖析，提出了相应的证明标准与判断标准。以上研究对高空抛物罪的准确适用具有相当意义，但本文的研究内容难免存在疏漏之处与不足之处。对于高空抛物罪的危险性质、保护法益、情节严重的判断、定罪量刑的幅度等问题，仍值得深入考察与探究。笔者希望本文能够引起理论学者与实务专家的关注与共鸣，以期共同为我们的“头顶安全”保驾护航，为我国新时代的法治建设添砖加瓦。

（王新龙：湖南省湘潭市中级人民法院）

---

① 张明楷：《增设新罪的观念——对积极刑法观的支持》，载《现代法学》2020 年第 5 期。

共犯口供的证据规则

——以另案处理为视角

许　辉　闫　敏

“如果共同犯罪案件实行分案审理，那么其他共犯的口供在本案中属于证人证言。”[①] 另案处理的共犯口供具有“人事合一”特点，一方面是高速、便捷还原案件真相的利器，另一方面，也是嫁祸他人、阻碍事实发现的源头。法官作为事实认定者，可以运用叙事方式对碎片化的证据进行重构，从而赋予证据以逻辑顺序与法律意义，最终形成完整的事实。[②] 在另案处理的共同犯罪中，具体化为在证据推理过程中破除对共犯口供的依赖，展开法官折叠的自由心证，从而达到发现真实和防止误判的双重目的。

一、现状扫描：另案处理案件对共犯口供的依赖

另案处理的共犯作为案件的亲历者，其口供是“信息之源”。无论本案被告人是否供述，证据能力规则的不完全过滤和其他证据的虚假印证，使共犯口供自身形成一个具有说服力的犯罪故事。

（一）多重互动下共犯供述非法性的持续

1. 侦查机关非法获取共犯有罪供述

侦查机关通过对抗、控诉和操纵等心理强制，或明或暗给予从宽处罚的许诺以及如不供述即加重量刑的威胁，击垮犯罪嫌疑人的心理防线，导致虚假有

① 王宇坤：《口供印证的类型化研究——基于我国刑事审判实践的思考》，载《浙江工商大学学报》2020 年第 1 期。

② 尹洪阳：《事实认定过程中的证据叙事分析》，载《中国政法大学学报》2018 年第 2 期。

罪供述。[①] 如错案之一李杰等故意杀人案，一天两夜被连续讯问、遭受暴打、被威胁不招供就不送其母就医后，李杰供述在外打工的黄德海犯罪。实践中，侦查人员多次讯问固定言词证据、制作多份笔录是常见的办案方式。侦查机关还会利用共犯不同案处理产生的信息不对称效应，人为分案达到所谓“供证一致”，确保追诉成功。[②]

2. 共犯为获得量刑优惠与控方合作

现阶段，我国绝大多数刑事案件都是认罪案件或者存在被告人认罪供述的刑事案件。2019 年 12 月，认罪认罚从宽制度的案件适用率达到 83.1%。[③] 共犯认罪认罚，其如实供述的内容不仅包括自己的罪行，还应当涵盖同案犯及其犯罪事实，这是认罪认罚从宽制度本身就蕴藏的涵义。[④] 对于非认罪认罚案件，按照自首、立功司法解释的要求，另案处理的共犯如实供述的内容同样应包含自己和其他共犯的犯罪事实。如未如实供述，可能影响定罪量刑。如江彬等保险诈骗案，行为人到案后提供在逃的其他共犯的联络方式、藏匿地址，属于协助司法机关抓捕同案犯，被认定为立功。而张文才等抢劫、盗窃案中，张文才供述另案处理的杨有军实施盗窃时使用暴力致人死亡，法院认为不属于揭发共同犯罪以外的其他犯罪，不被认定为立功。诚如学者所言，在起诉定罪率较高的司法环境下，量刑优惠无疑对犯罪嫌疑人具有相当大的诱惑力。与其不供述被定罪，给法官留下认罪态度不好的坏印象，带来加重处罚的后果，不如与控方合作交易。

---

① 向燕：《论口供补强规则的展开及适用》，载《比较法研究》2016 年第 6 期。

② 莫征：《非同案共犯供述的证据效力》，载《重庆大学学报》2012 年第 9 期。

③ 张军：《2020 年最高人民检察院工作报告》，载中华人民共和国最高人民检察院官网，https：//www. spp. gov. cn/spp/gzbg/202006/t20200601_463798. shtml，2022 年 8 月 10 日最后访问。

④ 刘亦峰、周云：《论共犯认罪认罚案件中的被告人供述：界定、范围与性质》，载《广西政法管理干部学院学报》2021 年第 4 期。

表1　法院对另案处理共犯口供的认定

来源	案件	同案犯状态	法院认定
刑事审判参考1425号	吴春兰、鲁长学容留实淫案	曾德海、刘洪（另案处理，已判刑）	关于吴春兰上诉提出其并非股东、具有自首情节的上诉意见，经查，本案其他三同案犯均供称与吴春兰共同出资经营涉案茶馆，且有查获在案的合作经营协议印证，故吴春兰的辩解与查明的事实不符。其虽自动投案但归案后未能如实供述主要犯罪事实，不构成自首，故该上诉理由不能成立，不予采纳
刑事审判参考1365号	江彬、余志灵、陈浩保险诈骗、诈骗案	其他同案犯（姓名不详，在逃）	保险诈骗罪是诈骗罪的一种，两者属于法条竞合的关系，一般应遵循特殊法优于一般法的原则。行为人到案后向司法机关提供犯罪后掌握的其他同案犯联络方式、藏匿地址的，已经超出了“如实供述自己罪行”的范畴。带领侦查人员抓捕同案犯，但当时并未捕获，并不当然阻却立功的认定，如行为人带领侦查人员到同案犯在犯罪后的租住地，并进行现场指认，其协助抓捕的行为已经完成，即使因客观原因未能现场抓获，但此后侦查人员抓捕同案犯并未再付出时间和精力，因此行为人的协助抓捕行为已经节省了司法资源，符合立功制度的本质，应当认为立功
刑事审判参考1388号	王秀敏故意杀人案	王团结（后归案）	对于王秀敏案，在原审中，出于趋利避害的本能，王秀敏将杀害王某某的责任都推给王团结，致原生效裁判对本案是由王秀敏一人作案，还是与王团结共同作案不清，二人的地位和作用不清，故留有余地对王秀敏判处死刑，缓期二年执行。王团结到案后，经再审确认，犯意由王秀敏提起，王团结由王秀敏纠集，王某某也是由王秀敏骗至案发现场沈丘县周营乡政府办公室三楼其住室内，伙同王团结对王某某实施掐脖、绳勒致王某某死亡的是王绣敏。在王团结逃离现场后，买刀并持刀将王某某尸体肢解的还是王秀敏

续表

来源	案件	同案犯状态	法院认定
刑事审判参考1225号	张才文等抢劫、盗窃案	杨有军、梁绍兵、刘运林（另案处理）	经查，张才文到案后，主动供述其伙同杨有军等人在实施盗窃过程中，杨有军当场使用暴力致人死亡的犯罪事实，虽经查证属实，但该行为属于如实供述公安机关尚未掌握的其本人伙同他人犯罪的事实，不属于揭发同案犯共同犯罪以外的其他犯罪，也不属于协助司法机关抓捕同案犯的行为，依法不属立功表现，故对该辩护意见，法院不予采纳

3. 共犯供述的非法性持续是多重互动的结果

第一层互动：共犯与侦查机关。在审讯环境中，情境因素和违法取证形成外部合力，致使被追诉人形成“翻供会再次受到非法对待”的焦虑和不安。① 第二层互动：共犯与检察机关。控方与共犯的合作使其有能力作伪证，且不为他人所察觉，控方对其更为信任。司法实践多见：未归案的都是主犯，已归案的都是从犯，逃跑的都是罪重的，抓获的都是罪轻的。② 第三层互动：共犯与审判机关。《人民法院办理刑事案件排除非法证据规程（试行）》赋予被告人对被告人供述、证人证言和被害人陈述等言词证据的排除权，故其申请排除共犯口供本应无法律障碍，但这一请求极有可能因法无明文而被拒绝。共犯与侦查机关、检察机关和审判机关的互动中，供述的非法性始终未能排除，而是自然地顺延至下一阶段。

（二）叙事模型下虚假共犯口供在庭审中被确证

故事式的案情叙事方式建立在基本的证据感知基础之上。另案处理的共犯口供，司法实践被当作证人证言，须经质证程序过滤才能获得证据能力。由于法官在庭前证据判断以侦查卷宗中证据卷所罗列的证据为对象，审查的顺序和内容与证据清单一致，共犯口供被简单呈向法庭，庭审没有揭开其自成一体的故事所暗藏的真实案情，而是确证了该故事。在此分共犯出庭和共犯未出庭两

① 刘玲胜军：《重复供述排除规则的规范解构与优化路径——以认知—行为模型为切入》，载《证据科学》2022年第3期。

② 米丙辰：《共同犯罪中被告人供述不一致的证据认定》，载郑州市中级人民法院，http：//zzfy. hncourt. gov. cn/public/detail. php? id =4098，2022年8月17日最后访问。

种情形详述。

1. 共犯出庭，庭前口供效力优先

犯罪事实有所关联的共同犯罪，另案处理的共犯口供已形成一个涉及被告人的完整故事。共犯出庭时，法官、公诉人发问剥夺被告人发问机会，或被告人无针对性发问，使对质流于形式，没有实现对共犯口供的有效质证。如此一来，自侦查至审判各阶段的共犯口供均可能有效，法官依“先供后证”审查证据，以其他证据印证口供的真实性，最后以相互印证为由认定犯罪事实成立。而复数共犯口供具备天然印证性，单一共犯口供可与本案被告人供述一致，即使共犯出庭翻供，按照翻供印证规则，除非包括本案被告人在内的全部共犯均翻供，否则仍有以原口供定罪的可能性。

2. 共犯不出庭，书面口供免除对质

检察机关不愿共犯出庭破坏已构建的完整故事，加之案件间隔时间较长，共犯关押距离较远等原因，法官基于效率考虑，“他案被告很少到本案接受讯问及与本案被告对质，出庭证人通常仅在分案后的一个法庭作证，如要使用同案被告的供述或证人证言，基本使用其在卷书面供述和书面证言”①。如郑某受贿罪，裁判者认为另案处理的行贿者常某作为证人在侦查阶段已多次作证，且所作证词与郑某的有罪供述及其他证据能相互印证，是否出庭对本案定罪量刑没有重大影响。② 另一种代替共犯出庭的方式，是将另案处理的共犯口供以刑事判决书的形式固定并转化为免证事实而不予充分质证，后案的基本事由已被前案判决锁定，既判力不当扩张。研究者统计405份涉另案处理的贪污贿赂案判决书后发现③，有46份判决书引用共犯口供作为本案的证据，占样本总量的11.35%，各类案件自1件到18件不等。

3. 庭审确证虚假共犯口供

当控方围绕共犯口供讲述了一个简明易懂、具备完整情节的故事原型时，极容易为裁判者所相信和认定。但本身虚假的共犯口供，所涉许多信息甚至独特的案件信息具有真实性，但关键的定罪事实却是错误的。这是在暗示/压力－顺从模式的讯问机制下被催生的强迫内化型虚假口供，与侦查机关后续寻找

---

① 龙宗智：《有组织犯罪案件分案审理问题研究》，载《法学研究》2021年第3期。

② 湖北省高级人民法院（2018）鄂刑终47号刑事裁定书。

③ 解天明：《贪污贿赂罪中的“另案处理”研究——以J省405份判决书为研究样本》，江西师范大学2021届硕士学位论文，第24页。

的与口供相互印证的证据，并围绕口供构建了一个“无懈可击”的指控证据体系。不论共犯是否出庭，侦查机关利用共犯口供构建的被告人有罪的故事没有通过庭审揭开故事间的矛盾和缝隙，而是通过庭审获得当然的确证。

（三）诉讼证明下共犯口供一致仅为形式真实

围绕被告人有罪主题搜集的共犯口供，在另案处理模式下，呈现出无论被告人是否认罪，法官的自由心证都受制于普适的“全案印证”，案件事实表现为仅具有形式真实的共犯口供一致，产生类似被“绑架”的隐形后果，诉讼证明似乎只通向被告人有罪这一条僵化的道路。

1. 被告人不认罪，共犯口供一致定罪

被告人不认罪，依据另案处理的共犯口供定罪在司法实践中不少见。如杜强盗窃罪①，被告人杜强从侦查阶段起就声称自己只参与 1 起盗窃，已判刑的共犯雍丕光、杨庆奎和王玉影的口供共同指向杜强一同参与 21 起盗窃。细究可知，杜强的辨认笔录应视为被告人口供，定案依据简化成被告人供述、共犯口供与被害人陈述三类言词证据互证定罪。剔除辨认笔录与被害人陈述证明犯罪结果和犯罪行为，真正证明杜强实施盗窃事实的仅有 3 名共犯的口供。

2. 被告人认罪，被告人与共犯口供一致定罪

适用认罪认罚的案件主要集中于轻刑案件适用简易程序、速裁程序，适用普通程序审结的仅占 6.6%。② 诉讼程序的简化将会导致证据印证过程的简化，被告人认罪更易实现共犯口供一致定罪。实务中，“如果一名共犯的口供能够得到两名以上其他共犯口供的印证，并且供述自然、正常，能够实现犯罪事实细节上的相互验证，审判人员可以认定案件事实”。③ 如蔡群平运输毒品案中，蔡群平庭审中供认，且能与刘国华（已判刑）在侦查阶段的供述、提取笔录、扣押决定书、手机通话清单等证据印证，认定蔡群平主观明知是毒品，客观实施了运输毒品的行为。

3. 共犯口供定罪，假故事取代真故事

检视共犯口供一致的原因发现包含四种情况：（1）侦查机关非法讯问所致；（2）共犯案发前统一口径；（3）共犯事后串供；（4）共犯自愿交代罪

---

① 河南省新密市人民法院（2014）新密刑初字第 566 号刑事判决书。

② 周强：《最高人民法院、最高人民检察院关于在部分地区开展刑事案件认罪认罚从宽制度试点工作情况的中期报告》，载中国人大网，http：//www.npc.gov.cn/npc/c30834/201712/5bc067b97b8e49b4a179cecafc54c306.shtml，2022 年 8 月 17 日最后访问。

③ 刘浪：《自白补强规则实证分析》，载《华东政法大学学报》2012 年第 5 期。

行。前文已述，刑事诉讼各阶段的共犯口供均可能有效。由于共犯已不可能对非法讯问进行举证，只要共犯口供相互印证，即使是以不确定性印证不确定性，仍可以通过“综合全案证据进行审查”而获得证明力。前文所述李杰等故意杀人案，对比真实与虚假故事可看出（详见表2），李杰、何军和黄刚编造的故事流畅连贯，致后归案的黄德海获12年有期徒刑。

表2　李杰、黄德海、何军、黄刚故意杀人案的真实故事与虚假故事对比

虚假故事	真实故事
1993年11月28日20时许，被告人李杰、何军、黄刚、黄德海（在逃）酒后在宜宾市飞机场水泥跑道上玩耍时，被告人李杰拿香烟出来散发不够，见前面有一男一女在散步，被告人李杰上前向男青年叶云波索要香烟，遭到叶云波拒绝，双方发生口角，被告人何军见状上前与叶云波发生抓扯、斗殴，被告人李杰在地上捡起一块鹅卵石向叶云波的头、胸部猛击数下，又用此石头向女青年谢光桂头部猛击数下，被告人何军、黄刚、黄德海也对两被害人拳打脚踢，致二人死亡	徐英勇、孙建勋因不安心在部队服役，两人共谋提前退伍后去抢劫、绑架，以获取不义之财。1993年11月27日晚，二人酒后商量去试一下有无胆量作案，便携带木棒寻找作案目标，在机场跑道处看见一男一女，即分工由徐英勇对付男青年，孙建勋对付女青年，分别持木棒打击二人头部。当时，女青年叫道：“我要去部队找你们”，徐、孙遂起杀人灭口之念，将二人打昏后拖到草坪上，用鹅卵石砸二人头部，解下男青年的皮带勒其颈部。致二人死亡后，将皮带、木棒丢在水渠里，将鹅卵石藏匿后逃走，并于次日晚烧毁沾有血迹的军大衣

二、过滤传闻：规范共犯口供合法性调查程序

自接到起诉书的那一刻开始，法官就以猜想方式被动开启认知公诉人在起诉书中创造的故事。但猜想对事实认知产生偏离的影响并不少。波斯纳为减少案件事实偏离真相开出如下药方：案件事实的形成应注意偏差的分析，一方面把握信息的入口关，另一方面通过诉讼程序的制约。由此，共犯口供的合法性调查通过把握共犯口供的准入与排除两个方向，过滤不合法的共犯口供。

（一）设置可采原则：共犯出庭对质的程序改造

就另案处理案件而言，法官的预设猜想是，共犯对于自身犯罪事实的供述，若出于任意所为，可视为证明自身犯罪事实的供述，其性质属于证人证

言，共犯的地位应视为证人，应适用证人的严格证明法则。

1. 决定性口供的共犯出庭

如果不让陈述者于法庭上陈述并直接确认陈述的可靠性，事实认定者很可能偏信庭外陈述。① 前文已述的李杰等故意杀人案，我国台湾地区的苏建和案、黄志成案、徐自强案以及意大利 Barberà 等错案（详见表 3），都在提醒法官，刑事被告享有质问不利证人的权利，是超越法系，凌驾国界的普世价值的基本人权。“无论是欧洲人权法院还是美国联邦最高法院，都坚持以证人出庭为原则、证人不出庭为例外。”②

然而，并非所有证人均需出庭作证。欧洲人权法院在范 · 梅赫伦案确立“唯一或决定性标准”作为对质的底线标准，以之改造我国刑事诉讼法“对定罪量刑有重大影响”为“对定罪量刑有决定性影响”的共犯口供，共犯应当出庭作证。被告人申请共犯出庭的，法庭应予准许。除死亡、严重疾病无法出庭等特殊情形外，如未出庭，其供述不得作为对其他同案被告人不利的证据。③ 特殊情形不能出庭作证的，德国、我国台湾地区已试行对共犯“视频询问”这一次佳对质方式。我国《刑事诉讼法司法解释》亦明文规定可以视频作证。因此，对于涉案人数众多的毒品犯罪、黑社会性质犯罪等组织型犯罪，为提高诉讼效率和避免提押风险，如果能让正在服刑的共犯通过视频技术远程作证，应优先使用，而不能使用其庭外的陈述。④

---

① 董林涛：《传闻法则的日本模式：结合司法判例的考察》，载《北外法学》2021 年第 1 期。

② 孙明泽：《通过保障对质询问权实现庭审实质化——欧美对质询问权判例的考察及启示》，载《北京理工大学学报》2018 年第 4 期。

③ 汪海燕：《共同犯罪案件认罪认罚从宽程序问题研究》，载《法学》2021 年第 8 期。

④ 王晓华：《共犯陈述的信用基础及规则构建》，载《中外法学》2021 年第 3 期。

表 3　另案处理的共犯口供所致错案列举

国家或地区	错案名称	共犯状态	具体案情
中国	李杰、黄德海、何军、黄刚故意杀人案	李杰、何军、黄刚先判刑，黄德海后到案	10 月 27 日晚到 29 日凌晨，李杰已被连续审讯一天两夜，神情恍惚。李杰想到了好友黄德海，因为“他们没有听说过这个人，想必不好抓他，可以拖一下时间，骗他们先放人”。李杰编造出作案经过，还绘制了机场地形图。李杰的“同犯”何军、黄刚也相继“招认”。黄德海一直没有承认犯罪，以“零口供”接受审判，后被判处有期徒刑 12 年
我国台湾地区	苏建和、刘秉郎、庄林动等三死囚案	王文孝先判死刑，其供出苏建和、刘秉郎、庄林动	共犯王文孝在对自己进行的刑事程序中，作出不利于其他共犯的陈述，牵扯出苏建和、刘秉郎、庄林动的犯罪情节，且共犯王文孝先被起诉，自始与苏建和等三死囚案件分离审判，并先行确定且执行死刑。在审理苏建和等三死囚案件时，发生无从与共犯王文孝对质诘问之情况下，该已死亡且未经对质诘问的共同被告王文孝之指述是否可作为证据之情形
	黄志成盗匪等案件	方启钧、张宪全先判死刑，黄志成通缉到案	黄志成盗匪等案件，共犯方启钧、张宪全先被起诉、审判、确定并执行死刑后，嗣黄志成才经通缉到案，因此，黄志成盗匪等案件，以已死亡但未经对质诘问之共犯方启钧、张宪全的陈述，作为定罪之证据之一
	徐自强因掳人勒赎故意杀人案件	陈忆隆、黄春棋先判刑，供出徐自强	共犯陈忆隆、黄春棋不利于徐自强之口供，系在侦查阶段为自己进行的侦查程序中所作，徐自强自始否认涉有犯罪嫌疑，更未曾自白犯罪。仅以陈忆隆、黄春棋不利于其之供述相互作为补强证据，判定徐自强涉有重嫌，甚至处以极刑

续表

国家或地区	错案名称	共犯状态	具体案情
西班牙区	Barberà 案	V 供出 Barberà	杀人共犯 V 被先行起诉、审判与确定，在“对自己”进行的刑事程序，作出不利于其他共犯的陈述，并且正是由此牵扯出 Barberà，并因此获罪
意大利	Isgro 案	Isgro 称 D 为共犯，但 D 未被侦查、追述	意大利法院朗读且使用了 D（在调查法官前）的先前陈述，作为对本案被告的不利证据，而根据 Isgrà 的说法，D 也参与了系争犯罪的实施，也就是共犯，但 D 从未成为侦查、追诉对象，后来亦逃逸无踪
意大利	Femmtelli 案	G. V. 供出 Ferrantelli. Santangelo，后死于拘禁所	共犯 G. V. 本身也是被刑事侦查、追诉的对象，基于侦查中调查法官言前陈述对两名被告不利之事实，G. V. 后来死于拘禁所内，但其陈述呈现在法庭之前且被采为有罪裁判之基础

2. 明确案件争点作为对质诘问的中心

如果仅赋予控辩各方说话的权利而不关注他们表达的内容被公平对待和是否能被法庭采纳，表达就成为无意义的“空气振动”。① 检视我国庭审可知，公诉方概括宣读起诉书后进入举证、质证程序，如共犯出庭作证，前述被告人流于形式的对质使之无法准确发现案件争点，控辩双方对争点所涉及的所有证据亦无法深入诘问。

对此，应以争点为中心改造对共犯口供的对质诘问程序。具体而言，第一步，形成争点。控方以起诉书构建故事框架，在叙述过程中尽量不破坏故事的连续性。辩方对“攻击标靶”表达被告人意见，法官采取“一争点一辩论一调查”的庭审模式，准确归纳案件焦点。以程榆等走私普通货物案②为例（详见图 1），在叙事构造：程榆伪报贸易性质、低报价格等方式逃避海关监管、

① 梁玉霞：《聚焦于法庭的叙事：诉讼证明三元系统对接——论裁判者心证自由的限度》，载《中外法学》2011 年第 6 期。

② 浙江省宁波市中级人民法院（2021）浙 02 刑初 132 号刑事判决书。

走私进口冷冻水产品与叙事时间、地点等要素间形成具体涉税金额的争点，在叙事要素走私致应缴进口税额与待证事实报低价格等形成争点：行为是否构成走私。同理，在待证事实与证据之间以及证据之间都可以形成争点。

第二步，辩方质疑。辩方对全部指控事实表示无异议，或单纯认罪不表明共犯口供具备当然的可采性。前述案件中，控方如提供共犯付婷婷的书面口供，辩方对证据推理过程和控方证据强度提出质疑，因付婷婷的口供涉及程榆报低价格走私鱿鱼的过程，对其定罪量刑有决定性影响，程榆可申请付婷婷出庭作证。共犯付婷婷出庭即转换为证人身份，依法具结、据实陈述，并接受被告之对质诘问，且于反对诘问时，不得拒绝证言。① 第三步，控辩双方辩论。控辩双方的辩论重点在于辩论控方提出的共犯口供是否具有构成其他故事的可能性，辩方可以构造自己的故事，也可以只攻击控方故事的漏洞。

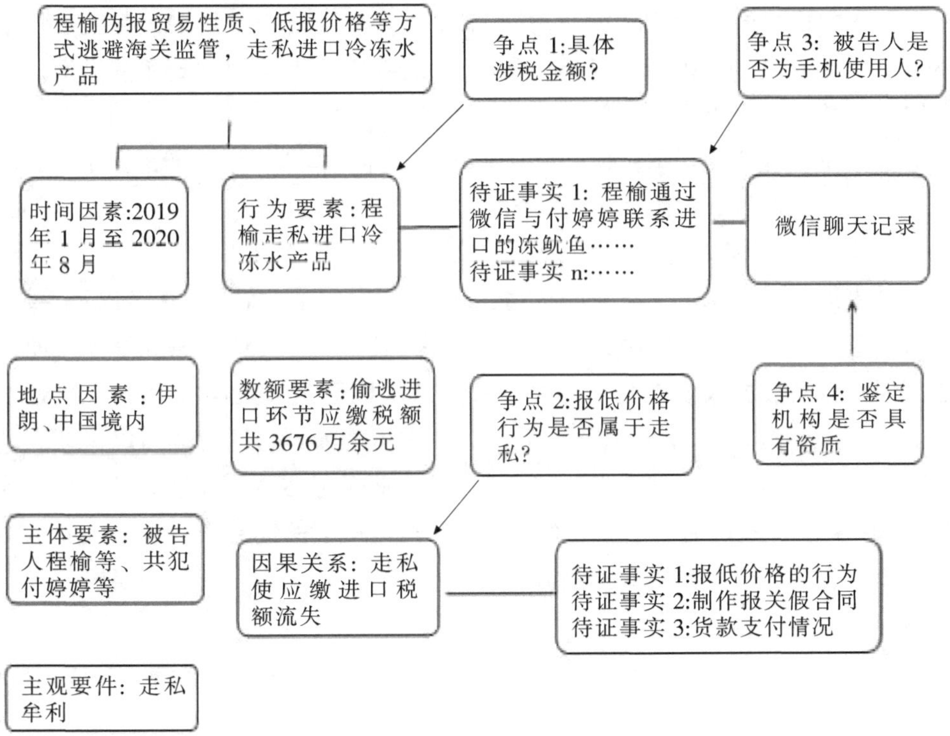

图 1　程榆等走私普通货物罪的争点示例

① 黄朝义：《刑事诉讼法新学林》，新学林出版股份有限公司 2021 年版，第 550－551 页。

3. 法官回归适当积极的庭审控制

庭审是控辩审三方共同构成的竞技场，如法官消极无为，任由控辩两方各自的诉讼倾向争执不下会导致诉讼低效、浪费司法资源。故应在辩方有效质证的情况下，提示证据存在的风险与问题，开展必要的职权调查，准确评估控方证据。如辩方未能发现共犯口供存在的风险，如果法庭审查发现讯问程序、方式违法，例如未按法律规定对讯问过程录音录像、未在规定的办案场所讯问等，对供述的证据能力产生实质影响的，法官应不采纳有关证据。①

（二）揭开合作遮蔽：被告人同意的自愿性保障

被追诉人要在诉讼中达到利益最大化，不仅要与公权力进行必要的对抗，也要与之合作。② 检索相关裁判文书，按证据与被告人同意所处位置，将裁判文书分为可查明事实 + 被告人意见 + 证据和指控事实 + 证据名称 + 被告人意见 + 证据内容两类（详见表4），前者如缪繁富、罗强开设赌场案，判决书显示两人庭审无异议，并将同案犯胡某乔等人供述附后。后者如张延平受贿案，张延平认罪认罚，庭审中亦无异议，罗列同案犯林洪等人的具体供述内容。由此可知，无论是认罪认罚案件，还是普通程序案件，本应作为传闻证据排除其证据能力的共犯口供，却因被告人的概括同意而具备了可采性。

1. 被告人同意以自愿性为核心

刑事诉讼中的同意不应无限扩展，哪怕扩展方向正确，但多迈出了一步，就可能意味着错误。美国国家冤案平反记录中心列出了151名曾认罪答辩而后被无罪释放的被告人。换言之，被告人同意规则让这些无辜者承受了牢狱之灾。③ 刑事诉讼具有的社会和国家属性，要求被告人具备同意能力以保证同意规则的有效成立。从某种意义上讲，自愿性是评价被告人同意能力的一项重要指标。④ 美国诉蒙特斯·雷耶斯案认为，欺骗情形下的同意很少有效，亦从另一个侧面表明自愿性同意的重要性。

---

① 刘静坤：《论刑事程序中的虚假印证及其制度防范》，载《当代法学》2022年第1期。

② 张英哲：《刑事合意理念下被告人处分权的构建——基于被告人同意理论》，载《河南财经政法大学学报》2022年第4期。

③ 毛泽金：《刑事诉讼同意理论研究》，西北政法大学2021年硕士学位论文，第74页。

④ 孔令勇：《被告人认罪认罚自愿性的界定及保障——基于“被告人同意理论”的分析》，载《法商研究》2019年第3期。

2. 被告人同意有效的前提条件

澳大利亚学者克雷尼克认为，如果同意是一种预设责任的沟通行为，它就必须是有一个同意能力的行为者的行为；它必须自愿而免受强制；它必须以理解为基础而需要适当的知情；它还必须是有意为之。①

第一，强调获得值班律师的法律帮助是所有犯罪嫌疑人享有的基本诉讼权利。犯罪嫌疑人有权随时约见值班律师。第二，应赋予本案辩护人对共犯案件卷宗的阅卷权。如果共犯被不起诉或尚未进入审查起诉阶段，辩护人可以申请同步查阅共犯在侦查、审查起诉阶段的相关讯问材料，以便知悉共犯口供的具体内容。第三，借鉴美国联邦最高法院确立的 Braday/Giglio 规则作为共犯证言开示工作的指导原则。《关于适用认罪认罚从宽制度的指导意见》亦允许检察官探索证据开示制度。故被告人及其辩护人可以在庭前会议中，要求检察机关提交共犯身份信息、认罪认罚具结书、不起诉决定书及其他包含检察机关与共犯协商具体内容的相关材料。

表 4　我国被告人对另案处理共犯口供表示同意示例

<table>
<tr><td rowspan="3">查明事实 + 被告人意见 + 证据名称</td><td>(2011) 甬慈刑初字第 1745 号缪繁富、罗强开设赌场罪</td><td>同案犯胡某乔、应某文、高某、邹某某、邹某某、刘某、陈某某、杨某某、胡某、杨某 3、陈某 3 等人的供述，同案犯刑事判决书、同案犯刑事附带民事判决书</td><td>在庭审中均无异议</td></tr>
<tr><td>(2017) 浙 0784 刑初 1183 号杨国兴诈骗罪</td><td>同案犯莫某、孙某的供述</td><td>在开庭审理过程中亦无异议</td></tr>
<tr><td>(2021) 辽 1421 刑初 455 号李某某犯帮助信息网络犯罪活动罪</td><td>同案犯杨凯供述</td><td>开庭审理过程中亦无异议</td></tr>
</table>

① 董林涛：《论认罪认罚程序中的被追诉人同意》，载《法学杂志》2020 年第 9 期。

续表

指控事实 + 证据名称 + 被告人意见 + 证据内容	（2012）深罗法刑一初字第 84 号孙某犯非法拘禁罪	同案犯判决书	无异议，承认控罪
	（2019）像 16 刑初 54 号王留中、张述芳抢劫、窝藏、包庇案	同案犯王留中、张述、张林杰、董武昆等人供述	对指控事实无异议、自愿认罪，希望从轻处罚
	（2021）浙 02 刑初 132 号程榆、李春梅等走私普通货物罪	同案犯林洪、林微、董燕、付婷婷的供述	对起诉书指控其的犯罪事实和罪名均无异议
	（2021）京 03 刑初 131 号张延平受贿罪	同案犯王某的供述	对指控的事实、罪名及量刑建议没有异议且签字具结，在开庭审理过程中亦无异议

3. 法院拥有被告人同意自愿性的审查权

学者认为，通过居中裁判的法院对同意的有效性进行实质的审查，是防范风险发生的最后一道屏障。① 法官应保障被告人的知情权。对于没有辩护人的被告人，“法院应尽诉讼照料义务，予以适度阐明”②。具体而言，法官必须明确，共犯了解针对己方指控的性质与事实基础，自己作伪证的法律后果和提供证言的过程未受到任何诸如“允诺”或“威胁”的形式迫使其提供证言。法官还需逐项询问被告人对共犯口供的意见，一旦被告人或辩护人提出异议，就

① 孔令勇：《被告人认罪认罚自愿性的界定及保障——基于“被告人同意理论”的分析》，载《法商研究》2019 年第 3 期。

② 我国台湾地区“最高法院”1998 年度台上字第 47 号刑事判决书。

排除共犯口供的证据能力。何永国抢劫案中，法官认为审理后到案共同犯罪被告人时，对先到案共犯的裁判文书所采信的证据，要求重新逐项质证[①]的观点值得肯定。即使在认罪案件中，也应检验当事人同意的自愿性。如欲排除共犯口供，要求在真实性之外考虑取证程序合法性（如陈述自愿性与违法取证）。换言之，如果出于被欺诈、胁迫或陷于错误等，同意自然不产生效力。

（三）回归实质审查：特殊共犯口供的可信性研判

我国台湾地区“最高法院”2013 年度第 13 次刑事庭会议之决议二确认，……该审判外之陈述，往往攸关证明犯罪存否之关键，不应一概否定其证据能力。[②] 实践中亦有另案处理的共犯已死亡、羁押后不起诉或潜逃等客观不能出庭的情况，其审判外口供属于特殊的共犯口供，其证据能力需要一并解决。在此，区分已出庭共犯和未出庭共犯两种情况，共犯已出庭产生先前不一致陈述的认定问题；未出庭则要解决重复供述的可采性问题。

1. 先前不一致陈述：必要性与可信性

共犯出庭后出现庭审陈述与审判外陈述不一致，美国和我国台湾地区称为先前不一致的陈述，我国称之为翻供，立法采取翻供印证规则，弊端在于“可能使虚假供述获得了一张名正言顺的‘通行证’”。[③] 对比我国台湾地区与美国的先前不一致陈述制度，二者在性质、举证责任、适用程序和采信条件等方面均有差异（详见图 2）。相较而言，美国先前不一致的陈述属于非传闻，任何程序中具结宣誓就具有证据能力，适用范围过宽，而我国台湾地区将其视为传闻例外，需具备相对可信性与必要性才有证据能力，更显严谨和慎重。因此，借鉴我国台湾地区做法，先前不一致陈述应具备相对可信性和必要性，适用范围从警讯程序（侦查程序）扩充至移送审查起诉程序。

---

① 《刑事审判参考》第 497 号何永国抢劫案。

② 张明伟：《论传闻证据之同意》，载《台北大学法学论丛》第 97 期。

③ 李昌盛：《虚假供述的第二道防线：口供实质补强规则》，载《东方法学》2014 年第 4 期。

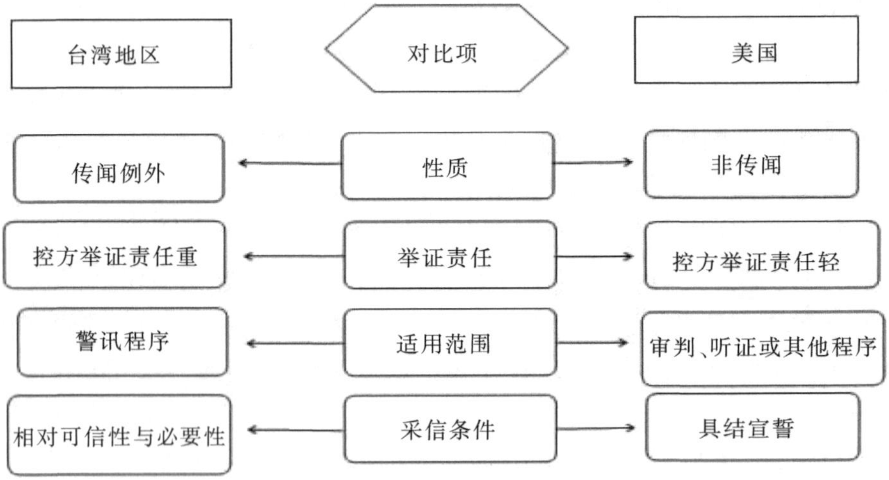

图 2　我国台湾地区与美国先前不一致陈述对比图

认定审判外共犯口供需注意几点：1. 义务法则，即国家机关是否已尽拘传证人的义务。2. 归责法则，即是否无可归责于国家的事由而导致无法诘问。3. 防御法则，即是否给予被告充分防御机会来补偿，如审判时勘验录音或录影内容、透过中间人以书面提问或诘问间接证人。4. 佐证法则，即系争不利证词是否作为判决的决定性证据。① 对于侦查和移送审查起诉时，被告人及其辩护人已对取证合法性提出异议或申请排除非法证据，为减少后续诉讼程序中证据合法性争议，办案机关应当随案移送讯问录音录像等证明取证合法性的证据材料。②

2. 重复供述：强制与裁量

陈瑞华教授指出："被告人即使获得非常完善的程序保障，他就犯罪事实的供述也不可能是完全'心甘情愿'的，而有可能是外部压力下的产物"。共犯口供的获取在本质上与被告人供述并无过大差异，因此其重复供述亦适用被告人重复自白的可采性规则。

判断重复自白是否可采的关键在于非法取供行为是否对后续自白的自愿性产生了影响，以后续自白的取供程序合法为由认为后续自白具有可采性完全违

① 陈彦伶：《共犯陈述之证据调查程序——以确保被告诘问权为中心》，台湾东吴大学 2021 年硕士学位论文，第 109 页。

② 刘静坤、邵晓悦：《法定取证程序与证据合法性认定的逻辑关联》，载《法律适用》2018 年第 8 期。

背了重复自白排除规则的法理和要求。① 原则上，采用以暴力进行威胁的方法，使犯罪嫌疑人、被告人遭受难以忍受的痛苦而违背意愿作出的供述，应当予以排除。② 同时，赋予法官自由心证的裁量权，根据个案的不同情况，将审讯方式、辩护律师介入、权利告知等纳入考量因素，判断共犯口供是否有显著不可信的情况而不具有证据能力。

三、担保真实：共犯口供证明力规则的解释图景

纵观近年平反的冤假错案，法院并没有发现新证据，只是在原有证据材料基础上重新分析证据的关联性，有无矛盾与怀疑和能否得以排除，判断是否形成完整的证明体系。③ 因此，共犯口供证明力应通过从故事到故事的叙事模型方法和从证据到事实的证据论证方法获得合理解释，得出一个关于共同犯罪的真实故事。

（一）构建诉讼主体和共犯口供间的故事模型

控辩的诉讼证明和裁判者的心证呈现出各自独立又相互重合、交叉或者不相交的复杂格局，形成三圆重合式、两圆相交与一圆并立、三圆交叉和三圆平行、互不相交四种诉讼证明图式。④ 而刑事司法中，侦查、起诉和审判就是形成、过滤、审核或重组、确认犯罪故事的过程。⑤ 具体而言，控方与辩方就共犯口供各形成自己的故事，裁判者结合庭审情况和其他证据构建属于裁判者的故事。在三圆重合情况下，即共犯口供一致，被告人认罪或被告人对共犯口供自愿表示同意的案件中，裁判者仅需构建一个故事。而在两圆相交与一圆并立、三圆交叉和三圆平行等情况下，案件复杂，共犯口供指向不一，则需要构建多个故事。

王某某故意杀人案中⑥，王某某的有罪供述和共犯口供之外再无其他证据

① 何家弘、林倩：《论重复自白排除规则的完善》，载《证据科学》2020 年第 2 期。

② 董坤：《重复性供述排除规则之规范解读》，载《华东政法大学学报》2018 年第 1 期。

③ 储陈城、刘睿：《“只有被告人供述”案件司法证明的谬误与厘清》，载《时代法学》2020 年第 1 期。

④ 梁玉霞：《聚焦于法庭的叙事：诉讼证明三元系统对接论裁判者心证自由的限度》，载《中外法学》2011 年第 6 期。

⑤ 尹洪阳：《事实认定过程中的证据叙事分析》，载《中国政法大学学报》2018 年第 2 期。

⑥ 江西省高级人民法院（2020）赣刑终 37 号刑事判决书。

指向王某某作案，现将控方、辩方和审方故事详述如下：

控方故事：被告人王某某用匕首造成两处致命伤中的一处，导致被害人万某某死亡。附书证、物证、证人证言、被害人陈述、被告人供述、同案犯供述等。

辩方故事：王某某作案时所持匕首宽度仅为 3 厘米，万某某身上两处致命伤宽度均为 5.5 厘米，3 厘米宽的刀不可能形成 5.5 厘米宽的创口。同案人吴某某所持匕首宽度在 4 厘米以上，且本案中持匕首者有三人，万某某身上两处致命伤不可能由三人形成。

审方故事：1. 根据经验常识，斗殴双方身体处于运动状态中，较窄的刀具有可能形成较宽的伤口；2. 虽然被害人两处致命伤不可能由三人形成，但案发时情况混乱，不能排除其中任何一位持匕首者的责任，且王某某及同案人供述均证明王某某持匕首刺杀了被害人。

控方指控王某某杀人，辩方否认，裁判者认为王某某杀人，可知诉讼证明为典型的两圆相交与一圆并立图式，裁判者所构建的两个故事以控辩双方构建的故事为原型，事实认定最终表现为接受控方的故事作为裁判依据。

（二）共犯口供类型化补强的支持度审查

前述王某某杀人案中，王某某否认犯罪，定罪依据为另案处理的共犯口供。为防止脱离证据而随意构建故事，就要审查证据对故事的支持度，看证据是否能够对故事的主要部分进行证明。① 我国台湾地区“最高法院”2017 年度台上字第 3786 号判决认为，共犯口供在共犯事实范围内，须有补强证据担保其真实性。②

1. 罪体标准和隐蔽信息的缺陷

英国佩里案和美国史蒂文与耶西·波尼案，共同点为法院根据虚假口供认定了一个从未发生过的谋杀案。据此发展出精简为犯罪结果和犯罪行为得到自愿性口供之外的独立证据补强，被告人可被定罪的罪体标准。罪体标准仅能确证犯罪的发生，却无法解决避免无辜者被错抓错判和无辜被告人自愿虚假认罪。《最高人民法院关于适用〈中华人民共和国刑事诉讼法〉的解释》司法解释第 106 条创设的“隐蔽性证据”规则可以很好识别被告人与行为人的同一

---

① 纵博：《印证方法的不足及其弥补：以多元证据分析方法体系为方向》，载《法学家》2020 年第 2 期。

② 王正嘉：《共犯陈述的定位与补强证据》，载《月旦法学教室》2020 年第 2 期。

性。遗憾的是，隐蔽性证据不能有效防止误判风险，1990 年美国德斯科维奇案已证实这一点。

2. 一体运用补强共犯口供

罪体标准和隐蔽信息在补强对象上缺乏周延性，如两者合并，将补强证据所要证明的案件事实限定在三个方面：犯罪结果、犯罪行为、主体同一，那么被补强后的口供可信性将大为增强。① 如容某良被控故意杀人罪，7 名已判刑的共犯一致供述在容某良当年居住的祖屋屋后山岭上试枪，实际上容某良的祖屋屋后是低洼的河流和平地，② 茂名市中级人民法院综合全案证据后判决容某良无罪。

3. 共犯口供的类型化补强

在保障裁决者形成有罪确信的条件下，根据案件类型层次化调整对证据完备性和证据量的要求（详见图 3）。第一层，认罪案件的真实性要求相对较低，刑罚 3 年以下普通案件，无论有无补强证据，可依共犯口供定罪，刑罚 3 年以上特殊案件，为防止放纵犯罪，适度降低真实性要求。刑罚 3 年以下特殊案件，防止“顶罪”则需要独立证据排除“顶罪”可能性。

第二层，不认罪案件，刑罚 3 年以下案件，复数共犯口供的可信度上升，可依据复数共犯口供或隐蔽性证据补强口供的可信性。但刑罚 3 年以上案件，错误发生率有所上升，后果相对严重，如共犯翻供，复数共犯口供与隐蔽性证据还应有其他证据予以佐证才能定罪。

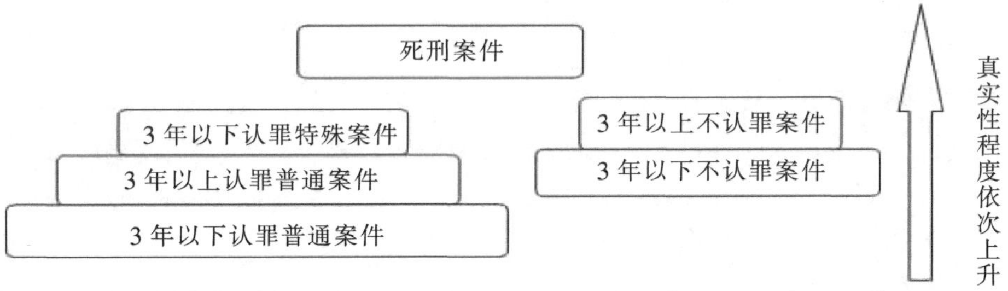

图 3　共犯口供证明力类型化层级示意图

第三层：死刑案件。无论认罪与否，均要求不包括言词交流性质的独立证

① 董坤：《规范语境下口供补强规则的解释图景》，载《法学家》2022 年第 1 期。

② 《炜衡律师亲述：“杀人主谋”的无罪逆转》，https：//baijiahao. baidu. com/s？id = 1651394768096295527&wfr = spi der&for = pc，2022 年 8 月 29 日最后访问。

据对罪体三要素进行补强，并对隐蔽性证据的来源进行审查，特别注重排除指供、诱供和共犯于其他渠道获得隐蔽性细节等污染口供的情况。

（三）证据论证和故事情节的融贯性检验

如果一个故事版本全面覆盖了提交到法庭的证据，并且证据之间不存在矛盾排斥，证据解释和推理之间不存在歧义，完全体现证据与证据、证据与事实之间的非矛盾性，构成一条完美的演绎性逻辑链，那么事实认定者对此更易形成心证。① 刑法规定的具体犯罪构成要件有 P1 ~ Pn 项，每一要件事实均要由相应的要件证据及必要的附属证据 A 组成无断裂推论链条，一旦出现矛盾证据，证据链条即告断裂，该项案件事实的真实性存疑。② 以之检验王某某杀人案（详见图 4）。该案中相关刑事裁定书、刑事判决书，表明另案处理的共犯吴志强、琚志林已因两把匕首杀人而获无期徒刑，被害人万某某身上两处致命伤不可能由 3 人形成，刑事裁定书、刑事判决书为矛盾证据，证据链条宣告断裂。

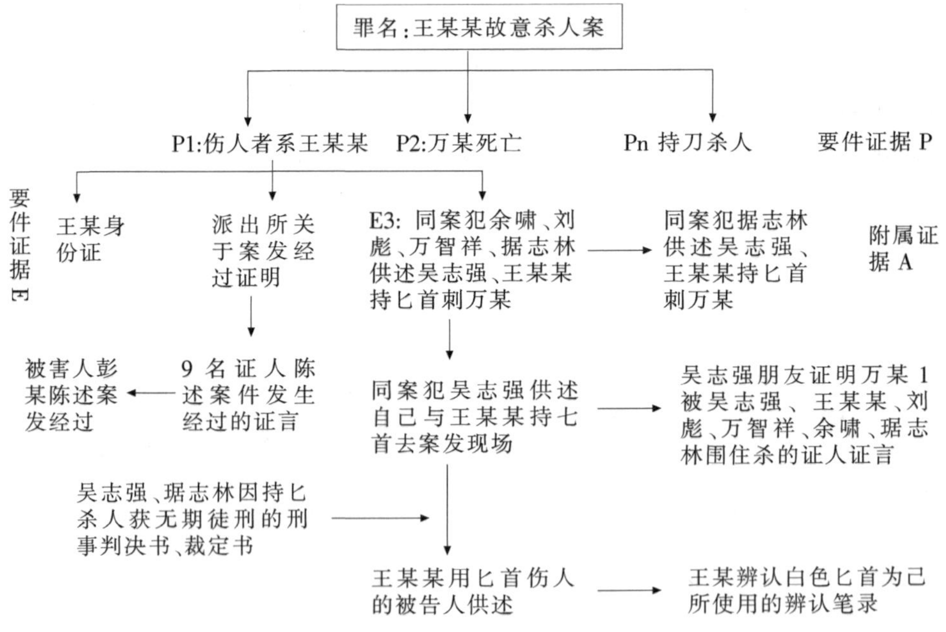

图 4　王某某故意杀人案证据推理图

① 尹洪阳：《事实认定过程中的证据叙事分析》，载《中国政法大学学报》2018 年第 2 期。

② 熊晓彪：《司法事实认定的数据化转型》，载《地方立法研究》2020 年第 3 期。

由于证实王某某系犯罪主体的证据仅有王某某的被告人供述与另案处理的共犯吴志强等人的口供（详见表5），但均没有具体、单一地指向王某某刺伤被害人万某某，关键细节上也无法相互印证，证据链条内部的证据存在矛盾。裁判者构建的定罪故事所覆盖的证据中，刑事裁定书、判决书已将另两名持匕首者判处无期徒刑，据持匕首杀人定王某某故意杀人罪无法解释两处致命伤致三人获罪的矛盾，证据链条不连续。而证明主体同一性的共犯口供内容不统一，不具备确定的共同指向性，缺乏其他非言词证据补强。综合而言，案件事实无法达到排除合理怀疑的标准，有较高的误判风险。

据此，笔者认为，共犯口供的证明力规则，应是锚定叙事上的最佳故事：一是裁判者应破除共犯口供一致形成的有罪证实性偏差，尊重被告人的辩解和辩护律师的辩护意见，以此发现证据体系和证据链条存在的问题，督促控方补充完善其他潜在证据。二是坚持直接言词原则。对于要采纳的言词证据，共犯、证人、侦查人员、被害人等均应出庭接受询问，经过有效的庭审质证程序，交由法官认定。如有重复证明证据，择一即可。三是证据之间形成反印证时，需要通过新的证据形成印证来消除合理怀疑。前述王某某是否为犯罪主体出现反印证，控方可提供案发现场监控视频或其他证据予以消除合理怀疑，如不能提交，法官应敢于排除。四是逻辑与经验法则的运用，应不违背一般人的共同经验，结论必须准确地回答要件事实，含糊的答案被视为不能排除合理怀疑。

表5　王某某故意杀人案另案处理的共犯口供证明内容

另案处理的共犯	共犯口供证明内容
吴志强	2005年4月29日晚上9点来钟时，我和徐某在迪吧路口说话时看到有六七个人用酒瓶追熊某，我就去拉那些追熊某的人，没有拉住，那些人在信江电影院拐弯的地方南杂店门口追到熊某，就在那里打他，我便掏出随身携带的匕首与带了凶器的王某某、刘彪、琚志林、万智样、余啸去救熊某。

续表

另案处理的共犯	共犯口供证明内容
琚志林	2005 年 4 月 29 日晚上 10 时许，我忽然听到“猴狸毛”、余啸喊：“打架了”，接着看到好几个人手持啤酒瓶追打熊某，熊某往外跑，我与吴志强、王枯拿匕首，余啸、万智样拿砍刀，刘彪拿菜刀，一起殴打了几个持啤酒瓶追打熊某的人。吴志强和王某某一赶上就用匕首刺万某某，我也从后面朝万某某左肩部、左臀部各刺了一匕首，吴志强在方某某的侧前方，朝其右侧腹部刺了一匕首，后来吴志强、王某某、余啸、万智祥围着万某某砍、刺。后“猴狸毛”打电话叫了一辆的士车，我们打的到了冶炼厂，在车上我和“猴狸毛”将匕首丢在的士车上。每个人手上都拿了刀具，有砍刀、菜刀、匕首等，吴志强和王某某打得最凶。
万志样	当晚我拿了一把砍刀与王某某、琚志林等六人一起追赶持啤酒瓶追打熊某的男青年。我见王某某举刀朝旁边的人砍，接着就有一个人身上流着血坐在地上，最后我和吴志强、王某某、琚志林、余啸、刘彪围住万某某，都说：“跪下”，万某某没做声，往后退了几步。
刘彪	我拿了一把菜刀，万智样拿了砍刀，余啸也拿了一把砍刀。追出去时看到吴志强、王某某、琚志林把追熊某的那几个南昌人拦住了，并均在用匕首打那名跑得最快的南昌青年，其中吴志强、王某某在前面用匕首刺，琚志林则在后面刺，我与万智样、余啸三个人也拿刀冲过去。后看到吴志强和王某某刺那名南昌的男青年，一边叫那个人跪下，但那个人没有跪。这时警察来了，我们都逃走了。后逃到鹰潭一个宾馆，当时王某还说那个南昌胖子肉多，刺下去都不出血没反应。琚志林说王某某和吴志强两刺得没有轻重，乱刺很危险，他说自己朝那个人臀部刺，很担心那个人被刺死，王某某则笑着说，没事的，那个人肉那么多，那么壮，没有事的。
余啸	2005 年 4 月 29 日晚上 10 时许，我听到王某某在迪吧喊有人打架了，我拿了砍刀，“圆圆”拿了东洋刀，刘彪拿了柴刀，琚志林、王某某拿了匕首追了出去。吴志强在路边未拦住追熊某的人。后我们六个人一起围住殴打熊某的人打，我砍了彭某背上一刀，刘彪也用菜刀砍了彭某。吴志强在万某某前方刺杀，琚志林在后方刺，刘彪在旁边砍，王某某、万智祥我没有注意，砍刺在什么部位我没有看清楚，但大家均动手打了。吴志强、王某、琚志林、万智样四人是围着万某某的，万某某抱着肚子往后退，王某某追过去骂他，用匕首朝万某某下身刺了一刀，琚志林、刘彪在万某某身后砍、刺，吴志强在前方刺。除我之外都对万某某动了手。逃到鹰谭时，刘彪和王某某说，吴志强和琚志林乱杀万某某上半身。

结　语

共同犯罪具特殊复杂性，另案处理时，共犯口供作为获取事实的利器可以加速推进案件进展和诉讼进程。但是，自成一体的完整故事却可能仅为形式真实的共犯口供一致。如何通过证据能力规则识别非法共犯口供，并通过证明力规则补强其真实性，文中给出的一些不成熟建议，需要实践的检验，更需要在实践中逐步完善。

（许 辉 闫 敏：湖南省岳阳市云溪区人民法院）

技术侦查中另案监听所获证据的使用规则

——以案件关联性为视角

张宏坤

一般来说，技术侦查中监听的实施，可预见是为了取得本案犯罪有关的通信内容，以作为进一步侦查的线索，进而在审判中作为证据使用，但是当侦查机关在符合监听的法定要件进行合法监听时，意外发现不同于技术侦查监听批准文书载明以外的第三人或其他犯罪事实，此另案监听所获资料该如何处理？

基于发现真实、追诉犯罪义务，在当事人不知情情况下所透露的犯罪资讯，无疑是最有利、最真实的证据，并且侦查机关并不是有意调查该意外发现的犯罪，而故意以其他罪名申请实施技术侦查监听。① 当此通信内容为原实施技术侦查监听所欲追诉以外的其他犯罪线索材料时，即欠缺了监听证据材料使用的授权基础，因此无法正当作为证据或者线索进一步使用。我国《宪法》第40条规定，中华人民共和国公民的通信自由和通信秘密受法律的保护。严苛限制技术侦查监听措施的适用范围及审批是我国《刑事诉讼法》对《宪法》第40条的回应，② 只有危害国家安全犯罪、恐怖活动犯罪、黑社会性质的组织犯罪、重大毒品犯罪或者其他严重危害社会的重罪案件并经法定程序批准方可实施，同时规定通过技术侦查手段所获与案件无关材料应当及时进行销毁，通过技术侦查手段所获材料无法用于其他目的仅可用于犯罪案件的侦查、提起

① 黄凯：《技术侦查获取材料的使用制度研究》，复旦大学2013年硕士学位论文，第10页。

② 黎宗仁：《宪法权利视域中的通信秘密》，湖南大学2007年硕士学位论文，第7页。

公诉和审判。基于人权权利保障的观点，[①] 在法律明文无授权情况下，就出现了另案监听这个研究课题。强调人权保障则意味着无论是谁以何理由均不可肆意危害公民通信自由和隐私，除非国家安全被危害或是侦查刑事重罪。只需严格按照法律规定实施技术侦查获得的资讯材料就都能具有证据力还是对技术侦查监听善意获得的另案资讯材料的证据能力进行严苛的限制，如何认定“与案件无关”？这一问题实有探究的必要。[②] 由于相关国家及地区的另案监听制度较为完善，因此本文主要采用了比较研究的方法考察、分析相关国家和地区的另案监听制度。为了使研究更具有代表性，本文既选取了英美法系的代表性国家，如美国，也选取了大陆法系的代表性国家，如德国，还选取了混合式刑事诉讼的代表性地区，如我国台湾地区。

一、初探：技术侦查中另案监听所获证据在审判实践中的困境

研究另案监听这一课题，域外案例的讨论往往是我国学者所采用的方法，然而随着我国司法公开进程的加快，大量涉及刑事技术侦查监听的裁判文书也公布到网上，笔者在北大法宝平台以“技术监听”为关键词进行搜索，检索出 43 篇裁判文书，作为样本进一步分析，发现另案监听已在我国多份刑事裁判文书中得到反映，成为一个广泛的证据法议题。在 43 份有关键词“技术侦查”判决书中，涉及另案监听的文书有 13 件，其中 12 件为毒品类犯罪。

（一）无法援引法律对另案监听证据充分说理

案例一：2014 年武威市中级人民法院审理的张某、刘某贩卖毒品罪一案，[③] 裁判文书中载明的辩护意见认为，检察机关当庭提交的是赵某贩卖毒品一案的采取技术侦查措施决定书，但张某、刘某贩卖毒品罪一案的采取技术侦查措施决定书并没有当庭出示，那么本案技术侦查监听所得的证据材料违法，无法作为定案的证据。由此可得，公安机关是在监听其他案件的过程中偶然监听到张某、刘某贩卖毒品案的犯罪事实，属于另案监听的情形。

案例二：2015 年福州市中级人民法院二审的徐某贩卖毒品罪一案[④]，裁判

---

① 李明：《监听制度研究：在犯罪控制与人权保障之间》，法律出版社 2008 年版，第 110 页。

② 马康：《技术侦查证据认定研究——以证据能力为切入的分析》，载《时代法学》2017 年第 1 期。

③ 武威市中级人民法院（2014）武中刑初字第 14 号判决书。

④ 福州市中级人民法院（2015）榕刑终字第 739 号裁定书。

文书载明，侦查机关之前办理的施某贩毒案，采取技术侦查监听措施获得徐某在 2014 年 7 月 8 日在某旅社贩毒的资讯，于是侦查机关提前埋伏，在毒品交易完成后抓获徐某。以上情形就是典型的另案监听，公安侦查人员对施某贩毒案件采取技术侦查监听措施，善意获悉他案的犯罪情况，并循此线索监听他案进而破案。

以上列举的两个案例显示，另案监听所获证据的证据能力认定已经成为司法实务部门需要直面回应的新问题，对此问题，我国法官显得手足无措，不能正面回应。例如前述提及的张某、刘某贩卖毒品罪一案，辩护律师的辩护意见便是质疑另案监听的合法性，进而质疑另案监听所获证据的证明力。对此，法官并没有进行正面回应，也即没有回应证据的真实性、合法性、关联性问题，单就形式驳回辩护人的观点：侦查部门通过技术侦查监听的批准文书和赵某贩卖毒品的情况说明为通过赵某贩卖毒品一案的技术侦查手段得到的张某、刘某贩卖毒品一案资讯材料的证明，而张某、刘某贩卖毒品一案是其他案件，张某、刘某贩卖毒品罪一案的监听批准文书不会作为证据收录在本案，因此本案的证据并不违法，因此辩护人的辩护意见不能成立。可见在司法实践中，法院从有利于惩罚犯罪的角度大部分时候对另案监听所得证据的证明能力表示认可，此举与我国法律规定的技术侦查所获和本案无关材料必须及时销毁的表述存在一定程度的矛盾，使得刑事法官在面对类似案件时无法充分引用法律进行说理，大大降低司法裁判的公信力，是审判实践中面对类似案件的一大的困境。

（二）毒品类犯罪案件大量出现另案监听情形

案例三：2016 年南昌市中级人民法审理的蔡某吴某等贩卖毒品罪一案，①裁判文书载明，侦查人员于 2015 年 4 月 1 日采取技术侦查监听措施对他案进行监听，获悉蔡某、吴某可能有贩毒的行为，于是公安机关转而监听蔡某、吴某的电话通信情况，监听到蔡某将于 4 月 18 日去某地购买海洛因，侦查人员根据监听的线索抓捕了蔡某、吴某，并破获了案件。由此可得，公安机关也是采用技术侦查监听到另案资讯来破获案件。

从上述 3 个案例中，笔者通过研究发现我国对毒品犯罪保持严厉打击零容忍的刑事政策，主要针对走私、制造、运输、贩卖毒品等四种形态犯罪行为的查缉，因此大多非被动地遇案取证查处，而大多采取循线索溯源方式，以最少

① 南昌市中级人民法审理（2015）洪刑一初字第 87 号判决书。

人力达到最大侦查效果。因为法定刑往往很重，犯罪者极尽隐蔽之能事，[①] 因此只有执行技术侦查手段才能固定定案证据打击犯罪。笔者发现，大量的另案监听出现在毒品犯罪案件的办理中，如上文介绍，在43份有关键词“技术侦查”判决书中，涉及另案监听的文书有13件，其中12件为毒品类犯罪。

（三）另案监听证据在裁判文书中的模糊化处理

案例四：2020年广西壮族自治区南宁市西乡塘区人民法院审理的被告人李翠珍犯贩卖毒品罪一案，[②] 判决书认定，2018年8月起，黄某、韦某（另案处理）受雇于“阿超”（另案处理），驾驶摩托车携带毒品从防城港市上思县到南宁市江南区交给被告人李翠珍和“肥仔”。2018年8月26日警方通过监听黄某与李翠珍当天因赌博事宜电话联系内容，破获被告人李翠珍毒品犯罪事实。该案辩护律师提出本案技术侦查手段获取的证据应当进行质证，以便查清事实。据此请求二审法院依法改判。对此，法官没有进行正面回应：“关于通过技术侦查获取的案件材料是否应当质证的问题，经查，检察机关并未将上述案件材料作为本案的证据予以举证，不存在质证与否的问题，亦非据以定案的证据”。

在这个案例中，司法机关为了回避另案监听证据合法性的问题，检察机关往往并不将另案监听的材料作为证据进行出示，技术侦查监听到其他案件的资讯材料，侦查人员往往仅是将该资讯材料当作线索，并循此线索侦查到重要证据并破获案件。因此，法院在审理时，便可不审查另案监听的证据。这也使得法院在判决书中会对技术侦查是不是另案监听进行模糊化描述，使得判决书受众无法辨明该案是否使用了另案监听的技术侦查手段。

（四）恶意监听架空审批机制

应当警惕，刑事法官如果放任另案监听获得证据的审查认定，将难以避免侦查机关有“挂羊头，卖狗肉”的滥听情形（见图1）。侦查机关以本案为由提请批准技术侦查监听措施，实则是为取得其他案件犯罪证据，从而架空法官证据审查和《采取技术侦查措施决定书》等上级侦查机关的批准和监督，无法实质有效控管技术侦查监听措施实施。本文试举一例，2014年2月20日，我国台湾地区的“台北地方法院”审核批准一份监听文书，其目的原本是要

---

① 孙聪：《毒品犯罪案件侦查取证研究》，中南财经政法大学2020年硕士学位论文，第9页。

② 广西壮族自治区南宁市中级人民法院（2020）桂01刑终727号刑事判决书。

监听立委柯建铭是否涉入法官受贿案，但特侦组以同一案号，侦办多个无关案件，申请监听的案件目的，与原本监听柯建铭的目的明显不同，甚至爆出监听国会总机的轩然大波，引发我国台湾地区民众的不安和指责。① 由于技术侦查监听措施不确定性及普遍性，也导致了公安机关侦查人员几乎不可能不接触到与本案无关或是与其他案件有关的通信内容，如规范限制过严，除了无法促使公安机关侦查人员遵守程序，还将可能导致监听到的证据被全然排除，不可使用，不利于发现真实实现实体正义。

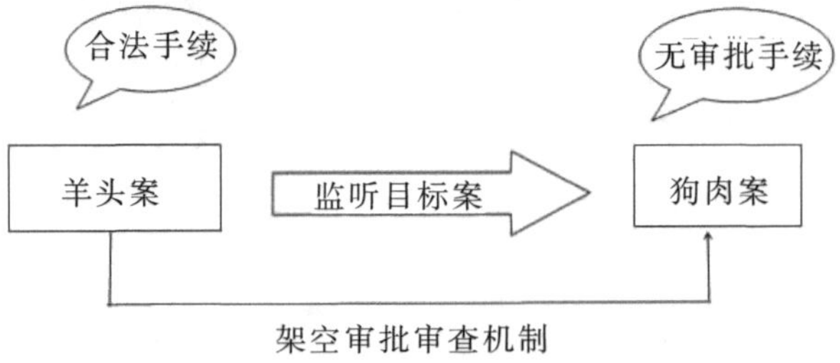

图 1　“挂羊头，卖狗肉”架空审批机制

二、溯源：模糊法律规定折射证据适用的内源隐忧

通过技术侦查手段所获资讯材料具备证据能力固然在现有《刑事诉讼法》中进行了规定，但并未明确规定在对《采取技术侦查措施决定书》记载的犯罪进行合法监听时偶然获得的“另案”材料能否作为追究“另案”的证据，由于相关法律规定的模糊与粗疏，导致在对刑事诉讼法相关条款的理解与适用时存在不确定性。

（一）“可以作为证据使用”的范围不清

运用转化的方法对技术侦查监听的内容进行处理是我国以往司法实践的常用做法，例如公安机关往往将监听录音以情况说明的形式固定为证据。2012 年修正后的《刑事诉讼法》承认了通过技术侦查措施所得材料的证据能力，该法第 152 条规定：“依照本节规定采取技术侦查措施收集的材料在刑事诉讼中可以作为证据使用。”2021 年施行的《最高人民法院关于适用〈中华人民共和国刑事诉讼法〉的解释》（以下简称《高法解释》）也规定：“采取技术侦

① 毕送平：《另案监听材料的证据能力研究》，山东大学 2021 年硕士学位论文，第 17 页。

查措施收集的证据材料，经当庭出示、辨认、质证等法庭调查程序查证属实的，可以作为定案的根据”。上述提到的法律规定对技术侦查所获资讯的证据力虽然进行了承认，但却未仔细分辨“可以作为证据使用”的范围，未明确规定技术侦查材料可否囊括另案偶然所得材料。这导致存在两种对另案监听材料的证据容许性的理解：侦查机关如若合法获得批准手续并依法定程序实施技术侦查，那么技术侦查获得的资讯材料不单《采取技术侦查措施决定书》所记载犯罪的材料有证据能力，也包括偶然监听到的“另案”犯罪的材料具有证据力，此为第一种理解。① 第二种理解则认为合乎法律规定是通过技术侦查监听所获材料当证据使用的必要条件，合乎法律规定一要满足技术侦查的案件符合《刑事诉讼法》第148条所规定的案件范围，不在此特定犯罪内案件进行技术侦查即为违法，侦查所得材料亦缺失证据力；二要满足技术侦查的类型及侦查对象均应当事先通过法定程序进行批准。② 按照这一理解，如果偶然监听到《刑事诉讼法》第148条所列罪名之外的犯罪材料，或者偶然监听到《技术侦查决定书》所记载监听对象以外的第三人的犯罪材料，该偶然监听材料不能作为证据使用。法律对“可以作为证据使用”这一词句没有进行清晰规定导致审判实践中存在法律条款适用的不同意见。

（二）“与案件无关的材料及时销毁”的含义不明

通过技术侦查所得无关资讯材料及时销毁制度于2012年我国《刑事诉讼法》修正后首度予以明确，第150条第2款规定：“对采取技术侦查措施获取的与案件无关的材料，必须及时销毁”。2019年实施的《公安机关办理刑事案件程序规定》以及2020年实施的《人民检察院刑事诉讼规则》亦有同种规定（见表1）。但是，该条款的简略和模糊化表达使得“与案件无关”这一概念并未明确和具有可操作性，“与案件无关的材料”的含义有两种表达，第一种是从宽泛意义上进行解读，那么“与案件无关的材料”即是指脱离了刑事案件严重程度的私生活个人隐私等信息，应当立即销毁，阻却相关司法人员对个人私生活隐私权利侵犯的加深。如果按照这一理解，那么偶然监听所得材料便无需销毁，因为偶然监听所得材料虽然与“本案”无关，但与犯罪有关，出

① 郭华：《美、德监听令状外获得材料作为证据使用的考察——兼议我国〈刑事诉讼法〉第152条与第150条第3款》，载《环球法律评论》2013年第4期。

② 陈光中：《〈中华人民共和国刑事诉讼法〉修改条文释义与点评》，人民法院出版社2012年版，第227－228页。

于追诉犯罪的需要，无须对其予以销毁，偶然监听所得材料均可以作为证据使用。第二种是从严格意义上来理解，指与《采取技术侦查措施决定书》上所记载的案件（即“本案”）无关的材料，因此，凡是与“本案”的定罪量刑不相关的材料，即便是有关“另案”犯罪的材料，均应及时销毁。① 根据此种理解，那么另案监听所得材料大部分将失去证据力，因为另案监听所获资讯材料都应当立即销毁除非与本案有关联。因为没有具体明确的法律规定，从而产生关于该条规定的两种不同的理解，并最终影响到另案监听证据的证明力。

表 1　现行法律规章对“与案件无关”的规定

法律规章名称	具体规定
《公安机关办理刑事案件程序规定》2020. 09. 01 实施	第 269 条第 2 款：采取技术侦查措施收集的与案件无关的材料，必须及时销毁，并制作销毁记录
《人民检察院刑事诉讼规则》2019. 12. 30 实施	第 231 条第 1 款：检察人员对采取技术侦查措施过程中知悉的国家秘密、商业秘密和个人隐私，应当保密；对采取技术侦查措施获取的与案件无关的材料，应当及时销毁，并对销毁情况制作记录
《中华人民共和国刑事诉讼法》2018. 10. 26 实施	第 152 条第 2 款：侦查人员对采取技术侦查措施过程中知悉的国家秘密、商业秘密和个人隐私，应当保密；对采取技术侦查措施获取的与案件无关的材料，必须及时销毁

（三）非法证据排除规则的效力不及

非法证据排除为我国《刑事诉讼法》的重要内容，然而范围却只限定犯罪嫌疑人、被告人供述和证人证言、被害人陈述这几类证据，以及收集程序严重违法的物证、书证，而对于其他证据形式，并不在非法证据排除规则的排除范围之内。通过监听手段所收集的证据形式主要表现为视听资料，由于非法证据排除规则并不排除视听资料这一证据形式，使得违法监听所得的材料不受非法证据排除规则的约束。虽然《高法解释》第 107 条规定对于作为证据使用的技术侦查材料，应当通过当庭出示、辨认、质证等法庭调查程序查证属实，但这一规定是对证据真实性的要求，并未对证据收集是否合法作出要求。《高

① 孔雨龙：《通讯监听制度研究》，山东大学 2014 年硕士学位论文，第 23 页。

法解释》也规定如若视听资料真伪未定，对制作、取得的时间、地点、方式存疑又未能证明或解释，则视听资料应当排除。但是，上述法条没有明确规定证据收集是否合法这一问题，仅仅规定了证据真实性的要求，由此可得，我国现行法律没有规定违法的技术侦查监听获取的证据材料是否应当排除。本质上另案监听偶然所得另案资讯材料便是合法的，因为本案的监听是依法批准并严格依照法定程序进行，只是在合法监听本案时偶然获悉超出《技术侦查决定书》上规定内容的另案资讯。因而，对违法监听获取的资讯内容依据我国非法证据排除规则无法排除的情况下，更无法运用非法证据排除规则排除偶然另案监听所获证据。

三、镜鉴：比较法视野下另案监听制度的审视

（一）我国台湾地区

1. 另案的认定标准

我国台湾地区决定另案监听所取得通信内容能否使用，前提是“其他案件”的概念区分问题，也即是如何判断区分是否为另案或是本案。由于绝大多数技术侦查案件的实施是在侦查程序中，犯罪事实仍尚未明确，且监听措施是对于未来的对话或通信进行监听，所涉及的人、事、时、地和物的细节都还未厘清。就此问题，我国台湾地区已出台的“通讯保障及监察法”细则第16条之一第1项补充规定：本法第18条第1项所称其他案件，指与原核准进行通讯监察的监察对象或涉嫌触犯法条不同者。可见我国台湾地区区分另案的标准是侦查对象和触犯的法条。

2. 陈报制度下的关联性或重罪原则

无限制使用的观点是我国台湾地区在2014年对“通讯保障及监察法”修改前对另案监听证据材料的使用规则。该法修改后，增加的第18条明确规定执行技术侦查监听获得他案资讯材料不具有证据力，如果在7天内向法院陈报，法院认为另案资讯材料与实施技术侦查监听的案件有关联性或者另案属于第5条规定的范围罪名，那么另案监听材料可以作为证据使用。① 从此规定可以得出除非实施技术侦查的办案机关在7天内向法院陈报，并经法院认为另案资讯材料与实施技术侦查监听的案件有关联性或者另案属于第5条规定的范围

① 刘南男：《台湾地区侦查制度研究》，中国人民公安大学出版社2016年版，第115－116页。

罪名，那么另案监听材料具有证据力，除此以外其他另案监听所获材料一般而言无法进行质证和使用。由此可见，我国台湾地区“立法部门”针对另案监听问题已有明晰的规范，采用陈报制度并以重罪或与本案相关联作为审查标准。也即是说，程序上，侦查机关取得另案通信内容时，必须在法定期间内向法院陈报并经许可后，才能在另案审判程序中提出作为证据使用，此外，就实质要件，另案所涉及的必须是重罪或与本案相关联的犯罪，才能够于另案的审判中使用。

（二）美国

《美国法典》第2517条第5款明确规定，刑事侦查人员根据技术侦查的决定书执行监听措施，发现并获得与技术侦查的决定文书上并无关联的他案资讯内容，则技术侦查工作人员可以将该另案监听内容提供给相关办案人员，相关办案人员可以在一定程度上对该另案材料进行职权范围的使用。① 继续实施技术侦查监听通过职权法官的批准，则监听另案的资讯材料以及通过另案材料作为线索获得的证据材料，均可在诉讼程序中应用。② 由于美国联邦最高法院创设了附带扣押的明显可见法则（Plain view），美国实务界的法院通过较为宽泛的解释方法对第2517条进行解读并认可以下三类另案监听材料的证据力：

1. 相似的案由

因为第2517条的设立目的是阻却以合法监听为名实则是为非法取得其他案件犯罪证据，因而当刑事侦查人员实施监听时获得技术侦查决定书未载明案由的另案材料，但是该另案与技术侦查决定书载明的案由类似或有一致的犯罪构成要件，那么可以认定技术侦查措施的申请符合实际情况，该另案监听所得资讯材料具有证据力。例如以贩卖毒品为名实施技术侦查监听，偶然获得运输毒品的犯罪材料，那么即便侦查人员没有申请监听运输毒品犯罪，该另案获得的运输毒品犯罪材料仍具有证据力。

2. 本案与另案无法分割

因为第2517条的设立目的是阻却以合法监听为名实则是为非法取得其他案件犯罪证据，但是组织类型的犯罪必然囊括他种犯罪，例如，刑事侦查人员

---

① 罗迪：《美国特殊侦查制度对我国的启示》，浙江工商大学2012年硕士学位论文，第8页。

② 詹建红：《理论共识与规则细化：技术侦查措施的司法适用》，载《法商研究》2013年第3期。

技术侦查监听参加恐怖组织犯罪，但是没有申请对组织恐怖组织犯罪进行监听，也没有获得职权法官的批准，那么可以认定技术侦查措施的申请符合实际情况，可以将该监听到的组织恐怖组织犯罪案件的材料作为定案的证据。相反，如果对组织恐怖组织犯罪进行监听，监听到参加恐怖组织犯罪的资讯材料，该另案所获材料也具有证据力。这一情况与相似案由较为类似，是对组织犯罪的特别规定。

3. 法官默许

此种解释认为，当刑事侦查人员已经汇报了另案监听的情况，并申请对本案的监听措施延长期限，如果职权法官批准延长本案的监听措施期限，则意味着法官对本案中监听到的另案内容表示默许，该另案所获材料也具有证据力并可作为证据使用。

（三）德国

1. 另案的认定标准

基于德国对于技术侦查监听措施发动的严格要求，立法限制为针对可能涉嫌特定范畴犯罪的特定嫌疑人才能发动，并且须将此特定范畴犯罪和对象载明于强制措施批准文书上。由于国家刑罚权是针对特定被告人的特定犯罪事实发动的，案件内容由被告与犯罪事实构成，因此，若该原受侦查的重罪称为本案，受侦查对象为本案嫌犯或共犯，则技术侦查监听措施实施过程意外发现与本案及本案嫌犯无关的其他犯罪证据材料，即称之为另案所得证据材料。据此，监听措施下的偶然发现，另案概念上须与本案人的范围及事的范围相区辨，由受侦查对象及案由组合，可得出不同类型：

其一，对象非本案受侦查对象，所得亦非原技术侦查监听决定书所载案由的犯罪事实：即他人犯他罪，为另案的基础类型。例如实施监听系为侦查甲所涉毒品案件，但获得乙涉及故意杀人的证据。

其二，对象为本案受监察对象，但所得非原技术侦查监听决定书所载案由的犯罪事实：因犯罪事实不同，亦属于另案。例如实施监察目的系为侦查甲所涉毒品案件，但却意外获得甲涉及故意杀人的证据。但如该其他案件，与本案具有关联性，则仍属本案事的范围涵盖（本案二）。

其三，对象非受监听对象（第三人），所得为原技术侦查监听决定书所载案由的犯罪事实：例如实施监察系为侦查甲所涉强盗案件，但于甲与乙的通话过程中，得知乙教唆、帮助甲或与甲共同强盗，此时，由于所有参与犯罪者的犯罪，与该受监听的犯罪在案件事实上系同一犯罪，故不属于另案，则仍属本案人的范围所涵盖（本案三）。

将上述不同类型的案件态样，整理列表 2 如下：

表 2　三种类型的另案标准

<table>
<tr><th>发动要件类型</th><th>本案一</th><th colspan="2">另案一</th><th colspan="2">另案二</th><th>本案二</th><th>本案三</th></tr>
<tr><td>受监听对象（人）</td><td>√</td><td colspan="2">×</td><td colspan="2">√</td><td>√</td><td>共犯</td></tr>
<tr><td>受监听案由（事）</td><td>√</td><td>×（重罪）</td><td>×（非重罪）</td><td>×（重罪）</td><td>×（非重罪）</td><td>×与本案具有关联性</td><td>√</td></tr>
<tr><td>说明</td><td>原受监听对象、原技术侦查监听决定书所载案由</td><td colspan="2">他人犯他罪</td><td colspan="2">被告及其共犯犯他罪</td><td>本案事的范围</td><td>本案人的范围</td></tr>
</table>

综上，判断另案的重要指标，是以本案受监察的嫌犯与罪名、监察后发现的嫌犯及犯罪事实作为判准，① 国家追诉机关如于实施合法技术侦查监听措施时，意外发现非本案罪名，而且不是本案被告、嫌犯或其共犯的犯罪证据，为另案的固有范围；至于该另案的对象，是不是涉及受监察对象或无关第三人，均不作要求。

2. 特定范围犯罪或与本案相关联原则

德国的学者普遍认为，固然《德国刑事诉讼法》第 108 条有另案扣押的表述，然而该法条是为了阻却证据材料的灭失而认可重复使用搜查等法律文书对其他案件嫌疑人进行搜查扣押。苛刻限定监听案由在《德国刑事诉讼法》第 100a 条进行明确规定，因而相较于本案的另案案由如果不是《德国刑事诉讼法》第 100a 条规定的罪名，则为非法监听，无法类推适用德国法律另案扣押的规则。属于《德国刑事诉讼法》第 100a 条规定的罪名是另案监听证据容许性的必要条件。②

① 黄惠婷：《另案监听》，载《月旦法学教室》2004 年 26 期。

② 毕送平：《刑事侦查中电话监听、视听监控问题之研究》，中国政法大学 2009 年博士学位论文，第 17 页。

德国联邦法院认为，另案监听既不得直接适用也不能类推适用《德国刑事诉讼法》第108条规定，因搜索扣押的规范内容并未预设特点范畴犯罪的限制。如偶然发现毫无限制使用，将与《德国基本法》第10条秘密通信自由的不可侵犯相违背，而考量第100a条的限制，认为于合法监听过程中意外发现的另案资讯，仅在与第100a条范畴犯罪相关联时，方允许使用，[①] 此一限制代表的是，仅在立法规定的范畴犯罪，因侦查与追诉危害国家的犯罪及其他重大犯罪，个人秘密通讯不受侵犯始须退让，至于其他非范畴犯罪，则非限制基本权利的条件，亦即国家追诉利益于范畴犯罪及非范畴犯罪间，重要程度并不相同，而有立法者对于比例原则的考量，从而对于偶然发现的使用为部分限制。直到此时，技术侦查监听偶然发现证据的可用性，已逆转以往的规定，普遍共识是，仅在限于涉及第100a条范畴犯罪，或相关联的罪行才允许使用，其他使用都是有争议的。大部分德国实务界认为，另案证据只要与任一范畴犯罪具关联性即可。[②] 由此可知，和技术监听决定书上的案由是否有关联为德国法院认定本案合法监听到另案资讯材料的证据力标准。试举一例，张三、李四、王五因犯参与传销组织犯罪，侦查机关以参与传销组织对三人实施技术侦查监听，偶然监听到三人诈骗罪的材料，同时以本案和另案监听的证据起诉三人参与传销犯罪和诈骗罪，法院最终因为参与传销组织犯罪定罪证据缺乏判决三人诈骗罪。本案中，《德国刑事诉讼法》第100a条并未列举盗窃罪可以监听，但是因为另案的诈骗罪与本案的组织犯罪相关联而认可偶然获得的诈骗罪材料的证据力。

四、平衡：另案监听所获证据的使用规则构建

实施技术侦查监听措施时，侦查人员无法事先预知通话者及谈话内容，所以监听过程中，偶然取得与本案无关的犯罪材料无法避免，由于技术侦查监听措施的这种先天缺陷，如果放任另案监听所得证据的认定与审查，将导致被监听人权益继续受到极大程度的侵害，因此应当平衡好偶然监听所得证据的容许性。在我国，刑事诉讼法对另案监听缺乏相应规定，理论界对另案监听制度也

---

① 《世界各国刑事诉讼法》编辑委员会编译：《世界各国刑事诉讼法·欧洲卷·上》，中国检察出版社2016年版。

② 胡铭：《技术侦查：模糊授权抑或严格规以——〈人民检察院刑事诉讼规则〉第263条为中心》，载《清华法学》2013年第2期。

没有进行系统的研究。通过借鉴美国及德国和我国台湾地区关于偶然监听材料证据能力的立法例，并结合我国实际情况，我国应当建立如下的另案监听证据使用程序机制（见图 2）：

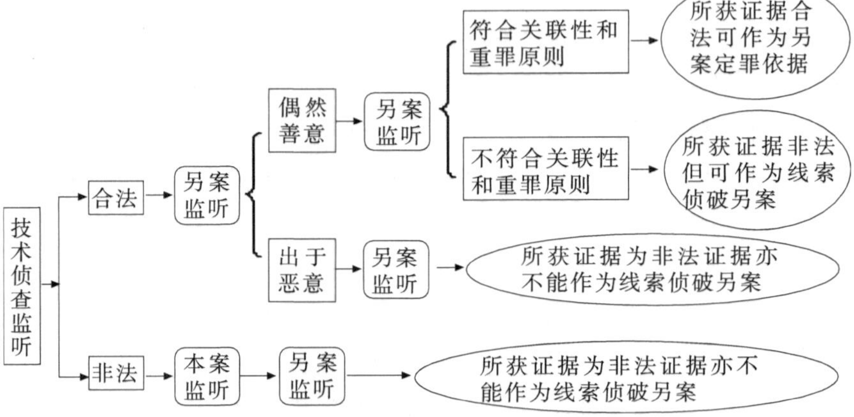

图 2　另案监听所获证据的使用规则构建示意图

（一）另案的判断标准

本文第一部分谈到了另案监听已经在我国刑事裁判文书中有所体现，但由于法律的粗疏规定，笔者认为在另案监听制度构建中的首要任务便是解决另案的判断标准问题。通过上文的介绍，我国台湾地区区分另案的标准是侦查对象和触犯的法条，德国立法上区分另案概念为须与本案人的范围及事的范围相区辨。通过借鉴我国台湾地区和德国法律对另案的认定方式，笔者认为，由于另案是相对于本案而来，所以应先由本案技术侦查监听特定的范围出发，本案涵盖范围以外的，就应属于另案。至于本案范围，可由《采取技术侦查措施决定书》来特定，《采取技术侦查措施决定书》上记载事项的目的，或重要功能之一即是特定技术侦查监听实施范围，以将技术侦查监听的范围限制在与本案有关犯罪事实内。据此，约略区分如下几种情况：

1. 涉及《采取技术侦查措施决定书》所记载侦查对象以外的人的犯罪事实，应属另案。例如，以甲为受侦查对象，但是听到了乙为甲的共犯。本文第一部分列举的案例二即是此种情况，侦查机关之前办理的施某贩毒案，采取技术侦查监听措施获得徐某贩毒的资讯，并利用监听到的资讯抓获徐某破获案件。

2. 涉及《采取技术侦查措施决定书》所记载案由及法条以外的犯罪事实，应属另案。例如，实施技术侦查监听系以甲涉嫌贩卖毒品案，但听到乙涉枪支案的通信内容。本文在第一部分列举的案例四属于该种类型：2018 年 8 月 26 日警方通过监听黄某与李翠珍当天因赌博事宜电话联系内容，破获被告人李翠珍毒品犯罪事实。

此外，即使涉犯案由或法条相同，但犯罪事实与原《采取技术侦查措施决定书》所载的犯罪事实不同时，也应属另案。例如，以甲于 A 地贩卖毒品案实施技术侦查监听，但取得其另外于 B 地的贩卖毒品案证据。

（二）本案的合法性

对于另案监听所获内容可否作为证据使用的审查，前提应当以本案技术侦查监听的合法性为前置要件，倘若本案的监听不符合《刑事诉讼法》及相关司法解释的相关规定，属于违法监听，以此所取得的内容或按照线索获得的证据等，不得作为证据或于其他用途使用应及时予以销毁等。因为违法手段直接取得原始证据，据此证据再依合法手段间接取得其他证据时，该其他证据得否使用的问题，德国学术界称为“证据使用禁止的放射效力”，美国法律上以“毒树果实理论”作为比喻，违法手段可谓毒药，原始证据即为毒树，衍生证据则是毒果。“毒树果实理论”“证据使用禁止的放射效力”所欲处理的问题，就是衍生证据（毒果）是否可以作为裁判的定案依据。德国联邦最高法院最早在 1980 年通过判决一例违反通信秘密法案，承认证据使用禁止的放射效力，本案中因实施电话监听而取得犯罪资讯，再依此资讯取得另案衍生证据，由于本案监听违反原先核准范围，因此德国联邦最高法院权衡各种因素，判断所追求刑事追诉利益是否超越个人利益，最终判定本案中个人的宪法赋予的个人信息隐私权具有优位性，因此监听所得的本案犯罪资讯及据此所偶然查获的另案材料均不得使用。所以法院在刑事审判审查是否许可使用另案监听证据时时，应一并审查本案技术侦查监听合法性，亦即法院发现本案技术侦查监听措施违法，且另案符合与本案相关联或属于法定重罪的法定要件，亦不得裁定另案监听所得证据可为定案依据。

（三）证据资格准入的“非出于恶意”标准

就刑事程序而言，如果在依法定程序实施本案监听程序中，发现他案资讯时，首先确立的概念是，另案监听是指侦查机关在依法执行监听时，偶然地、附随地发现另案犯罪资料。所以，法院审核该另案监听证据资料能否作为证据使用时，应注意该另案监听是否偶然、善意取得。如本文第一部分笔者提到的“挂羊头，卖狗肉架空审批机制”，通过合法的羊头案进行技术侦查，其目的是有意识地去监听狗肉案的情况。德国刑事制度中法官对于证据审查亦坚持

“三不”禁止原则，也即禁止不计代价、不择手段、不问是非而真实发现的原则。侦查机关若自始出于恶意，即以本案技术侦查监听之名，以取得另案监听内容之实，此种另案监听所得另案通信资料及衍生证据，不得使用。① 因侦查机关真正用意是为取得另案监听，而规避申请另案监听批准审查手续，此种行为已严重违背正当法律程序要求，所以应当具有绝对排除的法律效果。例如因另案监听并不符合法定要件，或是根本无法通过批准程序审查，那么此种另案监听应认为其系违反法律程序规定所获材料不得定案的证据使用。所以，侦查机关是否出于恶意，应是另案监听的审查要件之一。

此外，审查证据的法院厘清侦查机关是否恶性重大，从而认定另案证据不符合正当法律程序要求，并非易事。当被告或辩护人有提出另案监听的抗辩时，主张使用该项证据的检察官应证明侦查机关申请核发本案的监听批准文书时，并没有蓄意要声东击西监听他案的犯罪证据。此项证明活动，因为属于诉讼程序中执法是否合法的待证事项，因此检察官仅仅具有释明义务，无需要求证明至确信无疑的程度。

（四）关联性和重罪原则的具体化

1. 重罪原则

《宪法》明文规定，中华人民共和国公民的通信自由和通信秘密受法律的保护。根本母法对公民信息权利保护的宣誓决定了立法和司法实践应当严格限制技术侦查的使用。我国《刑事诉讼法》对技术侦查措施的运用亦规定了较为严格的适用条件和严苛的审批手续，只有对严重危害社会的犯罪案件才能采取技术侦查手段，也即重罪原则。笔者认为，属于我国法律列举的危害国家安全犯罪、恐怖活动犯罪等特定重罪案由是法院审查另案监听证据材料证据力的必要标准，笔者通过归纳列举了不同法律规章对重罪的规定（见表 3）。

实践中，基于我国对打击毒品犯罪零容忍的刑事政策和毒品犯罪行为较为隐秘的特点，大量的另案监听出现在毒品犯罪案件的办理中，如本文第一部分介绍，在 43 份有关键词“技术侦查”判决书中，涉及另案监听的文书有 13 件，其中 12 件为毒品类犯罪。同时本文列举的 4 个典型案例均为毒品犯罪案件。

---

① 程雷：《刑事司法中的公民个人信息保护》，载《中国人民大学学报》2019 年第 1 期。

表 3　现行法律规章对技术侦查“重罪原则”的规定

法律规章名称	具体规定
《公安机关办理刑事案件程序规定》2020.09.01 实施	第 263 条：公安机关在立案后，根据侦查犯罪的需要，可以对下列严重危害社会的犯罪案件采取技术侦查措施：（一）危害国家安全犯罪、恐怖活动犯罪、黑社会性质的组织犯罪、重大毒品犯罪案件；（二）故意杀人、故意伤害致人重伤或者死亡、强奸、抢劫、绑架、放火、爆炸、投放危险物质等严重暴力犯罪案件；（三）集团性、系列性、跨区域性重大犯罪案件；（四）利用电信、计算机网络、寄递渠道等实施的重大犯罪案件，以及针对计算机网络实施的重大犯罪案件；（五）其他严重危害社会的犯罪案件，依法可能判处七年以上有期徒刑的
《人民检察院刑事诉讼规则》2019.12.30 实施	第 227 条：人民检察院在立案后，对于利用职权实施的严重侵犯公民人身权利的重大犯罪案件，经过严格的批准手续，可以采取技术侦查措施，交有关机关执行。
《中华人民共和国刑事诉讼法》2018.10.26 实施	第 150 条：公安机关在立案后，对于危害国家安全犯罪、恐怖活动犯罪、黑社会性质的组织犯罪、重大毒品犯罪或者其他严重危害社会的犯罪案件，根据侦查犯罪的需要，经过严格的批准手续，可以采取技术侦查措施。人民检察院在立案后，对于利用职权实施的严重侵犯公民人身权利的重大犯罪案件，根据侦查犯罪的需要，经过严格的批准手续，可以采取技术侦查措施，按照规定交有关机关执行

2. “与案件无关”的解释

另案是否为法定重罪，相对不难判断，然而另案和本案的关联性标准，则尚无司法解释予以释明。《刑事诉讼法》第 152 条第 2 款规定：“对采取技术侦查措施获取的与案件无关的材料，必须及时销毁。”此时“与案件无关”的解释便变得尤为关切。就此问题笔者运用文义解释的方法尝试进行解释。缘由法律条文是文句组成，通过法律文句的语法、句式、词义进行解读的文义解释方法在解释法律、政策规定时具有无与伦比的优越地位，是任何办案人员在处理案件时均会优先用到的解读法条方法。[1] 故此，本文首先采用文义解释明确“与案件无关”的概念范围。关于“与案件无关的材料”的含义，根据文意的理解，有两种观点：第一种是从宽松意义上来理解，指与犯罪案件无关的材料，具体包括与犯罪无关的个人私生活等信息，由于这些材料与犯罪案件无关，因此出于保护个人隐私权的考量，应当及时销毁，以防止被人利用或使个人权利受到侵害。例如，2011 年，德国联邦宪法法院在新修订刑事诉讼法第 100a 条第 4 项的背景下，承认私人生活形态核心领域具有证据禁止使用的放射效力。第二种是从严格意义上来理解，指与《采取技术侦查措施决定书》上所记载的案件（即“本案”）无关的材料。因此，凡是与“本案”的定罪量刑不相关的材料，即便是有关“另案”犯罪的材料，均应及时销毁。如果按照第二种观点解释过严，恐造成另案证据无法使用，而不利于发现真实，打击犯罪；若广泛适用，将使非重罪因与本案相关联，扩充得作为证据或其他用途，无疑架空重罪原则的限制，使得受监听对象泛滥扩张，本条规定形同虚设。所以，笔者提出的第三种观点认为与本案有无关联性应限缩解释，以免架空立法者设定的重罪原则及最后手段性、最小侵害性原则。笔者提出应以该另案（他案）是否与本案具有实体法上的一罪关系判断，例如想象竞合犯、结合犯；或虽无实体法上一罪关系，但是出于本案被告整体或概括的犯意，且与本案触犯构成犯罪要件的罪名相同或与本案被告人的犯罪行为有方法或结果的牵连关系者，以及是否合于本案监听目的的共犯参与本案的谋议、实行或事后帮助的行为，以资认定。

（五）禁止使用的法律后果

如果另案监听时发现另案非法定重罪或与本案无关联性，此时另案监听所获证据不得作为侦查、追诉犯罪的证据，亦不得作成录音译文、情况说明。但此时另案监听所获资讯是否可以作为侦查线索、作为启动另案的立案侦查或申请强制刑事措施之用？就此问题，尚有不同意见。有主张侦查机关对于不可使用为证据的另案监听所得资料，不得作为司法侦查、起诉、审判、其他程序的证据或其他用途，并依《刑事诉讼法》第 152 条规定予以销毁。如果广泛禁止使用此类另案监听资料，显然与刑事诉讼法的侦查法定义务产生冲突。较合理的见解是，原则上由合法监听中得知之另案犯罪证据，不管系列举犯罪、非

---

① 刘艳红：《法秩序统一原理下侵害英雄烈士名誉、荣誉罪的保护对象研究》，载《法律科学》（西北政法大学学报）2012 年第 5 期。

列举犯罪或与列举犯罪有无关联的证据，都可以作为继续侦查其他犯罪的依据。① 如果是另案监听到的是他人个人生活隐私类的资料，应当按照《刑事诉讼法》第152条规定立即予以销毁。例如德国联邦最高法院于1983年的违法监听案的判决中，即以过度禁止使用证据衍生的资讯将会导致刑事追诉瘫痪为由，支持了监听到的另案资讯可作为线索继续侦查其他另案。② 因此，本文认为，如果不是侦查机关恶意躲避审查故意进行另案监听的情形，该偶然而得的另案证据资料，虽证据遭禁止使用（另案监听资料不得转化为法定证据在庭审时出示），但应仍可依此为侦查线索，作为侦破另案的线索。

结　语

美国最高法院大法官布兰代斯曾经说过："与其放任政府扮演窃听电话侵害隐私的角色，不如放任罪犯脱逃，其危害反而更少"。另案监听所获证据的使用规则构建是刑事追诉价值和公民信息权利保障价值激烈冲突的过程，具有强烈的地域和时代印记。随着网络化时代先进信息技术走进千家万户，域外法治的研究实践面对偶然所得的另案证据展现出不同的规制路径。基于对美国、德国和我国台湾地区另案证据的制度比较和分析，本文立足案件关联性视角，通过完善另案的具体标准，以本案的合法性为前提，另案监听是否偶然、善意取得，对关联性和重罪原则具体化形成处理另案监听证据使用的程序机制，在如今依据《宪法》第40条出台《个人信息保护法》个人信息权益保护呼声愈发聩耳背景下的我国将会焕发出生机和活力。国家刑事追诉和公民信息保护的冲突和对立关系随案件进入审判程序后，除了对法律修订进行制度完善外，更有赖于刑事法官恪守罪刑法定主义原则和刑法的谦抑品格作出与时俱进的判决。

（张宏坤：湖南省洪江市人民法院）

① 李思宇：《论侦查监听中隐私权的保护》，黑龙江大学2018年硕士学位论文，第16页。

② 邓立军：《非法监听所获材料之证据能力的比较法考察》，载《中国人民公安大学学报（社会科学版）》2017年第2期。

拒不执行判决、裁定罪的适用困境与应对

——基于中部 H 省拒执罪案件现状的实证考察

彭 波 王 姣

耶林说，不以法律强制力作为后盾的法律命题是相互矛盾的，是无焰之火，不亮之灯。[①] 人民法院的判决、裁定如果不执行或执行不到位，判决书与裁定书就如同“一纸空文”，这既会让胜诉者“赢了面子、输了里子”，也让司法公信力受到损害。“执行难”，可谓天下人苦之久矣。最高院与各地法院为此均使出浑身解数，通过规范化、信息化和强制性，来推动执行工作的开展，打开执行新局面。拒不执行判决执罪、裁定罪（以下简称“拒执罪”）自设立以来，就备受社会关注。尤其随着执行工作的持续推进与不断深入，作为最有威慑的武器需要不断打磨。在具体的司法实践中，拒执罪的各项动作也极易引起民众的反响，但是在具体适用上，即定罪量刑以及追诉程序等层面上存在困境，相关的争议问题愈发突显出来。在一定程度上就限制了拒执罪的强制性作用的发挥，亟待予以解决。通过政法系统严厉打击以各种方式抗拒执行、阻碍执行的违法犯罪分子，让胜诉者既“赢面子”又“赢里子”。[②] 唯此，方能有效保障当事人合法权益，切实维护司法权威和公信力，不断强化诚信守法意识，也能更好地优化营商环境。

---

① ［美］罗斯科·庞德：《法律的任务》，沈宗灵译，商务印书馆 1984 年版，第 88 页。

② 长沙中院：《让胜诉者既“赢面子”又“赢里子”长沙开展专项行动打击拒执犯罪》，载 https：//mp. weixin. qq. com/s /zvTvysxFLKXujuSwr4k9Vw，2022 年 7 月 17 日最后访问。

一、拒执罪概况

（一）历史沿革

拒执罪最初见于1997年的《刑法》。当时，《刑法》正进行全面修订，立法者便在该法第六章妨害司法罪一节中予以单列，即第313条增设了拒不执行判决、裁定罪，俗称的拒执罪。该罪规定：对人民法院的判决、裁定有能力执行而拒不执行，情节严重的，处三年以下有期徒刑、拘役或者罚金。

1998年1月19日。《六部委规定》出台，全称为《最高人民法院、最高人民检察院、公安部、国家安全部、司法部、全国人大常委会法制工作委员会关于刑事诉讼法实施中若干问题的规定》，当中第4条将伪证罪、拒不执行判决裁定罪由公安机关立案侦查，以此明确拒执罪为公诉案件。

2014年，最高院、最高检、公安部曾持续开展了集中打击拒执罪行为的专项行动。基于司法形势的需要，2015年7月21日，最高院又作出《关于审理拒不执行判决、裁定刑事案件适用法律若干问题的解释》（以下简称《解释》）。该《解释》全文共八条，既有对拒执罪定罪量刑的实体规定，也有对拒执罪追诉及管辖的程序规定。拓展开来，第1条规定了拒执罪的主体，为被执行人、协助执行义务人、担保人等负有执行义务的人。第2条将拒执罪中的“其他有能力执行而拒不执行，情节严重的情形”进行具体罗列。第3条将特定情形下的拒执行为，交由自诉程序处理。为避免由第3条可能带来的自诉案件激增的情形出现，通过第4条的自行和解和撤回自诉予以对冲。第5条规定管辖法院。第6、7条是定罪量刑的实体规定，第8条则是与此前发布的规范性文件效力如何衔接的时效问题①。

2015年8月29日，全国人大常委会通过了《刑法修正案（九）》（以下简称《修正案九》），将拒执罪的犯罪主体进一步扩大到单位。同时，也将量刑予以扩大，在情节特别严重的情形下，由之前的三年以下有期徒刑、拘役或者罚金扩展到三年以上七年以下有期徒刑。

在“切实解决执行难”的呼声下，各地该院出台了有关拒执罪的相关指导意见，以推进执行工作的开展及拒执罪作用的发挥。2018年5月30日，最高院又制定并公布了《关于拒不执行判决、裁定罪自诉案件受理工作问题的

---

① 张晨光：《拒不执行判决裁定罪司法解释出台的背景是什么?》，载 https://china.findlaw.cn/lawyers/article/d689717.html，2022年6月12日最后访问。

通知》，以此确立公诉优先的原则，当公安机关不予立案、不给书面答复或检察机关不予起诉、不给书面答复时，被害人可通过自诉方式启动追诉程序。

（二）拒执罪含义

2002 年 8 月 29 日，全国人大常委会在第九届全国人民代表大会常务委员会第二十九次会议上，对拒执罪进行解释。

1. 履行内容方面，确定为人民法院依法作出的具有执行内容并已发生法律效力的判决、裁定。此罪，从字面上讲，执行的范围为判决与裁定，就引申出另一个范围问题，拒执罪的犯罪对象是否包括民事调解书？

2000 年 12 月 14 日，最高院曾在对河南省高院的请示答复中，就明确表示调解书不包含在拒执罪适用范围之中。这其实存在认识误区，2002 年 8 月 29 日，全国人大常委会通过的《刑法》第 313 条的解释，就对拒执罪的犯罪对象进行了扩大的立法解释，即该法条规定的“人民法院的判决、裁定”，是指人民法院依法作出的具有执行内容并已发生法律效力的判决、裁定。因此，调解书虽为当事人自行协商达成，但经过人民法院的确认，就具有执行内容，也发生相应的法律效力。不然有厚此薄彼之嫌，而将人民法院的调解书，乃至仲裁委员会的裁决书，以及支付令、公证债权文书等文书纳入拒执罪的执行范围，当被告人拒不执行，情节严重的，亦进行打击。故将范围进一步扩大理解适用，逻辑上更为周延，亦更符合立法本意与现实要求。只是需要一定程度的转化，将这类调解书转化成法院的相关裁定。

因此，从某种意义上讲，这一范围进行了扩大，对于人民法院为依法执行支付令、生效的调解书、仲裁裁决、公证债权文书等所作的裁定亦属于拒执罪所称的裁定。

2. 定罪方面，将几种犯罪行为致使判决、裁定无法执行的情形予以规定，即：（1）被执行人隐藏、转移、故意毁损财产或者无偿转让财产、以明显不合理的低价转让财产的；（2）担保人或者被执行人隐藏、转移、故意毁损或者转让已向人民法院提供担保的财产的；（3）协助执行义务人接到人民法院协助执行通知书后，拒不协助执行的；（4）其他有能力执行而拒不执行、情节严重的。

3. 共犯方面。当国家机关工作人员有上述第 4 项行为的，均以拒执罪共犯论处。当国家机关工作人员收受贿赂或者滥用职权，又有第 4 项行为的，将同时构成受贿罪、滥用职权罪，依照处罚较重的规定定罪量刑。

二、现状勾勒：拒执罪适用现状

（一）拒执罪适用率低

随着法条、立法解释、司法解释对拒执罪的完善，且每年各地法院陆续出台拒执罪典型案例，判处拒执罪的案件数较往常有所提升。但从判处拒执罪的案件数占首次执行的案件数、恢复执行案件数的比例来看，始终偏低。每当公检法实施专项行动时，基于绩效考核的要求，会适当提高拒执罪的适用比率。

表 1　中部 H 省 2021 年打击拒执有关数据统计表（以下简称统计表）

法院	打击拒执移送公安案件数	打击拒执公安立案案件数	打击拒执检察起诉案件数	打击拒执法院判刑案件数	打击拒执通过自诉立案案件数	打击拒执通过自诉判刑案件数	打击拒执是否纳入公安考核
A 市	159	54	27	26	16	1	否
B 市	138	18	9	8	4	1	否
C 市	62	14	8	7	0	0	否
D 市	110	36	18	15	4	1	否
E 市	45	32	24	18	1	0	是
F 市	118	24	12	32	40	25	否
G 市	82	28	19	19	7	3	否
H 市	42	29	13	15	15	3	否
I 市	42	29	13	15	15	3	有 7 件纳入公安考核
J 市	81	44	26	32	4	0	仅 2 个基层公安已纳入

续表

法院	打击拒执移送公安案件数	打击拒执公安立案案件数	打击拒执检察起诉案件数	打击拒执法院判刑案件数	打击拒执通过自诉立案案件数	打击拒执通过自诉判刑案件数	打击拒执是否纳入公安考核
K市	74	34	20	18	6	0	仅一个基层公安已纳入
L市	67	18	8	10	19	4	否
O市	155	73	88	77	1	0	仅一个基层公安已纳入
P市	126	71	34	33	1	0	否
Q市	24	16	5	5	1	0	部分地区已纳入
合计	1325	520	324	330	134	41	

以中部H省为例，统计表明：一方面，打击拒执移送公安案件数为1325件，但打击拒执公安立案案件数降到一半以上，变为520件。而打击拒执检察起诉案件数也进一步下降，降至324件。打击拒执法院判刑案件数与之相近，为330件。另一方面，打击拒执通过自诉立案案件数为134件，数量上无法与公诉立案案件数相比，同时打击拒执通过自诉判刑案件数更是指数级下降，降至41件。因此，拒执罪的适用率始终偏低。

（二）公检法衔接不畅

法院执行部门将有关拒执罪的相关材料交予公安部门，但真正适用时却很低。公安部门有时不予立案或者检察部门不予起诉，对此不作积极处理，乃至不予答复。

如上述统计表所表现的数据，打击拒执公安立案案件数为491件，呈递减趋势，占比为38.26%，不到一半。意味着法院执行部门及移送给公安机关的案件数，大部分并不被公安机关所认可，间接说明公检法衔接不畅的问题。而以E市、I市、Q市为代表的地州市将打击拒执罪纳入或部分纳入公安考核，则公安机关立案数明显过半数，显示出绩效考核的指挥棒作用。

（三）追究效果较好

尽管拒执罪的适用率低，但当法院执行部门将被执行人等犯罪主体予以拘留时，震慑效果良好。被执行人及其家属一般会想方设法去筹钱，积极取得申请执行人的和解，尽量避免走后面的程序。仅有极少数会对抗执行。毕竟刑事追究是国家对个人施加的最严厉的制裁措施。① 在这强大的制裁威慑下，被执行人自然想尽一切办法去积极求得申请执行人的和解，而申请执行人也愿意通过这种方式实现其权益。因此，实践中只要被执行人认罪态度较好积极履行执行依据确定的义务，且申请执行人出具谅解书的，法院一般也会做顺水人情，对被执行人适用缓刑居多。简而言之，拒不执行判决、裁定罪的追究效果较好。

（四）自诉追责比例小

表1中，打击拒执通过自诉判刑案件数仅为41件，可谓是微乎其微。尽管司法解释拓宽了拒执罪的追诉渠道，由单一的公诉转变为可公诉可自诉，但还是确立了公诉为主的思路。刑法本身对定罪的证据要求较高，这就直接导致申请执行人即使有自诉这条救济途径，也极易因证据的不完善而吃闭门羹。

当事人并不能绕过公安机关，直接向人民法院提起自诉，来追究被执行人的刑事责任。因为，对于自诉案件的受理范围，有专门规定，依照《刑事诉讼法》第204条之规定，追究被执行人的拒执罪属于该条第三种情形，即被害人有证据证明对被告人侵犯自己人身、财产权利的行为应当依法追究刑事责任，而公安机关或者人民检察院不予追究被告人刑事责任的案件。该情形可以理解，向公安机关提起控告为拒执罪自诉的前置条件。唯有公安机关不予立案时，自诉人可以向人民检察院提出，以此来要求公安机关进行立案。

（五）量刑整体变轻

拒执罪的量刑有期徒刑、罚金、拘役、免于刑事处罚、缓刑。在被告人采取相关措施以促执行时，一般也极易获得从轻或减轻处罚。整体上而言，拒执

① 田文军：《拒不执行判决、裁定罪追究难问题研究》，载《人民司法（应用）》2018年第31期。

罪的刑事处罚以轻缓为主，多以短期监禁刑或非监禁刑为主的特点。[①]

（六）惩戒主体范围较窄

拒执罪一般针对有能力履行而拒不履行的被执行人，对协助义务人、案外人（共犯）的适用较少。再者，尽管拒执罪的主体已拓宽至单位，但在实践中，对单位的涉拒执罪的追诉更少。简而言之，尽管现有的法律规定及司法解释早已拓展犯罪主体的范围，但实践中近乎只适用于被执行人。

三、实践剖析：拒执罪适用乏力原因透视

（一）适用困境解读

1. 犯罪构成要素厘定不清

（1）“有能力执行”如何认定。法条、立法解释、司法解释均坚持“有能力执行”这一前提性条件。有人认为，“有能力执行”属于主观认识。也有人认为“有能力执行”是客观事实，并不以行为人的主观认识为构成要件，并且不受执行情况的限制与制约。

（2）“拒不执行”如何认定。拒不执行既包括积极的不履行，也包括消极的不履行。只是这几年来，被执行人规避执行的情况愈演愈烈，规避执行的方式也更为多样。比如在一些案件中，被执行人通过假租赁、假离婚、不正当关联加以假诉讼、假仲裁等手段、方法层出不穷，导致“拒不执行”的认定更需精准。

（3）“情节严重”如何认定。被执行人的行为“情节严重”中，有一情形，即被执行人的消极行为能否被追究拒执罪，在实践中也产生争议。例如被执行人故意下落不明，法院执行局对被执行人名下的房屋进行拍卖，案涉房屋无人竞价流拍时，即当非归因于被执行人，致使案涉财产的价值无法变现时，被执行人的此种消极行为能否被追究拒执罪？这值得深究。

2. 协调机制衔接不畅

在追究拒执公诉流程中，通常法院必须先拘留拒执罪犯罪嫌疑人，再逮捕，执行员受访者多表示，中间易出现诸多衔接不畅的问题。

一方面，拒执罪侵害的法益中包含司法的公信力与权威，法院对此打击有一定的内在动力与使命，但公安机关与检察机关并不见得。公安机关对于移送

① 刘纲、逯菁、亢居阁：《拒不执行判决、裁定罪的适用困境与化解》，载《人民司法》2022 年第 10 期。

的案件难以立案侦查，对法院移送的材料只是进行证据审查，能不立就不立，特别案件还需领导出面协调才能立案，消磨了法院执行人员移送案件的积极性。当地方的政法系统实施拒执打击的专项行动时，或者部分地区将拒执打击纳入绩效考核指标时，公安机关的积极性会也随之提高。

另一方面，公安机关与检察机关平时多打击故意伤害、抢劫、强奸等犯罪，认为拒执罪的社会危害性远不及上述犯罪，且认为拒执罪多为经济领域，不应以公权力去过多地干涉经济纠纷，更为符合刑法的谦仰性。尤其在当前各行各业的人员、设备、技术有限的情况下，只能有所取舍，花时间与精力去处理别的犯罪更具“性价比”。

正是因为公安部门、检察机关对拒执罪的认识不同，加之，公安机关侦查期限较长，公安立案、检察批捕要求较高，公安机关与检察机关内心里并不愿办理此类案件。而各机关认识的不同，导致公检法之间拒执罪工作衔接、协同出现问题，这也是公安机关与检察机关，乃至法院的刑庭对打击拒执罪有推诿、消极现象的重要原因。因此，亟须加强部门间的协作联动工作。

3. 执行员启动意愿不强

首先，案多人少矛盾愈发突出，执行人员的办案意愿较低，动力不足，积极性不高，呈被动型。刑事案件的证据收集要求较高，非常费时费力，执行员不断接收与办理新案，早已挪不出更多的时间、精力去收集证据。还不如花时间与精力去突破其他案件，更有利于绩效考核。

其次，以拘代执（拘留罚款替代刑罚）更为常用。因为法院执行的终极目标是执行完毕，其具体体现在于执结率。只要能执行结案，就不一定非得通过拒执罪来处理，通过拘留、罚款的方式进行震慑，起到一定的履行效果就行。多拘几次被执行人，大可不必大费周章地追究拒执犯罪分子的刑事责任。

再次，社会戾气较重。社会对法院的工作褒贬不一，存在一些不可控的因素。人都是趋利避害的，在追究拒执罪犯罪分子的责任时，法院的执行人员作为证据的收集及案件的移送者，是第一线的亲历者，需要与当事人打交道，极易招致被执行人对其自身及其家庭成员的报复，这是法院执行人员内心掂量的因素之一。

4. 搜集固定证据难

刑事追诉对证据的要求极高。偏偏拒执罪的取证又无比艰难。取证难，换而言之，在于证据收集与固定难。人员、设备、技术手段均不足。当被执行人销声匿迹时，法院查找下落就变得极为困难。因为我国法院并未被赋予侦查并寻找被执行人下落的权力，各类现代侦查手段，比如手机信号定位、网络追讨等无法使用，造成被执行人“玩失踪”成本低、手段简单易行。公安机关掌握一定的人员动态信息和技侦手段，但尚未形成协助法院查控被执行人的工作机制。造成相关影响，即被执行人下落不明，则财产报告制度也无法适用，案件陷入僵局；处罚措施落空，难以促使被执行人履行义务。被执行人隐匿、转移、毁损财产的证据难以查找固定。

在当事人通过拒执罪自诉追责的方式时，能否入法院的“法眼”，关键在于证据的证明力。尤其是刑事案件对证据的要求明显偏高时，更是如此。在自诉案件中，被执行人更难以控制，一旦下落不明，则无法提起自诉，也就由取证难引发立案难的问题。况且在自诉案件中，向公安机关控告作为前置程序，对证据的要求也较高。因此，有必要提前准备好相应的证据。然而，具体需要准备哪些证据材料，也只能参照各省关于拒执罪的相关规范指引或通知。

（二）公检法职能剖析

1. 公安机关

公安部门作为国家合法暴力机关，是一个非常特殊的部门。因为，公安部门是权力的交汇点，更是信息的集散地，是各项活动能否切实推动的关键。一方面，说它是权力的交汇点，这不难理解，毕竟公安部门是国家的合法施展暴力的机关，在地域上，更是与人民极易产生交集的机关。各级政府若想强力推行专项行动，尤其是基层治理，公安力量是根本绕不开的。而社会中的各种势力要想有所作为或行动，也得有公安部门保驾护航才行。另一方面，公安部门是信息的集散地，确切地说，是一个情报中心①，它直接接触到社会的各个层面，可以毫无阻力地将其影响力拓展到社会的各个层面，同时，也就获取大量的、第一手的信息。

从公安部门的内部视角来观察，一般而言，案件的不同类型也就决定了破案力度的不同。即一般的治安案件以及较轻的刑事案件，一般也就有当地的派出所或治安大队进行治理或管辖，毕竟他们的办案资源有限，无论从人员的数量及素质，还是技术等层面，都是受到主客观条件的限制，不易进一步深入去探究相关普通案件的背景。但对于类似命案或舆情影响较大的敏感案件，相关案件甚至可能从刑事案件上升到政治案件时，就有可能有刑侦大队或上级公安

---

① 吕德文：《唐山“打人事件”背后：一个更为隐蔽的黑社会江湖》，载 https：//mp. weixin. qq. com/s/VqfO7sSAVDDZ nzkwT9OQsQ，2022 年 6 月 12 日最后访问。

部门来进行主办，此时他们凭借专业人才及成熟先进的技术条件来进行案件的处理，即俗称的运用各种刑事侦查技术（如调取犯罪嫌疑人的各项信息，采取必要的监视或控制措施），来加速推进案件的进展，乃至调查出相关的案中案。换而言之，只要公安部门像刑事侦查大队那样，不计成本大量地投入，是可以侦破大多数案件的。

尤其是部分被执行人也懂政策的情况下，更难定罪。他们会把握尺寸，尽力采取避免过激的手段来刺激。因为他们知道，一旦事情弄大，后果就无法把控与预测。

与之相对，公安机关对于拒执罪材料的认定审核与法院移送的材料认定审核，存在出入。公安机关对拒执罪立案标准过高，往往要求法院提供证据证明被执行人有能力履行却拒不履行生效判决文书确定的内容。公安局办案干警和法院执行干警在拒执罪构成要件、证据要求上理解有偏差，造成案件移送后难以立案，无法达到打击效果。

加之，公安立案门槛较高，侦查周期长。其无专项经费保障，也无内在动力，唯有考核机制，才有拒执打击的紧迫感。

2. 检察机关

从表 1 中，亦可看出打击拒执检察起诉案件数与打击拒执法院判刑案件数较为相近，基本上，检察机关拒执移送的案件，法院会多以考虑与正视，对该类拒执罪的处理也更为重视，会予以回应。但还是老生常谈的问题，侦察机关与法院沟通协调对案件的处理积极性不高，过度依赖法院执行部门提供的线索证据，自行收集固定证据的主动性不足。

因为，从深层次分析，部分检察人员将执行视为法院内部事务，且没有对此绩效考核的压力，检察机关同样缺乏参与的积极性，对拒执罪案件中发现的问题，公安、检察与法院之间缺乏常态化的沟通机制。可以说，检察机关对拒执罪的线索审核，受当时当地刑事政策的影响较多。但相比法院与公安之间的沟通，法院与检察院之间的沟通，更为顺畅些，这也给予我们启示，即建立重大情况信息及时沟通机制和重点案件通报机制，方能更好地打击拒执犯罪。

3. 法院

基于法院的执行部门是执行的第一线，对执行的各项事务及流程也更为熟悉。公诉程序一般由各法院的执行部门提起，收集相关证据材料，撰写《线索移送函》等文书移交给公安机关，某种程度上来说，证据的收集重任就落到了法院的执行人员身上。这也意味着拒执罪成功的与否与执行人员的证据收集得多少相关。换而言之，法院的执行部门是第一道控诉人。

然而，根据《解释》对拒执罪的管辖规定，拒执罪案件是由执行法院所在地法院进行管辖并审理。一方面，执行法院即是证据的收集机关，是控诉人；另一方面，执行法院的刑庭负责审理该类刑事案件，其又是案件的审判机关。并且，拒执罪侵犯的法益中，囊括司法权威与公信力。意味着执行法院又是拒执罪的受害人。因此，在拒执罪的办理过程中，执行法院存在着控诉人、审判者、受害者三个角色的重合，这恰恰与我国一直推崇的刑事诉讼架构相冲突，同时，也与控审分离制度的大趋势相冲突。①

四、走出困境：拒执罪追究的破解之道

公检法对部分程序的认识不统一，对拒执罪立案标准、解释理解存在不同认识，极易造成拒执罪移送难。对此，一方面，统一立案标准和证据标准，共同研究协调处理疑难案件，就办案中发现的问题及时反馈、有效应对；另一方面，对于拒执罪自诉案件，人民法院内部立、审、执之间也要为自诉案件提供便利，方为有效之策。

（一）犯罪构成要素认识上统一

在犯罪构成上，拒执罪的犯罪主体为被执行人、担保人、协助义务人及其他实施妨碍执行行为的案外人，犯罪客体为胜诉者的胜诉权益及司法公信力，犯罪主观方面为直接故意，这三大方面，大家争议不大，在此不再赘述。对于犯罪的客观方面，则需多加笔墨予以廓清。对于拒执罪的犯罪客观方面，主要为有能力执行、拒不执行、情节严重的认定。

1. 对于有能力执行的认定标准

被执行人有无履行能力，是执行案件能否执行到位的决定性因素。因此，查明被执行人有无履行能力，是执行程序中最关键的步骤。笔者认为，认定行为人“有能力执行”应具体问题具体分析，综合整个案情予以判断、分析。要认真考虑行为人自身的收入与支出情况等。执行情况千变万化，被执行人的情况也是各有不同，不能被表象所迷惑。如若是给付性的执行义务，就要考虑行为人实施给付行为的能力以及现实可能性。法院的执行人员一般通过系统的查控，将银行存款、车辆、房屋等财产予以查控，若被执行人名下无可供执行

---

① 潘秀宗：《百案分析：拒不执行判决、裁定罪的适用现状与反思》，载 https：//mp. weixin. qq. com/s/N_ qMYU5IS SKaCQw73rpb0g，2022 年 6 月 12 日最后访问。

的财产时，才会终结本次执行程序。这些财产较为“显性”。但刑事程序中，考虑行为人的履行能力则不再局限于这些“显性”的财产，会结合行为人的其他情节予以综合判断。比如，行为人虽然名下无房无车无存款等，但的确存在高消费、高支出的情形，也可认定“有能力执行”。换言之，除了行为人及其家庭必要的生活性支出外，倘若行为人有非必要性支出的，尽管行为人名下无财产可供执行，依据情节，导致执行措施无法有效开展时，仍可认定为“有能力执行”。①

2. 拒不执行的认定标准

从内容上来看，拒不执行财产义务与行为义务，均为拒不执行；从形式上来看，积极作为与消极不作为，均为拒不执行。只是随着近些年的发展，被执行人的规避执行手段花样百出，需要公检法擦亮眼睛，具备火眼金睛，识破被执行人一些暗度陈仓的操作，来保护胜诉者的胜诉权益与司法公信力。

3. 情节严重的认定标准

（1）从保护的法益角度来看，拒执罪的初衷是维护司法权威与司法秩序，并保障当事人的胜诉利益予以实现。判决书没有实现，就只是一张纸。判决书、裁定书加盖具有法律效力的公章时，天然地具有强制性与权威性，被告理应无条件地、自觉地按照判决书、裁定书所确定的义务。当被告未按期履行或拒不履行时，原告向法院申请立案强制执行，法院执行立案后，判决书、裁定书的权威性以及申请执行人利益的实现便由法院来进行维护与保障。此时，被执行人拒不履行，不再是申请执行人的事，也是与法院的司法权对抗，如若被执行人的行为严重妨害执行，则构成拒执罪。故应从被告人的角度去考虑拒执罪的成立与否，而非申请执行人的相关权益是否实现。若申请执行人的权益是否得以实现的角度考虑，就是“结果论”，范围上并不周延，会遗漏一种情形，即被执行人的行为不影响申请执行人债权的实现与否，但被执行人妨害执行的行为严重影响了法院的权威与司法资源。“结果论”在某种程度上会损害司法权威，加大法院执行的难度，也就无法完全有效地保护拒执罪所保护的法益，不利于打击“老赖”。基本解决执行难亦渐行渐远。（2）再者，拒执罪既是结果犯，也为情节犯。拒执罪的罪状描述中就有“对人民法院的判决、裁

① 衡水桃城法院：《【“法官课堂”系列之四】：拒不执行判决、裁定罪实务问题的案例研究》，载 https：//mp. weixin. qq. com/s/dfT0TbTKT7UXSJ6iXuD5Jg，2022 年 6 月 12 日最后访问。

定有能力执行而拒不执行，情节严重的，……”当中的“情节严重”便是“情节犯”的重要论述与依据。虽然在拒执罪的法条、立法解释、司法解释对拒执罪的解读中，就有“致使判决、裁定无法执行”这种后缀，让人认为拒执罪系结果犯，即当被告人实施相关积极行为，致使生效判决、裁定无法执行的印象。但《解释》第 2 条“其他有能力执行而拒不执行，情节严重的情形”已进行具体罗列，再加上刑法的谦抑性，达到一定程度才可构罪，方启动刑罚予以惩治与打击。因此，本罪也为情节犯。被执行人的消极行为达到某种程度亦可被追究拒执罪。

（二）部门联动与协作

在各种专项行动中，人民能够看到公检法协同作战的有效性。若完善公检法三级工作联动机制，将凝聚起打击拒执罪的合力，亦将进一步提高司法效率。因此，需进一步明确建立健全打击拒不执行生效判决、裁定及其他妨碍执行犯罪行为的工作机制。

1. 取证难的解决，就极大地依赖于公检法的联动协调。在取证义务分配上，可予以调配，建议改革由法院提供相应的拒执罪线索，相应的具体的取证由公安机关或检察机关予以收集。作为拒执行为的直接见证者，必要时，执行人员可作为证人出庭作证。

2. 统一立案标准，建立常态化打击拒执犯罪工作机制。在这基础上，进一步建立拒执联席会议制度，明确拒执案件在公安、检察机关的具体对接部门、人员，简化立案、审查等程序，打通梗阻。

3. 加强配合力度。建议从省级层面推动将打击拒执配合机制纳入省市相关部门考核范围，使打击拒执工作更加制度化和规范化。省院就辖区出台办理具体的操作意见。由省法院牵头，与省人大、省政法委协调，与公安局、检察院拟定打击拒执犯罪的工作协作要求和具体工作规范，高位谋划、高位推进，让公检法形成打击拒执罪共识，形成打击拒执罪的常态化。

近日，长沙市委政法委印发《关于在全市开展依法打击拒不执行判决、裁定等违法犯罪行为专项行动的实施方案》（以下简称《实施方案》），就是在往这一方向着力，力求建立健全党委政法委统筹协调、政法机关密切配合、职能部门协同联动、社会各界广泛参与的打击拒执罪范围行为长效工作机制。

4. 亦可增加公安机关与检察机关对打击拒执罪的考核，将打击拒执罪的数量纳入考核指标。部分纳入考核的地区，对拒执罪的移送打击热情相对也较高。法院的刑庭参与执行分析指导，可把握具体的操作方向与尺度。如此，方可对拒执行为进行更好地打击。

(三) 赋予律师调查取证权

事实上，随着社会经济的不断发展，被执行人隐藏财产的方式层出不穷，规避执行的手段亦多种多样。有专家就认为："我国的'执行难'问题主要是因为无法收集到债务人的财务信息造成的。"① 在案多人少的矛盾无法有效解决前，法院的执行人员往往力不从心，腾不出更多的时间与精力去探究每一案件中可能存在的规避执行的情形。这易导致大量的拒执犯罪分子，因法院的执行力度不够或者执行员难以深究，未能得到应有的制裁。

近年来，规避执行的情况有所反弹，且更具隐蔽性，被执行人往往在诉讼开始之前，执行立案之前就以各种方式转移财产。而法院却囿于有限的手段，反规避执行工作难度加大。② 尤其是在当前被执行人难找、被执行财产难寻、执行人难求等情形下，更是如此。

思路决定出路。与其对法院的执行人员不断施压，提高要求，不如放手放权，将证据的收集义务，不再局限于法院执行局的工作人员。申请执行人的代理律师自行收集相关证据，更具有动力，更符合人性。

(四) 自诉追诉程序的加大适用

现今执行人员的数量虽有一定程度的增加，但仍然无法适应持续高增长的案件量，一线办案人员高质量长期处于"超饱和"状态。可以说案多人少矛盾仍然是阻碍执行工作健康发展的"瓶颈"。因此，案多人少的矛盾短期内无法解决，再多的口号也无法解决实际问题，即使逐步深挖法院内部潜力去解决也有极限。与其动员、督促法院执行部门去追究被告人的拒执罪，还不如从制度上作出一些改变，放手交予申请执行人去积极追诉。通过扩大自诉追诉程序的适用，来加大执行的到位率、履行率。

现实的发展也在不断倒逼法院的执行人员执行素养必须不断加强。因为执行过程的证据缺失、执行卷宗不规范等因素就极大地影响了拒执罪自诉程序的使用率。③ 当法院的执行人员对执行过程的规范化进一步加强，执行卷宗的进一步智能化、规范化，在一定程度上，也可让当事人更好地调取相关信息，扩

---

① 李浩：《强制执行法》，厦门大学出版社2004年版，第406页。

② 江苏省高级人民法院：《强制执行新实践》，法律出版社2018年版，第32页。

③ 陈建华：《拒不执行判决、裁定罪自诉程序的检视与完善》，载 https://mp.weixin.qq.com/s/yIXK9gmJwn KkHcYln1AMhw，2022年6月12日最后访问。

大拒执罪自诉程序的适用率。

基于现实的需要，法院将打击拒执的自诉案件纳入绩效考核，也在处于不断摸索中。如此，进一步畅通申请执行人的自诉渠道，乃至逐步建立起以当事人自诉为主的拒执罪的诉讼模式。

（五）建立证据收集指引

如同立案时，通过列立案材料清单的方式便利当事人。在当事人拒执罪自诉追责时，亦可通过此方式予以指导。笔者在借鉴他人资料并结合自身工作经历，整理如下：

1. 收集犯罪嫌疑人的主体信息（自然人，则收集户籍资料；单位则收集工伤登记资料）。

2. 收集证明被告人负有执行义务或协助执行义务的相关证据材料（一般为生效文书，即执行依据）。

3. 收集证明被告人有能力执行的相关证据材料（被执行人的财产报告、查封财产的相关资料，担保人、协助义务人，则与其工作职责有关的资料）。

4. 收集证明被告人拒不履行判决、裁定或妨害执行的相关证据材料（比如被执行人转移、隐匿、损毁财产的相关资料，各地标准不一，一般以低于市场价 70% 为准居多）。

（六）加大宣传引导

建立拒执案件被执行人旁听制度，发挥拒执案件震慑作用，加强宣传。开展此类打击拒执犯罪专项宣传活动，可以借助抖音、微博等新兴媒体的作用，坚持线上与线下全覆盖，发布打击拒执罪行动推进情况，曝光典型案例，形成打击拒执犯罪高压态势。毕竟刑罚是一种严厉的社会评价方法。通过拒执罪的打击宣传，告诫那些负有执行义务的人，让其算清政治账、经济账、家庭账、名誉账、身体账、未来账，敬畏法律，自觉履行法律判定的应尽义务。

结　语

如何破解“执行难”，是一个经久不衰的谈论话题。而拒执罪作为最后的底牌，可以说，是攻坚“执行难”的强有力武器，是绕不开的必谈话题，也是民事类司法执行最后的底线。① 执法要强有力，方能彰显法律的尊严。把打击拒执违法犯罪作为解决“执行难”问题的利剑，切实维护当事人胜诉权益。人，永远是第一位的。没有持续高水准的政法队伍，持续高质量的司法公正就无法得到保障。通过顶层设计，在公诉方面，公检法形成共识，协同合作；在自诉程序方面，畅通渠道，提供便利；以此来解开拒执罪的适用难题，切实为依法适用拒执罪解决执行难，提供更强有力的司法保障。

（彭波：湖南省长沙市芙蓉区人民法院；王 姣：湖南省益阳市赫山区人民法院）

① 王雷：《收藏：拒不执行判决裁定罪实务研究 | iCourt》，载微信公众号“王雷法律研究” https://mp.weixin.qq.com/s/FNch_uNRCcs_3PG2XTIQOQ，2022 年 6 月 12 日最后访问。

没收违法所得特别刑事程序研究

周　敏

一、没收违法所得特别程序概述

（一）没收违法所得特别程序与涉及财产处分的刑事程序的区别

贪污贿赂犯罪、恐怖活动犯罪是影响一个国家安定、和谐的顽疾，时至今日，这两类犯罪逐渐呈现出案件涉案金额大、危害性大、裙带关系越发复杂的特点，我们的反腐、反恐面临更为艰巨和复杂的局面。据相关部门的不完全统计，当下的贪污贿赂犯罪、恐怖活动犯罪人员为逃避本国司法制裁，大都会选择通过跨国逃逸、转移犯罪所得等形式为自己留下一条退路。面对这样的情况，我国法律在之前很长的一段时间处于管理的真空阶段，没有针对犯罪嫌疑人、被告人逃逸、死亡后诉讼进行明确规定，导致在司法实践中难以对此类问题进行必要的处理，为犯罪分子提供可钻之漏洞。为了弥补之前法律的空缺，在2012年《刑事诉讼法》的修订过程中，针对该问题增设了没收违法所得特别程序，为解决因犯罪人员外逃等情况而导致的无法对其进行刑事追诉的问题打下了坚实基础，也为我国在国际社会中充分发挥反腐、反恐作用提供了制度保障。

没收违法所得特别程序是指在贪污贿赂犯罪、恐怖活动犯罪等重大犯罪案件中，犯罪嫌疑人、被告人死亡、逃逸的情况下，经人民检察院向法院申请，依照法定程序没收其违法所得及其他涉案财产。① 准确认定没收违法所得特别程序，须准确把握以下两个方面：首先，没收违法所得特别程序中的“特别”是指，在犯罪嫌疑人、被告人因逃逸、死亡等情况而无法追究其刑事责任时，可先针对其违法所得与其他涉案财产进行诉讼。该程序独立于追究犯罪嫌疑人、被告人的刑事责任的刑事诉讼程序之外，是针对犯罪之物的一种刑事审判程序，它为预防与惩治贪污贿赂犯罪、恐怖活动犯罪起到了重要作用。其次，没收违法所得特别程序中的“违法所得”是指通过符合犯罪构成要件的违法行为所获取的非法利益。在没收违法所得特别程序中，由于犯罪嫌疑人、被告人处于不在案的状态，因此对其财产的区分更应持有一种慎重的态度。为此“最高人民法院和最高人民检察院”在相关司法解释中做了详尽的说明，为增强该程序的司法操作性和规范性提供了理论支撑。

在没收违法所得特别程序建立之初，不少学者提出其本质上属于缺席审判制度，但根据没收违法所得特别程序的相关规定及其特征，其与缺席审判制度存在根本区别，将没收违法所得特别程序与缺席审判制度进行比较区分，对认定没收违法所得特别程序的性质尤为重要。同时，没收违法所得特别程序是建立在刑法中违法所得、没收财产刑等相关概念基础上的，然而，没收违法所得特别程序作为一个独立的没收程序，与刑法中的没收财产刑罚处罚、刑事追缴既有交叉点又有不同点，只有将没收违法所得特别程序与相关的涉及财产处分的刑事程序进行比较区分，才能很好地对其进行理解与适用。因此，为了更好地理解没收违法所得特别程序的概念、性质，更好地对其进行适用、完善，将没收违法所得特别程序与相关概念进行区分即显得十分必要。

1. 没收违法所得特别程序与刑事缺席审判

刑事缺席审判是指法院在审判程序中，被告人因故未能出席法庭审理，法院依法对被告人是否构成犯罪以及构成何种犯罪进行审理并判决的诉讼制度。其具有以下几个特点：首先，它只适用于处于审判阶段的被告人出现死亡或者逃逸的情形；② 其次，它针对的是被告人是否犯罪以及构成何种犯罪的审判；

---

① 《刑事诉讼法》第280条：“对未成年犯罪嫌疑人、被告人应当严格限制适用逮捕措施。人民检察院审查批准逮捕和人民法院决定逮捕，应当讯问未成年犯罪嫌疑人、被告人，听取辩护律师的意见。对被拘留、逮捕和执行刑罚的未成年人与成年人应当分别关押、分别管理、分别教育。”

② 刘根菊、李秀娟：《构建缺席审判外逃贪官制度探析》，载《人民检察》2005年第16期。

再次，缺席审判的判决对被告人具有制裁性与惩罚性。

在刑事诉讼中，缺席审判与没收违法所得特别程序的区别主要有以下几个方面：一是适用范围不同。缺席审判仅针对法院审判阶段出现的被告人逃匿与死亡的情形，而没收违法所得特别程序不仅可以在审判阶段适用，检察院和公安机关也可以在侦查过程中适用，只要犯罪嫌疑人出现逃匿或者死亡的情形，就可以向法院提出没收违法所得的申请。二是针对的对象不同。缺席审判针对的对象是人，它行使的是判定犯罪嫌疑人或被告人罪与非罪、此罪与彼罪的一种职能；没收违法所得特别程序的对象是“物”，是针对其违法所得及其他涉案财产的审判。三是法律后果不同。缺席审判在刑事审判过程中，将会对被告人的自由或者生命进行限制或予以剥夺，而没收违法所得特别程序的审理仅仅是针对犯罪嫌疑人、被告人的违法所得部分，不会涉及犯罪嫌疑人、被告人自身的刑事责任，因此，对犯罪嫌疑人、被告人的自由与生命不具有制裁性与惩罚性。

在我国当今诉讼制度中，缺席审判制度在民事诉讼法和行政诉讼法中都有体现，但在刑事诉讼法中还没有作出相应的规定，我国刑事诉讼法之所以选择没收违法所得特别程序作为解决贪腐案件和恐怖活动案件相应问题的制度，而没有选择缺席审判主要是基于以下几点原因：第一，缺席审判制度是在犯罪嫌疑人、被告人未出席的情况下剥夺犯罪嫌疑人、被告人的自由或者生命，是对犯罪嫌疑人、被告人人权的一种损害。出于维护犯罪嫌疑人、被告人合法权益的目的，在当今众多国家的刑事诉讼制度中，对缺席审判普遍还是保持一种限制的态度，即便在法律中明确了可以进行缺席审判的国家，大都也会制定出苛刻的条件对其行使进行严格的限制。新中国成立以来，我国对人权保护始终比较重视，对待相关涉及人权的问题也较为慎重，因此在这种大环境下，还不适宜建立缺席审判制度。

第二，没收违法所得特别程序的设立是破解犯罪嫌疑人、被告人不在案，无法针对其违法所得及涉案财产进行诉讼的重要手段，它的设立主要有以下两个方面的积极意义：一是它集中反映了无论是谁都不应该也不能从违法犯罪行为中获利的法治精神，它的出现对于及时挽回被害人以及国家的财产损失起到了不可替代的作用，将极为有效地防止国有资产的大量流失；① 另一方面，它

① 陈卫东：《论新〈刑事诉讼法〉中的判决前财产没收程序》，载《法学论坛》2012 年第 3 期。

将有效地规避因犯罪嫌疑人、被告人逃匿、死亡而带来的诉讼风险，防止了诉讼拖延和诉讼终止，与此同时，它的出现也将极大地促进我国在实践中更好地履行相关国际公约所赋予的义务，并对于保护犯罪嫌疑人、被告人的人权起到应有的作用。

2. 没收违法所得特别程序与没收财产的刑罚处罚

在我国刑法中规定了一般没收和特别没收，前者为《刑法》第59条规定的没收财产刑，是一种附加刑，后者体现为《刑法》第64条中的没收、追缴与责令退赔，是一种强制措施。① 一般的没收财产是作为一种刑罚措施存在的，是一种财产附加刑，《刑法》第三章第八节中对没收财产的刑罚作了具体的规定，是指将犯罪人所有财产中的一部分或者全部予以强制性、无偿性收归国有的刑罚方法。有实体和程序上的双重要求。实体上，经法院审理后作出有效判决，程序上，经过审判程序后，应当由法院来执行该判决。

一般的没收财产与没收违法所得特别程序存在以下区别：第一，两者的性质不同。一般的没收财产正如之前所说，它是刑罚处罚，是一种附加刑，它的出现是以有罪判决为前提和基础的。只有完成了对犯罪分子的刑事定罪，才能剥夺被告人财产；没收违法所得特别程序是一个相对较为独立的程序，其不以犯罪嫌疑人、被告人的刑事定罪为前提，程序自身只是针对违法所得及其他涉案财产进行审理。

第二，两者适用的案件范围不同。由于两者在性质上有着较大的差别，导致了两者在适用的案件范围上有着较大的不同。一般没收，其存在主要是针对那些贪利型的经济犯罪，而没收违法所得特别程序则主要适用于贪污贿赂犯罪、恐怖活动犯罪等重大犯罪案件中。

第三，两者没收的对象不同。一般的没收财产，其没收的对象主要是犯罪人所有财产的其中一部分或者全部，其没收的财产中包含了犯罪人的合法财产，② 而没收违法所得特别程序，所没收的对象，是犯罪人的违法所得以及其他相关涉案财产，目的是消除其非法状态。

第四，两者需要证明的对象不同，由于一般没收是针对罪行的一种处罚，以剥夺犯罪人合法财产权益为内容，因此一般没收不需要证明犯罪人被没收的财产的非法性以及与犯罪的相关性，而没收违法所得特别程序则需证明其没收

---

① 张明楷：《刑法学》，法律出版社2003版，第432-433页。

② 阮齐林：《再论财产刑的正当理由及其改革》，载《法学家》2006年第1期。

的财产系违法行为产生的违法所得及其他涉案财产，具有违法性或者与犯罪具有相关性。

3. 没收违法所得特别程序与刑事追缴

刑事追缴也被称之为刑事没收或者特别没收，是刑事司法现状中存在的一种赃款赃物的追缴制度，从性质来分析，它属于刑事诉讼中的强制措施，其自身不具有刑罚的性质。① 从《刑法》第 64 条中的规定可以得出，刑事追缴的对象理应涵盖犯罪分子因违法行为所获取的所有财物、违禁品以及供犯罪人所有的私人财物。从实体上来分析，在当前所有的刑事犯罪案件中，凡是涉及犯罪分子的违法所得，司法机关都予以了依法追缴和退赔；程序上，在审前程序中，侦查机关能够通过一系列的强制措施对相关的财产和证据进行保全，在审判程序结束以后，对于被害人拥有的合法财产及时返还，针对犯罪分子所拥有的违法物品、犯罪工具和犯罪收益等都进行及时的追缴。因此，我们不难从中看出，刑事追缴与没收违法所得特别程序相似之处在于，其对象都是违法所得及其他涉案财产，都需证明没收对象的违法性及其与犯罪的关联性。

刑事追缴与没收违法所得特别程序不同之处在于：赃款、赃物或犯罪所得的追缴依附于追究犯罪嫌疑人、被告人刑事责任的普通诉讼过程中，对赃款赃物采取的是查封、冻结、扣押或没收的刑事诉讼措施，一般随附于普通程序的侦查、起诉和审判环节当中。在犯罪嫌疑人、被告人不到案的情况下，追缴没收赃款赃物程序是没有办法进行的。因此，当犯罪嫌疑人、被告人出现潜逃、死亡等情形时，就无法推动普通诉讼程序继续进行下去，被查封、冻结或扣押的赃款、赃物或犯罪所得也无法实现有效的追缴，没收程序更是无法进行。② 而没收违法所得特别程序的出台，就是要解决因犯罪嫌疑人、被告人逃匿、死亡的对其违法所得及其他涉案财产的没收所造成的困难，以其自身的特殊性克服普通程序中所存在的制度障碍。

（二）没收违法所得特别程序的性质及特征

1. 没收违法所得特别程序的性质

各大学者就没收违法所得特别程序的激烈争论，促进了没收违法所得特别程序写入刑事诉讼法之中。通过学习各方的观点，发现这些观点的核心是在于

---

① 陈瑞华：《刑事诉讼的前沿问题》，中国人民大学出版社 2000 年版，第 118 – 127 页。

② 陈雷：《论我国违法所得特别没收程序》，载《法治研究》2012 年第 5 期。

对没收违法所得特别程序的性质的认定。因为如何对其进行定性，直接关系到了没收违法所得特别程序的具体设计，也必将对该程序的特点与证据法的相关问题也将产生重大影响。

对于没收违法所得特别程序的性质，不同的学者提出了几种不相同的学术观点：在有的学者看来，没收违法所得特别程序应当为民事诉讼程序。其理由主要是：第一，没收违法所得特别程序并没有涉及处理行为人的刑事责任，它存在的目的仅仅也只是确认涉案财物的权利归属。这与民事没收对物不对人的制裁措施和性质如出一辙，没收违法所得特别程序所针对的只是犯罪收益，并没有把刑事定罪作为没收的前置程序和前提条件。因此，没收违法所得特别程序从其本质上来分析，它就是一种有关于财产性质的纠纷，与民事诉讼程序中的标的具有一定的相同性，可以将其作为类属于民事诉讼之中的确权之诉。① 第二，该程序在法定的审理过程中，有很多规则的使用与民事诉讼的规则有相通之处。第三，在主张此观点的学者看来，世界上的绝大多数国家，还是认为没收违法所得特别程序应该被定性为民事诉讼程序。中国对于没收违法所得特别程序的规定与美国的民事没收程序有着很多的相似之处。因此，我国的没收违法所得特别程序虽然被体现在刑事诉讼法之中，但究其根源还是应当被视为民事诉讼程序。还有的学者认为，既然违法所得没收特别程序被写在刑事诉讼法之中，那么它就是属于刑事诉讼程序，并且程序的启动以及运行的目的都是为刑事诉讼提供服务的。② 对于这些观点，笔者认为虽然具有一定的合理性，但还应继续完善，以便更加具有说服力。

在笔者看来，没收违法所得特别程序的本质应当为刑事诉讼程序，其理由有以下几点：首先，没收违法所得特别程序虽然是确认涉案财物的权利归属的程序，不解决犯罪人的刑事责任，但界定此程序的性质不能以此作为唯一标准，在没收违法所得特别程序中，确认涉案财物的归属问题的前提是逃匿或死亡的犯罪嫌疑人、被告人已经构成犯罪，其申请没收的对象具有违法性，并且涉案财物所指的就是符合犯罪构成要件的违法行为所得之物。为了证明财产属于违法所得，嫌疑人或被告人已经构成犯罪，相应的职能机关需要进行大量的刑事侦查，提供充分的证据证明犯罪嫌疑人、被告人行为已经构成相应的刑事

① 万毅：《独立没收程序的证据法难题及其破解》，载《法学》2012 年第 4 期。

② 时延安、孟宪东、尹金洁：《检察机关在违法所得没收程序中的地位和职责》，载《法学杂志》2012 年第 11 期。

犯罪，没收的对象系违法所得或与犯罪行为相关。这其中种种鲜明的刑事诉讼的特点，都在昭示着没收违法所得特别程序是属于刑事诉讼程序的，并且是属于刑事诉讼程序中的特别程序。

其次，这一程序的启动也是检察机关行使公诉权的结果，检察机关依法向法院提交与犯罪事实、违法所得相关的证据材料，并据此提出没收违法所得的申请。在这其中，作为公诉机关的检察院，享有的权利与普通的刑事诉讼程序的权利是相同的。

再次，没收违法所得特别程序的目的与手段与刑法以及刑事诉讼法是一致的。没收违法所得特别程序的目的是在某些特定的重大刑事案件中，在犯罪嫌疑人、被告人逃匿、死亡的情形下，依法保护被害人的利益、公共利益以及国家利益，追缴其违法所得及其他涉案财产，同时发挥预防与惩治犯罪的作用，这些内涵与刑法、刑事诉讼法的目的具有极大相似之处的，且在该程序中检察院、法院可以依职权对相关财产进行冻结、查封、扣押和依法没收，这些手段与刑法的手段也是基本一致的。

2. 没收违法所得特别程序的特征

第一，没收违法所得特别程序具有独立性。从其定义上来分析，它属于“对物之诉”，其针对的是“通过违法行为所获得的利益及其他相关涉案财产”，没有牵涉犯罪嫌疑人、被告人的定罪量刑，是在对犯罪人员进行定罪之前，针对其非法财产的处置，其最终解决的是涉及案件财产的没收问题。在审理中更是以涉案财产为主，不涉及犯罪嫌疑人、被告人的刑事责任，因而程序只会对犯罪嫌疑人、被告人的财产权利产生影响，并通过该程序为违法所得与涉案财产虚拟了人格，使之成为诉讼中的“被告人”。

第二，适用的案件范围具有特殊性。鉴于没收违法所得特别程序设定的特定意义，以及此程序是在犯罪嫌疑人、被告人逃匿或者死亡的情形下进行的，我们从立法与司法上都对此程序的适用范围进行了严格限定，其仅适用于贪污贿赂犯罪、恐怖活动犯罪等重大犯罪案件，其中，最高人民法院关于适用刑事诉讼法的解释将“重大犯罪案件”设定为犯罪嫌疑人、被告人可能被判处无期徒刑以上刑罚的或者案件在本省、自治区、直辖市或者全国范围内有较大影响的以及其他重大犯罪案件，普通的刑事案件不得适用此程序。

第三，没收违法所得特别程序适用的基本条件特殊。根据最高人民法院所颁布的司法解释之规定，没收违法所得特别程序只能是适用于实施了贪污贿赂犯罪、恐怖活动犯罪等重大犯罪的犯罪嫌疑人或被告人，并且要以犯罪嫌疑人、被告人采用逃匿等方式躲避司法机关的打击，导致公安机关在对其进行通缉一年后，仍然不能归案或已经死亡为前提。这样也就避免了贪贿案件、恐怖活动犯罪案件因为犯罪嫌疑人、被告人长期不到案而造成的诉讼无限期地拖延。同时，此解释也严格地限制了此程序的适用条件，限制了普通刑事案件对此程序的适用。

第四，没收违法所得特别程序适用的主体特殊。没收违法所得特别程序由人民检察院公诉机关向犯罪地或者犯罪嫌疑人、被告人居住地的中级人民法院提出没收违法所得的申请，启动没收违法所得特别程序，同时，犯罪嫌疑人、被告人的近亲属及其他利害关系人有权申请参加诉讼，也可以委托诉讼代理人参加诉讼，故没收违法所得特别程序的主体为人民检察院、犯罪地或者犯罪嫌疑人、被告人居住地的中级人民法院以及犯罪嫌疑人、被告人的近亲属及其他利害关系人。①

第五，没收违法所得特别程序审理的证明对象特殊。该程序没收的对象是违法所得及其他涉案财物，具体应当包括实施犯罪行为所取得的财物及其孳息，以及被告人非法持有的违禁品、供犯罪所用的本人财物。因而违法所得不仅是指犯罪嫌疑人被告人通过违法犯罪行为取得的财物，也包含这些财物产生的孳息等财产性收益，② 故在没收违法所得特别程序中，需要证明涉案财产与案件的相关性，其属于实施违法行为所获得的财产，在证明的过程中应当遵循关联性的原则。

第六，公告是没收违法所得特别程序的重要环节。人民法院在受理没收违法所得的申请后应当在 15 日内发出公告，公告期为 6 个月，通过公告既可以敦促正在逃匿的犯罪嫌疑人、被告人归案以主张自己的财产权利，为犯罪嫌疑人、被告人提供了相关知道自身权利的途径，同时，通过公告可以通知与涉案财物有关的利害关系人积极行使自己的权利，依法向法院申请参加诉讼，是程序公正的保障，法院只有在公告期满后，根据犯罪嫌疑人、被告人近亲属以及利害关系人的申请，组成合议庭对申请没收违法所得的案件进行审理。

---

① 龙碧霞：《浅谈我国刑事没收程序的价值取向》，载《法制与社会（旬刊）》2012 年第 25 期。

② 周晓永：《检察机关适用违法所得特别没收程序的思考》，载《人民检察》2013 年 6 期。

二、没收违法所得特别程序的现状分析

（一）我国刑事诉讼法确立没收违法所得特别程序

我国没收违法所得特别程序的确立弥补了之前法律对于犯罪嫌疑人、被告人死亡、逃匿后对其财产处理的漏洞与不足。在此次刑事诉讼法修订之前，根据司法解释的规定，侦查机关、检察机关都能对在犯罪嫌疑人、被告人死亡之后的有关财产作出处理，申请法院作出裁定，通知相关机关上缴国库或返还被害人，而人民法院在这种情况下，也有权就相关财产的处理进行书面审理并作出裁定。而且，这些解释只说明了实体上的问题，并未说明从程序上应该如何操作。而且在犯罪嫌疑人、被告人死亡的情况下，是不能对他作出有罪判决的，对其涉案财产也没有相应的判决，这种情况下追缴、没收违法所得也往往没有法律依据，[①] 不能得到有效、全面的执行，在犯罪嫌疑人、被告人逃匿之后，根据相关的司法解释，其诉讼活动将会中止，其违法所得及其他涉案财产也将得不到相应的处理。这也就为犯罪嫌疑人、被告人逃匿以保护自身的财产提供了便利，甚至在这种情况下会出现犯罪嫌疑人、被告人以自杀的方式来保护财产免受追诉，迫使侦查机关、法院无法对其财产进行没收。此程序的设立则从法律上确认了犯罪嫌疑人、被告人逃匿或者死亡时，法院对其违法所得及其他涉案财产进行审判、追诉的依据，客观上预防与惩治了贪污贿赂犯罪以及恐怖活动犯罪案件。

我国没收违法所得特别程序的确立顺应了国际形势，推动适用该程序的此类案件的国际司法合作，是在适用该程序时顺利开展国际司法合作的基础。当前，我国反腐败和反恐怖活动斗争形势日益严峻，贪污贿赂犯罪、恐怖活动犯罪日益呈现国际化、组织化趋势，在贪贿案件中，犯罪嫌疑人、被告人在实施犯罪行为后，必会想方设法隐匿或转移财产，而向境外以及国际金融机构转移是其惯用的手段。所以，采取国际司法合作，切断犯罪行为人的资金链，是解决此类案件财产隐匿的最好的途径。然而一旦涉及国际司法合作，我国欲向有关国家提出司法协助的请求，请求其对犯罪相关财产采取措施，则需要我国的已生效的司法判决或裁定，依照国际司法合作原则，如果没有已生效的判决或裁定，被请求国可以拒绝执行我国的请求。因此，没收违法所得特别程序在我国的确立，迈出了与别国开展国际司法合作的重要一步，是我国开展国际反

---

① 刘柏纯：《构建刑事诉讼缺席审判制度的思考》，载《政法学刊》2003 年 6 期。

腐、反恐怖活动的钥匙。

（二）我国签署批准的国际公约确认没收违法所得特别程序

2005 年，《联合国反腐败公约》的签署和批准是我国法治进程中的一大进步，是我国反腐败进程的一个重要里程碑，对腐败分子产生了巨大的威慑作用，该公约强化了惩治犯罪的力度，主要确立了预防、刑事定罪与执法、国际合作、资产追回、履约监督等五大机制。资产的返还与处分是公约中的一个重要部分，是解决外逃贪官资产转移问题的有力武器。《联合国反腐败公约》针对犯罪嫌疑人、被告人逃匿，资产向境外转移，为各国提供了指导性规定。根据《联合国反腐败公约》第 54 条第 1 款第 3 项项中的规定要求，各国应当为犯罪嫌疑人逃匿、死亡等不能出庭的情况采取必要的措施，提供一种资产追回的方式。并且在公约中创设了直接和间接两种资产追回机制，即直接追回机制和通过没收的间接追回机制。① 直接追回机制是指请求国通过直接向被请求国提起诉讼或者参加被请求国已经提起的诉讼活动，主张对腐败资产的合法所有权，以直接取得赃款赃物的资产追回机制。② 根据直接追回机制的规定，资产转出国需要直接去资产流入国提起或者参加诉讼。

间接追回机制，腐败资产流入国根据其本国相关的法律或者根据资产流出国的法院有关于没收的生效判决，对转移至本国的腐败资产进行没收，然后再根据资产流出国的申请返还给资产流出国的资产追回机制。③ 目前，通过间接追回机制追回本国的流失资产是国际上比较常用的一种资产追回机制，其中《联合国反腐败公约》第 57 条第 3 款规定，对于公约所涵盖的贪贿案件所得的财产，请求国请求被请求国对转移至被请求国的违法所得及其他涉案财产采取没收措施，并最终将没收的违法所得及其他涉案财产返还给请求国时，应基于请求缔约国的生效判决，被请求国才能将没收的财产返还请求缔约国。可见，启动以及开展没收与返还这两个程序的前提是请求国具有关于这个没收违法所得及其他涉案财产的生效判决。我国加入公约之后，公约中的除了我国保留的部分，即是我国的权利，也是我国应当履行的义务。没收违法所得特别程序在刑事诉讼法中的确立顺应了《联合国反腐败公约》的要求，履行了作为

① 卢乐云：《我国特别没收程序与〈联合国反腐败公约〉之衔接》，载《中共中央党校学报》2012 年第 5 期。

② 吴高庆：《论直接追回腐败资产的国际合作机制》，载《河北法学》2005 年 11 期。

③ 夏红：《〈联合国反腐败公约〉对中国刑事诉讼程序的影响》，载《法学杂志》2006 年第 3 期。

缔约国的义务，在资产追回制度方面与公约形成了完美对接。

（三）我国没收违法所得特别程序的法律实践仍存在具体问题

1. 对没收违法所得特别程序的程序正义的质疑

由于没收违法所得程序是在犯罪嫌疑人、被告人不在场的情况下开展的审判程序，故有学者认为这侵犯了犯罪嫌疑人、被告的诉讼参与权，违背了程序正义的原则。美国法学家戈尔丁将程序正义原则进行了细化，并提出了著名的九项原则，其核心理念就是应当保证与诉讼结果相关的所有利害关系人都有机会参与到诉讼活动中，并获得提出对自己有利的证据和反驳对方证据的机会。① 然而，在此程序中，犯罪嫌疑人、被告人的抗辩权无法行使，导致对此程序的程序正义的价值判断产生了质疑。并且，在没收违法所得特别程序审判完成之后，是否会对将来犯罪嫌疑人、被告人归案后的刑事审判构成影响？由于两个案件在一般情况下是由同一法院进行审判，没收违法所得特别程序的基础是犯罪嫌疑人、被告人构成贪污贿赂犯罪、恐怖活动犯罪，在没收违法所得特别程序中已经认为构成犯罪，那在之后的刑事审判中法院是否会将其进行“有罪推定”呢？

在没收违法所得特别程序中，程序正义原则是有所减损但非完全否定。首先，此程序设置的目的是减少因犯罪嫌疑人、被告人逃匿、死亡导致案件的拖延给被害人、国家以及公共利益带来的损害，程序设计本身偏重于追求诉讼效率而不是诉讼公正。② 其次，没收违法所得特别程序的客体是物而非人，程序涉及的是犯罪嫌疑人、被告人的财产权利。由于财产权利可以量化为货币，当没收判决出现错误时，仍可通过审判监督程序和执行回转程序赔偿犯罪嫌疑人、被告人和利害关系人的物质损失，易于进行救济。因此，没收违法所得特别程序不需要解决犯罪嫌疑人、被告人的刑事责任问题，不受无罪推定、禁止双重危险等原则的约束，加之没收客体更易于进行救济，与普通刑事诉讼程序相比，没收违法所得特别程序可以更偏重于追求诉讼效率，实质上是对程序正义基本原则的减损。

判决前财产没收程序并不是对程序正义基本原则的颠覆：一方面，判决前财产没收程序是仅限于“贪污贿赂犯罪、恐怖活动犯罪等重大犯罪案件”的特别程序，不适用于普通刑事案件。刑事诉讼法将案件范围限定于“贪污贿

---

① 英辉：《刑事诉讼原理》，法律出版社2003版，第18－20页。

② 陈卫东：《构建中国特色刑事特别程序》，载《中国法学》2012年第6期。

赂犯罪、恐怖活动犯罪等重大犯罪案件”，是为了防止判决前财产没收程序被滥用。另一方面，判决前财产没收程序并没有抛弃对诉讼公正价值理念的追求。诉讼公正要求我们既要维持刑事诉讼程序的基本构造，坚持公开开庭审理并赋予犯罪嫌疑人、被告人及利害关系人相应的上诉权，也要加重检察机关的证明责任并相应提高证明标准。因此，对程序正义基本原则的减损并不意味着彻底颠覆该原则，我们可以将其称之为“有限减损”。①

2. 程序的适用条件不规范

没收违法所得特别程序的适用前提是犯罪嫌疑人、被告人逃匿，在通缉一年后不能到案或者死亡。从法律规定的适用条件来看，首先，对于没收违法所得特别程序的启动要求犯罪嫌疑人、被告人的犯罪行为已经立案，未立案的犯罪行为中的违法所得不能成为追诉对象，但是，程序是否必须已经进入刑事诉讼程序。在司法实践中，存在很多犯罪事实尚未立案犯罪嫌疑人、被告人已经逃匿或者死亡的情形。在犯罪嫌疑人、被告人逃匿或者死亡之前没有立案的违法所得以及其他涉案财产我们该如何处理，未立案的犯罪行为的违法所得能否适用该特别程序，是值得我们思考的一个方面。其次，对于法律规定中的“逃匿”和“死亡”我们均需作严格解释。逃匿一词在具体的操作与运用中应当如何理解？如果我们简单将其理解为“下落不明”或者“未能抓获”，将会给公安司法机关在司法实践中留下过大的操作空间，在未经仔细抓捕犯罪嫌疑人、被告人的情形下轻易地启动特别没收程序，对于“死亡”情形的描述以及各个不同的诉讼阶段的处理方式也应当进行具体规定。

3. 程序的适用范围不完善

没收违法所得特别程序适用于贪污贿赂犯罪、恐怖活动犯罪等重大犯罪案件，刑事诉讼法解释将“重大犯罪案件”设定为犯罪嫌疑人、被告人可能被判处无期徒刑以上刑罚的或者案件在本省、自治区、直辖市或者全国范围内有较大影响以及其他重大犯罪案件。这里未涉及对于犯罪类型的进一步列举。从有关国际性文件以及各国的相关立法来看，有组织犯罪、毒品犯罪、洗钱犯罪等应当包含在其中。笔者认为，虽然我国在特别没收程序创立之初，适用的案件范围暂不宜过大，但在技术条件完善，适用条件成熟之后，应当逐步扩大它的适用范围，并且在这一阶段应当将适用范围予以完善，以便司法机关在实践

---

① 陈卫东、柴煜峰：《判决前财产没收程序：不让贪利型犯罪钻法律空子》，载《中国法学》2012年第4期。

中更好运用。

同时，尽管在适用的罪名上作出了相对明确的规定，但缺乏对犯罪数额的规定，没收违法所得特别程序是基于犯罪嫌疑人、被告人不在案的基础上进行的审判，基于价值冲突的利弊权衡，对于轻微的腐败犯罪案件显然不应适用。① 此外，判决如何得到外国机构的配合以及对于在我国的国外犯罪的违法所得是否管辖，也是法律规定留给我们的空白。

4. 程序的没收对象不具体

对于没收对象的确定，应当严格遵守相当性的原则，禁止过分严苛或者显失均衡的处分。从《刑事诉讼法》中规定的没收范围来看，没收违法所得特别程序所针对的是“违法所得及其他涉案财产”。根据最高人民检察院发布的《人民检察院刑事诉讼规则（试行）》的解释，犯罪嫌疑人实施犯罪行为所取得的财物及其孳息以及供犯罪所用的本人财物、犯罪嫌疑人非法持有的违禁品，应当认定为“违法所得及其他涉案财产”。《最高人民法院关于适用〈中华人民共和国刑事诉讼法〉的解释》作了与此类似的规定。上述解释参照了《刑法》第 64 条的规定。②

从上述规定中我们可以得出，没收违法所得特别程序中的没收对象应当对不同类型的财产，在没收的适用中要予以分别考量，违禁品与供犯罪本人所用的财物，以及犯罪嫌疑人实施犯罪所取得的财物的没收原则应当予以严格的区分。我们该如何理解最高人民法院和最高人民检察院的司法解释中所规定的“孳息”？是否包含违法所得产生的直接与间接收益？有学者认为，违法所得的孳息仅限于违法所得的财物直接产生的收益。然而，从国际公约与各国立法来看，结合我国实际情况，笔者认为“孳息”应当进行扩大解释，具体内容详见下文。

5. 程序的救济措施不充分

没收违法所得特别程序中，由于犯罪嫌疑人、被告人不在案，我们应当为其提供更加充分的救济措施，完善告知与送达程序，告知犯罪嫌疑人、被告人或者其近亲属享有辩护权，对于没收违法所得特别程序中认定的事实与证据、

① 丁志鹏：《新刑诉法特别没收程序的实质与不足》，在《法制与社会（旬刊）》2013 年第 22 期。

② 《刑法》第 64 条：“犯罪分子违法所得的一切财物，应当予以追缴或者责令退赔；对被害人的合法财产，应当及时返还；违禁品和供犯罪所用的本人财物，应当予以没收。没收的财物和罚金，一律上缴国库，不得挪用和自行处理。”

判决是否会影响犯罪嫌疑人、被告人归案后的刑事审判，法律应当予以明确的规定。同时，对于司法人员不当行使职权，应当如何追究其法律责任，犯罪嫌疑人、被告人及其近亲属以及利害关系人应当如何进行救济。然而，在《刑事诉讼法》有关救济的规定中仅赋予了犯罪嫌疑人、被告人的近亲属和其他利害关系人上诉和抗诉的权利，以及在审理过程中在逃的犯罪嫌疑人、被告人自动投案或者被抓获时，对于没收确有错误时予以返还与赔偿的救济。

6. 程序的证明规则待完善

刑事诉讼的运行是围绕着证据展开的，要查明和证明一定案件的事实，实现诉讼目的，需要确认其与某种法律事务相关的事实，而实现这一任务就必须依靠各种各样的证据，而且必须遵循一定的证明规则。在没收违法所得特别程序的框架设计上，其作为特别程序，是在犯罪嫌疑人、被告人死亡、逃逸的情形下的对物诉讼，其证明规则在程序设计之初就应是最重要的问题，然而在《刑事诉讼法》中，在证明标准、证明对象、证明责任等重大问题上模糊不清，其应当适用普通刑事诉讼中普通证明规则，还是应当作为特别程序适用特别的证明规则？这将直接影响到此程序的适用与操作以及有关实体权利与义务的分配，亟需我们予以明确与完善。

首先，在证明标准上，刑事诉讼法司法解释中规定“案件事实清楚，证据确实、充分，申请没收的财产确属违法所得及其他涉案财产的，除依法返还被害人的以外，应当裁定没收”，那“案件事实清楚，证据确实、充分”是否要求证明标准达到排除合理怀疑？有学者认为在特别没收程序中，证据应确实充分且达到排除合理怀疑的程度，这样才符合程序正义的基本要求，防止该程序的滥用，更好地保障犯罪嫌疑人和被告人的财产权利。① 也有学者认为特别没收程序在性质上类属于民事诉讼程序，当然应当适用民事诉讼程序的证明标准，即“优势证据”标准，而非刑事诉讼“排除合理怀疑”的证明标准。也有学者认为，对于惩罚性没收，检察院举证应当排除合理怀疑的证明标准，对于非惩罚性没收，检察院举证只需要达到优势证据即可。② 目前学界还没有一个统一的定论。

---

① 张婕：《未经定罪涉案财产没收程序内涵依据及程序研究》，载《犯罪研究》2013年第4期。

② 孙煜华：《涉案财产没收程序如何才能经受宪法拷问》，载《法学》2012年第6期。

其次，由于没收违法所得特别程序以涉案财物的权利归属为诉讼标的，是对物的诉讼，其在证明对象上是否应当与普通程序区别?《刑事诉讼法》及其司法解释或实施细则均未作出规定。有学者认为，在没收违法所得特别程序的证明对象应包括以下两个：一是犯罪嫌疑人、被告人确有一个或数个在程序上被追诉的事实，且该犯罪嫌疑人、被告人已经死亡或者逃逸，在通缉一年后仍不到案；二是申请没收的财物与该犯罪行为之间存在实质联系。但也有学者认为其证明对象应当为：一是被没收的财物是涉案财物；二是所没收的财物与犯罪行为之间存在实质联系。也有学者认为特别没收程序所需要证明的事实应当根据没收的对象进行具体分析：一是对于违法所得的没收，检察机关不仅要证明有犯罪行为的发生，而且要证明犯罪财物来源于犯罪行为；二是对于犯罪工具的没收，检察机关不仅需要证明犯罪行为的发生、涉案财物是犯罪行为的工具，而且要证明涉案财物是行为人的合法财物。

再次，在举证责任上，《人民检察院刑事诉讼规则（试行)》第 535 条规定：“人民法院对没收违法所得的申请进行审理，人民检察院应当承担举证责任”。这与普通的刑事诉讼程序中公诉案件的举证责任由人民检察院承担的规定并无差异，但是在没收违法所得特别程序中，由于其是对财产性质的认定以及其归属的确认，犯罪嫌疑人、被告人已经死亡或者逃逸，参与诉讼的是犯罪嫌疑人、被告人的近亲属和其他利害关系人，举证责任的分配应当符合其自身的特殊性，并且在理论界对于责任的分配也存在着争议：第一种是认为应由检察机关承担完全的举证责任，即申请没收的财产是违法所得及其他涉案财物、违法所得及其他涉案财物与犯罪行为存在实质联系的举证责任都由检察机关承担。① 第二种认为特别没收程序举证责任原则上由检察机关承担，在特殊类型的案件中，面临举证困难时可以实行举证责任倒置，即在检察机关无法证明涉案财物与犯罪行为之间存在实质联系的情况下，直接推定该财物系犯罪所得，从而将证明涉案财物系合法所得的举证责任由利害关系人一方承担。② 第三种认为在证明责任的分配上应当区分对待，对于惩罚性没收，应当由检察院举

① 宋英辉、茹艳红：《刑事诉讼特别程序立法释评》，载《苏州大学学报（哲学社会科学版)》2012 年第 2 期。

② 高志山：《未经定罪的违法所得没收程序浅析》，中国政法大学 2011 年硕士学位论文，第 8 页。

证；对于非惩罚性没收，应当以检察院举证为原则，被追诉人近亲属举证为例外。①

三、外国对涉案违法财产的处置程序

（一）英美法系主要国家对涉案违法财产的处置程序——民事没收模式

1. 美国的相关规定

美国的没收制度分为民事没收与刑事没收，美国对于犯罪嫌疑人、被告人不在案，无法定罪的情形下的违法财产的处置称为民事没收，与普通的刑事定罪基础上的刑事没收相对应。其具体规定包含以下几个方面：

首先，在美国的民事没收中，只要可以证明该财物是由犯罪嫌疑人的违法行为所获得即可启动该程序，在美国法典中规定，对于任何财产，无论是不动产还是动产，只要能够证明该财产"构成、起源或者来自直接或间接通过犯罪取得的收益，即可单独地对之实行没收"。

其次，该程序的适用范围包括毒品类犯罪案件，洗钱及与之相关的犯罪案件（例如故意杀人罪、绑架罪、抢劫罪、贪污贿赂罪等），恐怖活动类犯罪案件及其他美国根据有关的国际公约对承担起诉及引渡义务的犯罪案件。

再次，美国的民事没收实行特殊的举证规则和证明标准，虽然美国的民事没收采用的"民事"，但是为了打击犯罪、剥夺犯罪工具和收益而设置的在刑事环节适用的，② 可知由于其是未经定罪而进行的对物审判，因而美国法典中采取的证明标准较普通刑事程序更宽松，采用的是民事上的"优势证据"，且在特定的情况下可以实行举证责任倒置，由被告人承担举证责任；证明对象为有关犯罪与财产之间存在实质性的联系。

再次，美国的没收程序所适用的案件可以针对符合条件的外国犯罪的资产，即便没收国对有关案件并没有行使或者是不能行使刑事司法管辖权，根据美国法典的规定，美国可以同样适用模式没收程序，并不需要必须遵守"双重犯罪原则"，其启动也不以被请求国主动提出司法协助的请求为前提。

最后，美国对没收财产的处分中会优先考虑对财产被害人进行返还与对非

---

① 印波：《犯罪嫌疑人、被告人逃逸、死亡案件违法所得没收程序的定性分析》，载《中国检察官》2012 年第 3 期。

② 何帆：《刑事没收研究——国际法与比较法为视角》，法律出版社 2007 年版，第 208－239 页。

财产受害人进行补偿，并且会对实施民事没收程序作出重大贡献的机关实行嘉奖。并且美国法典规定，只要外国直接或者间接地参加了对有关财产的扣押或没收，司法部长和财政部长将有权决定将没收的收益与外国“分享”。

2. 英国的相关规定

在英国，民事追缴已经作为一项独立的财产追缴机制规定在 2002 年《犯罪收益追缴法》中，第三部分规定了对违法行为收益等的民事追缴：“本部分授予的权力可针对任何财产（包括现金）行使，无论针对与该财产有关的犯罪是否已经提起任何诉讼”。[①] 在英国的民事追缴制度中，它的启动条件、追缴对象、证据规则都有其独特之处。

首先，在英国民事追缴程序中明确规定，无论与违法所得相关的罪行是否被提起刑事诉讼，对违法所得的民事追缴均可独立进行，有权机关是否对财产进行追缴与违法所得的所有者是否实施了犯罪行为以及是否应受到刑事处罚没有必然的联系，有权机关可以启动民事没收程序的必要条件，只需要证明犯罪嫌疑人的行为与财产之间有必要的联系即可，如果能够证明某物属于犯罪收益，那么该物与其持有人的法律关系即被切断。同时，民事追缴程序本身也不会产生使被追缴财物持有人承担刑事责任的直接法律后果，将民事追缴与刑事审判完全区分，民事追缴程序的启动与刑事诉讼程序的启动之间也没有直接联系，民事追缴程序的启动具有完全的独立性。

其次，英国的民事追缴的对象包括违法所得以及实施违法行为的财产，并且对违法所得进行了扩大解释，不仅包括违法所得的原始资产，也包括违法所得的替代收益、混合财产以及利益收益。并且英国 2002 年《犯罪收益追缴法》明确将“意图用于非法行为的现金”列为民事追缴的对象，即犯罪的“准收益”也属于英国民事追缴的范围。[②]

再次，英国的民事追缴程序适用民事诉讼中的证据规则，在证明标准上采取“优势证据”，只要能够证明某一事实的发生具有较高的或然性，事实发生的可能性大于没有发生的可能性时，法官即可采纳这一证据。

3. 澳大利亚的相关规定

首先，在程序的启动上，根据澳大利亚 2002 年《犯罪收益追缴法》的规

① 黄风、梁文钧：《英国〈2002 年犯罪收益（追缴）法〉中的民事追缴制度》，载《人民检察》2008 年第 3 期。

② 黄风：《论对犯罪收益的民事没收》，载《法学家》2009 年第 4 期。

定，澳大利亚法庭对涉案违法财产没收决定的签发不以行为人的刑事责任为基础，甚至在对有关行为人刑事责任追诉尚未启动时即可对涉案违法财产予以没收，在程序的启动上具有完全的独立性，如果尚无足够证据证明犯罪嫌疑人，犯罪行为人尚未确定，以没收涉案违法财产为目的而签发的限制令可以不针对任何犯罪嫌疑人，而仅仅对涉案违法财产实行限制。①

其次，对没收的对象作出了较为详尽的规定，不仅对犯罪收益本身属于澳大利亚民事没收的没收对象，还将“变为”“保持作为”“停止作为”三个阶段产生的收益推定为犯罪收益②，作为犯罪收益的外延概念。根据澳大利亚2002年《犯罪收益追缴法》的规定，某一收益即使不是直接来源于犯罪行为，而是通过处置或者使用非法所得而获得的收益，例如孳息以及自然增值的收益属于“变为”犯罪收益；当犯罪收益与其他合法财产发生混同时，此收益则为“保持作为”；当第三人善意取得该犯罪收益，或者该犯罪收益经过两轮的合法继承等法律所规定的情形时，该收益责任“停止作为”。③ 澳大利亚将犯罪收益进行了十分细致的划分，方便执法者在执行过程中的实际操作。

再次，与美国相同，澳大利亚的民事没收允许针对“外国的可公诉罪”提起资产追缴程序，并且不需要遵守“双重犯罪原则”。

（二）大陆法系主要国家对涉案违法财产的处置程序——刑事没收模式

1. 德国的相关规定

在德国，由于事实上的原因不能对特定的人进行追诉或裁判，如具备处分的条件时，法院应当或可以单独宣告充公、没收物或其折价款，或单独宣告查封。④ 在这种条件下对违法财产的没收称为客观程序，与称为主观程序的定罪案件没收程序相对应。⑤ 对于客观没收程序的适用，德国的刑事诉讼法的规定有以下几个特点：首先，对于客观没收的启动条件规定过于宽泛，仅“由于

① 张磊：《澳大利亚2002年犯罪收益追缴法》，中国政法大学出版社2008年版，第134－155页。

② Stefan D. Cassella. The Forfeiture of Property Involved in Money Laundering Offenses. 7 Buff. crim. L. R, 2004, 583.

③ Kevin E. Davis. The Effects of Forfeiture on Third Parties. 48 McGill L. J, 2003, 182.

④ 《德国刑法典》第76条（a）“单独命令”。

⑤ Courtney J. Linn. International Asset Forfeiture and the Constitution: The Limits of Forfeiture Jurisdiction over Foreign Assets under 28 U. S. C. 1355 (b) (2). 31Am, J. Crim. L., 2004 (Spring), 251.

事实上的原因不能对特定的人进行追诉”，缺乏具体规定；其次，除了检察院可以提出客观没收的申请之外，自诉人也可以提出自主没收的申请；再次，第三人可以提出异议之诉，法律也为第三人提供了救济途径，在客观的诉讼程序中如果第三人非因自己的过失未能在第一审程序且未能在上告程序中主张自己的应有权利时，他有权在第三人异议之诉中对财产没收裁决提起异议。

2. 日本的相关规定

在日本的刑法中，规定了类似于我国没收违法所得特别程序的“追征”制度，对符合没收、追征或者使其不能使用的处分的要件时，即使对行为人没有追诉或者没有作出有罪宣告，也可以宣告没收、追征或者作出使其不能使用的处分。① 首先，追征的目的是剥夺因犯罪所得的收益，其数额的确定与刑事责任承担的关系并不明显；其次，在第三人对应当没收的违法收益存在物权或者为其所有的情形下，法院应当在没收后对合法权益人进行补偿。

3. 涉案违法财产的处置程序的比较与借鉴

纵观各国对于违法财产的处置程序，大体可以分为两类：民事没收模式与刑事没收模式。该两种模式的共同点都是为了解决在无法追究犯罪嫌疑人、被告人刑事责任的情形下对违法财产的处置，提高诉讼效率。比较各国规定的程序，在程序的具体设计上有很多值得我国进行借鉴与学习的方面。

第一，无论是美国还是英国，根据法律规定民事追缴与刑事诉讼程序对于程序的启动无直接联系，是否对犯罪嫌疑人、被告人作出刑事判决，是否对相关违法行为提起刑事诉讼不影响涉案违法财产的处置程序的开展，并且在英美法系国家，涉案违法财产的处置程序对犯罪嫌疑人、被告人的刑事责任判定不会产生任何影响，同时，也不会给其留下任何刑事犯罪记录。② 只要满足民事没收程序的启动条件，民事没收程序就可以施行，而不以犯罪嫌疑人、被告人行为构成刑事犯罪为前提条件。在我国来说，没收程序施行虽然与被告人刑事责任的确立没有必然的联系，但是最终或许会影响到犯罪嫌疑人到案后刑事责任的认定。

第二，在美国的民事没收程序中，其适用范围包括毒品类犯罪案件，洗钱及与之相关的犯罪案件，恐怖活动类犯罪案件等。在英国，在满足双重犯罪原

---

① 《日本刑法》第 78 条。

② Howard E. William. Asset Forfeiture Law Enforcement Perspective, Springfield: Charles C. Thomas, Investigative Publications, 2002.

则的条件下对于英国境外的犯罪也可以成为没收的范围；在美国与澳大利亚对符合条件的外国犯罪的资产，即使不满足双重犯罪原则亦可进行管辖，并且法院的没收裁决可以不以他国的司法请求为前提。相比较于我国而言，它们的没收程序的适用范围远超过我国，而我国的没收违法所得特别程序也应当在随着往后的实践与运用的不断成熟，不断扩大没收违法所得特别程序的适用范围。

第三，在没收的对象上，英国的民事没收中包含违法所得以及实施违法行为的财产，澳大利亚的犯罪收益追缴的对象包含犯罪收益以及犯罪收益相关的财产，而我国的没收对象是违法所得及其他涉案财物，在具体的解释过程当中，宜借鉴澳大利亚的犯罪收益追缴的对象，将标准和条件进行更为细致的划分，更加体现立法者在财产法律性质的识别问题上和在非法财产追缴与合法财产保护问题上所具有的精准和高超的政策水平。

第四，在证明标准上，英美法系的国家普遍采用优势证据的证明标准，一方面认为民事没收具有刑事性，另一方面采用了民事诉讼的证明标准。英美等国的这种灵活处理方式突破了传统证据法将不同性质的诉讼证明标准进行对立的理论，创造性地将同一种证明标准适用于不同性质的程序。①

第五，要对没收的资产采取更加科学与灵活的处理方式，建立收益分享机制。在没收违法所得特别程序中，我们应当更加注重对被害人的保护与补偿，在我国法律中规定除依法返还被害人以外裁定予以没收。然而，在贪污贿赂犯罪与恐怖活动犯罪中的具体被害人难以确定，并且不是所有的犯罪都有财产受害人，在有些犯罪中，受害人的损失不会仅仅表现在表面上的经济损失，我国法律中的“依法返还被害人”将有可能成为虚设。因而，我们宜借鉴美国的收益分享机制，除返还被害人之外，还应积极对被害人进行补偿，并且在将来的国际合作中如果被请求国在追缴违法收益过程中提供了帮助，经过本国相关机关认定后，该机关可以决定将被追缴违法所得中的一部分分享给协助国，表彰其贡献。这种做法在一定程度上提高了被请求国进行司法协助的积极性，更好地开展国际司法合作，更有利于推进该程序的适用和发展。

---

① 毛兴勤：《构建证明标准的背景与思路：以违法所得没收程序为中心》，载《法学论坛》2013 年第 2 期。

四、我国没收违法所得特别程序的完善与适用

（一）加强对犯罪嫌疑人、被告人的保护

在特别没收程序的具体运用中需要我们始终贯彻加强对不在案的犯罪嫌疑人、被告人合法权利的保护，妥善处理好惩罚犯罪与保障人权的关系。首先，获得律师帮助的权利是犯罪嫌疑人、被告人最为重要的诉讼权利，在犯罪嫌疑人、被告人不在场的情况下，单独提起针对其财产权的诉讼，更应该保障律师对于诉讼活动的有效参与。但是，《刑事诉讼法》及其司法解释或实施细则均未对犯罪嫌疑人、被告人获得律师帮助的权利予以规定。[①] 笔者认为，在此方面，可参照精神病人强制医疗程序，规定如果犯罪嫌疑人、被告人的近亲属未帮助其聘请律师，应当由人民法院指定法律援助律师参与诉讼，以正确区分涉案财产的性质，避免对公民合法财产造成损害。这样，也能够在一定程度上保证诉讼程序的公开透明，维护程序正义，保护不在案的犯罪嫌疑人、被告人的合法权利不会受到非法侵害。

其次，申诉的权利，我们应当赋予犯罪嫌疑人、被告人归案后对没收违法所得特别程序中司法人员不当行为提出控告的权利，没收违法所得特别程序的开展是基于犯罪嫌疑人、被告人不在案的情况，对于办案过程中司法人员的不当行为无法进行及时的追诉，因而我们应当在犯罪嫌疑人、被告人归案后除了赋予其对案件本身依照审判监督程序予以纠正的权利，还应当赋予其对办案过程中司法人员的不当行为提出控告的权利，以维护司法公正，监督司法人员依法办案。

（二）规范没收违法所得特别程序的适用条件

如前文所述，没收违法所得特别程序的适用条件是犯罪嫌疑人、被告人逃匿，在通缉一年后不能到案或者死亡。首先，没收违法所得特别程序的启动应当与犯罪嫌疑人、被告人刑事犯罪的诉讼程序无关，对于未立案的犯罪行为产生的违法所得可以适用该特别程序，因为没收违法所得特别程序更注重的应当是追回资产、防范犯罪、减少国家与受害人的损失，但是根据目前法律与司法解释的规定，程序仅适用于犯罪嫌疑人、被告人逃匿或者死亡，然而对于在公安机关、检察院尚未发现的犯罪事实，犯罪行为人已经逃匿或者死亡的案件

---

① 吴光升：《我国违法所得没收程序的若干检讨——基于 2012 年《刑事诉讼法》相关规定的分析》，载《浙江工商大学学报》2012 年第 3 期。

中，不存在犯罪嫌疑人或者被告人，检察院此时应当可以直接就该类案件的违法所得适用没收违法所得特别程序。从而，减少因为之前的未侦查或者起诉而带来的损失。因此，我国的没收违法所得特别程序应当做到刑事犯罪案件是否进入刑事诉讼无关，产生违法所得的犯罪案件不是必须进入刑事诉讼程序，只需满足没收违法所得特别程序的适用范围即可启动。

其次，对于法律规定中的“逃匿”我们应当进行具体的解释，逃匿的犯罪嫌疑人、被告人是指在实施犯罪行为之后逃跑，主观上具有逃避法律追究，逃跑的意思，客观上进行了逃跑的行为，公安机关、检察院采取全国通缉并充分追寻犯罪嫌疑人、被告人的下落，一年后仍无法到案的情形下可以启动没收违法所得特别程序，而不得在未经仔细抓捕犯罪嫌疑人、被告人的情形下轻易地启动该特别程序。对于未立案的犯罪行为中的犯罪行为人，检察机关在掌握犯罪事实后启动没收违法所得特别程序后，犯罪嫌疑人经全国通缉并进行积极抓捕一年后仍无法到案视为逃匿，但在此程序中的逃匿不得作为刑事犯罪案件审判中的逃匿事实。

再次，对于犯罪嫌疑人、被告人死亡我们应当在不同的诉讼阶段采取不同的启动方式。在犯罪行为尚未立案，犯罪行为人已死亡的情形下，由检察机关直接向人民法院提出没收违法所得的申请，申请中应当提供与犯罪事实、违法所得相关的证据材料；在侦查阶段犯罪嫌疑人死亡的情形下，侦查机关应当继续侦查，待侦查完成，公安机关写出没收违法所得意见书，移送人民检察院，检察机关向人民法院提出没收违法所得的申请；在审判阶段被告人死亡的情形下，被告人的刑事责任的审判应当终结，检察机关向人民法院提出没收违法所得的申请，法院进行没收违法所得特别的审判程序。

综上，笔者认为没收违法所得特别程序的适用条件应当具体表述为“犯罪嫌疑人、被告人逃匿，在通缉一年后不能到案或者犯罪嫌疑人、被告人死亡，或者在未立案的犯罪行为中，犯罪行为人经通缉追捕仍无法到案的，依照刑法规定应当追缴其违法所得及其他涉案财产的，人民检察院可以向人民法院提出没收违法所得的申请”。

（三）适当拓宽没收违法所得特别程序的适用范围

对于没收违法所得特别程序的适用范围我国的刑事诉讼法中列举了两种类型的犯罪：贪污贿赂犯罪以及恐怖活动犯罪，虽然立法者在后面加了兜底性条款——“等重大犯罪案件”，但是在司法实践中，其他的重大犯罪案件能否适用将会引发争议，具有不确定性。根据有关国际性文件以及各国的经验性立法来看，没收违法所得特别程序的适用范围不应当局限于这两种犯罪，虽然贪污贿赂犯罪、恐怖活动犯罪是最容易产生违法所得与犯罪工具等涉案财物的犯罪种类，但是，还有其他大量的犯罪案件也可能会产生巨额的违法所得或犯罪工具，① 毒品犯罪、洗钱犯罪具有贪污贿赂犯罪、恐怖活动犯罪相当的危害性。从它们的特点来看，也是具有国际性犯罪、易产生大量的财产性利益、资产易转移、难以追回的特点，更有甚者，毒品犯罪、洗钱犯罪的违法所得没有及时没收，可能会被继续投入犯罪，对社会产生更大的危害，毒品犯罪、洗钱犯罪也具有通过没收违法所得特别程序加以没收的必要。因而，笔者认为，应当将有组织犯罪、毒品犯罪、洗钱犯罪一并列入没收违法所得特别程序的适用范围之中。

对于何为重大犯罪案件，刑事诉讼法解释中是以刑罚为基础条件的，犯罪嫌疑人、被告人可能被判处无期徒刑以上刑罚的，或者案件在本省、自治区、直辖市或者全国范围内有较大影响的为重大犯罪案件，在这一项规定中虽然给予了明确的释义，但是笔者认为仅仅以刑罚的轻重来判断是不是重大犯罪案件是不够的，没收违法所得特别程序的没收对象是违法所得以及涉案财产，可能判处无期徒刑以上刑罚并不代表违法所得或者涉案财产多，在无期徒刑以下的刑罚的犯罪案件也不意味着这违法所得或者涉案财产少，违法所得以及涉案财产与刑罚的轻重无法进行同层次的衡量，仅将刑罚条件作为是不是重大犯罪案件将会导致一些其有较大数额的需要没收违法所得的案件，因为不属于重大案件的范围，将无法适用该程序进行没收，造成大额的违法所得以及涉案财物无法追回。因而，笔者认为，在确定是不是重大犯罪案件时在刑罚的基础上加上数额的规定。

综上，笔者认为没收违法所得特别程序的适用范围应当具体表述为："贪污贿赂犯罪、恐怖活动犯罪、毒品犯罪、洗钱犯罪等重大犯罪案件，犯罪嫌疑人、被告人可能被判处无期徒刑以上刑罚的，或者违法所得以及涉案财产较大，或者案件在本省、自治区、直辖市或者全国范围内有较大影响的为重大犯罪案件。"

（四）完善没收违法所得特别程序的没收对象

依据法律规定，没收违法所得特别程序的没收对象是违法所得及其他涉案

---

① 吴光升：《未定罪案件涉案财物没收程序之若干比较——以美国联邦民事没收程序为比较视角》，载《中国政法大学学报》2013年第2期。

财产，具体包括三种不同类型的财产：（1）实施犯罪行为所获得的财物及其孳息；（2）被告人非法持有的违禁品；（3）供犯罪所用的本人财物。由于这三种类型的财产的性质不同，我们应当对它们实行不同的没收原则。首先，对于非法持有的违禁品，一般被认为是法律禁止私自制造、贩卖、运输、持有、所有或行使之物①。违禁品的流通，将直接危害社会，应当予以无条件的没收。供犯罪所用的本人财物本身具有社会危害性，应当予以无条件的没收；其次，对于实施犯罪行为所获得的财物及其孳息是否全部没收，应当取决于对孳息的认定，按照孳息的来源予以具体分析，直接产生的收益予以直接没收，间接产生的收益法官根据具体情形进行处理。

对于违法所得的孳息的认定，《职合国反腐败公约》第2条第5项将“犯罪收益”解释为：“通过实施犯罪而直接或间接产生或者获得的任何财产”。犯罪收益可以有三种转换形态：（1）替代收益，即由犯罪所得全部或部分转变或转化的其他财产；（2）混合收益，即犯罪所得已经与从合法来源获得的其他财产相互混合；（3）利益收益，即由犯罪所得、犯罪所得转变或转化而成的财产或者已经与犯罪所得相混合的财产所产生的收入或其他利益。可见，孳息不一定仅限于直接收益，也可包括间接收益。②

综上，对于非法持有的违禁品以及供犯罪所用的本人财物，应当予以无条件的没收；对于实施犯罪行为所获得的财物及其孳息，按照孳息的来源予以具体分析，直接产生的收益予以直接没收，间接产生的收益法官根据具体情形进行处理。

（五）明确与没收违法所得特别程序相适用的证据制度

证据制度是刑事诉讼的脊梁，是连接刑事诉讼法与刑事实体法的纽带，只有在良好的证据制度的基础上才能设计出一套良好的刑事诉讼程序，才能实现程序正义。在没收违法所得特别程序的框架设计上，其作为特别程序，是在犯罪嫌疑人、被告人死亡、逃逸的情形下的对物诉讼，其证据制度在程序设计之初就应是最重要的问题，然而在该程序的设计上，在证明对象、证明标准、证明责任等重大问题上模糊不清，这将直接影响到此程序的适用以及有关实体权利与义务的分配，亟需我们予以明确与完善。

---

① 翁国梁：《中国刑法总论》，台湾正中书局1970年版，第41－43页。

② 赵建伟：《〈刑事诉讼法修正案〉判决前财产没收程序与〈联合国发腐败公约〉资产追回制度之衔接》，载《中国检察官》2012年第8期。

1. 没收违法所得特别程序的证明对象

证明对象，即本案的待证事实，在普通的刑事诉讼中，证明对象即刑法规定的犯罪构成要件，但是由于没收违法所得特别程序是对物的诉讼，不是针对犯罪嫌疑人、被告人的刑事责任的刑事诉讼，是刑事诉讼法中的特别程序，无法根据刑法中对应的犯罪构成要件得出证明对象，故在该程序的证明对象的设计上应当具有特殊性。

首先，符合犯罪构成的违法行为的存在是整个没收违法所得特别程序的基础，作为没收前提的“犯罪行为”应成为证明对象，即检察机关应当证明逃匿或死亡的犯罪嫌疑人、被告人实施了符合犯罪构成要件的违法行为。其理由有以下几点：第一，根据《刑事诉讼法》第 298 条第 3 款的规定，在人民检察院向人民法院提出没收申请时，必须提交与犯罪事实、违法所得相关的证据材料，① 这就说明作为承担举证责任的检察院而言，其不但要证明申请没收的财物与犯罪行为之间存在实质联系，还要证明犯罪事实的客观存在；第二，证明有符合犯罪构成的违法行为存在与没收违法所得特别程序的“对物诉讼”的特征并不相矛盾，“对物诉讼”并不意味着对犯罪嫌疑人、被告人的违法行为完全不问，而是指检察机关无需在实体上证明犯罪嫌疑人、被告人是否构成犯罪，在此特别程序中对犯罪嫌疑人、被告人犯罪事实的证明，不会对将来犯罪嫌疑人、被告人的刑事责任的审判造成实质影响。

其次，作为对物之诉，没收的对象是不是违法所得及其他涉案财产，理应成为证明对象，检察机关应当证明申请没收的财物是违法所得及其他涉案财物。

综上，没收违法所得特别程序的证明对象应当为：一是有符合构成要件的违法行为发生，该犯罪嫌疑人、被告人已经死亡或者逃逸，在通缉一年后仍不到案；二是没收的对象为该违法行为产生的违法所得及其他涉案财产。

2. 没收违法所得特别程序的证明责任

作为刑事诉讼程序，没收违法所得特别程序的主体为检察机关、法院以及依申请参加的犯罪嫌疑人、被告人的近亲属及其他利害关系人。根据证明对象的不同，我们可以赋予没收违法所得特别程序在举证责任上“特殊性”，采取二元化的证明责任和证明标准，由不同的诉讼参与人承担不同的举证责任。因

① 《刑事诉讼法》第 298 条第 3 款：没收违法所得的申请应当提供与犯罪事实、违法所得相关的证据材料，并列明财产的种类、数量、所在地及查封、扣押、冻结的情况。

为，首先，有符合构成要件的违法行为发生，该犯罪嫌疑人、被告人已经死亡或者逃逸，在通缉一年后仍不到案的举证责任由检察机关承担。这符合刑事诉讼的原则，检察机关存在证明优势，是检察机关理应承担的诉讼职能。其次，没收的对象为该违法行为产生的违法所得及其他涉案财产的举证责任则由检察机关以及提出权利主张的利害关系人承担。没收的对象为该违法行为产生的违法所得及其他涉案财产的举证责任原则上是由检察机关承担，但是在利害关系人对没收申请提出抗辩，主张违法所得及涉案财物拥有合法权利时，由主张权利的利害关系人承担举证责任。因为在贪污贿赂犯罪、恐怖活动犯罪中，犯罪嫌疑人、被告人往往会通过亲友进行资产转移，与亲友的财产发生混同，然而对于混同的资产是不是违法所得及其他涉案财产仅由检察机关承担举证责任则会存在举证困难，所以检察机关承担证明没收的对象属于违法所得及其他涉案财产，利害关系人根据自己提出的权利主张承担证明责任。

因此，没收违法所得特别程序的证明责任应当根据证明对象的不同而采取不同的证明责任，有符合构成要件的违法行为发生，该犯罪嫌疑人、被告人已经死亡或者逃逸，在通缉一年后仍不到案由检察机关承担；没收的对象为该违法行为产生的违法所得及其他涉案财产则采取“谁主张，谁举证”，若有利害关系的第三人对违法所得及其他涉案财产提出权利，由提出权利主张的利害关系人承担证明责任。

3. 没收违法所得特别程序的证明标准

证明标准是刑事诉讼证明规则中的核心问题，刑事诉讼法解释中规定的“案件事实清楚，证据确实充分”是否代表其证明标准需要达到排除合理怀疑呢？由于没收非法所得特别程序的证明对象有两个，其所对应的证明标准也应不同，因为：首先，这两个证明对象关系到犯罪嫌疑人、被告人的权利不同，在是否有符合构成要件的违法行为发生的问题上是关系到犯罪嫌疑人、被告人切身的人身权利，然而对于没收的对象是不是违法所得及其他涉案财产则属于犯罪嫌疑人、被告人的财产权利；其次，两个证明对象的举证责任的承担者不同，相应的证明标准也应与之诉讼能力相对应。在是否有符合构成要件的违法行为发生的证明责任承担者上，应对检察机关提出更高的证明要求，在有相关利害关系人参与承担证明责任的证明对象上，利害关系人难以做到排除其他合理怀疑，故证明标准应当根据该程序的特殊性予以特殊化。

综上，两者适用的证明标准应当根据证明对象进行二元化的区分。一方面，证明存在符合构成要件的违法行为的证明标准应当采取排除合理怀疑的证明标准，保护犯罪嫌疑人、被告人的人身权，没收违法所得特别程序的诉讼标的虽然是违法所得及其他涉案财物，但是没收违法所得及其他涉案财物的基础是存在符合犯罪构成要件的违法行为，虽然没收违法所得特别程序的审判结果不会对犯罪嫌疑人、被告人的刑事责任的审判构成影响。不同于英美法系民事没收程序，我国的财产没收程序是刑事特别程序的组成部分，要接受刑事诉讼基本原则的规范和约束，在关系到犯罪嫌疑人、被告人的人身权的问题上要给予严格保护。另一方面，在是否属于违法所得及其他涉案财产采用优势证据的证明标准，避免检察机关因为犯罪嫌疑人、被告人不在案而导致无法排除财产归属的其他可能，在优势证据的证明标准下，即使程序出错导致财产归属错误，财产权利的损害可以通过救济程序恢复原状的，不会对犯罪嫌疑人、被告人的人身权产生不可回转的损失。

（周敏：湖南省永州市人民检察院）

后疫情时代刑事案件在线庭审发展路径探究

肖妍欣

2020年新冠肺炎疫情暴发以来，在线诉讼在司法实践中的应用更加广泛，主要适用于在线讯问、在线作证、在线庭审等场合，其减少人员聚集、跨越空间障碍的特点使得疫情防控期间司法工作常态运行。系统梳理后疫情时代刑事案件在线庭审面临的质疑，主要包括在线庭审规则阙如、被告人行使诉讼权利的阻碍，以及技术本身固有的缺陷。为了实现信息技术与司法的深度融合，解决司法实践的难点，应细化在线诉讼规则、保障辩方在线庭审中的诉讼权利，并完善相关配套措施，以实现对刑事案件在线庭审未来发展路径的优化。

一、我国刑事案件在线庭审发展态势

在线诉讼作为近几年出现的一种全新诉讼模式，是“智慧司法”的建设成果，早在新冠肺炎疫情暴发前，一些法院就已搭建互联网诉讼平台，对线上立案、线上审判进行探索。刑事案件在线庭审，主要指的是利用互联网或专用网络，以移动微法院等电子诉讼平台为基础，通过远程视频的方式，完成全部或部分庭审环节，实现审判人员、检察人员、辩护人、被告人以及其他诉讼参与人的异地同步开庭，音视频信息的实时交互以及电子文件的即时传递。① 我国在线诉讼刑事远程审判案件数量在2018年出现小幅度增加，2020年以来由于疫情防控需要，为了降低线下人员流动接触带来的疫情扩散风险，在线诉讼

① 余剑、潘自强：《刑事在线庭审的实践观察、法理检视和规则修缮》，载《人民司法》2021年第4期。

的应用呈现爆炸式增长。后疫情时期，适用率明显回落并呈现稳步发展态势。①

刑事远程庭审萌芽于司法科技化的土壤之中，以司法需求和司法改革为导向，在疫情因素的催化下快速成长。② 在疫情防控的特殊社会背景下，2021 年 5 月 18 日，最高人民法院发布《人民法院在线诉讼规则》，首次对在线诉讼制度进行较为全面系统的规定，为后疫情时代刑事案件在线诉讼活动提供工作指南，我国在线诉讼进入制度化建设新阶段。最高人民法院于 2022 年 2 月 22 日发布了《人民法院在线运行规则》，其中规定了人民法院为开展在线司法工作而提供的信息系统的建设、应用、运行和管理等方面的规定，进一步完善我国在线司法规则体系。但其中未对民商事案件和刑事案件作出细化的区分，实践中刑事案件在线诉讼的适用也较为模糊。新冠肺炎疫情的特殊背景下，更多的法院采取线上方式审理案件，以提高诉讼效率，解决案件积压问题。但实践中相较于民事、行政案件，刑事案件在线庭审的适用在立法上比较谨慎。在案件适用范围上，主要适用于案件事实简单的案件，审理时长较短，流程较为简短。在诉讼审判程序要求上更为严格，因此线上审理的方式有一定的限制。

二、我国刑事案件在线庭审正当性

在疫情防控期间，利用信息技术手段进行在线庭审，可以让不同地域的司法工作人员和有关诉讼参与人一起参加庭审，有效防止因为聚集而导致的疫情扩散，契合比例原则的基本法理。在疫情防控工作进入常态化阶段，法院案件数量居高不下，司法工作人员有限的背景下，有限推进刑事案件在线庭审有充分的正当性，可以从以下几个方面阐释：

（一）利用信息技术，转变治理范式

“人工智能”的概念自 1956 年在达特茅斯会议上被首次提出，至今对人类的政治、经济、社会形态产生着巨大的影响。③ 科技作为信息社会发展的内

① 北大法宝司法案例数据库中，检索条件为“案件类型为刑事案件”，案由为“刑事案由”，关键词为“远程审理、视频审判、在线审理”等，2021 年 12 月 31 日最后访问。

② 陈卫东、崔永存：《刑事远程审判的实践样态与理论补给》，载《中外法学》2021 年第 6 期。

③ 周尚君、伍茜：《人工智能司法决策的可能与限度》，载《华东政法大学学报》2019 年第 1 期。

推力，引发了社会治理模式和法治范式的转变。① 信息化建设与司法改革更是“车之两轮，鸟之两翼”，对人民法院的发展起到了推动作用，提升司法工作的智能化和便捷化。面对世纪疫情和智慧司法改革交织的局面，在线庭审作为智慧司法建设的重要应用，是我国司法改革中的一项重要举措，体现了与时俱进的显著特点。利用线上视频“非接触式”诉讼的实践应用，可以实现对刑事案件的繁简分流，打破人们对传统庭审方式的认识，为被告人提供多类型化的庭审方式，从而为相应司法理念和理论的创新提供依据。

（二）提高诉讼效率，实现及时审判

对于司法实际需要而言，随着刑事案件数量的不断增加，全国法院“案多人少”的矛盾日趋突出。在司法资源有限的情况下，如何利用现代信息技术更快更好地处理刑事案件，提升司法工作效率值得思考。刑事案件在线庭审的方式突破传统诉讼空间的限制，可以在异地参与庭审，减少当事人的时间和经费成本，体现司法便民的价值理念，同时很好地解决了证人出庭困难的问题；同时也可以减少诉讼活动中人力、物力的消耗，有效缓解法院押解警力不足的问题，保障犯罪嫌疑人、被告人及证人的人身安全，还有利于简易刑事案件的快速审判和快速结案，缩短审判时间。在线庭审通过网络使得司法资源得到优化配置，同时兼顾诉讼效益，对我国司法实践有着重要意义，许多涉嫌妨碍疫情防控的案件也通过在线庭审，实现了快速审理、当庭宣判，达到了立竿见影的结案效果。②

（三）加强公众监督，贴近即视正义

从实用角度出发，在线庭审能够借助直播功能强化司法公开，最大限度扩展公民旁听权。在线庭审利用多媒体存储技术，诉讼主体的各个诉讼行为可以在网上留痕，增加司法公开度和透明性，提升公民对诉讼过程的了解，落实司法监督，是人民主权原则的体现。庭审过程中的发言对话可以记录存档，便于司法工作人员回忆案件事实及庭审细节，提高裁判准确性。语音文字转化系统也可以同步记录庭审过程，减轻工作人员任务，提高制作笔录的效率和准确性。虽然有观点认为电子屏幕在物理意义上违背了亲历性原则，但是高清视频

---

① 申卫星、刘云：《法学研究新范式：计算法学的内涵、范畴与方法》，载《法学研究》2020 年第 5 期。

② 顾亚慧：《重大疫情下刑事案件远程庭审的运行与反思》，载《中国政法大学学报》2020 年第 4 期。

可以更加细致捕捉到被告人以及其他诉讼参与人的面部神态和肢体语言，也有利于法官“察言观色”，以形成更为准确的自由心证，对当事人来说打通了与法官直接沟通的渠道。

三、我国刑事案件在线庭审运行风险

从理论方面来看，新型的在线诉讼方式与我国传统诉讼法理之间存在冲突。其跨越空间的远程性和在线性违反刑事诉讼亲历性，一定程度上冲击直接言词原则，不利于保障当事人质证权等相关诉讼权利。首先，在线庭审会导致法官对某些证据或事实缺少直观印象，从而影响直接审理原则中法官对案件事实的认识。其次，在线庭审存在过于依赖卷宗之嫌，可能会不利于实现庭审实质化。①

从实践方面来看，我国刑事案件在线诉讼的发展有限，面临争议。具体表现在制度规则体系有待完善，同时程序正当性存在质疑。首先，在线庭审中仪式感弱化不利于证据审查，增加虚假陈述的可能。其次，在线庭审出示证据方式存在局限性，会影响控辩双方对证据的质证。再次，在线庭审会影响辩护权的充分行使。结合有关调研报告，后疫情时代刑事案件在线诉讼发展的内在动力主要源自于提高诉讼效率、降低司法成本，存在更大的制度化发展空间。

（一）在线庭审缺少具体规则约束

在庭审规范方面，在线庭审的场域选择以及参与人员的着装对塑造庭审仪式感和权威性有着重要作用，必须严格约束。在线庭审会因为对司法仪式感的减损而影响事实查证。②《人民法院在线诉讼规则》第 24 条第 1 款规定，在线开展庭审活动，人民法院应当设置环境要素齐全的在线法庭。在线法庭应当保持国徽在显著位置，审判人员及席位名称等在视频画面合理区域。此外，宣读法庭规则，使用法槌、法警戒备等也是法庭内权力的象征，司法权威的彰显。其目的就是保证法庭审判的庄严性和仪式感。

而在线诉讼模式下，有的法官即使是在法庭中在线审理，旁听席也可能空无一人；检察人员可以直接在自己的办公室通过视频连线进行举证、质证；由

---

① 高通：《在线诉讼对刑事诉讼的冲击与协调——以刑事审判程序为切入点》，载《南开学报（哲学社会科学版）》2022 年第 1 期。

② 王禄生：《刑事案件在线诉讼制度的实践观察与前景展望》，载《西南民族大学学报（人文社会科学版）》2021 年第 12 期。

于一些地区缺少相对独立的第三方远程审理点，律师只能在办公室或家中参与庭审；部分在看守所中参与庭审的刑事被告人仍穿着监管机构的身份识别服，并未取下戒具。有学者认为，诉讼是具有象征性和表演性的活动，在此过程中需要有特定的场所布置、着装要求、仪态规范，以保证诉讼的严肃性。这样一来，会造成法庭仪式感的破坏，法官难以把控法庭秩序，从而削弱庭审教化的作用。庭审纪律方面，为了充分实现在线庭审的价值，应当规定参加线上庭审人员的行为规范。《人民法院在线诉讼规则》第25条规定，出庭人员参加在线庭审应当尊重司法礼仪，遵守法庭纪律。虽然有相关规定。但过于简单粗糙，没有列明具体的违纪行为及处罚方式。

（二）被告人行使诉讼权利受到阻碍

首先，如何将新型的线上庭审与传统的线下庭审方式进行转换。在刑事案件审理阶段的法庭调查、法庭辩论以及法庭宣判环节，究竟是全程在线，还是分阶段在线，这一点并不清楚。①

其次，如何保障当事人在充分知悉的前提下，自愿作出程序选择。根据《人民法院在线诉讼规则》第2条规定，在线诉讼必须遵循合法自愿原则，在线庭审的适用应当尊重当事人的程序选择权，经当事人同意后方可采用，不受纠纷种类、案件类型和程序的限制。② 虽然规定庭审中法官需告知被告人是否同意适用，但未能告知相应的法律后果，具体如何操作也并无细致规定。而刑事诉讼中的当事人，特别是处于羁押状态的被告人，是不能对法院的庭审模式进行选择的，所以在实际操作中，大部分被告人都不会拒绝在线庭审模式。

最后，在线庭审适用出现错误时，当事人应当如何获得救济。一旦在线庭审出现画面延迟、声画不同步、卡顿、掉线等状况，影响庭审顺利进行，当事人缺少相应的程序救济。

（三）技术固有缺陷亟待完善

在线庭审的顺利运行，信息技术条件是关键。实证研究发现，在适用在线庭审过程中，设备故障导致庭审中止或终止的比例最高。③ 因此，为满足庭审

---

① 杨婷：《刑事案件在线庭审的问题检视与规则优化》，载《中南民族大学学报（人文社会科学版）》2022年第1期。

② 左卫民：《中国在线诉讼：实证研究与发展展望》，载《比较法研究》2020年第4期。

③ 潘金贵、谭中平：《论刑事远程视频庭审规程的构建》，载《法律适用》2019年第9期。

的需要，要保证网络设备畅通运行。在司法实践中，通信设备出现故障，网络环境不佳等都会导致庭审效果受到不利影响，甚至损害司法公正。同时，也要注重视频拍摄的角度、画面清晰度以及大小画幅等问题，统一技术标准也有利于提升审判质量。

四、我国刑事案件在线庭审完善路径

（一）明确在线诉讼与线下诉讼关系

现阶段随着科技的发展以及审判压力的增加，在线诉讼因其便捷高效的优势发展迅速。但要明确，在可预期的时间内，刑事诉讼仍然要坚持线下诉讼为主，在线诉讼为补充。司法公正在刑事诉讼体系中占据核心位置，实体法庭在满足教化功能、实现司法公正方面具有无可替代的作用。同时，也要重视在线庭审在提升诉讼效率方面的作用，适当扩大适用范围。《人民法院在线诉讼规则》规定在线诉讼仅适用于“刑事速裁程序、减刑假释案件以及其他因特殊原因不宜线下审理的刑事案件”。因此，在线诉讼范围也可以适当扩大至控辩双方对主要证据无异议的案件中，但审理程序要更加规范和严谨，做到保障被告人诉讼权利和符合比例原则。

（二）细化在线诉讼规则

第一，刑事案件适用在线庭审时，要明确在线庭审的地点和着装规范，注重司法礼仪和权威性。法官应当身着法袍在人民法院专门设立的在线诉讼审判庭主持庭审，法庭陈设、规则与线下庭审保持一致。公诉人员应当在人民检察院专门场所内，身着检察官制服、佩戴检徽参与庭审。律师在办公室或其他正式场所着正装、佩戴律师徽章参与庭审，也可以探索建立相应的在线庭审室。以成都为例，该市法院与司法局协商后，在成都市律协以及部分具备条件的律所专门建立 5G 智慧参审室，方便律师参与庭审，也有利于当事人就近参与诉讼。[①] 被告人在押的，按照相关要求在专门的在线庭审室参与远程视频庭审，身着便装。证人通过在线方式作证时，人民法院应为其指定可以远程参与作证的地点，设立候审室，将音视频信号隔离开来，不能旁听案件审理，也不能被其他人打扰。如果当事人对网上听讯有异议，并具备合理理由的，也可以申请线下作证。

---

① 国浩律师事务所网站，http：//www. grandall. com. cn/，2022 年 10 月 17 日最后访问。

第二，明确对违反法庭规则行为的惩戒措施。除了遵守现行规定之外，在线庭审还要根据其特殊性进行细化。如不得随意离开视频画面以及不得让无关人员随意进出视频画面，不得允许他人在视频画面外进行观看、讨论，严禁违规录制、截取、传播在线庭审录像等。对于违反在线庭审纪律和礼仪的，根据《人民法院法庭规则》第 19 条进行警告劝诫，劝诫无效的，根据情节轻重，可以责令退出平台或强制关闭其音视频，使其退出庭审活动。

第三，在线庭审仍需严格遵循开庭审理的程序规范与诉讼原则，注重维护当事人利益以及实现庭审实质化，增强民众对庭审程序的认可度和对判决的接受度。严格遵守庭审流程，不得省略被告人身份核实、权利告知，公诉人宣读起诉书、发表公诉意见以及被告人最后陈述等环节。对证人、鉴定人、被害人等因客观原因不能到庭但又必须到庭的案件，可以采用线上庭审方式。对于适用速裁程序的案件，在法官认为有必要的情况下，可以进行法庭调查。在此过程中，控方也可请求关键证人、鉴定人、辩方证人、有专门知识的人出庭作证。庭审过程中，要始终坚持控辩平等原则，控辩双方应当积极论辩、质证，贯彻平等对抗理念。法官要以中立的态度、兼听和质疑的精神倾听控辩双方的质证，通过语言、精神的沟通交流，满足庭审在事实认定和证据查证方面的需求，切实推动控辩审三方的互动参与。在庭审结束之后，法官还需要强化裁判文书的说理，充分体现在线庭审中的心证过程。

（三）保障被告人行使诉讼权利

首先，建立灵活的庭审程序转换机制。适用在线庭审应当尊重自愿合法原则，法院在适用在线审理前，应当征得控辩双方的同意，充分保障被告人的自主性和程序选择权。《人民法院在线诉讼规则》第 37 条规定，经公诉人、当事人、辩护人同意，可以根据案件情况，采取在线方式讯问被告人、开庭审理、宣判等。即使选择了在线庭审方式，也不意味着必须全程适用线上模式，可以分阶段选择性适用。无论何种方式，都要将保障被告人行使诉讼权利放在重要位置。对于案件比较复杂，或者不适合进行线上审判的情形，要及时变更为线下审判。《人民法院在线诉讼规则》第 5 条规定在诉讼过程中，如存在当事人欠缺在线诉讼能力、不具备在线诉讼条件或者相应诉讼环节不宜在线办理等情形之一的，人民法院应当将相应诉讼环节或是特定的诉讼行为转为线下进行。还应当对此进行细化，保障程序顺利运行，提高庭审效率。例如，适用速裁程序在线审理的认罪认罚刑事案件，如果被告人在庭审过程中对自己之前的认罪认罚反悔，应当在合理期限内提出，将案件全部转为线下普通程序审理。

如果出现严重的技术障碍导致控辩对质、询问证人效果不佳，严重损害程序公正的，可以允许申请转为线下审理。再如，在线庭审过程中，有些实物证据不适宜以线上方式呈现，需要将该证据的质证或辩论环节转为线下进行。① 案件转为线下审理后，根据集中审理的要求，此前线上已进行的诉讼程序应当重新进行，对于经过调查没有争议的内容和证据可以适当简化，予以认定。

其次，赋予被告人对在线庭审的程序选择权。在诉讼主体方面、利益性质方面、法律效力方面都要赋予诉讼参与人程序选择权。② 刑事诉讼应当注重被告人诉讼权利的保护，审判程序和庭审模式的选择都属于当事人的程序性权利。出于自愿性保障原则，当事人同意是在线诉讼程序启动的必要条件，人民法院应当在开庭前送达的文书中征求被告人书面或口头形式的同意，被告人可以选择是否适用线上庭审机制以及在何种诉讼阶段进行在线庭审，也可以基于案情的需要采取线上和线下相结合的更为灵活的形式，当然最终是否适用开庭审理方式的决定权仍在法院。

最后，要规范在线庭审的监督并建立相应的救济机制。在线庭审时，审判人员和检察人员无法观察到被告人是否受到胁迫或其他无关人员的干扰，无法保证其自愿供述。对此，可以由检察机关派驻在看守所的检察官对远程审理点进行监督，核对被告人参与庭审的全过程，发挥其审判监督的职能。同时，还应当依据《最高人民法院关于人民法院庭审录音录像的若干规定》，对在线庭审全过程同步录音录像并归档。另外，应当建立在线庭审的异议申请制度，明确在线庭审救济程序的启动事由，一是当控辩双方对于是否适用在线庭审存在分歧，无法达成一致意见；二是控辩双方对于案件事实存在严重分歧，影响定罪量刑。三是被告人对于出示的物证有意见，需要辨认并发表质证意见，请求转换为线下审理。此外，对于侵犯被告人诉讼权利、影响案件公正审判等违反法律规定的程序瑕疵的，应当通过程序性制裁予以救济，及时纠正程序错误，维护当事人合法权益。

（四）完善相关配套设施

在线审理模式的构建必须重视基础设施建设。网络设备和信息技术的完善

---

① 谢登科：《论在线诉讼的程序转化——以〈人民法院在线诉讼规则〉第5条为视角》，载《辽宁师范大学学报（社会科学版）》2022年第4期。

② 谢登科：《论在线诉讼中的当事人程序选择权》，载《南开学报（哲学社会科学版）》2022年第1期。

是保证在线庭审顺利进行的必要条件。为避免技术壁垒和应用场景对后疫情时代司法活动产生的不利影响，可以依据当事人的个性化需要，对诉讼平台开展技术升级，从而提升在线诉讼的可操作性，保障在线诉讼程序更加公正、透明、便捷。

具体而言，第一，优化网络环境，提高运行速度，增强用户在线诉讼体验感。第二，最高人民法院应当明确在线庭审的技术标准，结合业务需求和技术基础，对已有的技术平台进行功能性的整理设计，搭建统一的在线庭审平台和运行系统，避免重复建设。同时要给予各地方法院支持，加强地方法院与之连接，注意相应的保密问题以及数据储存问题。现在已经出现利用3D技术和VR设备打造的线上虚拟法庭，打破原来平面化、单一的视频方式，提高线上庭审剧场化和现场性。第三，在线审理时，技术人员要全程做好技术支持和网络维护工作，准备应对突发情况，为平台设置相应的保护程序，防止网络病毒和黑客入侵，保护数据安全。

结　语

刑事案件在线诉讼理论研究与庭审实践不断深入，在远程讯问、远程作证、在线庭审等方面已经取得了诸多创新成果，但是有关在线诉讼的体系建设和程序优化仍需继续探索。在后疫情时代，随着互联网技术的快速发展，在线诉讼必然因其显著的优势以更加迅猛的态势推广普及，对在线庭审的探究不仅要解决技术层面的桎梏，更重要的是解决其价值层面的问题。正如波斯纳所言："挑战已确立的信仰，这是智识进步的根本推动力。"① 对于在线庭审，我们要从社会发展需要出发，尊重法律系统的生长规律，在传统诉讼理论的基础上完善在线刑事诉讼规则，最大程度发挥信息化技术的智能辅助作用，提升司法质效。

（肖妍欣：湘潭大学法学院）

---

① ［美］理查德·波斯纳《法理学问题》，苏力译，中国政法大学出版社2002年版，第143页。

涉案中小型企业有效合规之标准探讨

任靓洁

回顾我国企业合规的发展历程，是作为“舶来品”的企业合规制度逐渐探寻到能够扎根于我国法治土壤发展路径的过程。2020 年 3 月，最高人民检察院启动了企业合规不起诉制度改革试点工作，开启了刑事合规制度的本土化探索。刑事领域的合规制度探索在初期多为小微企业的合规整改，理论研究主要偏重于宏观构建。2021 年 3 月，最高人民检察院开启第二轮试点，将改革推向更多的 10 个省份，合规改革的适用对象也由小微企业广泛扩至大中型企业。同年 6 月，最高人民检察院发布企业合规改革试点典型案例，并会同多部委发布《关于建立涉案企业合规第三方监督评估机制的指导意见（试行）》，突破检方“一家”把控局面，促进刑行衔接，搭建合规规范平台，《涉案企业合规建设、评估和审查办法（试行）》的发布标志着第三方监管评估机制正式落地，涉案企业合规改革取得飞跃式发展。2021 年末，最高人民检察院继续发布第二批企业合规典型案例，为合规实践提供有益指导。2022 年 4 月，企业合规改革试点工作在全国范围内推开，8 月，第三批涉案企业合规典型案例发布，改革走向纵向深入发展，“合规办案规模不断扩大，质效不断提升”①，以检察主导合规、合规不捕、不诉、规范合规评估，注重合规质效为导向的合规制度框架正在形成与完善。

当下，我国涉案企业合规改革已经进入深度探索及制度建构的关键性阶段，处于刑事合规本土化定型的关键时期，一些困扰司法实践的问题也逐渐呈

---

① 《最高人民检察院涉案企业合规典型案例（第三批）》，载最高人民检察院官网，https：//www. spp. gov. cn/xwfbh/ wsfbt/202208/t20220810_ 570413. shtml，2022 年 10 月 1 日最后访问。

现出来，合规有效性标准尚未存在统一立法便是难题之一。企业合规计划能否促进企业自我管理和预防违法犯罪、司法机关和行政监管部门认定某一合规计划是否有效的标准依据以及涉罪企业如何制定有效合规计划等问题成为法律实务界和学术界所共同关注的重点问题。[①] 在我国，中小型企业相比国有或其他大型企业而言，数量占比更大，但其治理结构体系却远远没有国有或大型企业完善，绝大部分中小型企业并未事先制定合规计划，普遍性的现象是，在犯罪行为发生后才开始拟定合规计划。更有甚者，根本没有听过合规这一概念；[②] 此外，由于合规计划体系的易被模仿性，中小企业事后拟定合规计划也多为“公式化”和“模板化”的合规，很难真正做实合规整改和降低不当行为的发生率。合规计划有效性标准涵盖从合规体系设计到合规运行效果的全过程，[③] 由此，有必要明确涉案中小企业有效合规标准，对其犯罪行为发生后的合规整改进行全过程、全方位的指引，同时推进我国刑事合规管理规范化。

文章共分为三个部分，在认可涉案中小型企业有效合规标准构建具有必要性的前提下，第一部分从理论层面和实践层面对其可行性进行分析；第二部分围绕我国涉案中小型企业刑事合规的特点，明确中小企业有效合规标准的具体内涵，并对其有效合规标准构建的重点考量因素进行列举；第三部分讲解涉案中小型企业有效合规标准构建的思路设计。

一、涉案中小型企业有效合规标准构建的可行性分析

（一）理论层面：合规研究的实效性偏向

企业合规作为舶来品，要实现与国内立法和实践的完全贴合并不是一蹴而就的。在针对企业合规计划的学术研究中，呈现出由关注形式合规、合规体系构建转向注重合规实效、做实合规整改的趋势。其中，有关企业有效合规的标准构建，理论界已经存在一些可供借鉴参考的观点。齐钦等学者认为判断企业

① 解志勇、那扬：《有效企业合规计划之构建研究》，载《法学评论》2022 年第 5 期。

② 李本灿：《企业合规程序激励的中国模式》，载《法律科学》（西北政法大学学报）2022 年第 4 期。

③ 刘艳红：《涉案企业合规建设的有效性标准研究——以刑事涉案企业合规的犯罪预防为视角》，载《东方法学》2022 年第 4 期。

合规计划的有效性既要考察合规形式要件也要对其合规进行实质意义上的考量。① 刘艳红指出刑事合规有效性的根本标准是有效预防再犯，因案件类型、罪行轻重、企业规模、经营漏洞、治理结构存在不同，涉案企业有效合规整改的具体标准应当有所区别。② 叶长春也有类似观点，认为对于发展不同阶段和不同规模的企业应提出不同标准和要求。③ 陈瑞华认为合规整改有效标准是立体化和动态化的，在合规计划的设计、运行和合规整改结果三个不同环节，应当确立相互区别的有效标准。④ 李玉华提出企业规模是确立有效刑事合规基本标准的考量因素，有效刑事合规的基本标准应当包括预防机制、识别机制和应对机制三个方面十二项要素。⑤ 张远煌和秦开炎则以合规文化作为企业有效合规之实质标准，认为合规计划的有效性要素以文化要素为统领，进而实现文化要素与操作性要素的实质性融合。⑥ 李勇同样提出“企业文化才是合规有效性的核心标准”的观点。⑦ 方芳、许兴文提出构建三位一体的合规有效性标准体系，具体包括宏观层面上有效性的理念，中观层面上有效性的思路以及微观层面上有效性的指标及评估程序。大型企业和中小企业在不同层面上的侧重点与要求均存在不同。⑧

通过对上述关于有效合规标准的观点分析，大致可以得出一个较为统一的看法：企业有效刑事合规的标准并非“一刀切”式的“统一标准”。但考量因素不同具体划分的标准也不同，企业规模作为其中一个重要的区分因素已经得到绝大多数学者的认同，研究中小型企业有效合规标准已然具备了理论前提和

---

① 齐钦、孙昕锴、王路路：《企业合规计划的有效性判断》，载《中国检察官》2022 年第 3 期。

② 刘艳红：《做实涉案企业合规整改有效性审查》，载“蓟门一体化刑事法讲坛”法律公众号，2022 年 8 月 1 日。

③ 叶长春：《企业合规要求应当因企而异的经济分析》，载《肇庆学院学报》2021 年第 1 期。

④ 陈瑞华：《合规监管人的角色定位——以有效刑事合规整改为视角的分析》，载《比较法研究》2022 年第 3 期。

⑤ 李玉华：《有效刑事合规的基本标准》，载《中国刑事法杂志》2021 年第 1 期。

⑥ 张远煌、秦开炎：《合规文化：企业有效合规之实质标准》，载《江西社会科学》2022 年第 5 期。

⑦ 李勇：《涉罪企业合规有效性标准研究——以 A 公司串通投标案为例》，载《政法论坛》2022 年第 1 期。

⑧ 方芳、许兴文：《刑事合规有效性标准构建》，载《中国律师》2022 年第 8 期。

参考。

（二）实践层面：合规改革的经验积累

2022 年 1 月 17 日，全国检察长扩大会议对 2022 年检察工作谋篇布局，其中更加强调检察机关的能动履职，做好企业合规“后半篇文章”，要更加凸显成效，确保第三方组织、人员做到“真监督”“真评估”，确保涉案企业“真整改”“真合规”。截至目前，最高人民检察院在合规改革试点推行过程中，总共发布了三批企业合规典型案例。第三批涉案企业合规典型案例在合规办案规模不断扩大的背景下发布，追求合规质效的提升，尤其注重区分大中小微不同企业类型的合规特点，这为更加细化地探索中小企业有效合规标准提供有益经验。

以江苏 F 公司、严某某、王某某提供虚假证明文件罪为例。在本案中，检察机关充分发挥合规主导作用，因案制宜，结合小型企业 F 公司在治理模式、业务规模、员工数量、资金能力、风险防范等方面的自身特点，配套适用简式合规模式，需明确，简式合规不是一简到底，需保证存在合规计划制定、实施和验收评估等基本环节。[①] 虽然并未明确涉案中小企业有效合规标准的具体所指，但可以推断，合规模式存在不同，其有效性标准也应当存有区别，简式合规相较于范式合规，评判其是否为有效合规的具体标准也应当存在一定程度的降低，以便更好地激发中小型企业做实合规的积极性。

二、涉案中小型企业有效合规标准设立的考量因素

“有效合规标准”具体指“执法部门在对涉案企业作出是否宽大处理的决定时，对其合规管理体系能否发挥防范、监控和应对违规行为的作用，所采取的评估标准”。在我国，绝大部分中小企业没有事先建立合规制度，刑事合规多为检察机关主导的、针对已发生风险的事后合规。由此，本文所指“涉案中小型企业有效合规标准”应当做广泛意义上的理解，是指在涉案中小企业合规整改的动态过程中起着统领作用的标准，是有效修复标准与有效合规标准的复合体，兼具合规整改标准、合规监督评估标准以及检察机关审查验收标准

---

① 《最高人民检察院涉案企业合规典型案例（第三批）》，载最高人民检察院官网，https：//www. spp. gov. cn/xwfbh/wsfbt/202208/t20220810_ 570413. shtml，2022 年 10 月 1 日最后访问。

等多重制度功能。[①] 在确立中小企业有效刑事合规的标准时应当考量多种因素。

（一）企业规模

刑事合规有效性的标准应当与企业规模大小相匹配。企业规模不同，企业营业收入、资产总额和从业人员等具体指标也不同。企业规模的大小关涉企业整体经济承受能力，关涉企业内部结构和运行机制，前者直接影响合规成本的负担，后者直接影响合规机构的设置。中小型企业是指在我国境内依法设立的，人员规模、经营规模相对较小的企业。[②] 对于中小型企业来说，经营成本有限、内部治理结构简单，能否额外负担起刑事合规计划，其关键点在于合规计划的条件和要求，中小企业不是不能合规，而是不能承载超出其自身能力的合规，也不能仅在形式上确立一套合规体系。中小企业常常由某单一个人或者家族把控，企业作为法人与其实际控制人发生“人格混同”，实际控制人在企业的经营决策、财务、法务等环节具有绝对性的权威，即使某一涉案中小企业在形式上复制了一套合规体系，也很难实现自我管控，因为实际控制人可以完全不遵守纸面上的合规计划而继续从事违法违规行为，并没有别的力量对其进行有效制衡。由此，针对中小型企业规模的具体特点，应当实行更为具体的、有别于国有、大型企业的有效合规标准，合规计划不是一套固定的模板，而是一套可以差异化落实到企业内部的治理措施，只需在程序、标准要求等方面进行科学差异化的处理，这样一来，不仅可减少中小企业的经营负担，也可以更容易做实合规整改，让合规整改突显实效。[③]

（二）合规风险

我国中小企业的运营管理主要具备三个特点，一是组织形式和所有制结构的多样化；二是行业分布广、离散程度高；三是中小企业的财务风险高、盈利水平较低。中小企业面临的市场竞争激烈，但资产规模较小，总体偿债能力偏弱，潜在的财务风险因素也较多。[④] 相较于大型企业，中小微企业犯罪多是由于经营、融资、管理等方面存在困境，为了能够继续存活，进而实施犯罪。犯

---

① 刘艳红：《涉案企业合规建设的有效性标准研究——以刑事涉案企业合规的犯罪预防为视角》，载《东方法学》2022 年第 4 期。

② 《中华人民共和国中小企业促进法》（2017 修订）。

③ 王雷：《把握好考察小微企业刑事合规有效性的标准》，载《人民检察》2021 年第 12 期。

④ 梅旭佩：《中小企业内部控制优化研究》，载《财会学习》2022 年第 23 期。

罪案件类型多为虚开发票、商业贿赂、侵犯个人信息、破坏数据安全、侵犯知识产权和污染环境相关。① 这决定了中小企业面临的合规风险具有较强的个性化特征，由此，要达至何种标准才能实现针对合规风险的有效合规，还需因案而异，具体分析。

（三）合规方式

刑事合规作为企业自我管理和控制的新方式，在试点改革实践中，企业采用的合规方式有普通式或标准式合规、简式合规以及专项合规。一般而言，涉案中小企业多采用简式合规或者专项合规，是非标准化的、非全面的合规，其目的不在于形成一种特定的企业文化，而在于对特定风险进行有针对性的合规，相比之下，我国的国有企业和大型企业都有其配套的合规管理体系和企业合规文化。此外，我国中小企业的刑事合规多为涉案后的事后合规，案发前并未存在相应的合规计划，是在检察机关或合规监管人的监督下进行的合规整改活动，判断其合规是否有效应当是一种过程性的审查判断，当涉案企业被检察机关起诉后，处于合规不起诉考验期时，从企业制度漏洞修复到合规计划的制定再到运作最后到合规整改效果的验收，都需要纳入有效合规的考察范围。

企业规模、合规风险和合规方式是影响有效合规标准构建最为关键的三个要素。中小企业并不适用一劳永逸的“公式化”合规，合规风险是动态的，合规应当是随着企业业务的发展和市场的变化持续更新和改进，对其而言，国有或大型企业规范化、高标准的合规是可望却不可及的，建立对标大型企业的合规管理体系既无可能也无必要。中小企业只需在国有企业或其他大型企业的引领、示范下，适用契合自身发展特点的基本标准或适当标准，过高的标准不仅会导致合规体系流于形式，进而难以发挥预防同类型犯罪和关联性犯罪的作用，还会严重影响中小企业参与合规整改的积极性，架空我国刑事合规不起诉的制度功能。与此同时，针对涉案后的事后合规，合规标准应当涵盖从初始的企业制度修复直至最后合规效果验收。

三、涉案中小型企业有效合规标准构建的思路设计

（一）有效合规之目标与原则

刑事合规作为企业自我管理的内控机制，在于消除、抑制其内生性犯罪，

---

① 陈瑞华：《中小微企业的合规计划》，载澎湃网，https：//m. thepaper. cn/baijiahao_17376213，2022 年 10 月 16 日最后访问。

合规体系的生命在于行之有效，有效合规的根本目标在于预防再次犯罪，随着企业合规改革实践的不断深入，预防犯罪的范围指向不断扩大，不再局限为相同罪名的犯罪，而包括同类型犯罪以及关联性犯罪。如《关于建立涉案企业合规第三方监督评估机制的指导意见（试行）》第 11 条第 2 款规定，涉案企业提交的合规计划，主要围绕与企业涉嫌犯罪有密切联系的企业内部治理结构、规章制度、人员管理等方面存在的问题，制定可行的合规管理规范，构建有效的合规组织体系，健全合规风险防范报告机制，弥补企业制度建设和监督管理漏洞，防止再次发生相同或者类似的违法犯罪。

涉案中小企业有效合规构建应当遵循适应性原则、针对性原则和修复性原则。其中，适应性原则又可理解为比例原则，也即是涉案中小企业的合规制度构建在涵盖建立、实施、维护、持续改进等必要环节的基础上，还应与其资产规模、人员构成、业务特点、潜在风险相匹配；针对性原则是指，在合规整改必备条件之下，具体要素的实现方案又可因企而异，可依据企业具体情况量身定制，对于不同企业面临的不同风险，进行有针对性的除罪化改造和合规组织体系构建，能够覆盖已经发生的犯罪风险，同时预防同类型犯罪以及关联性犯罪；修复性原则在不同的合规阶段具体内涵所指不同，在中小企业涉罪后，还未实施合规计划时，修复性原则要求企业针对导致犯罪行为发生的制度漏洞进行及时修复，在制度漏洞修复完毕并且完成合规整改的后期，企业合规计划还应当不断地更新完善，随着合规风险的转移变动而适时调整，这里的修复具有维护企业合规现状之意。

（二）有效合规之“要素式”标准

有效标准采取“要素式”既具有国际经验也具有国内参考范本。随着合规制度的建立，合规标准问题相伴而生，有关国家和国际组织在制定涉案企业合规有效性标准时均采用评估视角和要素形态，也即是规定若干审查和评估要素作为有效合规的基本标准。① 具有代表性的为美国 1991 年《组织量刑指南》列出的关于有效合规计划的七个标准，又称“黄金七要素”，作为初始版本的“七要素”，在规定上过于抽象和模糊，形式上很容易满足要求，但实质效果判定上却难以操作。2004 年版和 2010 年版对“七要素”进行了相应地修改和完善，一方面更加注重组织领导的角色，在后期还引入了首席道德与合规官等

---

① 刘艳红：《涉案企业合规建设的有效性标准研究——以刑事涉案企业合规的犯罪预防为视角》，载《东方法学》2022 年第 4 期。

类似角色，另一方面强调组织责任和组织文化。美国在《组织量刑指南》修订上不断地作出努力，合规有效性标准也实现了从形式到实质、由抽象到具体的转变，可有效避免企业实际操作中出现的“纸面合规”或“公式化合规”，为企业制定真正有效的合规计划提供可参考依据。除了美国，英国、法国、意大利等国都通过立法规定了类似的有效合规条件。相关国际性文件如《亚太经合组织有效和自愿的企业合规计划基本要素》也提出了企业开展合规项目所应满足的十一个基本要素。①“要素式”合规要求或合规标准具有世界范围内的可采性。再观我国相关法律实践，《关于建立涉案企业合规第三方监督评估机制的指导意见（试行）》和《涉案企业合规建设、评估和审查办法（试行）》都有提及合规组织体系的有效性以及企业合规建设应符合有效性标准，但并未有相关法律明确“标准”的具体所指，更未形成要素形态。相对而言，国务院国有资产监督管理委员会于2022年10月份发布的《中央企业合规管理办法》对中央企业风险防控和合规管理进行了较为体系化的规定，主要包含原则遵循、组织和职责、制度建设、运行机制、合规文化、信息化建设以及监督问责七个部分。② 这说明一方面我国欠缺涉案企业有效合规标准的系统规定；另一方面，我国关于合规管理的法律规制正在朝着系统化、体系化方向努力。但是《中央企业管理办法》的率先发布也反映出当下关于合规管理的法律规制更加倾向于“二元标准”甚至“多元标准”，对企业进行类型化区分，不同类型企业适用不同的合规管理办法，有效合规标准也相应地存在差异，在这点上还是有别于各国广泛采取的各类型企业统一适用的“一元化”标准。但不可否认的是，关于中央企业合规管理的法律规制为中小企业的合规管理以及合规有效性标准构建提供了参考范本。

（三）有效合规之要素组建

有效合规标准并不等同于将若干项合规管理要素进行简单堆积，在要素组建上应当能够体现合规整改立体化和动态化的整体特征，立体化是指要素组建应涵盖从制度漏洞修复到合规管理体系建立再到做实合规整改效果全过程；动

---

① 《亚太经合组织有效和自愿的企业合规计划基本要素》（APEC General Elements of Effective Voluntary Corporate Compliance Program），载 http://mddb.apec.org/Documents/2014/SOM/CSOM/14_csom_041.pdf，2022年10月10日最后访问。

② 《中央企业合规管理办法》，载北大法宝官网 https://www.pkulaw.com/chl/f8ad6b52b9e6aca2bdfb.html?keyword=合规%20&way=listView，2022年10月10日最后访问。

态化是指要素组建应在共通要素的基础上具有可变要素，具体表现在前期企业制度漏洞的修复和后期合规维系上，根本原因在于所面临的合规风险因企而异。

1. 要素一：查明制度缺陷

此要素作为前置性要素，是有效合规标准的重要成分。当下，大多企业都是依照合规义务去找违规行为，合规义务没达到之处就是违规之处，这种按图索骥式合规以范式合规为模板追求全面合规，但中小企业合规大多为检察机关主导的事后合规，针对的是已经发生过的风险，风险来源已经明确，而查明制度缺陷就是针对已经发生的风险进行企业管理制度上的漏洞填补，依据违规行为来完成合规义务，更契合中小企业刑事合规特点。查明制度缺陷应当聚焦于犯罪原因诊断的准确性以及制度纠错的针对性，消除根植于管理方式或商业运营模式的犯罪诱因，为有效合规奠定制度基础。实践中查明制度缺陷，主要是由涉案企业进行合规自查并形成合规自查报告，自查应当是彻底性的，自查报告应当是有深度的，查找出来的制度漏洞应指向于企业经营或管理层面。首先，涉案企业依据犯罪构成要件对违法行为存在充分认知，如企业涉嫌污染环境，需根据《刑法》第 338 条对污染环境罪的规定，对其污染环境的具体情节有充分认知；其次，回溯业务流程，查找致使违法性行为产生的制度漏洞所在，如粗放式经营致使环境污染。有学者总结了实践中常见的企业管理制度缺陷和漏洞，如商业模式本身存在违法基因、市场营销策略隐藏着对犯罪行为的默认、生产管理失范、财务审计制度流于形式等。

2. 要素二：完成制度漏洞修复

在完成制度漏洞原因查找之后，紧接而来的就是进行针对性的制度修复，开展专项合规或者简式合规。以我国最高人民检察院发布的合规典型案例为依据，关于制度漏洞的修复，通常表现为：（1）企业发展运营模式的转变，如在张家港市 L 公司、张某甲等人污染环境一案中，L 公司改变了野蛮粗放的发展运营模式；（2）企业内部规章制度的完善，如在上海市 A 公司、B 公司、关某某虚开增值税专用发票一案中，涉案企业针对税务管理漏洞完善企业内部的税务管理制度，聘请专业人士进行税收筹划。再如王某某、林某某、刘某乙对非国家工作人员行贿一案中，Y 公司制定企业内部反舞弊和防止商业贿赂等一系列规章制度；（3）公司权力结构的调整，如上述 Y 公司不仅完善了内部规章制度，还对公司内部架构和人员进行了重整，增加企业合规的专门人员。新泰市 J 公司等建筑企业串通投标系列案件中，6 家涉案企业对公司监事会作出人事调整。①

3. 要素三：合规承诺

我国中小企业的治理结构简单，多为企业高层一人掌权，企业运转过分依赖于某一个人。基于此点，在现实中，中小企业合规很容易陷于合规满足形式要件却难以最终发挥实效的困境，原因在于作为企业老大的实际控制人或法定代表人并没有真正具备合规意识，若其在企业经营管理活动中仍旧作出违法行为，员工或者其他管理层人员由于权力处于低位而无法制止此种违法行为的发生。由此，涉案中小企业合规需要其最高负责人作出合规承诺，将合规渗透到企业管理的每一环节，并承担相应的合规管理责任，这是做实有效合规的关键所在。

4. 要素四：合规体系建立

涉案中小企业由于其合规整改时间、资源有限，很难建立覆盖各个领域的全面合规体系，较为实际的选择是围绕已经发生的犯罪行为建立专项合规体系，专项合规在我国合规改革实践中多表现为知识产权合规、反商业贿赂合规、反垄断合规、数据保护合规等。此外，涉案企业建立专项合规体系作为有效合规的关键要素之一又有其自身所应具备的基本要素：（1）合规管理机构，中小企业应当依据规模、业务和行业特点设置适当的合规管理机构。具体包括设置合规领导小组、确定合规管理第一责任人、设置合规管理部门或配备少量的合规专员。其中，合规领导小组由合规管理第一责任人也即是法定代表人或实际控制人以及各业务部门的负责人组成。合规管理机构的设置还应当有相配套的职责规定。（2）合规风险识别，这里的风险识别是专项风险识别，中小企业应当对其专项合规义务进行梳理和辨别，将合规义务与业务活动、产品、服务相关联，当合规义务缺位之时便是合规风险产生之时。（3）合规风险应对，确立合规风险应对责任人、设置应对措施、记录与沟通机制、监督与检查机制，以及针对突发合规事件的应对预案，同时开展合规培训与交流，为合规风险应对机制的实施提供保障。（4）举报机制，包括受理举报机构、举报渠道、举报信息保密和举报人保护制度、举报处置流程。（5）问责与惩戒机制，指企业对违反企业合规计划的行为人进行相应的纪律处分。（6）持续跟进机

---

① 《最高人民检察院企业合规改革试点典型案例》，载最高人民检察院官网，https：//www.spp.gov.cn/spp/xwfbh/wsfbh/202106/t20210603_ 520232.shtml，2022 年 10 月 10 日最后访问。

制，在企业专项合规整改后期，严格把控企业运营是否偏离合规管理目标，持续跟踪和评估合规风险的变化，相应地调整或更新管控措施。①

5. 要素五：合规运行效果

涉案中小企业有效合规应当具备合规实效，将合规整改落到实处。涉案企业合规是一个持续整改的动态过程，不能将合规的有效性仅仅等同于合规计划设计的有效性，有效合规应是前期制度修复有效加上合规计划设计有效再加上合规实际运行效果有效，有效标准为复合性标准。确保中小企业合规整改具备实效，除了中小企业自身建立科学可行的专项合规体系外，还需要充分发挥第三方监督评估机制的制度功能，行政监管部门应当避免“公式化”评估，针对不同企业的风险状况和其降低风险的解决方案进行针对性的评估，可督促企业实施业已建立的某一专项合规计划，还可以指导企业依据新的风险评估，建立新的专项合规体系。检察机关可通过检察建议，督促行政监管机关在企业合规考察结束后，切实发挥监督企业持续推进合规管理的作用。②

由此总结，关于中小企业有效合规标准主要由五个要素组成，涵盖合规整改的全过程。其中，要素一和要素二为有效制度修复的标准要求，要素三虽独立为单一要素，也可和要素四一起作为有效合规计划的标准要求，要素五为有效合规的实质性要素（具体见表1）。

表1　有效合规之要素

合规整改环节	有效标准
企业制度修复	查明深层制度缺陷；针对性制度修复
合规体系建立（专项合规体系）	合规承诺；合规管理机构；合规风险识别；合规风险应对；举报机制；问责与惩戒机制；持续跟进机制
合规运行效果	合规评估；合规验收

① 《中国中小企业协会团体标准》，https：//ca－sme.org/static/uploadfile/content/2022_05/%7BCCC59564－8BAC－6977－6499－BD8131A94678%7D.pdf，2022年10月16日最后访问。

② 陈瑞华：《中小微企业的合规计划》，载澎湃，https：//m.thepaper.cn/baijiahao_17376213，2022年10月16日最后访问。

结　语

我国企业合规改革走到今天正处转型发展的十字路口，新一批的合规热潮下，更加注重合规质量和效果，确保涉案企业做到“真整改”“真合规”。但热潮之下还需进行冷思考，中小企业作为我国刑事合规的主要适用对象正在面临有效合规标准的立法缺失困境，由此，确立中小企业有效合规标准具有现实紧迫性。基于对企业规模、合规风险和合规方式三个关键因素的考量，对涉案中小企业有效合规标准确立了全过程性的复合标准，主要拆分为三个环节，每个环节都有相应的有效标准，在企业制度修复环节，作为合规的前置性环节，应满足查明深层制度缺陷和针对性进行修复两个要素；在专项合规体系建立环节，应满足合规承诺、合规管理机构设置、合规风险有效识别和应对、举报与惩戒以及持续跟进机制七个要求，合规承诺也可作为有效合规的独立判断标准；在合规运行环节，应该包含专项合规计划运行后的合规评估和合规验收，更加注重合规质效的实现。

（任靓洁：湘潭大学法学院）

我国辩护律师近亲回避规则之构建

刘妍希　张庆霖

众所周知，获得辩护权是被追诉人的基本权利。在我国，犯罪嫌疑人、被告人除了自己行使辩护权之外，还可以选择委托律师或者非律师担任自己的辩护人。但是，若被追诉人的近亲属本身是执业律师，那么该近亲属能否以律师身份为其提供辩护，则是一个规则不明、值得认真对待的问题。这一问题不仅在电影《法外情》① 中成为造成剧情冲突的焦点，也在司法实践中真实存在。

一、问题提出：我国缺乏辩护律师近亲回避规则

（一）案例引入

南京市检察院曾收到当地公安局移送的一起职务侵占案件。接案后，办案检察官告知犯罪嫌疑人李某享有辩护权，可以聘请律师为其提供辩护。然而，李某要求由自己身为执业律师的妻子以律师身份为自己辩护，根据当时《刑事诉讼法》的相关规定，“犯罪嫌疑人、被告人除自己行使辩护权外，还可以委托下列人员辩护：（一）律师；（二）人民团体或者被告人所在单位推荐的或者经人民法院许可的人民；（三）被告人的近亲属。”因此无论是作为律师或近亲属，李某妻子均可为李某进行辩护。而李某妻子在同意辩护后，还要求以辩护律师身份会见李某。作为律师，其当然可以行使会见权，然而作为李某的近亲属，她则不能会见李某。一时间，李某妻子的身份到底该如何界定成为争议的焦点。当时，为解决纠纷，最终检察院要求李某妻子仅以近亲属的身份

① 该电影反映出在香港的一起故意杀人案中，孤儿刘志鹏作为律师在开庭后被告知被告人系自己的亲生母亲，按照当时的法律，本不允许辩护律师与被告人之间存有亲属或血统关系，但为捍卫心中正义，证人修女撒谎隐瞒了其母子关系，最终胜诉。

担任李某的辩护人，然而实务界、学术界对于此问题的争议却并未平息，近年来仍对此问题有所研究。除此之外，此争议还存在于雇员关系、情侣关系、挚友关系等特殊关系中，对于这些关系又是否应当约束辩护律师委托关系的成立呢?

通过检索，笔者发现在律图、知乎等法律问答中，律师可以为近亲属辩护是一个容易回答甚至显而易见的问题，然而几乎所有回答者均回避了律师可否以律师身份为近亲属进行辩护这一问题。然而，律师辩护人和非律师辩护人两种身份在许多方面均存在差异，因此，对于此问题的研究无论是从理论层面或是实践层面都具有非常重要的意义。接下来，本文将针对这些问题对我国现有相关法律法规规定、该现象存在的利弊进行分析，并为完善相关制度提出建议。

（二）我国相关立法现状

从立法的价值取向角度思考《刑事诉讼法》第 33 条①之规定，该条制定初衷在于一定程度上弥补律师数量不足的缺陷，使得被追诉人能够更好地行使辩护权，同时减少其经济上的负担。然而尽管如此，律师辩护人和非律师辩护人被制定时在权利范围、制度保障程度、功能作用等多方面均存在差异，前者相较于后者，被授予了更多权利、更多的制度保障和功能作用。而《刑事诉讼法》却并未明确禁止律师以律师身份为近亲属进行辩护，使得两种身份选择的界限被模糊。

不仅如此，《律师法》《律师办理刑事案件规范》中也仅对辩护律师近亲利益冲突回避事项作出了原则性、抽象性的规定，而未制定具体明确的规则，中华全国律师协会在相关制度上的规范也有所缺位。正因如此，实践中对于此类争议往往选择模糊、保守处理，虽大部分法院会选择不允许犯罪嫌疑人、被告人的近亲属以律师身份担任其辩护人，但却难以举出明确的法律规范予以论证、解释。综上，我国现行立法中对于犯罪嫌疑人、被告人近亲属以律师身份担任其辩护人的现象仍处于默认状态，相关立法存在着规定欠缺、有待进一步完善的问题。

而规定的欠缺、不明确会使得实务中难以形成统一、规范的办案方式，当

---

① 犯罪嫌疑人、被告人除自己可以行使辩护权以外，还可以委托下列人员担任其辩护人：（一）律师；（二）人民团体或者犯罪嫌疑人、被告人所在单位推荐的人；（三）犯罪嫌疑人、被告人的监护人、亲友。

近亲属要求以律师身份担任辩护人时，现实办案会因缺乏理论依据而造成困惑。除此之外，对于该现象的默认，也会使得具有近亲属身份的辩护人无法充分发挥独立有效辩护制度的作用，产生一系列冲突，对此本文将在后文中进行详细阐述。

相比之下，英国等国家、中国香港等地区的相关法律制度则均对此有明确的规定。英国法律中明确规定："辩护律师不能与被告有亲属或血统关系，故意违反者将视作藐视法庭，所涉及案件一律发挥重审"，香港在 The Hong Kong Solicitors´Guide to Professional Conduct Volume 1 Chapter 5 中规定："律师不得在可能导致利益冲突，或者可能给公众留下律师能够为客户的利益，利用该等任命的职位或任命的情况下行事或继续行事时担任其合伙人、雇主、雇员或近亲属的辩护人①""'近亲属'一词包括配偶、父母、子女、兄弟姐妹或其中任何一方的配偶"。② 此处虽然并未明令禁止律师担任其近亲属的律师辩护人，但以较为抽象的对象范围将此现象纳入并予以限制，使得法律制定更加具有包容性、广泛性，更有利于适应个案变化。

二、利弊权衡：辩护律师近亲回避制度的必要性

是否允许以律师身份为近亲属辩护，看似无关宏旨，实际上却牵涉非常复杂的利益衡量和不同角色之间的冲突。换言之，明确律师近亲回避规则，既有充分的理论根据，也有现实必要性。正如中国政法大学刑法教授罗翔所述："人性的幽暗没有止境，有时立法者都无法预测到人的邪恶程度，因此司法人员可以在立法语言设定的范围内进行能动性的解释，发挥必要的自主性，约束人性的堕落。人类历史中，瘟疫此起彼伏，但更可怕的是人性的瘟疫，对于这种瘟疫，法律要发挥必要的阻断功能。"③ 人性是难以揣测、琢磨的，在某些

---

① A solicitor must not act or continue to act where either he, his partner, employer, employee or near relative holds some office or appointment which may lead to a conflict of interest or which may give the impression to the public that the solicitor is able to make use of such appointment for the advantage of the client. See Hong Kong Solicitors´Guide to Professional Conduct Volume 1, Chapter 5, 76.

② The expression "near relative" includes a spouse, parent, child, brother, sister, or spouse of any of them. See Hong Kong Solicitors' Guide to Professional Conduct Volume 1, Chapter 5, 76.

③ 罗翔：《关于核酸检测报告失实的法律问题》，载微信公众号"罗翔说刑法"，https://mp.weixin.qq.com/s/b4f9MC8FPXQAHPC12NIURg，2022 年 4 月 24 日。

方面，我们不应对人性抱有太多信赖、期待，正因如此，我们更应当掀开这一制度的表面，辨析隐藏其下的种种冲突关系再作出判断。

（一）角色冲突：律师辩护人与非律师辩护人角色的“竞合”

允许被追诉人近亲属以律师身份担任其辩护人无疑是存在一定好处的。从律师角度来看：第一，为自己的近亲属辩护可以更好地督促律师积极履职，从而更大程度发挥出律师辩护制度的作用；第二，可以更好地激励律师提高自身专业能力，从而间接地促进社会发展；第三，辩护人可以更充分地运用相关权利维护被追诉人的权益，例如侦查机关、检察院以及人民法院在不同的程序环节中都应当听取辩护律师的意见，而正是这些专业的法律意见在案件侦查、审查起诉、法庭审判等环节中起着最大程度维护被追诉人合法权益的作用。

从被追诉人角度来看，由于律师辩护制度的基础便在于“信任”，那么由自己信赖的近亲属来担任自己的辩护律师，有助于迅速建立信任基础，使得辩护制度充分发挥作用，且由近亲属担任辩护人也可减少律师费用，减轻被追诉人经济压力。

从法治建设方面来看，由于多数人学法初衷便在于能够更好地维护、保障自身及家人的合法权益，那么允许其为近亲属辩护便可吸引更多人才研习法律，投身于国家法治建设中，使得我国法治制度日渐完善。

然而正如前文所述，律师辩护人和非律师辩护人在权利范围、制度保障程度、制度功能作用等方面存在着较大差异，需要区别对待、划清界限，若允许被追诉人的近亲属以律师身份担任辩护人，则会导致律师辩护人与非律师辩护人角色上的“竞合”，使得两种不同的辩护人身份制度被混淆。

首先，两种辩护人所被赋予的权利范围不同。考虑到非律师辩护人一般相较于律师辩护人而言，缺乏法律知识、思维以及专业技能，且不受律师职业伦理约束、更易受中国传统亲情伦理、家族“同受共享”思想的羁绊，更易作出违背法律、违反公正的行为，为保障司法公正、捍卫法律权威，前者所享权利相较后者有所削减，包括调查取证权、阅卷权、会见权等。例如，在审查起诉阶段，律师辩护人可以与犯罪嫌疑人见面和通信、可以查阅案件，检察官在起诉前还应当听取律师辩护人的意见，而律师以外的其他公民担任辩护人，若要了解案情或者同在押的被告人会见和通信，则必须经过法院和检察机关的许可才行。①

其次，我国对于两种辩护人的制度保障存在差异。这具体体现在我国目前对于非律师辩护人的权利保障制度仍有所缺位，目前我国《刑事诉讼法》在“辩护与代理”一章中仅围绕“辩护律师”来赋予律师辩护人相关权利，在《律师法》《律师办理刑事案件规范》中仅针对“辩护律师”来规制其执业行为，导致现有法律法规中对于非律师辩护人诉讼权利保障的相关制度仍不够完善、内容有所缺乏，例如仍未对非律师辩护人会见犯罪嫌疑人、被告人以及查阅、摘抄、复制相关案卷材料的申请流程、申请条件等作出具体的规定，因此实践中容易导致法院或者检察院无正当理由便不通过申请，甚至消极不作为，忽视、不受理非律师辩护人申请导致其无法成功会见犯罪嫌疑人、被告人等情形存在。这在一定程度上不利于非律师辩护人及时了解案件真相并采取合适的辩护策略为犯罪嫌疑人、被告人进行辩护，从而使得其权益未能及时受到保护，使得非律师辩护人在践行辩护制度时会有所劣势。

再次，两种角色在制定时被赋予的预期目的不同。律师制度诞生的主要目的在于：第一，律师群体知晓和掌握着更多的专业法律知识、辩论技巧，能够更好地运用专业知识、技能维护当事人的合法权益，不仅如此，部分犯罪嫌疑人、被告人由于心理承受能力较差，在面对侦查机关讯问时基于心理压迫可能会产生避重就轻、变换供述甚至歪曲事实而违心作出有罪供述的情形，此时如若能有律师协助其阐述、帮助其辩护则可以从精神上给其提供底气以及心理上的抚慰，同时从实践上使得其作出更为符合内心真实意思表示、统一的供述。第二，通过由律师协助被追诉人行使辩护权，使得法庭上能够形成三角诉讼模式，使得被追诉人在面对背后存有强大国家机器的检察机关时，不会显得过于弱势，以此来防止刑事辩护活动呈现“一边倒”的趋势，从而对检方进行牵制，维护我国法官居中裁判、控辩双方相互对抗的三角审判格局，并使得这种平衡贯穿刑事诉讼活动始终，维护我国刑事诉讼程序的正义。第三，检察机关、公安机关往往会先入为主，以“有罪论”进行推断，其在进行调查取证时时常会更注重能够认定犯罪嫌疑人、被害人有罪的证据，而忽略收集对其有利的证据，这将导致证据的采集不够客观、全面。在这种情形下，律师可以通过专业知识、技能来收集对犯罪嫌疑人、被告人有利的证据，在维护当事人利

---

① 崔洁、肖水金、雒呈瑞：《妻子能否以律师身份担任丈夫的辩护人》，载《检察日报》2006 年 12 月 6 日。

益的同时帮助法官更为全面、客观、迅速地在控辩双方有来有回的辩论中了解案件真相，从而有效防范法院判出冤假错案，让正义不“迟到”、不“缺席”，同时对检察机关和法院也起到一定的监督、补充和引导作用①，进而更好地维护司法权威、捍卫公平正义、提高司法公信力。

综上，律师辩护人和非律师辩护人在多方面存在差异，辩护律师在承担自己本职责任外，还承担着更高的社会责任，而相比之下，非律师辩护人则并未被赋予如律师辩护人般众多的期望，其被制定的预期目的更多偏向于被追诉人的权益，更倾向于使得被追诉人在律师资源稀缺、个人资金缺乏的情况下及时得到他人甚至可信任之人的帮助。因此，若允许犯罪嫌疑人、被告人的近亲属以律师身份担任其辩护人，则会导致律师辩护人同非律师辩护人角色相“竞合”，使得两种角色被赋予的功能作用界限被模糊、划分不够清晰，不利于分别实现两种制度的意义。

（二）伦理冲突：律师职业伦理与亲属关系伦理的碰撞

允许律师以律师身份担任近亲属的辩护人，会使得律师职业伦理与律师本身的亲属关系发生冲突，从不同角度来思考均存在一定弊端。

一是从司法制度角度思考，允许这一现象会增大侵犯他人合法权益、破坏司法公正的概率。尽管《律师法》以及法律职业伦理的其他相关法律法规对于律师执业已制定了一系列的规定，以禁止、约束律师在执业过程中可能存在的违背职业伦理的行为。然而，当站在自己身后、需要为之辩护的人是自己的近亲属，甚至是日夜陪伴身旁的父母、子女、配偶时，当亲人安危全在自己一念之间时，人们很难保障仍能理智地分析、选择，权衡利弊，而后毅然决然地继续遵循法律职业伦理，这便会导致部分律师轻视法律权威，违法、不当地利用律师辩护人所特有的权利，作出违背法律法规、职业道德的行为，从而影响司法公正，侵犯他人合法权益。若允许律师为自己的近亲属辩护，也会在一定程度影响社会公众对于司法权威的信任度，无论是被害人或是与案件无关的社会公众，在被追诉人的近亲属以律师身份担任其辩护人时，无论其是否确有采用不正当手段协助被追诉人脱罪、减刑，他们都会认为其极大可能会寻找司法监督、社会监督盲区，以便其采取妨碍司法公正、侵犯他人合法权益的行为，这对于司法制度、司法机关的公信力和权威性无疑是一种难以承受的打击。

---

① 王浩：《律师独立辩护问题研究》，中南财经政法大学 2019 年硕士学位论文，第 5 页。

二是从律师角度思考，允许这一现象也会一定程度破坏律师家庭幸福、妨碍其人际关系维护。当委托人是自己的亲友时，尽管部分律师选择秉持法律职业伦理，不愿触犯法律边界，但介于维护家庭完整、亲情绑架、近亲威逼等因素，最终也会在一张张“感情牌”面前败下阵来，他们将陷入家庭情感被破坏和职业伦理被违背的窘境而难以抽身。那么，禁止这一现象便可有效防止律师陷入此种困境，间接地起到维护其家庭美满、保障其人际关系不受职业影响的作用。

三是被追诉人角度思考，某些情况下由近亲属担任自己的辩护律师并不利于辩护权得以充分发挥。原因在于：首先，抛开本次委托，被追诉人和律师之间仍存在近亲属关系，他们在本次委托辩护关系解除后还需继续维持彼此间的情感。而某些事项可能属于不便透露给近亲属的个人隐私，那么此时被追诉人可能为隐瞒这些内情，而使得辩护律师不能最大程度地了解真实案件情况，从而妨碍其为被追诉人提供最为充分、有效的辩护。其次，身为近亲属甚至是长辈、伴侣的被追诉人极有可能出现干涉律师工作、指挥律师行为等举动，而律师则可能基于血缘、亲情压迫不得已听取被追诉人的意见，使得律师独立、有效辩护制度难以实现，最终使得司法界为实现律师独立、有效辩护所付出的努力功亏一篑。

而深究律师独立辩护制度，其强调律师相对于当事人的独立性，即律师与当事人之间应当要保持适度的距离，在当事人的意见与律师的专业判断发生冲突时，律师可以自己的专业判断代替当事人的意见。① 采取该模式的主要原因在于：第一，辩护律师享有被告人所不享有的诉讼权利，其可以通过行使这些权利获得更多被告人所并不明晰的案件信息，对证据和事实的了解也更为全面、客观；第二，辩护律师具有更多的法律专业知识、辩护经验以及掌握更多的辩护技巧和策略，同时其对于实务中法官的职业心理和判决规则也比较熟悉，因此可以更好地根据案件信息、证据事实情况选择最为合适、更容易被合议庭所接纳的辩护意见以及辩护策略；第三，正如德国学者托马斯·魏根特所说，“只有辩护人具有独立地位，他才能与法院和检察院在平等的层面上进行

---

① 韩旭：《被告人与律师之间的辩护冲突及其解决机制》，载《法学研究》2010 年第 6 期。

谈判和辩论”。[①] 若不能够做到独立辩护，那么律师最终只能沦落为被告人与法官之间的传声筒，不再具有其独立存在的意义，律师将难以被立法机关及司法人员所信任，律师制度也将被架空。因此，律师独立辩护制度具有更为深远、影响面更为广泛的存在必要，不应为眼前节省律师费用等小利而使其成为空中楼阁。

正如美国著名律师艾伦·德肖维茨在《致年轻律师的信》中所提：“当事人不是你的朋友，朋友也不应成为你的当事人。”[②] 据其所述，就连朋友都不应该成为律师的当事人，更何况近亲属呢？人们广为知晓的桑兰案便是让朋友成为自己当事人所造成的悲剧之一。

（三）身份冲突：律师个体与律师共同体的利益博弈

律师，是一种司法构件，是司法拼图里面重要的一块。司法公正不可能经由单独考察律师行为得到索解，但离开了律师这一构件，司法基石将立刻坍塌，人们得到的公正，只是一种经过后期制作的虚假云图。[③] 正是由于辩护律师角色诞生即被赋予了维护被告人合法权益、帮助法官了解案件事实、捍卫司法权威、保障法律被正确适用的责任，因此法律也赋予了辩护律师相对应的诉讼权利，例如调查取证权、会见权、阅卷权、意见发表权等权利，而之所以律师群体被赋予这些类似于“准公权力”的权利，不仅是因为其自身所背负的责任，还基于人民、社会、国家对于律师群体会自觉遵循其所背负的职业伦理、自觉提高自身专业技能、增强专业知识储备以及其为维护当事人权益所采取措施的合法性、合理性、严谨性的信任。“规则性”是法律从业者细予领会法律理性的重要内涵，而“规则意识”则为法律从业者“起步伊始”所当养成的职业伦理。[④] 因此，社会公众普遍认为律师共同体为维护本群体在人民心目中的专业形象、权威，会自主制定行业规范、进行行业自律，会及时对本群体内的律师进行专业知识培训以及职业伦理教育，对于违背行业规范以及作出

---

① ［德］托马斯·魏根特：《德国刑事诉讼程序》，岳礼玲、温小洁译，中国政法大学出版社 2004 年版，第 61 页。

② ［美］艾伦·德肖维茨：《致年轻律师的信》，单波译，法律出版社 2009 年版，第 93 页。

③ 周泽雄：《律师是天使还是魔鬼?》，载微信公众号“超律志”，https：//mp. weixin. qq. com/s/w－URil7_ vrIAg4uRTP5ZzA ，2022 年 9 月 29 日最后访问。

④ 许章润：《法律的实质理性——兼论法律从业者的职业伦理》，载《中国社会科学》2003 年第 1 期。

有悖职业伦理行为的个体及时进行惩戒，从而获取社会对律师行业、律师共同体的信任、认可，促进律师行业、律师共同体的良性发展。由此可以知晓，律师行业之所以诞生、不断发展壮大，与人民信任律师群体能够信守法律规则、职业伦理有着重要关系。

然而，当存在职业伦理的时候，一定存在整体性的课责效果——特定专业人士违反职业伦理的行为将会导致对整个职业的道德指责。这一现象存在的核心缘由便在于：即使规则化的职业伦理表面上可能存在“规则允许但道德不允许”的情形，但是一方面，由于条文化的职业伦理本身必须被视为是已经穷尽了的道德标准；另一方面，也是更重要的是，即使规则化的条文本身同样存在着多种理解的可能性，但是条文的应用者和针对者，必须是同一个职业共同体的成员，而不能由其他社会角色来担任规则应用者的角色。因此专业人士的行为只能被同行来进行评估，并且这种评估只能依据对规则的理解，而不是其他的标准来展开。而同行评估本身，就意味着对某种“整体性课责效果”的承诺，这事关整个职业实践的顺利展开和整个职业实践的声誉。①

因此，倘若允许律师以律师身份担任近亲属的辩护人，甚至有些律师可能正如人们猜想般基于亲情压迫、伦理考验作出了置律师共同体于不管不顾、违背职业伦理的行为，则会从根本上动摇律师群体在人民、社会、国家心目中的自律性、专业性形象，影响律师行业整体的声誉，降低社会公众对其的信任度，使得律师共同体的整体利益受到损害，严重的话甚至会危及律师业的生存。

三、规则构建：我国辩护律师近亲回避的规则设计与保障

是否应当允许律师以律师身份担任近亲属的辩护人这一问题，并不是陈年旧案才需斟酌的内容，而是现实办案过程中确实存在且不可回避的问题。随着中国法治建设的不断完善、法律职业伦理教育的不断深入，为了更好地建设法律工作者的队伍、加强中国法治建设，我们应当学习他国法律制度中值得借鉴的内容，使得我国法律制度不断完善、规范。因此，对于我国目前存在漏洞的法律法规、缺位的法律制度，应当作出明确的规定，为现实办案提供更为具体、精确的法律依据。

---

① 陈景辉：《法律的“职业”伦理：一个补强论证》，载《浙江社会科学》2021年第1期。

（一）顶层设计：完善立法

首先，可以对《刑事诉讼法》进行一定修改，或者在《律师法》《律师办理刑事案件规范》中进行增加规定，在原则性规则的基础上增添具体、明确的规定，明确禁止执业律师以律师身份担任其近亲属的辩护人，当“律师”身份与“犯罪嫌疑人、被告人的监护人、亲友”身份相竞合时，仅允许选择后者。这一修改将充分体现出我国维护司法公正、捍卫司法权威的决心。除修改法律外，也可通过颁布相关司法解释来对此予以规定，在补充法律规定的同时兼顾法律的稳定性、持续性。

或者我们可以学习借鉴英国、中国香港的相关法律制度，不仅对近亲属的身份予以限制，而是以更为抽象的角度对所有存在一定利害关系、近因关系以及其他具有较大可能导致律师违背律师职业伦理关系的人担任辩护人进行限制，例如雇员关系、恋爱关系、挚友关系等。将这些情形下的辩护律师委托关系成立进行系统性的约束、限制后统一纳入律师利益冲突回避制度的管制下。但是，这种立法方式弊端在于难以确定“具有较大可能导致律师违背律师职业伦理”的界限，因为按此标准来判断律师与本案被追诉人之间是否存在某种特定关系、是否可能对其遵循职业伦理产生较大影响均是属于一种主观推断，这种推断可能因推断人所站的角度的不同而不同，导致缺乏客观、书面、具有法律效力的依据，不便于存有相关关系的回避制度被普遍、贯彻落实。

（二）制度保障：行业自律

我国从民国肇始，律师便已经登上历史舞台，就以“宁鸣而死、不默而生”为职业伦理，以匡扶正义、建设法治为职业追求，书写着“大写人生”。[①] 律师，作为公平的卫士、正义的化身，其身处在维护社会和谐稳定、保障司法权威、维护当事人合法权益不受非法侵害的前沿阵地，更应当了解公众的所思所想、所忧所患，应当自觉担当起匡扶正义的重任。同样，随着社会经济发展、时代迅速进步，随着民主法治观念逐渐深入人心、人民维权意识的不断提高，律师被人民、社会、国家赋予了更多的期望和关注，律师群体的社会地位也不断提高。在这样的时代背景下，律师行业一定要自强、自律、自尊、自省，努力做弘扬法治精神的实践者和引领人，努力成为社会的道德楷模和表率。对违规者的放纵就是对守规者的损害，司法行政管理机关和律师行业

① 尹晋华：《律师行业必须把“恪守廉洁诚信、严格行业自律”作为执业信念和行为准则》，载《中国司法》2012 年第 11 期。

协会一定要高度重视和警觉，建立健全行业监管机制和惩戒机制①，贯彻落实行业自监自律，通过行业内部的规章制度以及监管机制、惩戒机制，及时、适当地针对违背律师职业伦理、职业规范的行为、律师个人、律师组织进行规制、惩戒，从而维护律师共同体在社会公众心目中的形象，捍卫律师权威。

除律师自觉履行律师职业伦理之外，在对相关法律法规进行规定后，为了更好地禁止相关情形的出现、使得法律规定得到具体、充分落实，还需建立健全相应的、系统的律师及委托人亲属关系审查制度。横向上，通过多元化、多层次的渠道进行全面审查，途径包括但不限于通过公安机关调取律师及被害人的相关户籍信息、律师事务所自行监管以及被害人或者其他人进行举报、曝光或向律所、法院进行投诉。纵向上，在整个委托辩护过程中进行多次审查，时间点包括但不限于律师向人民法院提交委托辩护书时、律师主张查看案卷材料时、律师要求会见犯罪嫌疑人或者与其通信时。

（三）事后规制：行为惩戒

从微观角度来说，当存在相关人员以律师身份担任其近亲属的辩护人时，应当采取一定措施制止、惩处，对此，也应当分阶段、分情形采取不同的方式予以处理。对于还未履行律师辩护人相关职责的人员，应当要求其解除与被追诉人之间的委托辩护关系，或者变更为以“犯罪嫌疑人、被告人监护人、亲友”身份担任其非律师辩护人，并予以警告，告知犯罪嫌疑人、被告人享有另行委托辩护律师的权利；对于已经履行律师辩护人相关权利但还未宣告判决或者裁定的、未产生较大不利影响的，应要求其解除委托辩护关系，并要求律师协会对律师进行处分、惩戒，并处以一定数额的罚款，情节严重的还可以限制其执业期限、吊销其律师执业资格证；对于已经作出判决或者裁定，或者以律师辩护人身份实行相关权利并产生较为严重不利后果的，应当要求其解除关系，并吊销律师的律师执业资格证，同时处以罚款，构成刑事犯罪的，同时应当追究其刑事责任。同时，若其担任近亲属辩护律师且对判决、裁定结果产生影响、引发偏差的，还应当视情况进行案件重审或启动诉讼程序回流。

从宏观角度来说，应进一步健全律师行业惩戒机制，完善高效率的自运行工作体系，同时设置更为严密、严谨的惩戒程序，建立起公开监督机制以及律师申诉救济途径。目前，我国对于律师惩戒主要采取“两结合”律师管理体

---

① 尹晋华：《律师行业必须把“恪守廉洁诚信、严格行业自律”作为执业信念和行为准则》，载《中国司法》2012 年第 11 期。

制，即建立司法行政机关的行政管理与律师协会行业管理相结合的管理体制，然而这种管理体制仍存在一定需要完善的地方。例如，受制于行政主导的影响，律师协会行业惩戒的独立性不强，进而导致行业惩戒自主性较差，作用难以有效发挥，还有律师行业惩戒的相关制度目前只规定了基本流程，没有根据实际运转明确更为详尽的要求，导致惩戒制度运行存在一定的疏漏。①

同时，在建立、健全律师行业惩戒机制时，可以使律师行业惩戒机制组成人员更为多元化，使得部分其他专业领域的业外人士、社会人士也可以参与其中，进而防止律师之间的门户保护和同行排挤，以确保律师纪律惩戒的公正性、科学性，进一步提高律师纪律惩戒的透明度。

结 语

根据以上的分析和阐述，我们可以得知，目前我国《刑事诉讼法》对于犯罪嫌疑人、被告人的近亲属担任其辩护人这一现象并未予以明确禁止、限制，再加上对这一现象存在与否的制度分析可以得出结论，这属于法律规定制度所存有的缺陷，尽管其会在某些方面为被追诉人、律师、司法制度建设、社会发展带来一定的利处，但在进行利益权衡之后，随之而来的负面影响将远超过正面。因此，应当通过修改、完善、制定相关法律法规对此现象表示明确禁止，并建立健全相关的审查程序对被追诉人与律师之间是否存在亲属关系及其他利害关系进行审查，并对于违反法律法规、存在违背职业伦理行为的律师予以规制，采取行业惩戒等惩戒措施，并在必要时追究其刑事责任，维护司法公正，捍卫司法权威。

（刘妍希　张庆霖：湘潭大学法学院）

---

① 曹扬文、官照军、张玮：《中国特色律师行业惩戒模式研究——“两结合”管理体制下完善律师行业惩戒制度的思考》，载《中国司法》2019 年第 11 期。

刑事合规不起诉的实践路径思考

刘昕昱

企业合规，是指企业及其员工的经营、管理行为要符合法律法规、监管规定、企业章程等要求，并通过开展一系列有组织、有计划的合规管理活动，规避企业合规风险。相较于企业合规而言，刑事合规的重点在于企业是否符合刑事法律规范的相关要求，这一概念进入我国的时间相对较晚，自 2018 年中兴事件后，我国在合规方面开始了一系列动作，自 2021 年 4 月起，最高人民检察院（以下简称最高检）将刑事合规改革的试点工作由最初的 6 家基层检察院扩展至全国，至此，刑事合规在司法实践中扎根发芽，这短短数年间的变化可以看到，一旦条件成熟，刑事合规进入立法有着不可避免的趋势。目前，刑事合规尚没有统一的定义，其内涵大致可以从如下角度认知，即通过给予有效实施合规计划的企业以刑法激励，推动其与司法机关合作，共同预防、制裁违法行为。① 刑事合规不起诉则是其中一个重要环节，对于未制定合规计划或者合规计划不合理的涉罪企业，检察机关通过一定方式，即当企业出现刑事犯罪时，在审查起诉过程中，人民检察院对涉罪企业设定考察期，要求其在此期限内制定并实施有效的刑事合规计划，在考察期后，人民检察院根据涉罪企业在合规方面是否取得一定程度的效果，以此决定是否对其起诉。从最高检发布的《关于开展企业合规改革试点工作方案》来看，我国正在用实践来探索涉企相关不起诉制度在《刑事诉讼法》中的相关规定该如何完善，本文从最高检相继发布的四批企业合规典型案例出发，关注试点实践中的问题，探讨如何使合规不起诉制度在我国的实践中具体展开，以充分发挥其功能。

① 周振杰：《刑事合规的实践难题、成因与立法思路——以企业合规改革试点典型案例为视点》，载《政法论丛》2022 年第 1 期。

一、刑事合规不起诉的试点情况

作为一种舶来理论，企业刑事合规不起诉的建构本土化必然要经过我国大量的司法实践考察，自2020年3月起，最高检启动了企业合规改革试点工作，不少省级检察院也出台企业刑事合规不起诉的规范性文件，对涉经营类犯罪但实施刑事合规计划的企业采取不起诉的轻处理，在司法实践基础上，最高检陆续发布了四批企业合规典型案例，为刑事合规不起诉制度的立法工作提供一定支持，综合各省规范性文件和这些案例的具体情况，对试点工作的几大措施作如下总结：

（一）设立第三方监管机制

刑事合规不起诉的监督评估机制目前在全国检察机关的合规试点实践中，形成了三种考察评估模式，包括检察机关主导的考察评估模式、行政部门主导的考察评估模式以及第三方监管人监督评估机制。而第三方监管机制是目前改革试点的一大重要措施，最高检发布的二期工作方案明确提出，要探索建立企业合规第三方监管机制，对此，各地也做了一些尝试，例如广东省深圳市宝安区司法局印发的《关于企业刑事合规独立监控人选任及管理规定（试行）》明确要求，独立监控人从律师事务所中选任并纳入名录库，其主要职责是就企业刑事合规情况进行调查，协助犯罪嫌疑企业制定合规计划以及协助区人民检察院监督合规计划的执行，并针对其履职情况、企业刑事合规建设出具阶段性书面监控报告，作为区人民检察院作相应处理决定的参考。① 而在第二、三、四批典型案例中可以发现，除了“江苏F公司、严某某、王某某提供虚假证明文件案”这个案件中的小微企业江苏F公司的合规整改未启动第三方机制，其余案件的推动都少不了第三方监管机制的存在，以第三批典型案例中的“上海Z公司、陈某某等人非法获取计算机信息系统数据案”为例，由于Z公司为本地商户提供数字化转型服务的互联网大数据公司，所涉及的案情以及公司合规整改的专业性十分强，因此本案第三方组织吸纳网信办、知名互联网安全企业、产业促进社会组织等的专家成员，通过询问谈话、走访调查、审查资料、召开培训会等形式，全程监督Z公司数据合规整改工作。② 最后第三方组

① 刘谊：《企业刑事合规不起诉的监督评估机制研究》，四川师范大学2022年硕士学位论文，第16页。

② 最高人民检察院关于印发《涉案企业合规典型案例（第三批）》的通知。

织得出涉案企业合规整改合格的结论，检察机关经审查后，结合此结论对 Z 公司及相关个人分别作出不起诉决定。第三方组织的决定可以说直接影响检察机关的判断，并对企业及相关个人是否能够得到从轻处理产生至关重要的作用。目前根据《〈关于建立涉案企业合规第三方监督评估机制的指导意见（试行）〉实施细则》的规定，第三方组织人员的选拔限制过于严苛，存在一年的从业限制但没有相应的补偿，不利于外部专业人员的引入。

（二）设置考察期限

检察机关对制定合规计划的涉案企业需要设置一定的考察期限。在考察期内，涉案企业如果能积极落实企业合规方案，且能达到理想合规建设效果，检察机关对其不再起诉。相反，如果涉案企业的合规计划实施没有达到既定要求，则仍需要对企业进行起诉，并依法追究其刑事责任。各地对于该考察期限的设定有一定的自我考量，例如深圳市宝安区人民检察院设定了附条件不起诉考验期为 1 个月至 6 个月，而深圳市南山区人民检察院设定的合规监督和考察期限为 6 个月至 12 个月。而在最高检所发布的第二批涉企典型案例中的“张家港 S 公司、睢某某销售假冒注册商标的商品案”，张家港市检察院联合公安机关对 S 公司启动合规监督考察程序，确定 6 个月的整改考察期，但第三方监督评估小组根据该公司的具体情况，如员工数少、业务单一、合规建设相对简易等，向检察机关提出缩短合规监督考察期限的建议，检察机关经核实后将该期限缩短至 3 个月。① 综上所述，可以发现目前试点工作中的考察期限跨度一般来说处在 1～12 个月之间，在案件处理过程中，考察期限并非固定不变，而是根据案件的实际情况进行相应变动，充分体现了司法的能动性，不仅节约司法资源和社会资源，也为企业的切身利益考虑，有利于企业的长久经营和稳定发展。②

（三）提出检察建议

在刑事合规改革试点中，检察机关将检察建议嵌入刑事合规之中创设了合规监管型检察建议，具体体现为检察机关将案件处理结果与涉罪企业履行检察建议的情况相结合，并将此作为是否继续起诉的重要因素。③ 在最高检所发布

---

① 最高人民检察院关于印发《企业合规典型案例（第二批）》的通知。

② 林竹静、詹可：《刑事合规不起诉：域外经验与中国镜鉴》，载《〈上海法学研究〉集刊 2022 年第 17 卷——长三角法治论坛文集》2023 年。

③ 谢登科、张赫：《论刑事合规不起诉中的检察建议——以最高人民检察院第 81 号指导性案例为视角》，载《青少年犯罪问题》2021 年第 3 期。

的第三批涉企典型案例中的“王某某泄露内幕信息、金某某内幕交易案”，检察机关针对投资参股型企业经营特点，向K公司制发精准有效的合规整改检察建议书，第三方组织对照检察建议选出三家重要子公司同步参加整改，两个月的合规考察期后，第三方组织参照检察建议和相关合规指引对K公司整改情况进行评价，该评价体系中包括检察建议完成情况。这个案件中尽管不涉及单位的起诉情况，但是法院将合规整改的验收情节纳入到两位被告人的量刑考虑中，同理，检察建议的完成度同样能够影响到检察机关是否作出不起诉决定。

二、刑事合规不起诉的域外借鉴

刑事合规不起诉制度在全球范围内已经过多年的发展，该制度不少国家已经达到相对成熟的状态，因此，对国外法律规定进行一定梳理并做到合理借鉴，可以对国内企业开展合规制度建设与发展起到重要的推动作用。

20世纪中期以后，企业犯罪呈现高发态势，对于企业的刑事追究成为英美国家的共识，商业组织面临着刑事惩罚的压力，但出于经济发展的要求，美国通过1999年的《联邦起诉法人指南》（霍尔德备忘录）和2003年的《联邦起诉商业组织原则》，首次将原本适用于少年轻微犯罪的审前转处协议范围扩大至企业犯罪，2008年颁布的《菲利普备忘录》则进一步对其作出详细规定，美国的企业犯罪审前转处协议包括暂缓起诉协议和不起诉协议两种模式，在这两种模式下，检察机关可以与涉案企业达成协议，企业可以暂时存在，不至于立即因为刑事案件而破产，随后企业在一定期限内整改，建立合规机制，待通过检察机关的审查，则不再被提起公诉。二者的不同点在于，前者针对已经提起公诉的企业犯罪案件，企业犯罪的相关事实已经被记录在册，因此协议的达成需要经过法官的审核和批准，后者则针对尚未提起公诉的企业犯罪案件，由于企业的犯罪事实没有被记录，因此协议签署不需要经过法官审核和批准。而法国针对企业犯罪治理采用暂缓起诉制度，又称为刑事和解程序，2016年，法国出台了《萨宾第二法案》，该法案最初主要是应对企业的海外腐败行为，法案中提出创建合规计划、反腐败机构，规定特定规模的公司进行合规计划的义务，该制度只适用于包括贪污腐败、洗钱罪等特定犯罪，并且只要求涉案企业对犯罪事实进行相关陈述，不要求其认罪认罚，因此不产生犯罪记录。① 在大陆法系国家中，德国刑事法典中没有明确企业刑事合规不起诉的相关规定，但其联邦法院的判决承认企业具有合规保证人的地位及义务，而日本则明确规定了企业的董事负有建构内部合规计划、强化内部治理体系的管理职责，并且明确将企业合规机制作为企业刑事犯罪量刑的减轻事由，同时合规不作为的企业也将会面临巨额的惩罚。

域外的部分国家建立相关机制时，将合规计划完成、合规机制建立作为涉罪企业刑事责任减轻、免除的积极抗辩事由，刑事合规在其刑事案件的处理中具有一定司法价值，检察机关一般在侦查阶段介入企业的合规建设，最后根据企业合规建设情况，考虑是否从宽处罚还是作不起诉处理。另外，域外的暂缓起诉制度实际上属于附条件不起诉，检察机关与涉案企业之间达成的合规协议要求涉案企业按期限制定合规计划并进行整改，检察机关验收合规成果，据此作出是否起诉的决定，这整个流程与附条件不起诉达到一定程度的契合。

三、刑事合规不起诉的发展路径思考

较于英美来说，我国的刑事合规不起诉制度发端较晚，没有完善细致的法律规定与其相匹配，立法的缺失阻碍了我国刑事合规不起诉制度的发展，但立法的前提是经过大量的司法实践并确认该制度符合我国国情需要，当前对于企业刑事合规制度的研究大多是将域外的相关经验挪用过来，并直接用于我国企业，但是由于我国是社会主义市场经济体制，直接生搬硬套不符合我国的现实情况，应当根据我国国情有所调整和发展。

（一）立法规范层面

1. 确定合规不起诉的性质

我国不起诉制度包括绝对不起诉、相对不起诉和附条件不起诉。在当前试点工作中，出现了两种不同的模式，分别是附条件不起诉与相对不起诉。② 在最高检所发布的第二批涉企典型案例中的“山东沂南县Y公司、姚某明等人串通投标案”是一个典型的相对不起诉的案子，沂水县检察院经综合评估案

---

① 苏子洛：《企业刑事合规不起诉制度研究》，山东财经大学2022年硕士学位论文，第26页。

② 江隆：《企业刑事合规不起诉制度的法律问题探究》，载《河北企业》2022年第4期。

情、合规整改等情况，认为社会危害性较小，对Y公司、姚某明等人依法作出相对不起诉决定。但典型案例中大多数都是附条件不起诉模式，两者都具有其独特的优势和不足。相对来说附条件不起诉更加符合企业刑事合规不起诉制度的目的，对于预防企业有可能的犯罪行为更为有利。① 另外，从构成要件上来看，企业刑事合规不起诉也应当是附条件不起诉，检察机关首先书面审核企业主动提交的合规整改计划，紧接着对制定了有针对性和实施性的合规计划的企业作出暂缓起诉、合规考察的决定，然后在设定的考验期内通过检察建议、检察听证、聘请合规监管人等方式，指导、监管、考察涉案企业开展合规建设工作，并定期审查企业提交的合规进展报告，在考验期结束时，检察机关根据企业合规建设的推进情况审查起诉，最终作出是否提起公诉的决定，除去适用主体以外，这基本符合附条件不起诉的构成要件。

2. 厘清合规不起诉的适用对象

第一是适用于个人还是企业的问题。目前，刑事合规不起诉适用的案件既包括公司、企业等实施单位犯罪的案件，也包括企业的管理者、经营者、核心技术人员等重要的生产经营人员与企业生产经营相关的个人犯罪的案件，与我国针对企业犯罪设置的双罚制的规定框架大致相同。我国营商环境与国外大有不同，正是因为存在人量企业与企业所有人人格混同、企业自身意志与企业家意志高度重合、企业不具有公平民主化决策流程的现象，据此，双罚制的存在十分必要。正如前述“王某某泄露内幕信息、金某某内幕交易案”，将刑事合规不起诉与传统单位犯罪的双罚制适当衔接，结合认罪认罚从宽制度，企业的相关责任人员认真配合检察机关落实企业合规计划、监督考察，以此作为对其个人的从宽量刑情节，有效区分企业责任和个人责任，并进行分别处理，以达到对企业有效的合规治理和对个人的合理处罚的双重目的。②

第二是适用于大型企业还是中小微企业的问题。国外的合规实践中刑事合规不起诉通常适用于具有一定规模的企业，而这类大规模企业内部早已形成完善的公司治理结构，内部人员分工明确，各履其职，团队能力和执行力都相当强悍，除此之外，此类企业对社会稳定有一定影响，而在我国独特的经济环境

① 肖沛权：《企业合规不起诉制度的实践流变、价值及其构建》，载《山西大学学报(哲学社会科学版)》2021年第44期。

② 曾磊、刘雪婵：《企业刑事合规不起诉的立法检视与路径考量》，载《政法学刊》2022年第39期。

下，中小微企业占比较大，尽管有些学者认为中小微企业由于管理方式简单、治理结构不成熟等原因，即使进行合规整改也很难达到预期效果，不能否认的是，中小微企业需要面对外部的刑事风险压力和内部的管理升级压力，使得其更有优化管理体系的必要和潜力。① 更为重要的在于中小微企业是我国国民经济的重要支柱，在促进经济增长和缓解就业压力方面有着突出贡献，对于中小微企业直接处以刑事处罚，很可能导致其直接倒闭，对就业和社会稳定造成不利影响，因此要考虑中小微企业由于人力、物力均与大型企业有一定差距，如若制定不符合实际的合规计划，其效果也会大打折扣，正如前述的“张家港 S 公司、睢某某销售假冒注册商标的商品案”，对于中小微企业适用刑事合规不起诉制度应当审慎，要综合考虑其自身实际情况，检察机关要做到在现实基础上随时调整。

第三是适用于轻罪还是重罪。刑事合规不起诉制度应在《刑事诉讼法》的框架下实施，根据《刑事诉讼法》第 177 条第 2 款关于相对不起诉的规定，适用的案件原则上应限定为轻微犯罪案件，即法定刑 3 年以下有期徒刑、拘役、管制或者单处罚金的刑事案件。第一轮试点实践中，绝大部分检察机关出于稳妥推进改革的考虑以及受到刑事法律规定的影响，将案件限定在可能“被判处 3 年以下有期徒刑、拘役、管制或单处罚金”的轻微刑事案件，② 但随着试点的持续进行，这个规定产生了重要突破，在我国法治营商的大环境里，借鉴欧美等国合规不起诉或暂缓起诉制度主要适用于严重犯罪的司法实践，刑事合规不起诉将作为部分重刑案件量刑的考量情节之一，即轻罪案件“不批捕”“不起诉”，重罪案件“建议从宽从轻处理”等。

3. 明确申请和启动的主体

启动刑事合规不起诉的前提条件是证据所指控的单位犯罪事实要达到刑事诉讼“排除合理怀疑”的一般证明标准。而其启动的方式，应当明确可以由人民检察院主动审查是否符合适用条件，也可以由涉案企业、个人向人民检察院申请适用，例如前述“张家港 S 公司、睢某某销售假冒注册商标的商品案”中，检察机关向 S 公司、睢某某告知企业合规相关政策后，该公司分别向检察

---

① 谢安平、刘琦：《协商性司法下的企业刑事诉讼新规制——以中小微企业适用合规不起诉为视角》，载《中国检察官》2022 年第 5 期。

② 李本灿：《法治化营商环境建设的合规机制——以刑事合规为中心》，载《法学研究》2021 年第 1 期。

机关、公安机关递交了《提请开展刑事合规监督考察的申请书》，随即经检察官社会调查后核实，同意其开展企业合规监督考察。如果仅仅由人民检察院主动审查，而不让企业自己拥有申请权，企业的合规意识相对来说会大大降低，只有当其明确拥有此权利时，企业提高合规积极性的同时能够更加了解自身的发展现状，以便于将来合规计划的有效进行，最高检所发布的第二批涉企典型案例中"随州市Z公司康某某等人重大责任事故案"便是典型的例子，这个案子中首先由检察机关征询Z公司意见，Z公司提交了开展企业合规的申请书、书面合规承诺以及相关证明材料，检察机关经审查对Z公司作出合规考察决定，在Z公司通过企业合规考察后，检察机关公开听证依法对涉案人员作出不起诉决定，在本案中，Z公司充分了解自身的合法权益后，通过申请合规、认真履行合规职责的方式，使自己的高管免于刑事处罚，且挽回了公司的损失。

（二）制度设计层面

1. 确定检察机关提前介入侦查

检察机关介入的滞后性在一定程度上不利于对涉案企业及时的治理和拯救。最高人民检察院发布了《关于充分发挥检察职能服务保障"六稳""六保"的意见》，指出要落实"少捕""少押""慎诉"的司法理念。而根据我国的立案管辖制度，侦查阶段由公安机关负责对涉案企业的犯罪情况进行查明，采取了冻结、扣押、拍卖、变现等一系列强制性措施，对涉案企业造成相当大的冲击，使涉案企业从一开始便失去后期合规整改的可能性和积极性。为了保证涉案企业能尽快进行整改，让违法但犯罪情节较轻的企业不至于因为财产被查封扣押而失去经营能力、彻底崩溃，可以借鉴域外检察机关介入企业合规建设的时间点，加强公安机关与检察机关的交流与合作，公安机关在侦查阶段如果发现涉案企业符合适用刑事合规整改的条件，可以尽快移交给检察机关处理，由检察机关决定是否对其适用刑事合规建设。这样既可以减少公安机关的侦察压力，也可以更好地促进涉案企业合规整改和后续发展。

2. 合理制定合规考察期限

刑事合规的要义是对有效实施合规计划的企业予以刑法激励。国外的合规实践表明，制定实施合规计划者数量颇多，但有效者较少。而合规不起诉的决定要在检察机关考察企业刑事合规计划是否有效完成后再作出，合规计划中涉及人力、财力和物力等多个方面，更何况合规方案的制定、完善、评估是庞大的系统工程，一般来说在短时间内趋于成熟是不现实的，域外刑事合规计划的调查期限通常是以“年”为单位，更甚者达到了7年以上。① 但实践中，考验期如果太长，追究刑事责任的效果可能会大打折扣，对预防犯罪不利，而且导致案件长时间拖而不决。大部分检察机关都希望在法定的审查期限内寻求尽可能延长考察期限，提供充足的时间保障落实对合规的有效监管，② 在此后的试点中，可以根据此前试点情况，适当放宽考察时间，并在不断的司法实践中找到一个更加平衡且有效的时间段，有利于企业合规计划的有效进行，以供未来法律修订时参考。

3. 完善第三方监管机制

首先，扩大评估主体的范围，正如前文所述，“上海Z公司、陈某某等人非法获取计算机信息系统数据案”由于案情专业性太强，第三方组织吸纳了许多相关专家参与评估，在客观性和专业性的双重监督下，Z公司成功通过了合规评估，检察机关也作出了不起诉决定。由此可见，评估员应当是一个全面的多元化主体，在面对不同的案件时，不仅要时刻保持客观，同时要保障专业性，有利于刑事合规效果的发挥。③ 其次，完善第三方监管机制的内部管理及监督。合规员是合规第三方监管机制的重要组成人员，最高检给合规监督员的定位是“调查、评估、监督、考察”。作为独立的第三方专业人员，有着企业合规整改的帮助者和监督者的双重角色，合规员的选拔应当适当扩大来源，以此应对不同案情，另外，合规员一旦产生腐败和勾结，检察机关便会得到一份虚假的评估报告，据此作出的不起诉决定则大大违反了法律规定和监督评估机制设立的初衷，因此，在合规员的选拔、第三方监管机制的内部管理及监督方面应当着重考虑，当第三方组织成员出现渎职、乱用权力和怠于行使权力的情形时，应当设置相应的法律后果。④ 不能让监督评估机制浮于表面，不利于刑事合规不起诉制度的良性发展。再次，合理且科学地设计评估指标。评估指标设计的好坏直接决定了评价结果是否合理，应当根据实践需要和企业情况进行

① 赵恒：《刑事合规计划的内在特征及其借鉴思路》，载《法学杂志》2021年第1期。

② 张栋、袁志尧：《企业合规附条件不起诉制度的优化》，载《西南石油大学学报（社会科学版）》2022年第24期。

③ 赵运锋：《刑事合规附条件不起诉立法思考和内容构建》，载《上海政法学院学报》（法治论丛）2021年第36期。

④ 朱良：《我国企业合规不起诉的实践样态与建构路径》，载《北方法学》2022年第16期。

综合考虑，制定能够科学评估的指标，以此考察企业的合规方案是否在考验期内得到有效实施。最后，需要保障第三方评估机构经费，不仅要承担第三方监管人员履职所产生的费用，并且由于其身份特殊性，当第三方监管人员从业受到限制时，需对其产生的经济损失需要有一定限度的补偿。

（刘昕昱：湘潭大学法学院）

行政诉讼

论法域冲突视阈下行政协议案件的适用规范

——以行政规范与民事规范适用的层次性为切入

陆银清

当前，最高人民法院《关于审理行政协议案件若干问题的规定》（以下简称《行政协议解释》）等司法解释，从立法层面对于审理行政协议案适用行政法律规范、民事法律规范，特别就是否适用《民法典》相关合同编内容已有相关建构。但对于行政规范与民事规范就同一事项所作规定不一致，或者相抵触而产生的法域冲突排除问题缺乏明确规定，相关理论研究付之阙如，以致司法实践中适用混乱，认识不一。因此，在行政协议日益广泛运用的当下，透视行政协议对行政规范与民事规范运用现状，明晰其先后顺位的适用规则，显得尤为必要且迫切。

一、行政协议案件中适用行政规范与民事规范的关系模式

本文通过相关案例探析法官们在行政协议规范适用中的裁判论证逻辑，得出行政规范与民事规范在适用中的不同关系。

（一）行政规范优先适用

【案例 1】江门潮连大桥有限公司诉江门市交通运输局、江门市路桥收费管理中心交通行政协议案①

在该案中争议焦点为原告的收费期限应当为合同约定的 30 年，还是《收费公路管理条例》规定的最长 20 年。法院认为的协议为行政协议，应按照《收费公路管理条例》规定的最长 20 年计算。因此，该公司于收费期限届满

① （2017）粤 07 行终 65 号行政判决书。

后已丧失该协议的履行能力，导致该协议目的于法律上或事实上不能实现，不能继续履行而单方解除前述协议、决定给予补偿并及时通知江门潮连大桥有限公司，并无不当。

从案情来看，法院对行政协议进行审查时，在合同约定和行政规范存在冲突时，优先适用的是行政规范，认为为了公共利益需要被告可以单方解除案涉协议的行为是行使行政优益权的行政行为。法院应当对单方解除行政协议行为的合法性进行全面审查。

【案例2】山东广和规划测绘研究开发有限公司诉无棣县人民政府、无棣县国土资源局土地开发整理行政补偿案①

在山东广和规划测绘研究开发有限公司诉无棣县人民政府、无棣县国土资源局土地开发整理行政补偿案中，争议焦点之一为规范性文件中的倡导性意见是否具有强制性。法院认为，虽然该倡导性意见是对法律法规规定的误读。行政机关因其权威性而为行政相对人所信赖，行政相对人因信赖行政机关而根据其政策指引或行政指导作出一定的行为，行政机关应当珍视并保护行政相对人对其的信赖，这便是信赖利益保护原则的价值。从监督行政权、保护行政相对人合法权益、维护国家政策和相关法律规定精神能够全面贯彻落实的需要以及信赖利益保护原则的要求考量，行政相对人基于对公权力的信任而作出一定的行为，此种行为所产生的正当利益应当予以保护。

本案中法官在对本案行政协议进行审查时，从监督行政权、保护行政相对人合法权益、维护国家政策和相关法律规定精神能够全面贯彻落实的需要以及信赖利益保护原则的要求进行考量，因行政相对人基于对公权力的信任而作出一定的行为，此种行为所产生的正当利益应当予以保护，所以法官优先适用了行政法律规范。

（二）否定行政规范优先适用

【案例3】成都亿嘉利科技有限公司、乐山沙湾亿嘉利科技有限公司诉四川省乐山市沙湾区人民政府解除行政协议案②

在成都亿嘉利科技有限公司、乐山沙湾亿嘉利科技有限公司诉四川省乐山市沙湾区人民政府解除行政协议一案中，争议焦点为本案应当适用民事法律规范关于诉讼时效的规定还是行政诉讼起诉期限的规定。法院认为，本案为解除

---

① （2017）鲁行终1591号行政判决书。

② （2019）川行终1124号行政判决书。

行政协议的行政诉讼，应当参照适用民事法律规范关于诉讼时效的规定，不适用起诉期限的规定。

本案中法官认为行政协议作为一种行政手段，既有行政性又有协议性，应具体根据争议及诉讼的性质来确定相关规则的适用，在与行政法律规范不相冲突的情况下优先参照适用民事法律规范。

【案例 4】跃邦公司诉西湖城管委行政协议案①

被告允许原告在西湖区多条道路上设置环保型果壳箱，并享有果壳箱的广告发布权和收益权。原告按约设置果壳箱，并在果壳箱上发布广告，直至创建全国卫生城市期间，接到被告暂停发布商业广告的通知。法院认为，被告因政府创建全国卫生城市的需要，要求原告自暂停在辖区内果壳箱上发布商业广告，其后也未通知原告恢复履行。按照《合同法》规定，被告依法依约应当赔偿原告的全部损失。

本案中，法官认为案涉协议具有民事合同特征：一是协议的内容规定了双方的权利义务；二是协议的达成体现了合同双方的意思自治。因创建全国卫生城市的需要，面对协议目的不能实现、行政机关需要解除协议的情形时，争议的处理应当遵循合同法的相关规定，本案中合同的基础符合《合同法》的相关规定，还应当予以补偿。

（三）情况考虑论

【案例 5】高安市东风汽车销售有限公司诉高安市瑞州街道办事处房屋征收补偿协议案②

在高安市东风汽车销售有限公司诉高安市瑞州街道办事处房屋征收补偿协议案中，高安市人民政府因棚户区改造作出《征收决定》，对东风公司的商业用途房屋进行征收。瑞州街道办与东风公司签订《补偿协议》，瑞州街道办负责拆除房屋并支付补偿款。瑞州街道办支付部分补偿款后，东风公司以拆迁补偿协议并非真实意思表示为由提起行政诉讼，请求依法确认拆迁补偿协议无效。案涉房屋征收决定后被撤销。法院认为，案涉房屋征收决定已被人民法院生效判决所撤销，故被诉拆迁补偿协议的订立丧失事实与法律依据，当属无效行政协议。且根据《中华人民共和国民法通则》规定，没有合法根据，取得不当利益，造成他人损失的，应当将取得的不当利益返还受损失的人。东风公

① （2018）赣 7101 行初 1070 号行政判决书。

② （2018）赣 09 行终 69 号行政判决书。

司因该行政协议取得的部分征收补偿款及搬迁奖励费，及时返还瑞州街道办。

本案中法官根据行政行为的有效性的审判思路，即对被告具有法定职权、履行法定程序和职责等在订立、履行、变更或终止行政协议中的行政行为进行合法性综合审查。而根据《中华人民共和国民法通则》第 92 条确定征收补偿协议被确认无效后进行赔偿。法官在对行政协议进行审查时，认为可以结合具体的案件情况，交叉运用行政规范和民事规范。这种案例司法实践中也有同时适用行政、民事法律规范进行审查，适用顺序没有明显先后的情形。①

（四）行民分离适用

【案例6】樊晓宏诉西宁市城西区房屋征收与补偿中心房屋征收补偿协议案②

该案中双方对安置补偿协议中的过渡费计算数额发生争议。由于被征收房屋面积大于安置房屋面积，被告认为对超出面积已经进行补偿，过渡费应以实际被征收面积计算，因工作人员前期工作失误已经多支付了过渡费，后期的过渡费应予扣减。法院认为，被告所称的工作人员失误并非协议解除或者无效的法定理由，原告受信赖利益所保护，法院应当遵循依法行政原则。原告并未采取欺诈、胁迫的手段订立合同或者双方恶意串通，协议未违反法律、行政法规效力性强制性规定，无其他导致合同无效的法定情形。判决被告继续履行等责任。

本案中，法官认为行政机关对自己作出的行为或者承诺应守信用，不得随意变更，事后即使发现有违法情形，只要违法情形不是相对人过错造成，行政机关也不得撤销或者变更；因国家利益、公共利益或者其他法定事由需要撤回或者变更行政决定的，应当依照法定权限和程序进行；工作人员失误并非协议解除的法定事由。同时，本案中的合同不符合民法规范中无效的法定情形。法官对过渡费计算数额同时运用行政法规范及民事法规范进行双重审查。但是对原告的民事法规范的审查，无论是原告的过错抑或者双方恶意串通及其他合同无效的情形其实都是信赖利益保护中应当一并审查的内容。

---

①（2019）豫行终 4019 号行政判决书。

②（2020）青 01 行终 38 号行政判决书。

二、行政协议案件适用规范层次性理论的提出与运用

(一) 行政协议运行的层次性分析

在行政协议识别标准的构建过程中，无论“目的说”“执行公务说”“具有行政法上权利义务内容”都印证了一个逻辑：行政主体基于履行行政管理职能和实现公共利益之必要，通过采取特定的行政行为，来设立、变更、终止一定的法律关系，以实现行政之目的。行政主体内部首先应该产生一个符合行政程序要求的行政决议，然后通过外化的意思表示，构建一个完整的行政法律行为。外化的意思表示中传统的方式包括设定行政许可、作出行政处罚等。而在国家治理法治化的理念引领下，行政权力运行开始吸纳平权精神，政府在服务性、给付性行政行为中，选择更富灵活性、预见性的协议方式来行使行政职权。

包含外部效果意思表示的行政行为，因为会产生法律上的权利义务关系，可以认定为属于行政法律行为。行政协议是在行政主体作出订立协议的意思表示之后，在协议相对人的参与之下，双方共同作出签订协议，设立民事法律关系的意思表示后，共同实施的民事法律行为。行政行为通过行政协议的方式履行职责，其中对合同平权精神及相关原则、规则的借鉴与引入，既是为了规范权力的运行，又是为了保障行政的效率与利益。同时意味着行政法律行为不仅应该受到依法行政原则和行政法规范的限制，还表示未来行政权力的行使愿意接受既定合同条款的约束，认同其实施的民事法律行为中包含的效果意思表示的未来效力。

(二) 行政协议层次性理论的正当性

行政协议与民事合同相比，订立过程、责任承担，解除的合理补偿这些相对性的外观都是相似。在适用法律规范对行政协议的法律关系进行调整时，为什么要将“行政法律行为”前置于“民事法律行为”呢?

首先，行政协议运行中的行政法律行为与民事法律行为具有包容性关系。行政机关通过签订行政协议来履行行政职能，其内部作出行政决议到对外作出签订、履行、变更、解决协议的意思表示的过程，是受到行政法规范的约束的，当其对外与协议相对人作出效果意思表示时候，行政法律行为与民事法律行为对于行政主体而言是同时产生的，且民事法律行为是包含在行政法律行为之中的。此时的行政法律行为，同时受到行政法规范的控权约束和民事合同规范的规制，且有明确的顺位。

其次，合同被认定为行政协议，需要满足阶层性的识别条件，行政协议的特定识别条件，可以从“双阶”角度去考察，一是合同签订过程的行政性；二是合同中约定或者实际上享有“协议的履行指挥权、单方变更协议标的权、单方解除权、制裁权等行政优益权”。[①] 基于此，才可以认为“具有行政法上的权利义务内容”。

（三）层次性理论在规范依据维度的适用

1. 行政法规范的适用优先性

行政协议作为现代行政的新形式，不可避免造成行政规范与行政行为事实之间的裂隙，规范缺失的情形也随之产生。有积极主张行政协议适用民事法律规范的观点认为，私法领域较为成熟，有充分的法律足够行政法欠缺之时使用。基于行政协议运行过程中行政法律行为与民事法律行为的层次性关系，需要先使用行政法规范来评判行政法律行为的效力，只有行政法律行为符合行政规范对行政权力行使的规范性要件，才有后续使用合同法规范评价民事法律行为的意义。换句话说，在适用行政法律规范的基础上评判行政法律行为的效力，不能越过对行政法律行为的审查直接适用合同法律规范，如果越过行政规范优先适用的审查逻辑，会使得行政诉讼规制行政权力合法适用的目的落空。

2. 民事规范的适用从属性

行政法的规范结构和规范内容上，行政法都是独立且自成体系的，其主要表现在行政法内在构成如行政法基本原则、行政法调整对象、行政法制度设计等方面的独立性。行政协议在平等、自愿协商、诚实信用精神层面的引入了合同的机制，采纳了协议的形式，但其本质上是行政机关为了公共利益或者实现行政管理目标，在法定职责范围内，与相对人通过协商一致的方式达成的协议。[②] 行政权力的行使是协议的起点，协议中会包含与民事原理不同的特别约定，在协议中规定了某种行政权力并包含了对行政权的未来处分。[③] 行政法应该基于行政法原理完善自身关于行政协议的规范，例如平等原则，公权力主体与个人主体存在着地位上不对等，民法规范的平等原则包含对称的含义，如果强调这种对称反而会导致事实上的不平等，因此提出强调公权力主体与个人主

① 宋海东：《新行政诉讼法语境下行政协议若干问题探析——以类型化诉讼为视角》，载《山东审判》2015 年第 6 期。

② 李广宇：《新行政诉讼法逐条注释（上）》，法律出版社 2015 年版，第 98 页。

③ 余凌云：《行政协议的判断标准——以“亚鹏公司案”为分析样本的展开》，载《比较法研究》2019 年第 3 期。

体之间权力与权利结构性均衡的“平衡理论”。①

三、行政协议案件优先适用行政法规范的内部融贯性

依照最高人民法院《行政协议解释》，需将行政协议首先置于行政法体系的法域予以规制，后以私法规范约束和调整各主体之间的法律关系。行政法和民法的复合法域视角，带来了有关规范适用的思考。

（一）融贯基础：行政法法域的内外体系区分

对行政规范之间逻辑一致性的追寻，有助于维持行政规范体系的协调和稳定，是任何法域内成文法都具有的构筑动因和初始理念。不过形式逻辑的一致在规范体系中不能超出必要的限度，这种单向度的追寻一旦超越界限，便会催生出一个对逻辑极致注重的全封闭体系，以纯公理演绎的形式屏蔽掉法条的实质含义，偏离法条用于规范适用的实际功能。从法条实质内容和形式一致的关系考虑，规范体系内的各条文由承载不同角度的价值或观念凝练而成，偏重不同方向的价值或观念在进行具体规范适用时甚至有发生冲突之虞，故而无限度图求规范体系的形式逻辑一致性反而会导致规范条文与其承载的论题式法律内容发生割裂。

如何在最大限度内维持规范体系的逻辑一致性？应当确定合适的界限标准。利益法学派菲利普·黑克从法律规范内在体系和外在体系区分理论的角度给出了答案，他将概念法学派所重视编排组成的逻辑一致各个法条视为外在体系，而隐藏在整个规范体系内部的内在体系是外在体系的基石。② 规范体系在形成过程中，所涉事项的各类利益冲突经研析论证后抽离出来的体系就是内在体系，我们所见到的外在体系只是内在体系加上编纂技术的产物。内在体系是外在体系的活力来源，避免了外在体系为了形式逻辑的一元追求而成为一个封闭的体系，内在体系即是确定规范条文确定逻辑界限的标准。

（二）融贯对象：行政法规范与行政法原则

菲利普·黑克的理论仿佛勾勒出相互间截然分隔的内在体系和外在体系，拉伦茨在内外体系区分理论的基础上进行了深度刻画，否认了内在体系是虚幻的理论体系的观点，直接提出：“外在体系依形式逻辑建构而成，内在体系由

---

① 罗豪才等：《行政法平衡理论讲演录》，北京大学出版社2011年版，第134页。

② See Mario G. Losano, Sistema e Struttura nel Diritto, Milano: Giuffre Editore, 2002, Vol. 2, p. 15.

一般法律原则构成”。① 贯穿于整个行政法法域的行政法原则，例如：依法行政原则、行政合理性原则、程序正当原则、诚信原则、高效便民原则、监督与救济原则等基本原则，即是行政法内在体系外显的具体呈现。内在体系为外在体系的形成提供价值、理念，也可在成形后的外在体系出现法律漏洞时派上用场。法律原则并非法域内仅具宣示作用的“空盒子”，而是内外体系之间形成融贯关系的指引，在具体的法律适用层面具有重要作用，因为法律适用只有在最高限度融贯的法源范围内充分摘选才构成正当适用，法律推理与论证也需置入一个尽可能融贯的体系之中。

法源范围不限于成文规范，也包括法律原则。在行政协议案件中，行政法规范、行政法原则、民法规范都在融贯范围之列，三者融贯的理论为法官裁判行政协议案件提供了方法论基础，行政法规范与行政法原则之间的融贯和分层适用关系即可引导行政法法域内部的法律适用。行政法规范是行政法内部适用中的一阶理由，行政法原则是当一阶理由不足以证立裁判论证时被补充适用的二阶理由，在整体融贯的框架内一阶理由对二阶理由有优先适用关系，二阶理由对一阶理由有支持关系。

（三）融贯规则：行政协议案件的层次性融贯

融贯论的引入有利于法官以体系解释为基础、综合运用多种法律解释方法实现法律规范的体系化。② 一组融贯的法源须以正确的适用关系互相结合，才能维持高度融贯的互相支持适用结构，避免了相互之间的完全区隔与“各自为战”。

第一，文本语义层次。对符合案情的行政法成文规范优先适用，确保法条与案件的逻辑对应、款项无误，这是整个层次性融贯规则的基础。第二，体系层次。当没有行政法成文规范可供适用时，充分考虑整个行政法体系，挖掘适当的行政法原则作为适用援引。行政法原则既补充法律漏洞，又防止只适用成文规范的局限性造成体系意义上的碎片化适用。在行政机关职权合法性、程序合法性、内容合法性等事项的判断上，行政法原则尽可能地与案件事实建立脉络关联，导向体系的多元与相容论证。第三，目的层次。不同法律原则蕴藏着

---

① ［德］卡尔·拉伦茨：《法学方法论》，陈爱娥译，商务印书馆 2003 年版，第 318 页。

② 孙跃：《论民商事裁判中基于融贯论的体系解释——以金融机构股权代持合同效力判定为例》，载《广西社会科学》2019 年第 5 期。

特定价值和理念，包含对不同社会效果的追求，即法律目的。对于不同的行政法原则，根据其所预设的价值指引与本案件的匹配程度，可确定法律原则之间的适用顺序。例如，在房屋征收补偿协议案件中优先适用依法行政原则、行政允诺协议案件中优先适用诚信原则、行政机关行使了行政优益权的案件中优先适用监督与救济原则等等。第四，法秩序层次。前三个层次确立了行政法法域内的裁判架构与规范基础，当遇到行政法法条和原则都无法适用的行政协议案件时，基于行政协议的双重属性，有必要将案件放在行政法和民法的复合法域统合把控，补充适用民法规范。第五，共同价值层次。当遵循前四个层次适用顺序所得出了适用结论与社会共同体的共通价值观念发生显著矛盾时，需要考虑层次性融贯的例外适用情况，按需调整适用顺序。

四、行政协议案件适用民事规范的外部融贯性

融贯性理论与相关条文明确了行政协议案件并非民法规范的“禁区”。后续适用民事法规需要遵循的法理与法学方法论，维护行政规范的目的，要采纳控制权力滥用的严格主义立场。

（一）严格主义立场：与行政法规范目的相一致

最高人民法院司法解释规定了“在适用行政法律规范的同时，可以适用不违反行政法和行政诉讼法强制性规定的民事法律规范”，体现了严格主义原则立场，民事法律规范如与行政法律规范无抵触内容，可以适用。

行政协议在实践中满足了灵活调整行政关系的现实需要，不免出现协议内容偏离于行政规范之情形。对于行政法法域内无法规制的事项，把行政协议视为合同由民事法律规范予以调整符合融贯性要求，实质上也是一个漏洞填补的过程。以漏洞补充的视角来看，“漏洞的填补思路为：在填补漏洞的过程中，要尽可能地采用与法律的具体规则最相接近的方式来填补漏洞，凡是与具体规则越接近的漏洞填补方法，越要优先适用。”① 行政法规范与民事法律规范处于不同法域，相互接近可从规范目的的角度予以判断：从漏洞填补法律适用的正面标准来看，与行政法规范目的越相似的民事法律规范，越优先适用；从禁止性因素来看，不符合行政法规范目的的民事法律规范，不予作为填补内容。同时，以行政协议的双重属性来看，对于普通合同由于意思自治而不能采纳的严格主义立场，由于行政协议的双重属性而得以适用，严格限制公权力的滥

① 王利明：《法学方法论》，中国人民大学出版社 2012 年版，第 157 页。

用。综上，补充适用的民事法律规范，需要与行政法规范目的相一致。

（二）民事规范适用中的约束

1. 法官对适用民事规范应负担更重的论证义务

“法律论证就是通过提出理由以证明特定法律结论的正当性与妥当性的活动。”① 在行政协议诉讼中参照适用民事法律规范进行裁判时，法官必须通过事实判定和价值判断的论证，遵循的法律意旨和行政法的立法目的相一致，即对法定因素和正当程序因素等行政法秩序行政需要考量相关性进行考量。

第一，民事法律规范的参照适用属性，必须结合公法容许而予以接受，且受依法行政原则的拘束。民事规范作为外部融贯的部分，相对从属于行政规范体系，在法律适用层面，由于行政协议的公权力性及公益性，法官应围绕行政目的对行政行为构成要件要素进行实质判断。在法律大厦中，可形象地认为行政法已将行政协议案件的适用框架搭好，对于民法规范的补充适用依然在行政规范和原则的基本框架内，民法规范只不过在行政容许范围内缝合裂缝。在行政审判中，当民事规范成为行政审判的先决问题时，例如，不履行行政法律规范规定的义务、预期违约、协议的不适当履行等情形中，需对援引的民事规范进行行政实质性的司法审查。

第二，对民事规范进行审查的，需将民事规范置于行政法范畴下思考。行政机关违约行为往往与行政违法性问题相关，民事规范下构成行政违约行为同时符合行政法范畴内的行政违法行为的情形也很常见。认识到这一点，将民事规范置于行政法范畴下思考，对司法审查具有重要意义，因为类似纠纷无法在民事规范的框架内得到解决，不能按照民法规范的适用思路进行审查。

第三，民事规范在行政协议的功能限度。对于民事规范的司法审查，既要在形式上受制于其保障的行政协议相关行政法规范的各项规定，更要在实质上受制于行政法域中调整性规则的规定。

2. 遵循法律规范体系性的要求

法律规范不是独立存在的，而是相互逻辑联系的处在一个具有内在统一价值的法律领域中。相对独立的两个法律领域，在立法目的、法律价值、权利属性等方面存在不同之处，而“跨法域的类推适用的前提是在该法域无相似的

① 屈茂辉：《类推适用的私法价值与司法运用》，载《法学研究》2005 年第 1 期。

法律规范可供类推适用”。[①] 在参照适用时，必须是行政规范对行政协议无相关规定。这里无相关规定不限于立法机关制定的法律，还应包括了最高人民法院公布的司法解释。

综上所述，行政协议适用民事规范应当做到以下几点：第一，穷尽行政法相关规定仍不能解决的情况下，适用与行政法不相冲突的民事法律规范，对于所引用的民法条文，效力层级要作出限制。第二，优先适用，也包括了在审判过程中运用民事法律规范时，要以行政相关法律原则作为主导作用。第三，解释行政协议条款时，在约定的事项内，虽受契约应遵守民事原则的拘束，但也要受到依法行政的拘束限制，如比例原则，平等原则。

五、民事规范与行政规范在行政协议案件中的适用界限

行政协议中优先适用行政规范，自是控制行政机关权力滥用的必然要求。但具体适用中，不可执此一端而不顾其余，有适用的总体原则与例外规范。

（一）行政规范与民事规范融合适用的原则

1. 整体协调裁判原则

行政规范与民事规范之间，既有分野，也有融合，可以互相补充，以共同实现调整社会关系的目的。[②] 对于两者之间的法域冲突排除与规范适用融合，要从“规范保护目的”的视角进行具体分析，并在整体法秩序的视野下进行统一解释，[③] 作出相互照应、彼此相宜的认定与裁判。两者的结构上，可以分为以下组合：（1）宾主式。两者在判断行政协议上相互依存。行政协议兼具“行政”与“协议”双重属性，需在以行政规范对“行政”的特殊规定为主的前提下，充分发挥民事规范对“协议”内容的补充适用。（2）呼应式。两者在适用上彼此呼应、互相关照。其中包括递进关系，即在后判断的民事规范是在前行政规范基础上的深化；也包括因果关系，即前后行政规范与民事规范都是分别指向行政协议违法、可撤销等待证事实。

2. 充分合理救济原则

行政协议作为实现行政管理目标和公共利益的重要手段，同时也寄托着行

---

① 单华东、江厚良：《民法规范在行政审判中的类推适用》，载《人民司法》2012 年第 23 期。

② 王贵松：《民法规范在行政法中的适用》，载《法学家》2012 年第 4 期。

③ 于改之：《法域冲突的排除：立场、规则与适用》，载《中国法学》2018 年第 4 期。

政相对人的合理信赖与利益追求。基于行政机关的行政优益权以及在专业、信息等方面的优势，在行政协议的订立、履行以及解除等过程中应当给予行政相对人更多的关照。坚持充分合理救济原则，既是对行政相对人信赖利益的尊重以及对该份关照的落实，也是行政机关依法行政与合理行政原则的应有之义。因此，除了坚持依法行政等刚性约束外，应当参照民事规范对于行政协议成立、履行等给予更多宽容。

（二）主体要素与目的要素方面的界限

对于行政主体缺乏权限、行政行为缺乏法律规范依据或者严重违反法定程序等，应当优先适用或单独适用行政规范。一方面对于法定职责范围，缔结行政协议的行政机关，必须对协议所规定的标的，在事物、地域、层级上均享有管辖权。换言之，行政机关缔结行政协议承诺为一定给付的，必须就该行政给付有管辖权，否则因管辖权欠缺构成行政协议的违法。不过，对于行政相对人行政协议所承诺的给付，即使不属于行政协议的管辖权事项，并不当然构成违法；至于违法，应依照禁止不当联结、比例等原实体法法则予以判断。另一方面，行政协议不仅应当充当履行行政职责的手段，而且还必须构成某个行政主体履行行政职责的手段。“‘法定职责’必须由行政主体来具体乘载。”①

（三）内容要素与意思要素方面的界限

内容要素需要通过意思要素才得以实现，而意思要素系基于协商的一致，基本属于民事规范调整范畴。虽然前述把行政主体等优先适用运用的是拆分的审判方式，即行政行为 = 行政行为 + 其他协议行为。但这种类型化思路，也要处理好与必要性之间的关系。对于以下情况，行政协议没有优先适用行政规范的必要：第一，公共利益需要继续履行。一般情况下，为了维护公共利益，法院应尽可能使行政协议得到继续履行。比如，对行政机关在签订行政协议时未经批准或授权的行为，可以参照民事规范关于无权代理的规定，对于事后取得批准或授权的，应认定行政协议有效。第二，单纯的协议行为。单纯的协议行为主要系行政相对人为服务公共利益或行政管理目标实现所得之对价。只要该内容不违反依法行政原则，就其所产生的争议便应优先适用民事规范。譬如，行政协议中关于违约金的约定，只要不超过法定赔偿义务范围，便应优先受民事规范约束。第三，法律技术性规范。因民事规范发展明显早于行政规范，故而民事规范中的法律技术性规范较为成熟完备。而在行政规范领域，该类技术

① 刘飞：《行政协议诉讼的制度构建》，载《法学研究》2019 年第 3 期。

性规范通常也几乎没有特殊之处，故而基本可以优先适用。比如，对于当事人住所、行为能力等认定以及对于协议内容争议的解释等。第四，一般的法律原则或法律制度。因其背后均蕴含着共同的法理，并背负着“法秩序的统一性”要求，故其虽属民事规范，但实际已纳入整个法秩序统一体系，承载着社会共同价值。因此，一般也可以优先予以适用。比如，诚实信用、信赖保护等原则以及不当得利等制度。

特定条件下，民事规范应当优先适用，但应当结合行政协议的自身特性及公法特征，并以民事规范所调整之利益状态与拟适用之利益状态是否相当为标尺，逐一检讨过滤。其结果，可能是全盘适用，或者应当修正适用，或者完全不能适用。同时，基于依法行政原则的旨趣，适用民事法律规范的界限在于，不得通过适用民事法律规范扩张行政机关的职权。①

结　语

《民法典》实施后，行政法律关系与民事法律关系交叉重叠的情形会更多，会形成大量民事与行政交织的案件。②《行政协议解释》及《民法典》给行政协议司法审查体系化带来了更多的可能，《民法典》与行政法协同发力，推进国家治理体系和治理能力现代化。当然，其进步性和不足仍待观察、研究，相关的规定也有待在司法实践中继续检验并及时更新完善。

（陆银清：湖南省怀化市中级人民法院）

---

① 李建良：《行政法基本十讲》，台湾地区元照出版公司 2016 年版，第 171 页。

② 程琥：《民法典时代的行政法：挑战与回应》，载《中国法律评论》2020 年第 4 期。

行政协议司法审查中合法性和合意性标准的博弈与衡平

——兼议《行政协议司法解释》第27条的理解与适用

钟玺波　鲁一帆

行政协议内含行政性和协议性之双重属性，① 决定了以单方行为为审查范围的传统行政诉讼规则和以民事合同为审查范围的民事诉讼规则，均不能满足司法实践的需要。正如必须由经度与纬度组合而成的双要素地理坐标系统来标识地球上的空间位置一样，仅仅适用合法性或合意性两个不同层面标准中的其中一个，均无法对行政协议案件进行准确而全面的司法审查。其概念类型、主体资格、诉讼种类等诸多问题也无法在传统行政诉讼和民事诉讼规则中找到答案，行政协议案件司法审查困难重重。②

民有所呼，法有所应。在立法现状滞后性与实践需求紧迫性的矛盾下，2019年11月27日，《最高人民法院关于审理行政协议案件若干问题的规定》（以下简称《行政协议司法解释》）应运而生，通过29个条文对其审理规则作出了系统和详细的规定。其中，第27条奠定了行政协议案件审理规则需穿行于行政与民事两套诉讼话语之间的基本原则，即应当适用《行政诉讼法》（以下简称《行诉法》）的规定，《行诉法》没有规定的，参照适用《民事诉讼法》（以下简称《民诉法》）及相关民事合同的法律规定。但在更为广泛、深

① 麻锦亮：《纠缠在行政性与协议性之间的行政协议》，载《中国法律评论》2017年第1期；耿宝建、殷勤：《行政协议的判定与协议类行政案件的审理理念》，载《法律适用》2018年第17期。

② 郑绍平、江烨：《行政合同的特点与纠纷处理的法律适用》，载《上海律师》2011年第10期；江必新：《行政协议的司法审查》，载《人民司法（应用）》2016年第34期。

入的层面，如何具体理解与适用行政与民事双重司法审查规则，仍有许多空白之处。本文在对近年H省三级法院行政协议案件整体情况进行梳理之基础上，以H省高院十余起典型案件裁判文书为样本，总结分析司法实践中审什么和如何审的突出问题，以现有法律规范，尤其是《行政协议司法解释》为基础进行思考，以期对探明行政协议案件的司法审查路径有所裨益。

一、现实困境：H省行政协议案件的实证考察

通过对近五年H省高院相关案件进行统计分析，可看出行政协议案件受理数从无到有，并呈逐年递增趋势。尤其是2017年较2016年增加了17.3倍，之后两年也呈平稳增长态势，2019年首次突破了200件，这与2015年《行诉法》及其司法解释的实施不无关联。① 2019年，H省三级法院新收一审行政案件中，行政协议类共981件，占比7.6%，较2018年增长了25.5%。大量行政协议案件涌入行政诉讼，给法院司法审查和矛盾化解带来了挑战。

（一）诉讼请求不规范

《行诉法》第49条规定了提起行政诉讼必须满足“有具体的诉讼请求”之条件，第12条第11项“认为行政机关不依法履行、未按照约定履行或者违法变更、解除”是有关行政协议案件的诉讼请求。《行政协议司法解释》第9条用更为详尽的列举式规定明确了行政协议案件的诉求种类，除前述两项外，还增加了确认协议效力、订立协议、撤销或解除协议、赔偿或补偿，以及其他有关协议订立、履行、变更、终止等诉讼请求。然而在司法实践中，原告出于充分保障自身利益的考虑，起诉时大多希望一揽子解决其所有需求，提出的诉求种类多样、表述混乱，甚至同时列举多个诉讼请求，大大超越了前述法律法规规定的情形。

笔者选取了H省高院行政协议典型案例进行抽样分析（见表1），问题归纳如下：1. 诉求表达不准确，如原告实质诉求为解除合同并赔偿，却提起政府不履行法定职责之诉；2. 超越法律法规列明的诉求内容，如确认政府与第三人签订的相关协议违法、无效；3. 同时针对协议行为、关联单方行为等多个行政行为提出多项诉讼请求，交叉混杂行政主体作出的会议纪要、拍卖公告等对当事人权利义务不产生实质影响的内部行为、过程性行为等；4. 赔偿请

① 《行诉法》修改导致以前被作为民事合同的相当一部分被归为行政协议进行审理。参见崔建远：《行政合同族的边界及其确定根据》，载《环球法律评论》2017年第4期。

求内容五花八门，如主张赔偿迟延履约期间第三人造成的损失、同时主张支付违约金和返还定金等法律明确规定不能同时适用的诉讼请求。并且，由于行政诉讼对起诉条件门槛要求较高，关于诉讼请求明确的要求远远高于民事诉讼，实践中大量行政协议案件因诉讼请求不明确而被裁定驳回起诉和因诉讼请求错误而被判决驳回诉讼请求，导致诉讼程序空转，完全背离了行政诉讼的宗旨。

表1　六起行政协议典型案例的诉讼请求情况列表

序号	案号	案例	诉讼请求
1	（2020）湘行终714号	恒地公司诉天心区政府国有土地使用权出让合同一案	1. 天心区政府征收恒地公司涉案土地；2. 支付土地征收补偿费
2	（2019）湘行终885号	湘乡水泥公司等诉湘乡市政府破产重组产权转让合同一案	1. 确认被告与第三人签订的相关协议、解除租赁关系的函、与原告签订的涉案产权处理协议、会议纪要、责任承诺书、在报纸上发布的证件遗失公告、转移涉案土地的函等十个具体行政行为违法、无效；2. 赔偿原告损失及利息
3	（2016）湘行终1160号	中嵘公司诉怀化市政府等四被告国有土地使用权出让合同一案	1. 确认被告作出的实施项目通告、发布拍卖公告、实施拍卖等行为无效；2. 涉案国有土地使用权出让合同无效；3. 判令被告退还部分土地使用权出让金和交易服务费
4	（2019）湘行终1562号	中阳燃气公司诉湘阴县政府天然气开发建设合同一案	1. 撤销被告作出的33号会议纪要授权县城投公司变更特许经营协议的行为；2. 停止被告授权的县城管局对管道燃气特许经营权公开招拍挂的行为
5	（2018）湘行再1号	擎天公司诉常德市国土局、常德市政府国有土地使用权出让合同一案	两被告赔偿违约金、迟延交付期间损失、第三人造成的阻工损失

续表

序号	案号	案例	诉讼请求
6	（2019）湘行终1630号	天正公司诉君山区政府等三被告国有土地使用权出让合同一案	1. 解除涉案协议；2. 被告双倍返还定金、返还土地出让金、违约金、原告的前期投入等损失

（二）审理思路不统一

审查范围是指法院在审理案件时所涉审理对象的广度和深度，具体而言：《行诉法》第6条明确行政案件审查“行政行为是否合法”，第87条规定行政二审案件针对一审裁判和被诉行政行为的全面审查原则。与之相对，《民诉法》第168条仅规定民事二审案件“对上诉请求的有关事实和适用法律进行审查”，即确定了审查范围必须与诉讼请求范围保持同一的原则。[①] 行政协议案件适用前述何种原则难以确定，呈现同一案件不同法官审理思路完全不同的现象（见表2）：1. 被原告表述的诉求内容“牵着鼻子走”，影响了案件审查范围的准确认定；2. 未准确把握民事合同“诉判同一”和行政行为“合法性审查”两个原则的关系，或侧重于前者而忽略对行政行为的合法性审查，或局限于后者，对被诉行政行为是否违反合同法不予任何回应与说理；3. 机械适用行政诉讼全面审查原则，不区分案件争议焦点，就行政协议过程中的每一个子行为的合法性审查都均衡发力。

表2　七起行政协议典型案例审理对象情况列表

序号	案号	案例	项目	一审	二审
1	（2019）湘行终1562号	中阳燃气公司诉湘阴县政府开发建设合同一案	审理对象	会议纪要	被告行使行政优益权变更合同条款的行为
			裁判结果	判决撤销会议纪要中授权县城投公司变更特许经营协议的行为，驳回其他诉讼请求	裁定发回重审理由：一审错误将审理对象确定为会议纪要，而导致审理方向偏差

① 王杏飞：《对我国民事诉判关系的再思考》，载《中国法学》2019年第2期。

续表

序号	案号	案例	项目	一审	二审
2	(2019) 湘行终2035号	大汉公司诉桃江县政府未按约定履行行政协议及行政赔偿一案	审理对象	被告不按照约定履行支付土地收益分成款义务的行为	双方当事人的履约行为，主要涉及涉案协议中土地出让金溢价款分成条款的合法性及效力
			裁判结果	判决被告支付已出让的土地收益分成款，驳回其他诉讼请求	裁定发回重审理由：一审对涉案协议中的土地出让金条款的效力等事实认定不清
3	(2020) 湘行终310号	陈佐义诉渌口区政府撤销房屋征收补偿协议决定一案	审理对象	涉案协议的合法性，被告作出的撤销决定	协议内容是否损害公共利益，被告行使行政优益权撤销协议的行为
			裁判结果	判决撤销决定的部分内容，驳回其他诉讼请求	判决驳回上诉、维持原判
4	(2016) 湘行终1160号	中嵘公司诉怀化市政府等四被告国有土地使用权出让合同一案	审理对象	被告作出的实施项目通告、发布拍卖公告、实施拍卖、签订涉案国有土地使用权出让协议等五个行为	涉案协议效力，再审查被告的履约行为
			裁判结果	判决驳回全部诉讼请求	判决确认怀化市政府委托中嵘公司代为履行征收补偿职责的行政行为违法；责令怀化市政府、怀化市国土局采取补救措施

续表

序号	案号	案例	项目	一审	二审
5	(2019)湘行终1630号	天正公司诉君山区政府等三被告国有土地使用权出让合同一案	审理对象	被告不能交付土地是否导致合同约定的解除条件成就	同一审
			裁判结果	判决解除合同，各自返还国有土地使用权证和土地出让金，被告赔偿原告部分损失，驳回其他诉讼请求	判决解除协议，原告返还国有土地使用权证，被告返还土地出让金并适当赔偿违约金（调整了一审判决的具体数额）
6	(2019)湘行终1678号	驭龙公司诉湘阴县政府河道砂石开采权出让合同一案	审理对象	被告行使约定解除权的行为	同一审
			裁判结果	判决协议因被告行使约定解除权而解除，被告补偿原告部分损失，驳回其他诉讼请求	判决驳回上诉、维持原判
7	(2020)湘行终1448号	大千公司诉桂阳工业园区管委会、桂阳县政府兴建保温砖生产线合同一案	审理对象	被告行使约定解除权的行为	被告作出的13号通知的性质，本案是否满足约定解除权、法定解除权或行政机关行使单方优益权的情形
			裁判结果	判决驳回对第二被告的起诉，涉案协议因第一被告行使约定解除权而解除，第一被告赔偿直接损失，返还用地款，驳回其他诉讼请求	判决维持原判一、五项，撤销原判二、三、四项，被告赔偿搬迁损失和部分用地款（调整了一审判决的具体数额）理由：一审将13号通知变更协议的行为错误认定为解除协议

（三）审判质量不理想

原告诉讼请求的混乱和法官审理思路的偏差导致涉案争议的实质问题难以厘清和解决，同类案件裁判尺度不一致，对审判质量和司法公信力造成极大影响。从 H 省 2019 年行政协议案件审理结果来看：一审案件的上诉率达到了 52.1%，服判息诉的效果不理想；各中院审理的行政协议案件经 H 省高院二审、再审后，发回重审 7 件、改判 9 件、撤销变更原裁定并指令审理 6 件、撤销原裁判驳回起诉 7 件，共计 29 件，发改率达到了 14.5%，占全部被发改案件的 9.8%。

上述实证考察充分表明，行政协议案件的疑难复杂与法院司法审查的能力薄弱间形成了巨大的反差。面对现实困境，如何正确理解和适用第 27 条合法性与合意性双重审查标准，成为构建科学合理、规范统一的行政协议案件司法审查路径的关键。

二、问题反思：司法审查中合法性标准与合意性标准的博弈

行政诉讼中合法性强调法律法规作为判断依据，民事诉讼中合意性突出合同约定作为审查重点。纵观前述审理前提、审理过程和审理结果各个阶段，均体现了双重司法审查标准之冲突，也反映了法官在合法性和合意性两种价值理念之间游走和取舍的矛盾。两者冲突归纳为以下两个问题：

（一）审理对象不明确

在《行政协议司法解释》出台之前，由于原告的诉讼请求呈现出行政法和合同法上两种法律关系相互交织的特点，《行诉法》和《民诉法》关于审查范围也存在立法冲突，法官在确认行政协议案件的审查范围时无所适从。虽然《行政协议司法解释》第 9 条规定了 6 种具体的诉求类型以及 1 个兜底条款，但并未清晰界定各项诉讼请求之间的关系，立法上仍有缺位：首先，在行政诉讼“一行为一诉讼”基本原则之下，就司法实践中广泛存在的涉及多个行政行为的多项诉求是否能同时主张，同时主张时是否存在先后关系等问题尚有分歧；其次，对于超出原告诉求但又与案件事实有客观联系的其他行政行为是否需审查，法官应当如何在民事诉讼“判如所请”和行政诉讼“全面审查”两种不同原则要求下作出恰当的处理，也无法在法律法规中找到答案。

（二）案件审理中的多重论争

审理对象确定以后，如何设计具体的解纷机制以处理好合法性与合意性两

种审查标准之间的冲突，成为困扰法官的关键问题。

1. 两种诉讼证明标准之矛盾

目前我国立法对行政诉讼的证明标准尚无明确的规定，《行诉法》第69条规定了行政主体对其作出的行政行为应达到“证据确凿”的程度，其证明标准亦因之一般被认为与刑事诉讼一样是“案件事实清楚，证据确实、充分”。① 根据《最高人民法院关于适用〈中华人民共和国民事诉讼法〉的解释》第108条第1款的规定，民事诉讼中把“高度可能性”作为证明标准。考虑到行政协议兼具行政性和民事性，《行政协议司法解释》第10条按照待证事实的不同性质对于举证责任的分配作出了区分处理：被告对于行使法定职权及行政优益权的合法性等问题负有举证责任，与一般行政案件一致；其他事实则一般采用“谁主张谁举证”的民事诉讼举证原则。但是，行政协议案件的证明标准究竟如何适用依旧十分笼统，适用民事或行政案件的不同证明标准，对于案件事实的认定会产生十分重要甚至决定性的影响。

2. 两种法律适用之冲突

《行政协议司法解释》第27条确定了行政协议案件的法律适用以行政法律法规为主，民事法律法规为辅的法律适用原则，但过于原则性的规定远远不能满足现实之需求，突出表现在：一是对行政行为违法与协议效力二者关系未明确规定。民法对于合同无效的规定与行政法对于行政行为无效的规定应当如何衔接和适用，实践中认识尚不统一，如就国有土地出让金溢价款分成条款的效力问题，过去的民事判决中大多认为这类约定有效，而作为行政协议审查时则大多认为无效或至少违法。② 二是对赔偿或补偿的范围未明确标准。民事赔偿不仅包含合法权益遭受侵害的直接损失，还包括一定的可得利益损失或间接损失。但行政赔偿的范围却缩小至行政相对人合法权益的直接损失，局限于人身权和财产权。行政协议案件中行政主体被确认违法或违约后，如何确定赔偿

---

① 马怀德、刘东亮：《行政诉讼证据问题研究》，载《证据学论坛》2001年第1期；陈光中：《证据法学》，法律出版社2019年版，第361页。

② （2017）最高法民申3974号民事裁定认为：拍卖成交价高于85万元/亩，符合协议预估的履行条件；案涉土地拍卖成交后，真武镇政府不履行协议约定的返还资金义务，而是以损害国家利益和社会公共利益为由主张协议无效，不应予以支持。（2019）吉行终408号行政判决则认为，协议约定将土地收益分配给民营企业的属变相减免土地出让收入，该约定违法不应履行。（2019）桂行终837号行政判决认为，政府对开发商承诺在一定条件下返还部分土地出让资金，属附条件的奖励，不属变相减免出让金。

范围，尤其是约定的违约金超过直接损失是否应予赔偿等，依旧很难把握。

3. 判决方式选择之困惑

判决是诉讼程序终结的最后结果，还作为原告诉求的对应物和纠纷解决手段之存在。[①] 关于具体判决方式之适用，《行政协议司法解释》第12条至第21条借鉴民事诉讼的划分方式，规定了确认协议效力、撤销协议、确认违法或撤销被告变更、解除协议的行为、解除协议、继续履行等多种判决方式，突破了《行诉法》框架下的局限性。但是，并未涉及对应原告请求订立协议、承担缔约过失责任、请求确认协议已按照双方合意或因情势变更等法定事由进行了变更等内容的判决方式；在案情各异且审理思路存在较多分歧的情形下，如何选择最为恰当的判决方式成为法官的实践困惑。

三、理论探寻：合法性与合意性标准衡平的多维审视

通过回顾现实与总结问题，不难发现合法性与合意性之司法审查标准原本各自适用不同的诉讼领域，甚至相互矛盾，然而行政协议之双重属性又要求法官在司法活动中将这两者融会贯通起来。[②] 正如马克思·韦伯所言，虽然价值标准之间不可妥协，但是相互冲突的价值标准和实践方式却可以衡量和协调。[③] 用司法技巧将二者在具体案件的审理裁判中融贯起来，亦具有深厚的理论基础。

（一）双重标准融贯的合理性

合法性与合理性双重标准融贯的合理性来源于实质正义的要求，亦即理论界主张的“实质合理性”。实质合理性与形式合理性相对应，是指按照社会主流的价值标准，从实质正当性的角度来判断是非曲直，相同情况同等对待，不同情况区别对待。[④] 就行政协议而言，其实质是用协议的方式实现行政管理目标，协议要素要求在审查行政协议行为时必须符合一般协议行为的合意性标准，行政要素又要求必须符合一般行政行为的合法性标准。二者不能顾此失彼，否则就不符合实质正义要求的某一行为或社会制度在事实和结果上平等的要求，不合情也不合理。

---

① 江必新、梁凤云：《行政诉讼法理论与实务（下卷）》，北京大学出版社2009年版，第1117页。

② 贺小荣：《行政协议的创设与国家治理方式的转型》，载《中国法律评论》2017年第1期；杨解军：《中国行政法的变革之道》，载《江苏社会科学》2012年第4期。

③ 李猛：《韦伯：法律与价值》，上海人民出版社2001年版，第185页。

④ 江必新：《论形式合理性与实质合理性的关系》，载《法治研究》2013年第4期。

（二）双重标准融贯的合法性

《行诉法》第 101 条明确本法没有规定的，适用《民诉法》的相关规定，为行政协议案件的司法审查的法律适用双重标准提供了法律依据。并且《行政协议司法解释》第 27 条为双重标准的融贯提供了直接的现实法律基础：一方面，审理行政协议案件应当适用行政法，行政诉讼制度的核心便是对行政行为的合法性审查；另一方面，审理行政协议案件可以参照适用合同法的规定，合意性审查是尊重当事人意思自治的基本要求。因此，适用双重标准对行政协议案件进行司法审查，恰恰是法律法规之要求。

（三）双重标准融贯的便利性

行政协议案件的双重司法审查标准实际上也是经济学上的成本收益原理在诉讼程序中的具体运用。加里·贝克尔认为经济学分析“能对各种各样的人类行为作出统一的解释”。[①] 任何人都是理性的经济人，根据理查德·A·波斯纳的供求关系原则，行为人基于自身利益最大化的追求，会根据环境的变化来调整自己的行为。[②] 当事人实施某种诉讼行为往往是利益的驱使，如果行政协议案件不适用双重审查标准，其为了使自身权益获得最大保障，则可能就同一纠纷分别提起对行政主体单方行为的行政诉讼和有关协议双方行为的民事诉讼；但在适用双重审查标准的情况下，当事人基于时间、金钱等诉讼成本的考量，则会放弃一案多诉的方案，而选择在同一个诉讼中提出所有诉求并打包解决所有争议，这也在整体上降低了司法成本。

四、司法选择：行政协议案件司法审查的应然路径

第 27 条体现的双重司法审查规则是贯穿于整个《行政协议司法解释》所有条款的基本原则，该条也是在其他条文缺乏具体规定时，指引法官具体案件具体分析的指导原则，作用于行政协议案件司法审查的全过程。一方面，合法性与合意性标准犹如经度和纬度互相交错，对于行政协议有不同维度的审查要求，要相互区分；另一方面，又如地理坐标系统中需用经纬度两个数据相结合来进行定位，必须寻求合法性与合意性标准之间的均衡点，使其司法审查体系

---

① ［美］加里·贝克尔：《人类行为的经济分析》，王业宇、陈琪译，上海人民出版社 1995 年版，第 7 页。

② ［美］理查德·A·波斯纳：《法律的经济分析》，薛兆康译，法律出版社 2012 年版，第 34 页。

完整且过程流畅。基于双重标准的对立统一关系来构建行政协议司法审查之具体路径，建议如下：

（一）明确审理对象和范围

1. 固定诉讼请求

笔者尝试结合行政诉讼“一行为一诉讼”及民事合同阶段的基本原理，将诉讼请求指向的行政协议行为与合同各个阶段一一对应，以构建明确行政协议案件诉讼请求的规则。考虑到合同在被认定无效或被撤销后便自始没有法律约束力，① 行政协议纠纷应根据协议效力分为两个层次之诉。第一个层次是诉协议的效力，包括确认协议有效或无效，撤销协议的行为有效或无效；第二个层次是在合同有效前提下的纠纷，即诉协议行为违法或违约。根据《行政协议司法解释》第 4 条的规定，行政协议纠纷可能产生于订立、履行、变更、终止各阶段，第 9 条第 7 项也明确原告可提起涵盖前述各阶段的诉讼请求，因此可把原告诉协议行为违法或违约的情况分别归入四个协议阶段之一（见图 1）。须明确除了赔偿或补偿请求权外，分属两个不同层次的诉求，或是第二个层次中不同阶段的诉求均不能同时主张。即要么诉协议无效，要么诉协议行为违法或违约；如果诉协议行为违法或违约，则要么诉不依法或依约订立，要么诉不依法或依约履行，要么诉变更或终止协议。原告不能在请求确认协议无效的同时，又要求行政主体履行合同约定的义务。

① 《行政协议司法解释》第 9 条第 3 项规定原告可“请求判决确认行政协议的效力”；《合同法》第 3 章就合同的效力问题进行专章规定，第 55 条、第 58 条规定了合同无效或撤销后的法律后果。

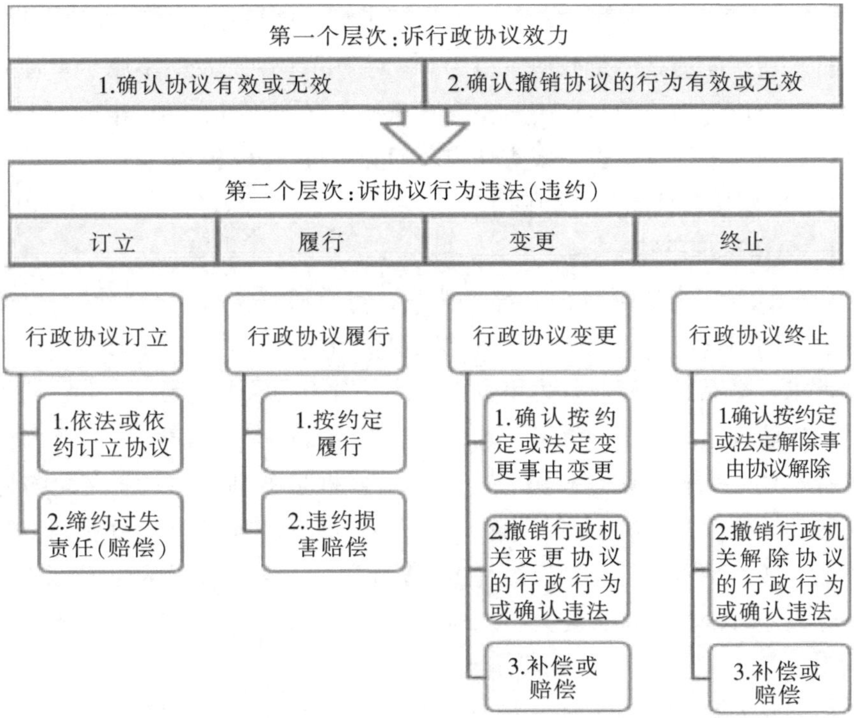

图 1　行政协议案件固定诉讼请求步骤概览

特别需要指出的是,《最高人民法院关于适用〈中华人民共和国行政诉讼法〉的解释》第 68 条第 3 款赋予法院进行释明并引导原告正确表达自己司法诉求的义务,对于法院来说,明晰原告诉求内容是防止诉讼程序空转、正确审理行政协议案件及提高司法审判实效之前提。因此,笔者认为应建立行政协议案件诉讼请求释明之前置程序,以充分保障原告的诉权。

2. 确定审理对象

《行诉法》将行政行为作为司法审查的对象,一般行政行为的合法要件包括主体合法、权限合法、内容合法、程序合法、形式合法等基本要素。① 当然,在每一起行政协议纠纷诉诸司法程序后,并非要对该协议所涉每个行政行为均进行审查,"还要顾及纠纷当事人各种潜在、可能的需求,考察其心理,提供相应的解纷机制和解纷方案",② 有针对性地诉什么审什么。在根据前述

① 叶必丰:《行政法学》,武汉大学出版社 2003 年版,第 184 - 185 页。

② 耿宝建:《行政纠纷解决的路径选择》,法律出版社 2013 年版,第 61 页。

“两层次四阶段”的分类方式固定诉讼请求后，就可以确定案件的审理对象，即该诉求所指向的具体行政协议行为。① 对于诉求中提及的不属于审理对象的其他行政协议行为，因与审理对象存在密切关联，故可参照民事合同的审查思路，将其作为案件事实进行审查认定，而无须进行合法性审查。

（二）厘清审理思路和规则

1. 总体审理思路

（1）须先审查协议效力。笔者认为，行政协议实质仍是合同，故也应遵循民事合同司法审查一般路径，首先认定合同效力。对于请求确认行政协议效力的诉求，毫无疑问应以效力审查为重点；对于要求继续履行、确认协议变更等其他违法或违约层次的诉求，均是以合同成立且有效为基础。《行政协议司法解释》的一大亮点便是解决了《行诉法》框架下判决方式法定化与协议本身无效的冲突问题，第 12 条、第 13 条、第 14 条和第 17 条分别明确了行政协议无效、效力待定、可撤销及解除的情形，第 22 条还规定了根据协议效力的审查结果对诉讼类型进行转换，均对优先审查协议效力的审理思路提供了依据和指引。

（2）区分两种审理方向。行政协议相对于民事合同最重要的特征便是行政主体的单方优益权“打破”了民事合同的平等性。②《行政协议司法解释》也着墨于对行政优益权的规制，确保行政主体“法无授权不可为”原则的落实，如第 11 条列明了行政协议行为合法性要素、第 16 条规定了对行政优益权的裁判方式、第 21 条明确了合法行使优益权造成损害的补偿责任等。因此，应当以诉讼请求是否涉及行政优益权作为分水岭，③ 区分两种不同审理方向：一是对行政主体行使优益权行为的合法性审查。原告诉求与一般行政诉讼无异，可以提起确认之诉或撤销之诉，法院审理时应当遵循一般行政行为的合法性审查思路。需指出行政优益权的认定应当尤为谨慎，不宜滥用。二是对其他

① 甚至有学者认为行政协议本身的概念应当称为“协议性行政行为”。参见王学辉：《行政何以协议：一个概念的检讨与澄清》，载《求索》2017 年第 12 期。

② 甚至有学者认为非市场行为性系行政行为的本质属性，王利明：《论行政协议的范围——兼评〈关于审理行政协议案件若干问题的规定〉第 1 条、第 2 条》，载《环球法律评论》2020 年第 1 期。

③ 袁杰：《中华人民共和国行政诉讼法解读》，中国法制出版社 2014 年版，第 44－45 页；江必新、梁凤云：《最高人民法院新行政诉讼法司法解释理解与适用》，中国法制出版社 2015 年版，第 126－127 页。

与单方优益权无关的协议双方意思自治领域的纠纷，可按照双重标准融合的思路进行审理。即结合原告诉求，参考民事诉讼经验，形成不同的请求权基础审查框架；在具体审查各个构成要件所指向的行政协议子行为时，先对该行为的基本要素进行全面的合法性审查，再依照民事法律法规进行合意性审查。

2. 双重审查的具体考量

（1）证明标准。参考前述审理思路的两分法，行政协议诉讼的证明标准也应根据纠纷所涉行政行为的性质不同而有所区分。此种多元化行政诉讼证明标准既是我国在起草《关于行政诉讼证据若干问题的规定》的思路，[①] 也是美国、德国等行政诉讼体系中的通用立法技术。[②] 具体而言，对于涉及行政优益权的案件应适用较高的行政诉讼证明标准，以体现监督政府依法行政、尊重相对人合法权益的价值取向；对于涉及其他协议行为的案件应参照适用民事案件的证明标准，以体现诉讼平等、交易便捷的原则。

（2）法律适用。就协议效力的问题，《行政协议司法解释》第 12 条指向了《行诉法》第 75 条“行政行为有实施主体不具有行政主体资格或者没有依据等重大且明显违法”的规定以及民法中关于合同无效的规定。民法典之合同编对合同无效的情形虽未规定具体条款，但根据总则编中关于民事法律行为效力的相关规定，民事合同无效的情形主要有：无民事行为能力人签订合同；双方以虚假的意思签订合同；合同内容违反法律、法规强制性规定；合同内容违背公序良俗；恶意串通、损害他人合法权益。行政协议无效的认定可以参照适用民事合同无效的法律规定框架，但在“违反法律、法规强制性规定”的情形下，须重点考察包括《行诉法》第 75 条在内的行政法律法规的规定，运用多种法律解释方法来进行综合认定。但认定协议无效应尤为慎重，为实现行政协议维护公共利益和优化行政管理之目标，应从积极促成协议履行及交易成就的角度来解释。

关于赔偿或补偿的范围，在民事法律关系中，补偿一般是基于公平原则而对损失进行填补，而赔偿是对有过错的主体进行否定性评价，其责任范围往往超过对方的损失。《行政协议司法解释》虽然没有明确相关范围，但基本按照

---

① 最高人民法院通过稿中将其删除，是因为证明标准很灵活，在司法解释中可以暂不规定，但在业务培训中进行介绍。孔祥俊：《行政诉讼证据规则与法律适用》，人民法院出版社 2005 年版，第 226 页。

② 陈光中：《证据法学》，法律出版社 2019 年版，第 362 页。

被告有过错的需“赔偿”，无主观过错但给原告造成损失的需“补偿”之原则进行区分表述。鉴于被告行使优益权给原告造成损失的只需“补偿”其实际损失，已充分考虑对国家利益的减损，因此被告其他违约行为造成的损失认定应当按照公平原则适用民事赔偿范围的规定，即包括直接损失和间接损失。

（3）判决方式。虽针对实践中出现的原告要求行政主体订立协议、承担缔约过失责任、变更协议的诉讼请求，法律缺乏相应判决方式的规定，但《行政协议司法解释》已对上述诉求内容作出了全面的认可，因而法院在具体判决时，亦应当根据诉求的具体内容作出相应的缔约判决、赔偿判决、变更协议判决或驳回诉讼请求判决。根据原告的诉讼请求对协议类纠纷一揽子解决,① 这也充分体现了第27条之精神。

须注意行政协议案件争议的往往是金钱之债，故在款项数额已查明的情形下，不宜采取责令政府作出处理或采取补救措施等内容不明的判决。合同法精神乃尽力促成合同成立及履行，故对当事人之间无争议的内容，司法不宜介入审查；对有争议的条款，如可通过变更、补充协议方式进行完善的，亦不宜判决撤销协议。

3. 特殊裁判规则

行政协议司法审查作为一个全新的领域，除上述双重标准构成的具有普适性的审查框架之外，具体裁判规则十分缺乏。立法的滞后性要求法官在司法实践中不断更新裁判理念和总结裁判规则。如“合同约定不免除行政主体法定义务”的裁判规则就是《行政协议司法解释》第27条双重融合审查之内容的鲜明体现，即虽然政府无须履行合同约定的付款义务，但并不能据此免除行政主体的征收补偿安置义务，政府依旧要履行行政法上的征收补偿职责。

结　语

人民不一定信赖政府，但信赖法律人，这种时候法律人就成为人民和政府之间的桥梁。② 这也体现了行政诉讼化解行政纠纷、消弭行政矛盾的功能，具有深刻的社会意义和政治意义。而法院要审理好行政协议案件，就必须认真审视赫拉克利特所说“看不见的和谐比看得见的和谐更好”，即事物内部的对立

---

① 耿宝建、殷勤：《行政协议的判定与协议类行政案件的审理理念》，载《法律适用》2018年第17期。

② 宫本欣：《法学家茶座（第二辑）》，山东人民出版社2003年版，第83页。

斗争产生了矛盾的各种因素的均衡，从而诞生了统一而又稳定的和谐。[①] 从行政协议案件的审判实践出发，似乎其行政性和协议性双重属性带来的问题和矛盾显而易见，却难以见到合法性与合意性两个迥然不同的审查标准和谐适用。然而拨开问题看本质，找到乍一眼看不见的二者之间和谐统一关系，才能通过合法性之经度与合意性之纬度在司法审查之坐标系中精准定位到行政协议之审查标准，构建更加完善的司法审查路径，反哺于平息社会矛盾、创造和谐社会的司法实践效果。

（钟玺波　鲁一帆：湖南省高级人民法院）

① 何勤华：《从法治社会到和谐社会》，载《法学》2005 年第 5 期。

高空抛物纠纷中行政诉讼的原告资格认定

——以受害人与责任人为分析对象

王红东

一、问题的提出

习近平总书记曾指出，各级政府要以保证民法典有效实施为重要抓手推进法治政府建设，把民法典作为行政决策、行政管理、行政监督的重要标尺，不得违背法律法规随意作出减损公民、法人和其他组织合法权益或增加其义务的决定。① 这意味着《民法典》的出台对行政机关开展工作、行使职权提出了新要求。

《民法典》第1254条第3款（以下简称调查条款）规定，发生高空抛坠物情形时，公安等机关应当依法及时调查，查清责任人。该调查条款属于行政法规范，为公安机关设定了职权行使的依据与边界，由此产生新型行政不作为案件。具体是指，在发生高空抛坠物事件时，公安机关出现拒绝履行、怠于履行、不完全履行调查职责等行政不作为情形时，就可能引发当事人与公安机关之间的行政争议。为了保证调查条款的有效实施以及加强对公安机关的行政监督，理应明确当事人所享有的行政救济手段，即在公安机关未按规定履行调查职责时，当事人可以通过行政诉讼的方式寻求权利救济。然而，高空抛物纠纷涉及的当事人范围广泛，包括受害人以及责任人，其中责任人又包括实际加害人与可能加害的建筑物使用人（以下简称可能加害人），那么这些主体是否都

---

① 习近平：《论坚持全面依法治国》，中央文献出版社2020年版，第281页。

会与公安机关产生行政争议？是一概享有还是部分享有提起行政诉讼的原告资格？又在何种情形下对公安机关的何种行政行为享有原告资格？这些问题与司法实务息息相关，亟待厘清。因此，本文拟从调查条款的行政规范价值出发，明确高空抛物纠纷中提起行政诉讼的原告资格的判断标准，区分履责之诉和撤销之诉，类型化分析在具体情形下受害人与责任人原告资格的有无。

二、调查条款的行政法规范价值分析

（一）调查条款为行政执法的直接依据

《民法典》并非纯粹的私法典，其中包含了大量的行政法规范，“公私融合”正是其鲜明特色。其中不少条款直接规定了备案登记、征收征用、救助赔偿等行政职责要求，这些条款都属于行政机关行政执法的适用依据。[①]《民法典》第1254条规定的调查条款，既是公安机关在高空抛物纠纷中理应适用和遵守的行政法规范，同样也是高空抛物事件的当事人寻求权利救济的依据。有别于侵权责任法时期，在当事人报警后，依调查条款之规定，公安机关不得以高空抛物纠纷属于民事侵权行为为由，推诿调查职责。事实上，从《治安管理处罚法》第2条规定的公安机关对“扰乱公共秩序，妨害公共安全，侵犯人身权利、财产权利”的处置义务来看，就隐含了公安机关对高空抛物侵权案件的调查义务。《民法典》第1254条调查条款的规定，可视为对其隐性职责的显性法典化表达。[②] 因此，尽管调查条款只是对公安机关的调查职责的原则性规定，尚缺乏调查的启动条件、调查程序内容等细化规定，但仍是对公安机关必须履行调查职责的刚性要求。高空抛坠物侵权案件中的受害人依此规定，可以要求公安机关及时查清责任人，以减轻其提起民事诉讼的举证负担。

（二）调查条款的行政规范适用效果

1. 职权法定与职责履行

首先，调查条款明确规定了公安机关对高空抛坠物侵权领域的调查权。该调查权有别于治安调查权以及刑事侦查权。在“民行交叉”抑或是“民刑交叉”案件中，公安机关调查权行使的目的在于制裁违法犯罪行为，有关侵权行为的事实查明和举证责任仍由当事人负担。而调查条款的规定，事实上将公

---

① 孟鸿志：《民法典时代行政执法的变革与创新》，载《比较法研究》2021年第6期。

② 章志远：《〈民法典〉时代行政诉讼制度的新发展》，载《法学》2021年第8期。

安机关调查权拓展至高空抛坠物民事侵权领域，公安机关负有辅助当事人收集证据、查明事实的义务，但不对当事人责任进行划分。有学者将该调查权命名为“侵权调查权”，并将上述特点概括为法定性、协助性和程序性。①

其次，调查条款明确了公安机关的职责履行要求。该条款规定“公安等机关应当依法及时调查，查清责任人”，其中“公安等机关”表明公安机关是行使调查职权和履行调查义务的主要机关，并非唯一的调查机关。对于“等”字涵盖的机关类型，必须是能达到调查条款目的的机关，其仅限于依法享有类似于公安机关侦查权的法定机关，如军队保卫部门、监狱等。②“应当”则表示该规定为“命令性规范”③，说明公安机关的调查义务为积极义务，公安机关不得消极懈怠，不得拒绝当事人的调查请求，不得随意转让和放弃侵权调查权，否则将承担不利的行政法律后果。“依法”既是职权法定的体现，也是对公安机关行使调查权的基本限制。④

2. 行政不作为的认定

侵权调查权对公安机关而言，既是职权也是义务。因此，调查条款自然规定了对公安机关履行调查义务的基本要求和最终目标。具体而言，“依法及时”是对公安机关的法律要求和履责期限要求，“查清责任人”则是对公安机关调查目标的明确指向。⑤倘若公安机关的调查行为不符合调查条款规定的目标和要求，则可能涉嫌构成行政不作为。需要指出的是，目前相关行政法并未对调查条款进行细化规定，何种条件下才符合“及时”以及“查清责任人”的标准尚未明确。但基于高空抛坠物行为的瞬发性以及证据灭失的高度可能性，公安机关拒绝调查、拖延履行调查职责的行为并不符合“及时”要求，该行为显然构成行政不作为。此外，公安机关调查后不出具调查意见或调查意见所纳入的责任人范围明显不合理，自然无法实现“查清责任人”的目标。

---

① 叶涛：《论高空抛坠物侵权案件中的公安机关调查权》，载《中国人民公安大学学报（社会科学版）》2020 年第 5 期。

② 王竹：《〈民法典〉高空抛物坠物责任新增规则评述》，载《厦门大学学报（哲学社会科学版）》2021 年第 3 期。

③ 周作平：《〈民法典〉高空抛物条款中“公安等机关调查”的行政法规范价值与适用》，载《中外企业文化》2020 年第 7 期。

④ 何海波：《行政诉讼法（第 3 版）》，法律出版社 2022 年版，第 284 页。

⑤ 张莹莹：《论高空抛坠物侵权案件中公安机关的调查权》，载《政治与法律》2021 年第 4 期。

难点在于公安机关不完全履行调查职责的判断，这需要法院依据生活经验法则和逻辑对公安机关的调查行为是否构成行政不作为作出综合认定。

综上所述，调查条款增设了公安机关对高空抛坠物侵权案件的调查权，明确了其行使调查权的要求与目标，如不满足“及时”以及“查清责任人”的标准，则可能构成行政不作为。由此，也成为受害人与责任人提起行政诉讼的基础，即公安机关拥有调查职权却不作为对受害人与责任人的合法权益造成了损害。

三、受害人与责任人行政诉讼原告资格的判断标准

在明确调查条款的行政法规范价值后，受害人与责任人何以提起行政诉讼也就不言自明。由于高空抛物纠纷涉及的主体范围广泛、法律关系复杂，为了避免出现滥诉现象以及发挥行政诉讼的基本功能，有必要对提起行政诉讼的主体范围予以限制。因此，原告资格的判断显得至关重要。原告资格判断标准不断发展、几经变迁，经历了“行政相对人标准”“法律上利害关系标准”“利害关系标准”三个阶段的演进，① 亦有学者认为经历了四个阶段的演进，即在“行政相对人标准”之前，还有一个“直接利害关系标准”。② 但总体而言，行政诉讼原告资格的范围呈现扩大趋势，这也符合现代依法行政的基本理念以及权利保护的需求。在具体的“利害关系”判断上，司法实践中或采用“直接联系论”，或采用“实际影响论”，这两种判断标准都具有一定的主观性和随意性。后在“刘广明诉张家港市人民政府案”③ 中，最高人民法院有意明确“主观公权利”概念以及系统性引入“保护规范理论”，力求淡化原有判断标准的主观色彩。

（一）保护规范理论的不适

1. 引入保护规范理论在我国行政诉讼中的局限性

在“刘广明案”中，最高人民法院将利害关系的论证说理转化为对“主观公权利”的确定以及“保护规范理论”的具体解释。其论述逻辑如下：第一，将利害关系等价转化为主观公权利。④ 最高人民法院在本案中仍将“利害

---

① 陈鹏：《行政诉讼原告资格的多层次构造》，载《中外法学》2017 年第 5 期。

② 章剑生：《行政诉讼原告资格中“利害关系”的判断结构》，载《中国法学》2019 年第 4 期。

③ 最高人民法院（2017）行申 169 号行政裁定书。

④ 谢明睿：《论行政诉讼原告资格中的利害关系》，载《公法研究》2021 年第 1 期。

关系”立足于“法律上的利害关系”之上且排除反射性利益，并将“法律上的利害关系”限定在“公法上的利害关系”，例外情形下才向私法利益拓展。然后，对“公法上的利害关系”进一步作出解释，即只有主观公权利受到行政行为的影响，存在受损可能性的当事人才与该行政行为存在法律上的利害关系。由此将利害关系的判断直接转化为主观公权利的判定。第二，借助保护规范理论来论证主观公权利存在与否。最高人民法院将法律规范保护权益与请求权基础结合，以行政机关作出行政行为时所依据的行政法律规范体系是否要求行政机关考虑、尊重和保护原告诉请保护之权益为旨归，作为判断主观公权利存在与否的标准。第三，除了文义解释，还运用体系解释和目的解释等兜底性解释方式，以承认更多值得保护且需要保护的利益。有学者将最高人民法院对行政诉讼原告资格“利益关系”的判断结构概括为三要件①：一是公法规范要件，即利害关系原则限于公法上的利害关系；二是法定权益要件，行政机关应当考虑、尊重和保护的权益必须有法律规定；三是个别保护要件，即该权益需特定化、个别化，区别于大众普遍享有的权益。因此，在保护规范理论下，原告需要证明：其一，在本案中原告享有主观公权利而非仅是私权利；其二，原告享有的主观公权利有行政实体法依据；其三，原告主观公权利受损与行政行为具有因果关系。②

需要指出的是，保护规范理论这种解释方法极为高明，避开了对具有不确定性“利害关系”的判定，而是转向对现实的行政实体法规范及其实体请求权进行识别，但也存在一定的局限性。其一，最高人民法院对主观公权利层层限定，在前提部分就出现了偏差，有限缩行政诉讼原告资格的范围之嫌。利害关系除了法律上的利害关系，还包括事实上与约定上的利害关系，这些利益因行政行为而遭受损害也应予以行政救济。因此，保护规范理论的“公法上的利益”不足以涵盖《行政诉讼法》第 25 条规定的原有范围，对于风险规制、行政协议等案件存在解释上的抵牾。其二，即使将体系解释等作为兜底方式，但这种系统分析尤为依赖法官的法律解释技艺，同样具有不确定性。在“刘广明”案中，最高人民法院对有关涉案行政法规范目的的论述结构和理由也

① 章剑生：《行政诉讼原告资格中“利害关系”的判断结构》，载《中国法学》2019 年第 4 期。

② 倪洪涛：《论行政诉讼原告资格的“梯度性”结构》，载《法学评论》2022 年第 3 期。

极为简单，无法清晰展现法官的思考路径与论证逻辑。例如，最高人民法院在“相关立法宗旨也不可能要求必须考虑类似于刘广明等个别人的土地承包经营权的权益保障问题”的论述中，并未对“相关立法宗旨”的内涵予以阐明和充分挖掘，而是采用模糊性表达，论证力度显然不够。其三，“保护规范理论”作为一种法律解释方法，有赖于系统的行政实体法规范和行政法解释规则，以及对主观诉讼的深入发展。我国目前的行政法规范并不完善，难以形成对个人主观公权利的全面保护，因此在具体适用中难免出现不适。

2. 高空抛物纠纷中保护规范理论不适性的具体体现

具体到高空抛物纠纷中，保护规范理论无法涵盖受害人与责任人提起行政诉讼的原告资格，具有不适性。根据保护规范理论，判断受害者与责任人与公安机关的行政不作为是否具有利害关系，需要满足前述的公法规范要件、法定权益要件、个别保护要件，因此其关键在于两点：一是判断调查条款是否既维护公共利益又维护私人利益。二是判断当事人的主观公权利是否在调查条款的规范目的之内。由于在查清实际加害人时，公安机关会根据其有无过错、违法程度，进行行政处罚或刑事追诉，因此这种情况下，实际加害人作为行政处罚的行政相对人，即使不运用保护规范理论进行论证，其亦具有提起行政诉讼的原告资格。故下面将依据保护规范理论，着重对受害人、可能加害人的主观公权利进行论证。

在保护规范理论下，受害人具有主观公权利。首先，调查条款维护公共利益。高空抛坠物行为根据严重程度的不同，可能涉嫌民事侵权、治安违法、刑事犯罪，严重危及公共安全，公安机关对高空抛坠物案件进行调查并查清实际加害人，对其进行治安处罚与刑事追诉，有利于公共秩序与公共安全的及时恢复，属于对公共利益的维护。其次，调查条款维护私人利益。受害人的损害虽然是由实际加害人引起，但公安机关的作为与否影响着受害人的损害救济。这是因为高空抛物案件中受害人举证能力不足，难以确定实际侵害人，如果公安机关不介入调查，受害人在民事诉讼中将承担举证不利的后果，所受损害将无法填补。在《民法典》第1254条的规定下，公安机关作为与否将直接影响受害人与责任人之间的私益赔偿或补偿问题。尽管公安机关是依职权行使调查权，受害者报警提供线索并非调查权的启动要件，但受害者行为目的是请求公安机关履行法定职责保护其合法权益，因此受害者请求公安机关查清责任人而公安机关不作为或不有效作为导致其合法权益受损，受害人就从“民事纠纷受害者”转变为“公安机关不作为的直接受害者”。① 最后，受害人的主观公权利在行政法规范目的之内。根据《最高人民法院关于适用〈中华人民共和国行政诉讼法〉的解释》（以下简称《行诉法解释》）第 12 条第 3 款之规定，“要求行政机关依法追究加害人法律责任的”，属于与“行政行为有利害关系”的情形。受害人要求公安机关履行调查职责，恰好与该规定相契合，据此可以直接提起行政诉讼。由此可见，调查条款兼具公私利益的维护，受害人请求公安机关履行调查职责在调查条款的规范目的之内，受害人显然具有主观公权利。

但在保护规范理论下，可能加害人并不具有主观公权利。调查条款的制定出发点在于维护“头顶的安宁”与法政策下受害人的损害救济，至于公安机关查清责任人能够限缩可能加害人承担补偿责任的适用范围的这种可能性利益，指向的是案发地全体建筑物使用人，而不为某一人所特定享有。该利益超出了调查条款或调查行为的预期范围，② 应属反射性利益。这是因为不论是在原侵权法时期还是现在的民法典时代，可能加害人均需自行证明“自己不是侵权人”，公安机关的调查结果也只是初步意见，在具体的诉讼中难以对受害人选择被告起到约束效果，更不能免除其补偿责任。由此观之，公安机关的作为与否似乎并不会影响可能加害人的利益，但事实并非如此。在高空抛物行为发生后，相较于受害人，可能加害人要求公安机关依法查明并追究实际侵权人的法律责任的心情要更为迫切。因为按照《民法典》第 1254 条的规定，即使实际加害人无法查明，受害人也能得到完全保护，即由不能“证明自己不是侵权人”的可能加害人承担补偿责任。在司法实践中，某些受害人基于损害赔偿能否及时实现的考虑，即使已查清实际加害人，却仍然将大量具有加害可能的建筑物使用人列为被告。因此，从这个意义上而言，公安机关的调查行为对可能加害人更为重要，理应承认其具有诉的利益，故能够提起行政诉讼的主体不仅包括受害人，还包括可能加害人。但依据保护规范理论，可能加害人的利益仅为反射性利益且难以归属于个人，在这种逻辑下可能加害人并不具有主观公权利，尽管可能满足法定权益要件，却不满足公法规范要件和个别保护要

① 陈刻勤：《民事权益受损者行政诉讼原告资格考辨》，载《行政与法》2022 年第 1 期。

② 王本存：《论行政法上的反射利益》，载《重庆大学学报（社会科学版）》2017 年第 1 期。

件。由此可知，运用保护规范理论难以将可能加害人的利害关系囊括于内，无法实现对受害人和可能加害人的平等保护，即对公安机关的行政不作为均有提起行政诉讼的原告资格。因此，有必要回归利害关系的一般判断标准。

（二）利害关系一般标准的回归

鉴于保护规范理论的不适性，对利害关系的判定思路仍应从“利害关系”本身着手。当然，保护规范理论作为一种法律解释方法，完全可以借鉴到对“利害关系”的一般判断结构上，从而增强客观性和可操作性。结合《行政诉讼法》第 2 条对行政诉讼原告资格的原则性规定以及第 25 条的细化规定，可知起诉人或第三人在论证具有原告资格的利害关系时，主要围绕“存在合法权益”与“合法权益受到行政行为的不利影响”这两点展开。因此，合法权益、行政行为和因果关系是证立利害关系的核心要素。在高空抛物纠纷公安机关不作为的情形下，行政行为这一要素通常不会存在争议，而在公安机关履行调查职责时，当事人对调查行为不服则需要讨论调查行为是否为行政行为。鉴于论证的体系性，将在后文对行政诉讼原告资格类型化分析中予以详细论述。此处将对合法权益与因果关系两要素进行重点分析。

首先，合法权益既包括实体权益和程序权益。一直以来，我国行政诉讼都强调对实体权益的保护，对程序权益的保护略显不足。但是保护公民的程序权益是程序正义的基本体现，具有维护公民人格尊严的价值和维护秩序稳定的价值。维护公民人格尊严价值，是指公民有权作为独立主体参与行政活动，行政机关在行政活动的各个程序环节都应该尊重和保护公民的基本人格不受侵犯。维护秩序稳定价值，是指在保障公民程序权益过程中，为公民提供了表达、参与、化解纠纷的机会，有利于社会秩序的稳定，也能减少公民对行政行为的抵触情绪。高空抛物纠纷中，受害人与责任人要求公安机关对调查事项予以答复就是典型的程序权益。这种答复权事实上并不专属于高空抛物领域，其属于公共利益的范围，但将这种公共利益纳入合法权益中，是监督公安机关依法行政的必然要求。

其次，合法权益限于公法利益，例外情况下才包括私法利益。高空抛物纠纷中，受害人的损害是因私主体而起，故有必要对私法权益是否属于行政诉讼的“合法权益”进行分析。一般而言，基于公私分离原理，公法上的法律关系与私法上的法律关系具有差异性。因此，行政诉讼作为公法之诉讼，其利害关系以及合法权益理应限于公法范畴。根据行政救济与民事救济的不同分工，可以判断何种权益为公法上的合法权益，即当事人的损害事项是否除了行政救济，别无其他合法救济途径可言，抑或是增加其他救济方式难度较高。高空抛物纠纷的受害人因公安机关的行政不作为会导致举证不能，而可能加害人则会因其不作为无辜面临诉讼风险，前者可能无法实现损害救济，后者则因承担补偿责任导致经济损失。对二者而言，公安机关的行政不作为都将明显增加其救济难度。这一点对于可能加害人尤为明显，即可能加害人在承担补偿责任后虽然可以向实际侵权人主张追偿权，但如果公安机关事后不予调查，该追偿权则形同虚设。事实上，调查条款对受害人损害救济的保护，是基于法政策的考虑将私法利益上升为公法利益，而对可能加害人的程序权益与追偿权的保护，可能更具公法属性。

最后，因果关系包括直接因果关系与相当因果关系。利害关系作为法律概念，对于因果关系这一要素的判断也应落在法律层面上，故这种因果关系应当是法律上的因果关系，而非自然意义上的因果关系。① 直接因果关系并无判断上的疑问，但就高空抛物纠纷可能引起的行政诉讼而言，受害人与责任人的合法权益与被诉行政行为之间的因果关系复杂，直接因果关系涵盖范围有限，因此不宜过于倚重。因此应借助现行侵权法上的相当因果关系标准，即侵权行为对损害发生的可能性的促进效果具有相当性。具体而言，在行政诉讼原告资格判定中，是否成立相当因果关系需满足两个条件：一是被诉行政行为是导致损害发生的必要条件；二是被诉行政行为具有显著增加损害发生的可能。由此形成以相当因果关系为主，直接因果关系为辅的因果关系判断标准，更强调现实、相当的因果关联，排除虚构的、关联薄弱的以及难以确定的情形。② 将该因果关系判断标准置于高空抛物纠纷的行政不作为认定中，倘若公安机关的行政不作为在一般情形下会损害受害人与责任人的合法权益，那么就应当认可这二者之间具有因果关系，反之则应排除二者之间具有因果关系的可能。

高空抛物纠纷涉及的行政诉讼大体上可以将其分为两种类型：一是履责之诉，即对公安机关的行政不作为，受害人与责任人提起行政诉讼请求公安机关履行调查职责；二是撤销之诉，即受害人与责任人不服公安机关作出的行政决定，请求人民法院予以撤销。下文将结合“利害关系”的一般判断结构，分

---

① 王青斌、张莹莹：《论投诉人和举报人在行政诉讼中的原告资格》，载《求索》2022 年第 4 期。

② 霍振宇：《举报投诉人行政诉讼原告资格探讨——兼论行政诉讼原告资格的判断方法》，载《法律适用》2019 年第 6 期。

别对履责之诉与撤销之诉涉及的原告资格问题进行类型化分析。

四、履责之诉中受害人与责任人的原告资格认定

（一）诉请履行答复职责的受害人和可能加害人均具有原告资格

在发生高空抛物行为后，受害人为维护自身利益以及可能加害人基于道德救助、提供线索等考虑及时报警要求公安机关履行调查、救助、保护人身财产权等职责，公安机关应对是否出警、何时出警以及对涉嫌刑事犯罪的情形是否立案进行答复。作为责任人之一的实际加害人，除了主动承认高空抛物行为的情形外，一般不涉及公安机关启动调查程序的答复行为，故此处仅讨论受害人与可能加害人的诉请履行答复职责的原告资格问题。

首先，获得答复权属于报警人或报案人的合法权益。具体而言，其一，受理阶段获得答复权属于程序权益而非实体性权益，是公民参与行政活动的基本权利，也是监督公安机关是否依法行政的必要保障，具有独立的程序价值。① 其二，获得答复权属于公法利益而非私益。根据《刑事诉讼法》（2018 年修正）第 110 条规定以及《公安机关办理行政案件程序规定》（2020 修正）第 61 条规定，任何单位和个人发现有犯罪事实或犯罪嫌疑人，有权利也有义务向公安等机关报案或举报。公安机关应将案件是否属于其职责范围或本单位管辖范围明确告知报案人、投诉人、举报人等。因此，在公法规范的要求下，不论高空抛物行为涉及的是民事侵权还是违法犯罪，公安机关都应将有关事项向受害人和可能加害人答复和告知。如不答复和告知，则侵犯了受害人与可能加害人的公法利益。事实上，即便没有相应的报案举报制度规定的约束，负有查处职责的公安机关在接到报案或投诉举报后，也应履行答复义务，这是其开展行政管理活动的内在要求。

其次，就因果关系而言，公安机关的不答复行为直接对受害人与可能加害人的获得答复权这一程序权益产生了实际影响，具有直接因果关系。此时，受害人与可能加害人是公安机关不履行答复职责的行政相对人，公安机关倘若不履行该职责，行政相对人将无法通过其他方式获得答复权的救济。综上所述，在诉请公安机关履行答复职责的行政诉讼中，受害人与可能加害人满足利害关系的构成要素，均具有原告资格。

---

① 吕宁、何紫瑶：《行政举报答复行为可诉性审查规则探析》，载《南华大学学报（社会科学版）》2021 年第 6 期。

（二）诉请履行查处职责的受害人和可能加害人的原告资格分析

从调查条款规定来看，公安机关基于侵权调查权对高空抛物案件具有程序性事项的调查职责，即限于“查清责任人”的事实范围，但也隐含了经调查后在实体上的行政处理职责。前者是基于民事侵权调查权，后者是基于公安机关的行政管理权。因此，基于高空抛物纠纷的特殊性，在诉请公安机关履行查处职责时，需要区分履行程序性调查职责和履行实体性行政处理职责的两种不同情况，分别讨论受害人与可能加害人的原告资格。至于责任人中的实际加害人一般不会主动请求公安机关履行查处职责，故不在讨论范围之内。

1. 诉请履行程序性调查职责的受害人与可能加害人具有原告资格

首先，请求公安机关履行程序性调查职责是受害人与责任人的合法权益。具体而言，调查条款属于行政法规范，请求公安机关履行调查职责属于公法上的利益。公安机关必须“查清责任人”，以此减轻受害人的举证负担和合理限缩可能加害人的范围，故受害人和可能加害人在主张这种程序性权利时，前者可以增加胜诉可能，实现损害救济；后者可以避免无端诉讼，不致浪费时间成本与物力成本。其次，公安机关不履行程序性调查职责的行为，也属于行政行为。公安机关拒绝调查、拖延调查、不完全调查等行政不作为是行政作为的另一种表现形式。例如拒绝调查行为本身也是一种调查，体现了公安机关的主观意思。最后，公安机关的不履行调查职责，直接导致了受害人与可能加害人这种程序性合法权益遭受损失，对二者面临的诉讼风险产生了实际影响，具有直接因果关系。因此，在诉请公安机关履行程序性调查职责时，受害人与可能加害人皆具有原告资格。

2. 诉请履行实体性查处职责的受害人或然具有原告资格

《人民警察法》（2012 年修正）第 21 条规定，“对公民的报警案件，应当及时查处”。依此规定，任何公民都有要求公安机关对报警案件及时进行查处的权利，但这并不等同于公安机关不履行查处职责的行为与报警人之间存在利害关系。需要指出的是，该规定与调查条款存在重合之处，即发生高空抛物行为时，受害人与可能加害人都会报警请求公安机关履行调查职责，但该规定指向实体上的查处职责，调查条款限于程序性事项调查职责。因此，此处讨论的利害关系主要围绕实体性查处职责展开。

诉请履行实体性处理职责的受害人不必然具有原告资格。在发生高空抛物行为后，公安机关需要对行为性质进行定性，将其区分为民事侵权、治安违法、刑事犯罪，并据此作出不同的处理。因此，在高空抛物行为仅构成民事侵权行为时，公安机关只需要履行“查清责任人”的程序性调查职责，受害人可据此实现民事损害救济，无权进一步要求公安机关作出实体性行政处理行为。这是因为是否作出相应的行政处理属于公安机关行使行政权的裁量范畴，其他人无权干涉。另外，纯粹民事上的合法权益受损，受害人也可利用民事诉讼实现救济，不具有行政救济的必要性。此时受害人自然不具有公法上的利益，也就不具有提起行政诉讼的原告资格。然而，在高空抛物行为涉及治安违法与刑事犯罪时，受害人的原告资格具有不确定性，即公安机关的实体性处理行为并不必然对受害人的合法权益产生实际影响。

第一种情形是，公安机关的拒绝或延期不予实体性处理行为与受害人的合法权益受损之间存在相当因果关系。这种案件常见于受害者作为建筑物的底层住户，遭受不间断的高空抛物行为的情形，即使公安机关对实施此次高空抛物行为的侵权人予以查明，但如果情节轻微，加害人则无需承担法律责任。但公安机关若不作出进一步处理，该受害人的财产权、人身安全、住宅安宁权等合法权益将处于持续受损状态，无法得到及时回复，且严重威胁公共安全。这种情形下应当承认受害人的原告资格，使其得到有效救济。

第二种情形是，公安机关的拒绝或延期不予实体性处理行为与受害人合法权益的损害不具有相当因果关系。这种情形也不少见，在偶发性高空抛物事件中，公安机关查清加害人后对其进行批评教育，受害人也据此实现权利救济时，无论公安机关是否进一步对加害人作出行政处理决定，都不会对受害人的合法权益产生实际影响。因此没有必要赋予受害人提起行政诉讼的原告资格，而应尊重公安机关的行政裁量权。

诉请履行实体性处理职责的可能加害人不具有原告资格。就可能加害人而言，公安机关在完全履行程序性调查职责后，可能加害人的程序权益就已经得到实现。可能加害人的合法权益是否受损，即是否承担相应的补偿责任，取决于受害人是否对其提起民事诉讼以及可能加害人能否“证明自己不是侵权人”，与公安机关是否履行实体性处理职责不具有因果关系。在不具有诉的利益的情形下，自然不应赋予可能加害人原告资格。

五、撤销之诉中受害人与责任人的原告资格认定

（一）诉请撤销行政处罚的受害人或然具有原告资格

在公安机关作出行政处罚时，意味着其已经查明实际加害人，因为行政处罚必须对明确的违法嫌疑人作出。此时，由于实际加害人的查明，也就不存在

可能加害人，故无需在此处谈论可能加害人请求撤销行政处罚的原告资格问题。而实际加害人作为公安机关作出行政处罚的行政相对人，直接享有原告资格，无需再利用“利害关系标准”进行判断。因此，此处需要重点讨论的是受害人的原告资格问题。

《行诉法解释》第12条第3款规定：“要求行政机关依法追究加害人法律责任的”属于“与行政行为有利害关系的情形”，受害人原则上可以据此直接取得原告资格，而不必诉诸一般的利害关系标准。但在司法实践中应当审慎适用该条款，防止行政诉讼受案范围不当扩大，以一般利害关系标准作为判断原告资格的基本限制。故正确的态度应当是公安机关对实际加害人作出行政处罚时，受害人并不必然具有原告资格。因为受害人的主观表述不能取代客观上的事实证明，只有受害人有证据证明公安机关的行政行为损害其合法权益或公安机关作出的行政行为不足以维护受害人的合法权益时，受害人才具有原告资格。例如，受害人只是单纯对公安机关作出的行政处罚不服，认为其处罚过轻，此时赋予其原告资格显然会导致滥诉，不仅浪费了司法资源，还会使行政诉讼制度失灵。

（二）诉请撤销公安机关调查意见的受害人与责任人均不具有原告资格

根据调查条款的规定，公安机关在查清责任人后，应当出具调查意见，受害人可以将其作为提起民事诉讼的证据。此时，受害人与责任人均有可能对调查意见不服，意图寻求行政救济。这种情形下，判断受害人与责任人是否具有请求撤销公安机关调查意见的原告资格的关键在于：公安机关出具调查意见的行为是否构成行政行为。行政行为又称为行政处理，在学理上是相对于抽象行政行为而言的，大体是指行政机关对具体事项所作出的法律行为。[①] 区分一个行为是否构成具体行政行为，不能仅看名称，而要看其所涉事项和法律效果。具体而言，要看所涉事项是否属于行政机关职责范围或该职责是否属于行政诉讼的受案范围、是否直接对当事人权利义务产生实质影响。前者对应“客观上是否具有法律效力”，后者指向“主观上是否直接产生法律效果”。[②]

从客观层面来看，在《民法典》第1254条的规定下，公安机关在调查过程中出具“查清责任人”的调查意见自是公安机关的职责范围所在。此时需要进一步判断公安机关调查意见在客观上是否具有法律效力。从表面来看，公

① 何海波：《行政诉讼法（第3版）》，法律出版社2022年版，第152页。

② 王锴：《论行政事实行为的界定》，载《法学家》2018年第4期。

安机关调查意见责任人的确定似乎能够对当事人产生一定的拘束效果，但法律效力属于法律上的应然，其本身就能够对当事人的行为产生指引作用。而在民事高空抛物案件中，仅凭调查意见并不能让责任人主动履行相应的民事责任，受害者需要提起民事诉讼才能实现损害救济目的，其法律效力具有不完全性。

从主观层面来看，基于侵权调查权的要求，公安机关仅限于事实认定而不涉及责任认定。责任认定往往带有公安机关的主观判断，体现了一定程度的法律效果意思，是一种有约束力的调整。当然公安机关在无法查明实施高空抛物行为的具体侵权人时，需要在合理范围内确定可能加害的建筑物使用人，显然也存在公安机关的主观判断，但其主观上缺乏划分责任的意思，并不直接引起可能加害人的权利义务关系变动。

综上可知，在民事高空抛坠物侵权纠纷中，公安机关作出调查意见的行为不属于具体行政行为，其并不具备相应的形式要件且欠缺主观上的法律效果意思，调查意见本身不具有可诉性。因此，不论是受害人还是责任人，即使对调查意见不服，也不具有提起行政诉讼的原告资格。当然，调查意见内容的真实可靠性需要得到保证，公安机关在出具调查意见过程中涉嫌的程序违法也需要得到制约，因此可以参考对交通事故认定书不服的救济方式，即建立调查意见复核程序。

结　语

公安机关对高空抛物侵权纠纷的调查，是平衡受害人与责任人利益的关键。因此，在公安机关怠于履行其侵权调查权时，应当赋予受害者和责任人提起行政诉讼的原告资格。从现有的调查条款规范所蕴含的行政法规范价值来看，尽管其能为受害人与责任人提起行政诉讼的原告资格判断提供一定的理论和规范支撑，但囿于规定的原则化，并不能使法官在具体判断过程中更具操作性和指引性。因此，想要正确认定受害人和责任人在履责之诉和撤销之诉中的原告资格，落实受害人与责任人的行政救济手段，必须加强《民法典》调查条款与行政法规范的衔接，如何规定公安机关调查权行使的范围、程序、法律后果等内容是亟待解决的问题。

（王红东：湘潭大学法学院）

涉案财物处置行刑衔接的困境与出路

——基于组织理论的分析

李家成　胡　静

财产权是公民基本人权的重要组成部分，是公民享有自由权、平等权和人格尊严的物质保障。随着经济发展和社会财富的增长，涉案财物的数量和价值比以往大幅增加，对涉案财物的处置与公民财产权益保护紧密相关，亦关系对违法犯罪行为的打击和治理，由此涉案财物处置工作的重要性日益凸显。而行刑衔接作为我国深化行政执法体制改革的重要环节，对打击违法犯罪活动、维护公民合法财产权益具有十分重要的作用。因而涉案财物处置和行刑衔接一直都是法学理论和司法实务关注的焦点。党的十八届四中全会审议通过的《中共中央关于全面依法治国若干重大问题的决议》明确指出要“健全行政执法和刑事司法衔接机制……坚决克服有案件不移、以罚代刑现象，实现行政处罚和刑事处罚无缝对接”“规范查封、扣押、冻结、处理涉案财物的司法程序”。然现有研究多分别围绕刑事涉案财物处置和不同领域的行刑衔接予以展开，对涉案财物处置的行刑衔接问题却鲜有论及。本文试图引入组织理论，并结合组织关系学、组织经济学等多学科分析方法，侧重从审判机关与行政机关的组织关系视角对问题进行剖析，探讨涉案财物处置行刑衔接的症结问题和完善路径。

一、由案例引发的问题思考

【案例1】2012年，广州市天河区公安分局和监管局联合开展执法检查查处刘某某涉嫌假冒注册商标案，扣押一批涉案的物品后，将案件移送天河区公安分局石牌派出所，随即该区人民检察院提起公诉，该案在原审审理期间，天河区监管局向天河区公安分局发函催告该局对包括刘某某案在内的涉刑案件物品的接受和处置问题进行研究并协调解决，随后在广州市财政局核销、广州市质量技术监督局监销，天河区监管局见证下，对该批涉案物品予以销毁。广州市中级人民法院经审理认为，天河区人民检察院并没有出示相关证据证实涉案物品为过期、废弃的物品，鉴定证明的内容也只是笼统认定涉案物品为假冒注册商标产品，没有实物照片，也没有逐一鉴别，且证明中的物品数量与扣押清单不一致，终审以证据不足，判决刘某某无罪。天河区公安分局和监管局在未经法院最终判决的情况下，先行对涉案财物进行了销毁，该行为与法院的无罪判决相冲突。

【案例 2】2018 年，长春长生生物科技有限责任公司涉嫌生产、销售劣质狂犬病疫苗一案引发了社会的广泛关注。该案在行政执法阶段，吉林省食品药品监督管理局对长生公司作出了“没收违法生产的冻干人用狂犬病疫苗 7794034 支，没收违法所得 18 亿 9000 万余元，处违法生产、销售冻干人用狂犬病疫苗货值金额三倍罚款 72 亿 1000 万余元，罚款共计 91 亿余元”的行政处罚措施。执法机关随后将案件移送长春市公安局长春新区分局立案侦查启动刑事追责程序。吉林省食品药品监督管理局并未在第一时间将案件移送司法机关处理，且在移送之前已经作出行政处罚，未考虑是否会与后续法院裁判发生冲突。

【案例 3】2010 年，广西壮族自治区来宾市食药监局将某医药公司药品销售流向异常的线索移送至公安局。该案在侦查期间，公安局作出《没收涉案财物决定书》，没收张某某的违法所得及涉案资金 300 余万元。经一审、二审审理，对张某某等人判处非法经营罪，但认定 300 余万元为赃款的证据不足，遂对该笔款项不予确认。张某某刑满释放后，向广西壮族自治区公安厅（以下简称广西公安厅）申请行政复议，广西公安厅复议认为该没收决定适用法律错误，确认该决定违法。张某某又对复议决定提起行政诉讼，最终法院认为《没收涉案财物决定书》属于依照刑事司法行为，不属于行政复议和诉讼的受案范围，遂判决撤销广西公安厅的复议决定，责令其重新作出行政行为。之后广西公安厅依照法院判决，驳回了张某某的复议申请。最终来宾市公安局通知张某某退还其没收款项。① 公安局作出《没收涉案财物决定书》虽最终被定性

---

① 刘艾涛、黄有湘：《涉案财物处置的行刑衔接》，载《行政法学研究》2021 年第 1 期。

为刑事司法行为，但其对涉案财物的处置系在法院作出终局判决之前。

上述案件均系行政机关对涉案财物先行作出处置措施，但当案件进入司法程序后，在后续对涉案财物处置问题上则产生了冲突或困惑：行政机关是否有权在案件移送前或法院判决前对涉案财物进行处置？如后续刑事程序对先前没收违法所得、涉案财物等的犯罪和性质认定一致，法院是否还需作出认定和没收判决？如认定不一致，法院应当如何处理？案件呈现出来的乱象集中体现了涉案财产处置措施在行刑衔接上面临的共性问题，其根源在于涉案财物处置行刑衔接的不畅。

二、问题解构：涉案财物处置行刑衔接组织协作的现状透视

组织理论主要研究行动者在既定的组织结构中的对立合作关系和组织结构与行动者之间的关联性。在该视野下，涉案财物处置的行刑衔接是行政执法机关与司法机关组织间协同的复杂机制。基于组织协作的法律实施活动，会在整体上影响行政与司法体制的内部生态，行刑衔接的不畅可以通过对行政机关与审判机关的组织关系及其行为进行分析予以解构。

（一）组织视角一：行政机关的主动处置现状

行政机关在涉案财物处置的过程中整体处于主动地位，权力行使存在恣意性：

其一，移送处置任性。一方面，部分行政机关未按时间将涉嫌刑事犯罪案件的涉案财物移送，或基于利益考量选择性移送。① 笔者通过裁判文书检索、法官访谈交流等方式对 H 省涉及行刑交叉和财物处置的 42 起案件进行了实证调研。调研发现，于法院判决之前对涉案财物作出没收、拍卖等处置措施的案件比率甚至达到 100%。另一方面，部分行政机关对涉案财物的认定缺乏明确标准，对于哪些为应查封、扣押、冻结的赃款赃物，哪些为性质存疑的财物，哪些为与案件无关的合法财产并未严格区分，导致对当事人的合法财产、与案件无关的财产甚至是案外人的财产被随意采取处置措施。② 如袁诚家案中，行政机关对袁诚家及其企业财产进行单方先行处置，且不符合处置条件，侵害当

① 方柏兴：《刑事涉案财物的先行处置》，载《国家检察官学院学报》2018 年第 3 期。

② 张伟、戴哲宇：《浅析刑事涉案财物的追缴及分配》，载《法学杂志》2017 年第 5 期。

事人合法权益，最终国家赔偿袁诚家6.79亿元。

其二，处置措施终局。涉案财物与犯罪事实密切相关，且关系当事人和相关主体的财产权益，应当由人民法院依法作出处理。而目前行政机关因过失或故意忽视对案件是否涉刑的考察，未经法院生效判决认定，径行对涉案财物作出处置，原本应当为暂时性、程序性的处置措施转变为终局性处置措施，进而对法院施加压力，迫使法院作出有罪判决及追缴、没收相应涉案财物的判决。[①] 如前述刘某某涉嫌假冒注册商标案中，行政机关在案件审理过程中即对涉案财物予以销毁。又如吴英案中，案件尚处于审理阶段，其车辆、酒店经营权及店内物品等已被打包拍卖，部分物品甚至为案件相关证据。即使后续对涉案财物处理存在不同意见，也难以回转其处置状态。

（二）组织视角二：审判机关的被动应对现状

法院作为审判机关在涉案财物处置过程中更多处于被动应对地位，其被动性具体体现为以下两个方面：

其一，对涉案财物处置的审查被动。如行政机关未移送或少移送涉案财物及其清单，法院无法获知，要求法官投放过多精力调查涉案财物，既不现实，也有违司法体制分工和内在规律。尤其是部分涉案财物属于应当移送给人民法院的“作为证据使用的实物”，由于未被移送，致使在法庭审理中无法就涉案财物展开相应的法庭调查和法庭辩论。[②] 由此，法院难以在审判程序中将涉案财物相关情况厘清，进而也难以在判决中对涉案财物处置作出认定。

其二，对涉案财物处置的消极应对。客观上的审查认定困难也引发了法院主观上的消极应对。笔者选取“非法经营罪”“生产、销售有毒有害食品罪”“生产、销售不符合卫生标准的食品罪”“生产、销售伪劣产品罪”“行政处罚”“没收”等关键词对裁判文书进行检索，共获取涉及财物处置的行刑交叉案件裁判文书97份。其中共有68份判决书未对涉案财物的处置予以明确，有的虽予以处置，但相关表述过于简单，如仅采取“违法所得予以追缴、没收”等笼统宣告方式，存在表述模糊、依据不明等问题。未对涉案财物的性质作出认定，而是简单要求处置，甚至不对案涉财物处置作出决定，放纵行政机关成

---

① 方柏兴：《刑事涉案财物的先行处置》，载《国家检察官学院学报》2018年第3期。

② 杨林：《刑事涉案财物处置程序的生命周期检视与功能定位——兼评扫黑除恶中刑事涉案财物处置现状》，载《法治研究》2020年第2期。

为实质意义上的涉案财物处置主体，加剧了行政机关处置措施终局性问题，不利于化解涉案财物处置的争议，更无法有效保护被害人财产权益。

（三）小结：组织关系失衡

如前所述，基于审判机关与行政机关组织互动关系的视角，涉案财物处置的行刑衔接整体上呈现出组织关系失衡的现状。两组织参与涉案财物处置呈现出截然不同的态度，选择了不同的参与策略。之于行政机关，其积极参与涉案财物的处置，并掌握处置的主动权，然其权力行使存在恣意性问题，部分行政机关对涉嫌刑事犯罪案件的涉案财物未依法依规移送，对涉案财物的认定缺乏明确标准，且采取的处置措施也具有终局性。而之于审判机关，则处于被动应对地位，如无行政机关配合客观上难以对涉案财物处置作出实质性认定，在案件审理和裁判中也持消极应对态度。两者的失衡关系加深了相关执法司法工作的复杂性，严重影响了涉案财物的依法妥善处置。

三、失衡根源：涉案财物处置行刑衔接不畅的原因探寻

参考巴纳德等组织理论，组织间的有效协作必须具备协作规则、共同利益、信息沟通三个要素。以该理论为分析工具，涉案财物处置行政执法与刑事司法衔接不畅、组织关系失衡状态的产生，源自于行政机关与审判机关组织协作存在的问题。组织权力机制失范、组织利益取向不同、组织信息获取差异共同构成了涉案财物处置行刑衔接不畅的深层次原因。

（一）组织权力机制失范

权力机制是组织协作的重要协作机制，任何组织的协同发展都需要明确权责划分和工作细则，否则组织协作运行体制将陷入混乱。从组织权力来看，涉案财物处置面临着行政权与司法权的冲突。行政权的本质在于管理，偏重效率和秩序，司法权的核心在于裁决，首要追求的是公平和正义。司法权不会直接、主动地对公民的权益进行干预，具有天然的被动性，而行政权往往处于一种主动参与公共管理、提供公共服务的地位，其对公民权益的影响更为直接、主动。然行刑衔接中是否适用刑事优先原则和一事不再罚原则仍存争议，且权责划分规则缺失，涉案财物的处置由此陷入了权力冲突的泥沼，面临着哪一程序优先的困惑。有观点认为以公正价值优先，需要同时追究行政责任和刑事责任时，应当先追究刑事责任，即应当坚持刑事优先。也有观点认为，为保障行政之高效，应当允许行政机关单独处置，或采取同步协调原则，允许行政机关针对涉嫌犯罪行为予以移送但不停止调查及处罚。由此引发了行政机关是否有

权在法院判决前处置涉案财物的困惑。而涉案财物处置行刑衔接权力机制的失范，则导致了审判机关面对行政机关已采取处置措施的涉案财物如何处理的系列问题和困惑。

（二）组织利益取向不同

自利性是组织的本质属性，正如马克思所言，人们奋斗所争取的一切，都同他们的利益有关。① 组织协作中的各参与者均为“理性主体”，当个体理性与集体理性产生冲突，个体基于自利选择符合自己利益最大化的优势策略，② 但这一理性选择并不意味着集体利益的最优，容易陷入“囚徒困境”。而当前涉案财物处置行刑衔接即处于“囚徒困境”之中。根据立法预设的模式，行政和司法机关在行刑衔接过程中均有较为具体的职能和职责，两者作为独立的部门和机构均具有一定的组织自主性，在执法司法过程中难免具有一定的组织自利倾向。

当前，部分行政机关实行的是目标管理制度，各项任务指标是其主要工作目标，对相应的执法工作形成了实质性的激励。在2016年以前，行政处罚所获得的罚金是执法部门的重要收益来源，为了保护部门利益，执法部门倾向于“以罚代管”，因此有财物不移送，成为行刑衔接的主要障碍。虽在2016年以后执法罚款的完成额已经不再与执法部门的年度预算相挂钩，但仍然属于上级部门下达的主要考核评价项目。③ 在涉及财物处置时，行政机关难免会以部门利益为尺度衡量是否移送，一旦处置所带来的利益高于移送利益，就有足够动机去选择这一更优选项，由此则表现为行政机关对涉案财物处置的随意性、终局性，也导致涉案财物的移送不畅，阻碍案件从行政程序到司法程序的流畅传递。

于法院而言，经与部分案件承办法官沟通了解，其主要考量行政执法机关、办案机关均具有对涉案财物进行处置的权力，还能够控制和自行上缴涉案款物。在某些情况下，即便法院尚未对涉案财物是否属于赃款赃物作出认定，行政机关就已经实现占有、使用和转移上述财产，很难在审判阶段回转即恢复

① ［德］马克思：《第六届莱茵省议会的辩论（第一篇论文）》，载《马克思恩格斯全集（第1卷）》，人民出版社2006年版，第82页。

② ［美］理查德·A·波斯纳：《法律的经济分析（下）》，蒋兆康译，中国大百科全书出版社1997年版，第787页。

③ 谢锐勤：《涉众型经济犯罪中的涉案财物处置——以参与者的行动选择为视角》，载《华南师范大学学报（社会科学版）》2019年第2期。

原状。[①] 且若行政机关不依法移送，法院存在客观上的审查认定困难，为避免矛盾集中，出于无奈，法官在判决书中往往采取“违法所得予以追缴、没收”的笼统宣告方式，甚至不对涉案财物作出决定，从而回避了对涉案财物的实质审查，这也是法院在面对涉案财物处置现实情景的一种自利性策略选择。

（三）组织信息获取差异

组织关系中的信息不对称，指在组织协作中，各组织对信息的掌握存在差异，一方组织拥有不被另一方所知的信息，而处于优势地位，另一方则因信息贫乏处于被动地位。信息不对称往往导致“逆向选择”，即“劣币驱逐良币”，对组织协作的集体利益有利的组织活动无法实现，影响组织协作的良性发展。

涉案财物处置的行刑衔接也存在因信息不对称而面临“逆向选择”的问题。涉案财物处置的全周期是一个纵向结构，行政执法机关、司法机关参与其中有一定的时间顺序。一般而言，行政机关处于最前端，而法院处于流水作业的最末端，[②] 加之两者分属不同权力体系，具有不同利益目标，无可避免造成体系壁垒，双方掌握的信息难以公开或共享。而行政机关因其在前段位置能收集大量案件信息处于优势地位，极易先行采取终局性处置措施。作为审判机关的法院则缺乏案件的提前介入、掌握执法情况的制度性工具，在涉案财物处置过程中处于较为被动和劣势的地位，被“倒逼”作出没收、追缴的判决，出现“以罚代刑”现象，从而进一步加剧了涉案财物处置的组织矛盾和冲突。

两个独立组织均有各自的涉案财物保管规则和信息系统，看似权责明确，但由于涉案财物的规定不明确和具体财物信息处于垄断封闭状态，导致权力监督缺位，组织易基于私利处置涉案财物。

四、静态平衡：涉案财物处置行刑衔接中组织协作机制的完善

组织协作的可持续发展，必须形成一个平衡稳定的状态。涉案财物处置的行刑衔接需要行政机关与审判机关进行组织协作形成合力，而组织间的有效协作则有赖于权力机制、共同利益、信息沟通三个要素的互补、协调。由于缺乏对三要素的顶层规划与设计，目前涉案财物处置行刑衔接中的组织关系陷入失衡状态，因而有必要对三要素予以重构，提升组织协作效能。

---

① 龙宗智：《“以审判为中心”的改革及其限度》，载《中外法学》2015 年第 4 期。

② 方柏兴：《刑事涉案财物的先行处置》，载《国家检察官学院学报》2018 年第 3 期。

（一）权力机制构建："有限的刑事优先" + "有限的一事不再罚"

亚当·斯密曾指出，组织分工协作，充分发挥专业优势，实现组织协作效率最大化。分工的关键则在于权力机制的构建，明确权责划分。因而解决涉案财物处置的行刑衔接不畅问题，关键在于权力机制的构建，统一适用有限的刑事优先和一事不再罚原则，对组织权力进行定位，以实现权力的配合协调。

1. 有限的刑事优先原则

行政处罚权与刑罚权在惩罚程度上呈递进关系，刑事犯罪的社会危害性更大，应当优先审查以实现刑罚的社会防卫功能，且刑事程序优先可以避免行政执法机关与司法机关对案件事实作出分歧认定，① 出现同案不同判的情况。刑事处罚的谨慎度、裁判者的中立公平度以及证据的审查标准要求也都更高，更有利于实现案件处理的公平公正，故刑事优先原则有其合理性，涉案财物处置中也应当坚持刑事程序的优先性。但一味强调刑事优先原则亦存在不妥，行政机关在前期执法中已经对涉案财物的状况及违法情况开展调查并形成案卷材料，如移送司法机关而被认定不应追究刑事责任，司法机关仍然需要将案件退回行政机关处理。因此一味坚持刑事优先无疑会降低行政执法效率，造成行政执法程序的无意义中断，增加执法成本，导致司法资源浪费。② 且刑事优先仅为行刑衔接中的一般原则，涉案财物处置中行刑衔接的客观复杂性，加之公权力行使存在不同价值取向的衡量，故刑事优先原则在涉案财物处置中并不具有当然的正当性。而应确立以公正价值优先、效率价值为辅的组织协作目标，明确"有限的刑事优先原则"的适用，回应行政机关对在行政执法过程中如果发现违法行为涉嫌犯罪如何处理的困惑，实现权力的配合协调。

2. 有限的一事不再罚

目前学者们普遍认为行政处罚与刑事处罚是两种不同性质的处分，因而不属于"一事不再罚"范畴。然两者虽然性质存在差异，但其作为制裁手段的本质同一，尤其是行政处罚中的财产罚、人身罚与刑事处罚中的财产刑、自由刑的作用领域完全相同。③ "一事不再罚"原则并非是否定制裁手段的并科模式，而是要在整体上审查并科制裁是否符合罪刑均衡原则，即重点在于"过

---

① 练育强：《行政执法与刑事司法衔接制度沿革分析》，载《政法论坛》2017 年第 5 期。

② 练育强：《行刑衔接中的行政法边界研究》，载《中国法学》2016 年第 2 期。

③ 蒋兰香：《论行刑衔接刑事优先原则及其在环保领域的适用与例外》，载《时代法学》2020 年第 4 期。

度”而非重复。① 因此，如已对涉案财物采取财产罚，在考虑对其进行刑事制裁时应充分考虑两者的重叠性，予以相应折抵。② 法院面对行政机关已采取处置措施的涉案财物，仍有必要予以作出处置决定。由此，明确“有限的一事不再罚”的适用可以回应法院对行政机关已对涉案财物先行作出处置如何处理的困惑。③

（二）组织信息共享：“区块链” + “跨部门涉案财物管理和信息中心”

解决信息不对称问题的核心路径在于信息获取渠道的拓宽，避免信息的分布和获取不均。④ 统一的管理和信息平台的搭建是一种解决思路，其可以保证涉案财物管理全面、随案移送过程清晰、最终处置措施可控。以“平台搭建”方向的组织信息共享，可行路径为内在信息标准化实质平台和外部公示形式平台的双重构建，以下分而述之：

1. 以“区块链”为工具的实质平台搭建

区块链的本质是基于共识机制、去中心化的数据库，具有信息高度共享、不可篡改以及可信度高的特殊优势。据此，可引入区块链技术，以“序号—类别—年份—单位编号”对涉案财物进行标号，生成唯一标识号码录入区块链系统。区块链系统调用智能合约产生 key 值对应，随着案涉财物的流转处置，系统服务器将对反馈信息进行回复，与 key 值相匹配生成 value 值，记录财物位置、状态等，并发生至各节点组织验证，验证通过则会更新整体数据库。此时，涉案财物的流转处置才会被承认，并进入区块链网络。⑤ 以区块链为控制工具，全过程动态监测涉案财物情况，实现立案信息入库、涉案财物入库存放、移送调用、处置出库等各环节的信息登记，实现组织间的信息实时共享、相互制约监督。

2. 以“跨部门涉案财物管理中心”为载体的形式平台搭建

参考厦门市跨部门涉案财物管理中心，形成了“线上线下结合、企业政

---

① 刘荣、逄晓枫：《食品安全领域“行刑衔接”的互动性分析——基于经济学的视角》，载《青岛行政学院学报》2021 年第 3 期。

② 张明楷：《刑法学》，法律出版社 2016 年，第 643 页。

③ 陈兴良：《论行政处罚与刑罚处罚的关系》，载《中国法学》1992 年第 4 期。

④ 逄晓峰、张建国：《经济学视域下行政执法与刑事司法衔接互动之分析》，载《行政与法》2021 年第 5 期。

⑤ 蔡楚君、柳毅：《基于以太坊平台的医疗数据安全共享方案》，载《计算机应用研究》2022 年第 1 期。

府配合、部门联通共用”的跨部门涉案财物集中管理模式，通过全流程信息共享、集约化处置、规范化管理、专业化服务，实现涉案财物集中管理、统一处置。① 可将该做法予以推广，要求在行政程序中，行政机关对涉案财物采取相关处置措施必须将相关信息录入信息平台。案件因涉嫌刑事犯罪需移送时，涉案财物清单通过统一的信息平台随案移送，组织相关工作人员均有权查看涉案财物在管理平台的实时情况。② 案件进入司法程序后，如果法院在判决生效后没有就信息平台上的全部涉案财物作出处置决定，则案件无法终结。在此期间任一环节出现信息录入不完整或涉案财物清单移送“停滞”，则组织间可进行监督协调，倒逼规范管理，形成各部门信息共享和监督制约机制。③

（三）防止组织自利：“内部自控” + “外部监督”

孟德斯鸠在《论法的精神》中说过，“一切有权力的人都容易滥用权力，这是万古不易的一条经验。有权力的人使用权力一直到遇有界限的地方才休止”。④ 因而，对组织自利性的抑制，有赖于结合内部审查与外部监督设定“界限”，构建相关工作机制，实现权力的有效监督。

1. 内部自控机制

一方面，加强处置措施内部审查。结合行政机关内部重大决策合法性审查机制，明确由司法行政部门对涉案财物处置进行合法性审查，对涉嫌刑事犯罪案件应移全移。另一方面，调整案件移送财物处置利益分配。将案件移送能力指标纳入行政机关的内部考核机制，注重考核指标的结果性与实质性，不仅要强调案件移送的数量，还要注重案件移送的质量。将财政预算与案件移送能力指标相挂钩，如将移送案件的数量和质量列入预算体系，激发行政机关移送案件内在积极性。

2. 外部监督机制

程序正义的理念要求裁判者应当在那些利益处于冲突状态的参与各方之间

---

① 《厦门市打造跨部门涉案财物集中管理新模式》，载中国改革网，http://www.chinareform.net/index.php?m = content&c = index&a = show&catid = 24&id = 38699，2023年7月1日最后访问。

② 宋歌：《我国环境公益诉讼行刑衔接理论与实践完善研究》，载《法学杂志》2021年第7期。

③ 田力男：《刑事涉案财物保管与处置新制研究》，载《法学杂志》2018年第8期。

④ ［法］孟德斯鸠：《论法的精神（上卷）》，许明龙译，商务印书馆2012年版，第34页。

保持一种超然和不偏不倚的态度和地位，不得对任何一方存有偏见和歧视。这一要求的意义在于确保各方参与者受到平等对待。① 如果没有中立的第三方参与，对涉案财物的处置程序将完全由一方组织控制，其公正性将备受质疑。由此，实现组织自利性的抑制，关键在于引入“中立性因素”，即加强外部监督。② 一方面，建立实物上缴国库机制。可以参考北京市的做法，其将涉案财物统一交由专门的资产处置机构——北京市产权交易所，具体处置工作交由北京市产权交易所完成。这一方式将处置工作完全交由第三方即财政部门负责，由财政部门与资产处置机构沟通具体事宜。另一方面，结合跨部门涉案财物管理和信息中心，开放权利人查询窗口，以“一案一号”方式为权利人提供涉案财物存储位置、管理主体、处置环节等相关信息，充分保障权利人的知情权和监督权。③

五、动态平衡：涉案财物处置行刑衔接中组织处置规则的明确

组织管理是一个由静态向动态发展的过程。前述合作要素的完善构建后，组织协作仍然只是一个静态系统，还需要明确相关平衡规则让组织协作“动”起来。协作规则是组织管理的核心命题，明确协作规则是搭建组织协作共识的一个重要方式。以审判机关为视角，目前对涉案财物处置措施衔接规则立法并无规定，导致审判机关对行政机关已采取处置措施的涉案财物如何处理面临系列问题和困惑，其处于被动处理、消极应对状态。因而有必要明确审判机关进行司法审查的责任，并设定涉案财物处置措施司法审查的具体规则，改变目前审判机关被动参与组织协作的现状，实现组织关系平衡。

（一）明确审判机关司法审查的责任

行刑衔接旨在协调行政权与司法权的冲突，使两种不同类型的权力在一个框架内顺畅运行，从而形成合力规制违法犯罪行为、保护被害人合法财产权益。而权力的冲突与协调则有赖于合作双方权责的明确。以审判机关为视角，应当明确要求法院加强对行政机关处置涉案财物措施的司法审查。

行政处罚程序和刑事诉讼程序互为独立程序，两者在法律事实形成机制上

---

① 陈瑞华：《程序正义理论》，中国法制出版社 2010 年版，第 101 页。

② 张泽涛：《初查的行政执法化改革及其配套机制——以公安机关“行刑衔接”为视角》，载《法学研究》2021 年第 2 期。

③ 陈卫东：《涉案财产处置程序的完善——以审前程序为视角的分析》，载《法学杂志》2020 年第 3 期。

存在本质区别：行政执法不存在控、辩、审的三方结构，法律事实主要依照执法机关的单方调查，而刑事程序中法律事实的形成是控辩双方博弈、法官居中审判的结果，不同的法律事实形成机制就意味着涉案财物性质的认定可能存在差异。而刑事诉讼因有专门的质证和辩论程序，相比行政执法程序在事实真相探知以及法律适用能力上更强，因而如果出现行政处罚对涉案财物性质的认定不同于刑事判决的情况，应当以刑事判决为准，故刑事诉讼程序某种程度上起到了一定的纠错功能。因而应当要求法院积极对行政机关处置涉案财物措施进行司法审查，并明确要求审判机关提出相关处置意见。

结合现行立法，《行政执法机关移送涉嫌犯罪案件的规定》第 6 条详细规定了向公安机关移送涉嫌犯罪案件附有的材料包括涉嫌犯罪案件移送书、涉嫌犯罪案件情况的调查报告、涉案物品清单、有关检验报告或者鉴定结论、其他有关涉嫌犯罪的材料等，故对行政机关已经作出处置措施的物品不能区别对待。同时，《刑事诉讼法》第 245 条第 1 款、第 2 款均规定了被告人财物、孳息以及作为证据使用的实物应当随案移送，不宜移送的，应当随案移送清单、照片或者其他证明文件。行政执法环节的涉案物品往往都具有双重属性，一方面属于被告人的财产、孳息，另一方面属于作为证据使用的实物。这些涉案物品进入到刑事诉讼程序后也应当遵循全面审查的基本规则，即便行政执法环节财产处置措施没有错误，基于刑事程序独立于行政程序的内在要求，行政处罚结果也不能替代刑事诉讼结果。① 此外，《最高人民法院关于适用〈中华人民共和国刑事诉讼法〉的解释》第 446 条明确规定一审判决未对随案移送的涉案财物及其孳息作出处理的，二审可以裁定撤销原判、发回重审，这就意味着如果法院未对随案移送的行政执法环节已处置部分的财物作出处理，判决将会被撤销，故法院应无差别地对行政机关已作出处置措施的财产作出判决。

（二）明确涉案财物处置措施司法审查的规则

结合行政执法和刑事司法中的移送实践，根据行政机关对涉案财物处置的四种具体情形，可将其分成两大类进而明确司法审查的具体规则：

其一，行政机关未对涉案财物采取终局性处置措施。具体而言，可以分为三种情形：第一种情形，移送刑事立案前未作任何处置的，此系最为简单的情形，行政机关仅充当了提供犯罪线索的角色，只需移送公安机关即可，将案涉

---

① 朱恺、俞敏：《论刑事涉案财物处理程序的构建》，载《辽宁公安司法管理干部学院学报》2018 年第 6 期。

财物交由法院在查明事实的基础上对涉案财物予以判决。第二种情形，行政机关已经对涉案财物采取查封、扣押、冻结等强制措施，但尚未作出终局性的处置措施，如行政处罚决定。此时，行政机关作出的强制措施仅是程序性处置，并未作出终局性的处分行为。第三种情形，行政机关已经采取强制措施，且已经作出行政处罚决定，但尚未执行。此种情况下，虽然已经作出终局性的处分行为，但并未执行到位，没有对涉案财物进行最终处置，考虑到刑事司法较之于行政执法程序设计更为严密，且保障了控辩双方质证、辩论的权利，从刑事司法纠错功能考虑，此时也不需要考虑刑事制裁和行政处罚折抵的问题。以上情形，法院均不需要考虑刑事制裁和行政处罚折抵的问题，可以径行作出没收判决，① 但须在判刑中对涉案财物状态予以注明并确定实际执行机关，如“其中××违法所得/犯罪工具已由××行政机关查封/扣押/冻结”。

其二，行政机关已对涉案财物采取终局性处置措施，即行政机关已对涉案财物实施事实上的处分。依据《行政处罚法》第 28 条、《行政执法机关移送涉嫌犯罪案件的规定》第 11 条等相关规定，行政处罚可以折抵为刑罚。但法院最终对涉案财物的处置数额和范围应当注明行政机关已经合法处置的部分，以便实际执行予以扣除，② 如“其中××违法所得/犯罪工具已由行政机关先行执行”。

同时，法院应当在判决中对涉案财物处置情况予以明确表述，在写明犯罪事实的基础上，全面说明涉案财物处置的基本原则和处理结果，且应全面准确注明其名称、种类、数额等。若涉案财产过多可采取另列清单作为判决书附件。

结　语

对涉案财物处置的行刑衔接加以完善，不仅关系到案件当事人及相关主体的合法权益保护，也关系社会和谐稳定与社会公众对人民法院的认可和评价。本文尝试引入组织理论对涉案财物处置行刑衔接展开考察与分析，主要关注行政机关和审判机关的组织关系，以及组织关系对组织行为的影响。完善的法规

---

① 刘艾涛、黄有湘：《涉案财物处置的行刑衔接》，载《行政法学研究》2021 年第 1 期。

② 蒋兰香：《论行刑衔接刑事优先原则及其在环保领域的适用与例外》，载《时代法学》2020 年第 4 期。

和制度仅仅是法治的必备要素之一，法律的实施必须依靠行政和司法体制的良性运转，尤其在行刑衔接这类涉及组织协作、牵动组织关系的法律实践机制中，组织间保持良心互动和积极协作，能够有助于制度运转实现设定目标，发挥其整体功效。[①] 本文抛砖引玉，希冀为建构更为严谨、规范的涉案财物处置行刑衔接机制提供参考。

（李家成：湖南省高级人民法院；胡静：湖南省石门县人民法院）

① 王波：《执法过程的性质：法律在一个城市工商所的现实运作》，法律出版社2011年版，第6页。